词语的战争

[美] 肯尼斯·伯克 著

[美] 安东尼·伯克　凯尔·延森　杰克·赛尔策 编

何博超 译

上海文化出版社
SHANGHAI CULTURE PUBLISHING HOUSE

果麦文化 出品

目录

译者序

自亚里士多德的《修辞术》以来，在西方修辞学说史上，肯尼斯·伯克是重要的推动者和创新者。作为非学院派人士，他的研究思路不拘一格，在现当代独树一帜：既联系但又超越复兴修辞学的佩雷尔曼（Chaïm Perelman）和奥尔布莱希茨－泰特卡（Lucie Olbrechts-Tyteca）；相关但又不同于解构修辞学的奠基人尼采及其发扬者保罗·德·曼；区别于确立结构主义修辞学的罗兰·巴特，以及继承和恪守亚里士多德修辞理论传统的格里马尔蒂（William M. A. Grimaldi）和拉普（Christof Rapp）；也迥异于哲学领域的相关研究者，如海德格尔（存在论修辞学）和列奥·施特劳斯（古典政治修辞学）。

伯克的修辞观都集中体现在他的经典之作《动机修辞学》中，本书作为遗稿，正是久负盛名的《动机修辞学》的第二卷，即“下行部分”（原本打算作为《动机修辞学》的一章），共四章，后两章为尚未整理的笔记。全书的主要编辑者是加拿大维多利亚大学荣誉退休副教授、伯克之子安东尼·伯克。关于该卷的创作历史和学术价值，可参见安东尼撰写的“编后记”，其中也介绍了伯克的修辞学理论的建构、发展及其背景。伯克的“动机三部曲”里，《动机修辞学》最为关键，而本作则是《动机修辞学》最为核心和极富创造性的部分之一，也是后者的重要延伸和深化，其核心主题就是“语言的战争”。它分为如下几个部分：

一、一般性套路涉及11种基本模式。其中“不露声色”“精神化”“随意说”是相对主要和更加核心的手法。

二、科学修辞，即新闻媒体修辞。伯克入木三分地剖析了7种代表性的新闻修辞手法。他很早就识别并总结了美国媒体的基本话术。

三、官僚修辞，或行政修辞：涉及了各种行政机构会使用的说话方式。

四、修辞情境：对修辞“斗争性”的形上分析和本质研究。这部分极具哲学性，体现了伯克的核心思想。附录一的《“修辞情境”纲要》可以与这一章对观。

如果伯克能够完成这部作品，那么可以想象，它的体系性会更加完善，而不是像目前这样，看起来不成系统。但是，稍加细读，我们还是可以发现其中的观念主线和逻辑架构。

作为严肃的学术著作，该书的内容并不是单纯从语言学和逻辑学的角度来研究狭义的修辞学，它关注的是与政治宣传、外交对策、媒体传播、经济活动、官僚体制、人际交往（如所谓“PUA话术”）、科学技术乃至犯罪学有关的“话术”或与之相关的言内和言外的“套路”。其中以科学的理论演绎和剖析为主，但总体上并不抽象。

此外，与二战和冷战期间的美国左翼知识分子一样，伯克对社会主义和共产主义颇为同情，而对美国的政治、社会、媒体乃至总统竞选则是不留余力地大加批判。从本书中，我们就能看到他针对这一方面的辛辣又睿智的反讽与揭丑。当然，人们也可以看到伯克在话语分析上的精妙，文学叙事间的才华，以及对人情世故的体察。通过本书，读者还可以发现伯克对国际事务和历史发展有着同样深刻的洞见。

需要指出，伯克对于修辞学的研究并非如古希腊智者一样仅仅着眼于实效，相反，与亚里士多德对"修辞学"的界定和研究一样，他也强调了对修辞现象超然的思辨、审视和批判。伯克试图从哲学的角度提升修辞学，将之处理为研究话语现象的科学并以此为基础建立系统的文化批判理论（尤见作为"上行部分"的《动机修辞学》第一卷）；就其将修辞哲学化而言，他无愧是当代的亚里士多德。他的最终目的并不只是像尼采那样，承认一切语言都是修辞，而是遵循柏拉图的做法，追求语言的启示意义和提升作用，带领人们不仅斗争而且合作，冲破现代"智者"（西方政客和媒体）的"反智"迷雾，通过辩证法"向上"走出西方政治修辞和媒体修辞的"洞穴"。

伯克作品的中译本很少，我们希望通过这部译作，推进国内学界对这位伟大的哲学家和修辞学学者的研究。

为了让读者更好地理解伯克的生平思想以及他旁征博引的各方面文献，中译者添加了近 600 条必要的注释，因此本书的大部分脚注均为中译注（少量编者的解释会标为"编者注"，凡当其中出现译者注释时，则标以"中译注"作为区分）。译者注解的内容里，有些查自伯克的著作和书信（与威廉斯、考利和吕克特的通信），以及相关的学术作品，主要如 A. P. Frank，*Kenneth Burke*（Twayne，1969）；W. H. Rueckert，*Kenneth Burke and the Drama of Human Relations*（University of California Press，1983）；R. Wess，*Kenneth Burke: Rhetoric, Subjectivity, Postmodernism*（Cambridge University Press，1996）；B. L. Brock 编，*Kenneth Burke and the 21st Century*（SUNY Press，1999）；A. George 和

J. Selzer，*Kenneth Burke in the 1930s*（University of South Carolina Press，2007）；D. Hawhee，*Moving Bodies: Kenneth Burke at the Edges of Language*（University of South Carolina Press，2009）；S. Bygrave，*Kenneth Burke: Rhetoric and Ideology*（Routledge, 2012）；D. Anderson 和 J. Enoch，*Burke in the Archives: Using the Past to Transform the Future of Burkean Studies*（University of South Carolina Press，2013）；T. Enos 编，*Encyclopedia of Rhetoric and Composition: Communication from Ancient Times to the Information Age*（Routledge，2013）；L. Coupe，*Kenneth Burke on Myth: An Introduction*（Routledge，2013）；Stan A. Lindsay 编，*The Expanded Kenneth Burke Concordance*（Say Press，2014），等等；同时也查阅了《肯尼斯·伯克研究会学刊》（*The Journal of the Kenneth Burke Society*）。种种引文来源、历史事件、人物和思想的信息，查自各类相关资料以及常识性的工具书。上述方面，由于篇幅所限，一般不再标明出处。

由于本书罗列了众多庞杂的修辞手法和札记性的知识点，加之伯克未能最终整理，故呈现出一定松散和生硬之感，但这完全不能遮蔽本书的价值。为方便读者查询、统计和理解，中译者拟定了一些“小标题”，标在每段或每几段之前，用“【 】”表示。目录标题的第二章“科学修辞”针对美国新闻媒体的貌似客观而有“知识”的报道，为了突出这一指向，译者添加了括号说明。

全书最后原有编者提供的几页“文本勘正和解说注释表”，勘正的用处不大，故略去；编者的注释过于简略，很多难以查证的内容都没有涉及，对于其中少数有用者，译者会收入自己的脚注，标明出自编者。原书还有一些排印错误之处，译者做了修正，不再注明。

本书原题目为 The War of Words，这个习语直译即口水战、口舌之战，很可能来自伯克极为推崇的杰里米·边沁。经过斟酌，我们把汉译本的题目定为《词语的战争》，这样可以略微减轻一些火药味，也体现一点语言哲学的抽象味道。但在书中，我们还是使用“口舌之战”这个较为突出“演说”或“口头表达”的名字。

本书的出版要感谢路金波老师和果麦文化、上海文化出版社的大力支持，尤其诚谢编辑段冶老师耐心和细致的工作，以及陈哲泓兄的帮助。本书旁征博引，所涉的政治、文学、宗教、经济与历史的文本或事件繁多，加之伯克本身是诗人和小说家，又是修辞大师，因而用词奥妙新异，措辞精微，讽刺犀利常有弦外之音，故翻译起来颇为不易，如有错谬，敬请读者指正，以待修订再版。

【本译著为国家社科基金青年项目“亚里士多德《修辞术》的哲学研究”（批准号：15CZX032）的阶段性成果。】

何博超

中国社会科学院哲学研究所

2021 年 1 月

致　谢

编者诚谢纽约公共图书馆伯格藏馆（Berg Collection）以及宾州艾伯利家族图书特藏馆（Penn State's Eberly Family Special Collections Library）的工作人员（尤其感谢前者的安妮·加纳和琳茜·巴恩斯以及后者的桑德兰·斯泰尔斯），感谢他们专业而慷慨的襄助。凭借纽约公共图书馆的拨款和佩特诺家族文科讲席教授的捐赠基金，杰克·赛尔策对该项目的研究方得进行；他也受益于梅根·普尔认真尽责的协助研究。北德克萨斯州大学的学术创新活动经费，以及宾州艾伯利家族图书特藏馆提供的"多萝西·弗尔·哈克访学奖"，都资助了基尔·延森的研究；此外，他还得益于妮可·坎贝尔对研究的帮助。詹姆斯·L. W. 韦斯特三世（James L. W. West III）、迈克尔·阿奈斯科（Michael Anesko）和桑德兰·斯潘尼埃（Sandra Spanier）都为这样一版权威的学术作品的筹备提供了无价的建议，不过，凡是书中出现的错漏或误判，均与他们无关；我们还要感激巴里·布鲁迈特（Barry Brummett）和爱德华·夏帕（Edward Schiappa）提出的有用的意见，他们为加利福尼亚大学出版社担任了本书的评阅人。多尔·布朗和保罗·泰勒在出版流程中给予了专业性的指导。引自肯尼斯·伯克书信和手稿的内容，其出版都得到了肯尼斯·伯克文献信托会的许可；伯克的相片摄于"1949 年论现代艺术的西部圆桌会"（1949 Western Round Table on

Modern Art），其复制获得了小威廉·R. 海克的准许。

编者感谢 2015 年美国修辞学会“《口舌之战》和《动机修辞学》”暑期研讨班的各位与会者——尤其是合作负责人克里斯塔·拉特克里夫——展开的激发思想的对谈；我们还要谢谢其他人士——特别是史蒂夫·梅卢克斯（Steve Mailloux）、安·乔治及罗恩·福琼，连同我们的学生与那些出席会议报告和其他场合的人士——围绕《口舌之战》进行的对话。在我们数次为了《口舌之战》去往安多佛（Andover）[1] 的差旅中，迈克尔·伯克和朱莉·惠特克始终相助，好客如一：这些行程在我们的事业生涯中令人殊为难忘。最后，我们要致谢自己的家人，感激他们充满爱意的耐心和持久不变的支持，他们让我们所做的一切成为可能。

编者

1 伯克 1922 年移居新泽西的安多佛，居住在农场，最后去世于此。

导　论

在这一部分的开篇章里，我们要划分和描述在“人间喜剧”[1]的本质“利益斗争”中所使用的独特的修辞形式。

接下一章，我们要考察新闻界以及其他参与信息发布的媒体可以获得的典型的修辞资源。

在这两章，我们要强调“修辞”[2]中的言语成分，但是，既然我们所考虑的这些例子涉及了人际关系，那么，一定程度的“言外的”（non-verbal）材料也会出现。第三章论官僚修辞，会处理这样的例子：其中，行政或组织因素格外突出。

第四章会试图陈述那些我们所认为的蕴含在“社会关系”“新闻媒体”和“行政说服”的独特修辞之中的既有条件的本质要素。我们

1　Human Comedy，虽然来自巴尔扎克的《人间喜剧》，但伯克想指的是但丁的《神曲》（*Divine Comedy*）。在《口舌之战》《修辞学——旧与新》中，伯克都格外看重喜剧。在后一篇中，伯克讨论了“神性语言的人间喜剧”（divine human comedy of language），他将之分为三个阶段，对应了他的三部作品以及《神曲》的地狱、炼狱和天堂：（1）地狱，对应《动机的象征》，是语言迷雾之地，象征之林，人远离了上帝。（2）炼狱，对应《动机语法学》，是辩证法的世界，苏格拉底式的。（3）天堂，对应《动机修辞学》，是和平之地，是看到等级或秩序的境界，是从神向人传达戏剧论的领域，是对立合为最高的“一”的世界，这里可以实现“普遍正义”的理想。因而，《口舌之战》就是返回到语词的斗争中，揭示对立，走向统一。

2　Rhetoric，伯克一般首字母大写，指修辞现象本身。

尽可能引用的本质要素，应该是“言外的”；因为，它们关涉到我们所认为的今天的“言辞之争”的基础。既然大多数修辞是可供使用的“象征”，既然这一用途应用于那些在修辞表达本身中通常没有提及的因素，故而，只有通过考虑言语现象背后的“言外的”现实，才能把握诸多修辞的意涵。

第一章　套 路

一、论一般套路

在这一节，我们希望处理诸多各式各样的例子，让它们仿佛全都处于同等的地位。也就是说，对于人和他的狗，恶霸与马屁精，或帝国主义大国与受压制的小邦，它们之间的关系会按照我们的意图，得到一视同仁的处理。因此，如果我们从所有这三种层级的主题中分别选择例子，用它们来说明一种套路，那么，我们都应该完全遵守自己的准则。

政治方面的事例也许会激起其他两种例子难以唤起的情感。抑或还要更糟，这样的例子似乎比其他两者更“有时效”，因而也就愈加具有暂时性。不过，无论政治计策如何关乎流变的时机，如果我们阐明了计策中的形式要素，我们不就将其中存在的“普遍成分”离析出来了吗？一些特例日复一日地变动，然而，它们体现出的原则却在其他特例中不断重演。职此之由，我们认为，政局中某个流变的阶段，比如杜鲁门政府的典型声明[1]，其持久的程度与跳蚤别无二致。

1　应指1947年3月12日杜鲁门发布的《国情咨文》，其中要求国会资助希腊和土耳其政府，以反对两国的共产势力。该咨文被认作“杜鲁门主义”（Truman Doctrine）发端。

“争抢”这一方面会因境况的变化而改变。这些境况本身或可以更优，或可以更差。但是，争抢所表现出的这样的人际关系，在一切历史境况下总是占据上风，尽管这些关系在细节方面略有不同。“人性在变”，之所以如此，是因为生存手段、对利益的谋求方式与秩序观都在改变。但是，“人性又不可能变化”，这是因为，我们能从各种状况中抽象出某种普遍于一切的本质，它超越了所有细节。昨天的喷嚏是不是永远就没了？喷嚏的“种种原则”却是永恒的。

不露声色之策

【疾病】在《白痴》中，伊波利特批评梅什金知道如何“利用自己的疾病”。他说，梅什金设法提供了友谊和金钱，他“以一种别出心裁的、在任何环境下都不可能接受的方式”做到了这一点。梅什金的行为“要么太过天真，要么太过精明”。在这里，伊波利特事实上举出了“不露声色”这一程式。

【口是心非】最简单形式的反讽，就是说出一件事，蕴涵着相反之事（想要表达“糟透了”，却惊呼“太棒了”）。不露声色就是这种原则的实际应用。它是实用的反讽。因为反讽从不挑明态度，所以表面的意思也总有可能是真的。

【以和谋战】以和平名义做出战争的姿态，就是不露声色，比如，外国势力的舰队“友好”访问了某个“动荡地区”。又如，当某国正调动军队靠近他国、成为威胁时，它会让人注意这件事吗？它能做的，就是不露声色地宣布军队的移动，同时声明，无意让军队形成威胁。或者，为派遣军队做出特殊的通告，并且保证它们只是“常规行动”，从而为军队的移动提供重要的说明。

【以和引战】有位朋友讲过："我以前有个叔叔，斯文极了，但是，他就喜欢看孩子干架。一到周六，他就拿出一美元，换成零钱；叫来邻居小孩，一分分地扔，虚情假意地说：'快抢钱啊（scramble），你们能拿多少就拿多少。小子们，不要又推又搡——尤其是，可别打起来。[1]'这样就设定了'争抢'的状况，它几乎很自然地有助于产生斗争，他能不露声色地呼吁和平，但又确信，小钱还没扔出一打，战争就爆发了。"[2]

【遗忘】有人也能不露声色地"忘记"，比如，普隆小姐生动地回忆着有一次拜访普林小姐家，这一经历颇为难忘。回想着过去的幸福时光，普隆小姐感到温暖，她详细地讲述着。目睹对手就这样毫无防备，普林小姐热情洋溢地夸赞普隆小姐的回忆，但她"坦承"：自己完全记不起有这样的时候了。不露声色之中，暗示着：较之普林小姐，普隆小姐的生活必定是匮乏的，因为后者如此珍视前者已经忘掉的时刻，还将之作为丰富有趣的回忆。

【故作关心】而普林和普隆小姐的不露声色，会让有点耳聋的老贵妇颇受其害，如：她好奇心旺盛，一个音节也不想错过，常常直言不讳地让人们重复一遍，令对方难堪，这些话其实不值得大声谈论，只适合小声讲述。结果，跟她一同生活的人，渐渐开始对她隐瞒那些他们并不介意跟其他人讲的事情，只要他们的话没有被她贪婪地注意到。她如此看重闲话，哪怕是随口的闲话，以至于让聊闲的人都以为自己的话颇有价值，视若珍宝。普林和普隆小姐就生活在这样的环境中，时间之长，足以成为这方面的鬼才。当她们谈话时，老贵妇故意

1　原文以斜体表示强调，中译改为重点号。

2　这段文字也联系了编者导言中提到的艾里森《无形人》中混斗的一节。

装成自己在读书，两人中的一位殷勤地跟她保证说："我们会小声说，不会打扰你。"过了一会儿，"我们说话，没有太大声，是吧？"小声说，为了不打扰聋子。

【过分讨好】这有点像过分热心地讨好时的不露声色，如，普林小姐先从普隆小姐手中夺走了追求者，然后一直对普隆小姐的健康表示关心。普林小姐如此关切，是想要宣布她赢了。普隆小姐也可以用不露声色回应，亲热地谢谢普林小姐的慷慨。

【过分关心】又如约瑟夫的例子，他没有钱，但娶了富有的约瑟芬。一开始，他十分单纯，周到细心，用自己的守护来偿还。多年以后，当他对待约瑟芬时，怪异、甚至病态的不露声色出现了，但两人都浑然不觉。约瑟夫开始操心约瑟芬的安康，以此来折磨约瑟芬。他让她在生活中的时时刻刻，都感觉到有个大夫将手放在她的脉搏上。他如此细心，他的挚诚旁人无从置喙。约瑟芬恨不得毒死丈夫，她的欲望不曾明言，也不可明言，她如此内疚，每一天都更加病弱。这样的情况值得《背德者》（*The Immoralist*）[1]的作者安德烈·纪德关注。

【绝对服从】日本官员也利用了这样的不露声色。在投降后不久，美国占领军迁入，当地官僚煞费苦心、一丝不苟地想要合作，以此来挫败战胜方。他们不知疲倦地要求"澄清"军队的命令，以至于不放过哪怕一个标点符号。他们甚至"谨小慎微地"汇报自己对命令的违反和误解。他们如此渴望迎合，服从之彻底，让我们的新闻记者害怕有什么诡计。这就是诡计，还是特别复杂的那种。首先，它让日本帝国的官僚可以等待时机。就这方面来说，它在试探性地用计策来占据

1　《背德者》的玛丝琳类似约瑟夫，米歇尔对应约瑟芬。

有利位置，由此来摸清敌人，却又未必考虑将来采取行动的确定计划。最终，当资本家重新开始建立他们现在毁掉的产业时，他们可以期待事态的后续发展。与此同时，官员可以不露声色地满足于让征服者厌倦他们自己的规章。因为，他们没有攻击这些规章，相反，他们会不厌其烦地想出一些烦人的问题，这些问题名义上又是为了“有助于规章实施”。

【配合】可以说，有一种反讽式的不露声色的“配合”，出现在德国入侵捷克斯洛伐克时。纳粹不断派间谍到捷克人当中。这些间谍会去捷克的小餐馆，“开诚布公地”说希特勒的坏话，以此来记认反纳粹的爱国者。很快，捷克人明白了这种诡计。因此，接下来的一出戏是：纳粹间谍来到捷克爱国者聚集的小餐馆，充当密探，说希特勒的坏话，于是，捷克人一本正经地对他一顿拳打，“因为他竟然对元首说这样的话”。

【欢迎调查】在指控政治腐败时，有一种常见的变体起到了很好的效果。它这样进行：我们的对手会欢迎调查，因为，如果他们是无辜的，那么调查就会证明这一点。

【以礼相待】不露声色的反讽，也可以用好客来达到羞辱。如，普隆来看普林。普林连忙请他去屋角的酒吧间喝上一杯。没有什么比你当东道请人喝上一杯更体现好客了。不过，实际上，你才是被邀出来的那个。喝完之后，普林真诚地恳求原谅，匆匆离开，“去赴另一个约了”。此类不露声色，暗示了如下事实：这样的羞辱也能以单纯和友善来施行。[1]

1　普林的做法透露了对普隆的轻视，因为用喝上一杯招待来宾，其实并不是太“好客”，伯克的说法有反讽的意思。

【礼尚往来】在我们以往发现的不露声色的例子中，家庭主妇提供了最巧妙的一个。这种不露声色，明白无误地让意义显露无遗，而且达到了其目的，但是，却并未挑明态度。普隆太太和普林太太比邻而居。虽然她们的丈夫赚的收入大体相当，但是，普隆太太喝的茶要比普林太太的更好。这个事实显而易见，因为有一次，普林太太来借茶，她后来也以实物回敬，但牌子要差。于是，她开始经常来借茶，总是回敬数量相当、但质量更差的茶。普隆太太很快认出了这个路数，但她没有表示抗议。她只是把普林太太的茶单独放在一个罐里存着，当普林太太下一次又来借时，就把她的茶还回去。邻里关系紧张了数日，之后，幸亏有不露声色，新的“存活之道”[1]重新确立，但彼此往来不再靠茶了。

【暗中纵容】伊朗争议[2]时，联合国安理会会议上，也有一种不露声色的变体，当伊朗大使被准许了过多的自由来陈述反对苏联的理由时，美国主席却静坐不语，等他行使了自己的机会之后，主席才严厉地叫他遵守秩序。

【假借科学】还可以回忆一下这件事，我们的海军曾“不经意间”泄露如下情报：苏联人并未像所说的那样“遵守波茨坦会议的协定”，有效、合作、积极地帮助我们在西伯利亚建设气象观测基地。言外之意就是，他们就这样阻碍了正常的科学推进。但在故事的结尾，当

---

1 modus vivendi，直译是生存模式，属外交词汇，指两国妥协的计划或协议，它可确保彼此共存。伯克的例子虽然举日常之事，但其实通过政治词汇来喻示国家大事，这里就是一个典型。

2 指 1946 年的伊朗危机，这是冷战前美苏冲突的重要体现，联合国安理会多次召开会议，伊朗在美国的支持下抗议苏联，后者最终从伊朗撤军。这里提到了美国主席，应指 H. V. 约翰逊，任期为 1946 年 11 月 17 日至 12 月 31 日，这段时期，伊朗开始出兵，最终占领苏联扶持的两个独立国。

我们的军队连同加拿大分队进行“寒冷气候作战测评”（cold weather combat testing），而海军派遣了巨大的航空母舰“中途岛号”（Midway）去北极考察时，[1]人们才明白，就在此刻，分裂[2]开始。因此，以国际科学的名义，我们不露声色地要求苏联人帮助我们收集气象数据，以便形势恶化时，对他们施加不利影响。而毫无疑问，苏联人的不作为和阻挠也是在用不露声色来回应。

【官方代言】当我们的驻波兰大使[3]开始巡游美国，想要煽动情绪反对波兰新的左翼政府时，他已经辞去职务，按照《纽约时报》的叙述，“目的是为了让美国人民认清形势，尽管这适合由国务院[4]通过公布官方记录来揭示，但这样做能让他们认识得更加清楚”。然后，他接受了采访，其中“坚称，作为前大使，他的发言属于个人”。但是，尽管现在他是普通公民，而且还强调这样的事实：他跟白宫和国务院并没有分歧，然而，他是在国务卿的接待室召开的访谈，这正是国务卿主持新闻会议的房间。“国务院新闻关系办公室的官员都在场，还时不时地向他提示那些在其评论过程中出现的要点。”从技术上讲，我们可以将这样的举措称为不露声色，因为“非官方的人”带有了官方的印记，同时又没有牺牲掉官方的意义。但是，国务院恰恰确保了：这并没有太过不露声色。[5]凭借杜鲁门政府的天才，这种外交手腕掌握

1　1946 年冬，中途岛号服役后不久前往北极参与考察。

2　指冷战即将开始，美苏分裂。

3　按照伯克的描述，大使应为朗恩（Arthur Bliss Lane），1947 年他辞去大使职务，为了抗议波兰左翼政府的成立。他随即写了一本书，题为《波兰受叛目睹记：一位美国大使向美国人民的报告》（*I Saw Poland Betrayed: An American Ambassador Reports to the American People*，1948），批评英美放弃波兰的政策。

4　State Department，即美国的外交部。

5　因访谈在国务院召开，就表明了官方态度，所以不是那么“不露声色”。

了21点(blackjack)的微妙之处。[1]想想一句老话,“老爸给闹钟上发条”,这暗示,追他闺女的人待得太晚了。杜鲁门的外交手腕巧妙地调整了一下套路,让老爸又加上一句,“没有暗示的意思”,接着他去把猫放到了屋外[2]。

【虚伪】不露声色有时近乎虚伪;但我们不会说塔尔杜甫[3]是不露声色的。一个人的不露声色甚至能到这样的地步:当他判断自己的动机时,无需确定“单纯”和“狡诈”之间的界限该如何分清。称赞你手下败将的英勇,这种做法完全是“高贵的”,尽管不露声色已经泄露,这是绕着弯子夸你自己。比如,打完网球后,胜利者心满意足却局促不安,面对刚刚击败的对手“无敌般的发挥”,他夸张地表现出激动的样子。

【完全虚伪】彻头彻尾的虚伪,如,主人劝阻即将到来的客人,跟他说,他会陷入令人生畏的糟糕处境。但客人如何呢?他是否怀疑主人故意曲解歪曲形式,好阻止他来?他回答道:哪里情况惨,他就应该在哪里。于是他到了,怀着传教士的热情。到达之后,他表现出了惊讶,因为他发现,尽管他预料到了事态的糟糕,但他长舒一口气,情况非常稳定。我们看出什么了?他其实真有牺牲精神。他其实真想担负困难。与此同时,他意识到消息的夸大。所以,他先是不露声色地用自己的方式宣布,他会来;然后又不露声色地宣布自己的惊讶。

1 21点里,有明牌和暗牌(不同玩法里,庄家或玩家的情况不同),这样就可以采取障眼法。比如在某种玩法下,玩家有明牌和暗牌,明牌10点,暗牌4点,但玩家不露声色地立刻表示不要;庄家就受到迷惑,以为玩家的牌很大,就会选择再要牌,这样有可能超过21点,玩家就获胜了。

2 put out the cat,谚语,意思是要睡觉了。因为睡觉前,猫要放到屋外,避免吵闹。这句与上面的winding the clock都是表示睡觉的谚语,有时连用。

3 Tartuffe,莫里哀戏剧《伪君子》的主人公。

这不是塔尔杜甫的做派；这是真正的不露声色。

【束手无策】我们可以用“我们束手无策”这个程式来进一步扩展，虽然它还是没超出“不露声色”的外部界限。例如，据说大国的政治家有时候对小国首脑立下的“庄严誓约”，也可以阻止大国。如，英国人“受到阻碍”没有同意将某些殖民地还给意大利，因为英国对北非的塞努西[1]团体做过承诺。在这样的情况中，“束手”套路尤其方便，因为，除非主人公愿意，否则无需束手。明显的例子如，蕞尔小国仅凭施以小利，或威胁撤回这样的利益，而让大国束手，这足以让大国同意修改条约。以漫画为例，可以想象一个外交官在叫嚷“我们束手无策”，却踢开了天真地提出要为他双手松绑的好心路人。

【自行束手】还可以再进一步。如果没有人帮你，就让自己束手。例如杜鲁门政府的政策：先扼杀联合国给欧洲的救济，然后再绕过这一组织，理由是，联合国无法解决这样的问题。第一步“我们自己束手”，让联合国救济善后总署[2]难以工作，这样，我们也就不能跟着它一起工作了。同样的判断——但没有提及修辞套路——也见托马斯·J.汉密尔顿[3]（NYT，3/19/47）[4]从成功湖[5]发来的报道：“既然美国也阻止联合国建立机构为受到战争破坏的国家继续提供食物，那么由此可

---

1 Senussi，北非的伊斯兰教苏菲派的组织，创始人为塞努西。二战期间，该团体大力协助了英军抗击纳粹德国和意大利。二战后在利比亚建立了王国，后被卡扎菲推翻。无论承诺与否，英国都不会同意把殖民地还给意大利。

2 UNRRA，即 United Nations Relief and Rehabilitation Administration。

3 Thomas J. Hamilton（1910—1987），1946 年至 1965 年任《纽约时报》通讯记者，他的很多报道见证了冷战中的许多重要事件。

4 缩写指《纽约时报》，见编者导言结尾。

5 Lake Success，纽约州纳苏县的村镇，1946 年至 1951 年（伯克写作本书时）为联合国临时总部。

以认为，华盛顿应该为‘单边行动势在必行’这一事实负责。”

【共荣】最典型的不露声色就是威吓朋友。鉴于不露声色已然充分，一个人就可以同另一个遥远的[1]朋友“合作”。当狮子与羔羊在同一个“共荣圈”[2]时，它们各自都具有一种狐性。此处，我们触及了名为“特洛伊木马政策”和“打入内部”[3]这样的流行套路。

狡猾的单纯

【大道至简】《神学大全》问题 III，论题 VII 解释了上帝是“完全单纯的”（omnino simplex）。分化存在的、多样的（divisim et multipliciter）一切，都预先存在于上帝的统一性和单纯性中（unite et simpliciter）。这就是如下那种悖论的语法基础，即，虔信者被要求让自己成为“基督的愚人”（如肯培的托马斯[4]的《师主篇》之第 XVII 章），或是如下那种转变的语法基础：异教的白痴可以变为圣杯骑士帕西法尔（Parsifal of the Holy Graal）[5]。这也是如下那种修辞套路的语法基础：把傻瓜等同于可儿，把笨人等同于健全者。

【不露声色】显然，我们仍然没有离开不露声色这一主题。但是通常，“不露声色”比“狡猾的单纯”更突出“外表”，尽管后者也有许多例子以“外表”为特征。“不露声色”指从外部来看；“狡猾

1 off the map，双关，即指遥远，也指被毁灭的。

2 co-prosperity sphere，暗示日本的“大东亚共荣圈”。

3 boring from within，政治术语，即渗入敌对势力中，搞暗中破坏。

4 Thomas à Kempis（约 1380—1471），德国宗教作家，提倡灵修。《师主篇》是汉译本的译法，拉丁文为 De Imitatione Christi，即效法基督，这部经典的灵修作品，作者曾有争议，但一般归于托马斯。

5 来自瓦格纳的歌剧《帕西法尔》，帕西法尔在剧中一开始被设定为愚人，这个名字来自阿拉伯语，意思就是傻瓜。

的单纯”是从内部得名。既然我们在考察表象之下的现实，那么，两者之间的界限很容易模糊。所以，如果你喜欢，那就把这一小节仅仅理解为“不露声色——续”。

【立场】不过，我们现在使用的术语似乎更加直接地描述了“立场”，例如，在《圣帕特里克节讲话》（1939）中，阿尔·史密斯[1]利用了谩骂，他称纳粹“傻头傻脑”，是“天生的笨蛋，连一垒都到不了[2]”。但共产党人就“狡诈”了，有些“聪明的小娃娃……被这种伎俩的行家耍得团团转”。史密斯的全部“等同”做法意味着“别担心法西斯”；它就像喜剧角色一样无害（因此也暗中具有了这一角色的可爱？）；大家“要留意共产主义”。我们不能说史密斯是“不露声色的”。相反，他当然狡猾地利用了“单纯”的手段。

【立场】与之相似，有位律师为一个同情法西斯、煽动暴乱的被告辩护，他向陪审团保证：虽然他的当事人虔诚地担忧左翼分子对西班牙教会的攻击，但是，他“无论如何都不是世界上最精明的人”。被告与左翼分子相对，后者被刻画为狡猾、激进、精于阴谋。

【厚道】危险的聪明。在一位金融信息灵通人士的联合专栏（syndicated column）中，我们读到，作者“刚从工资会议回来”，那里，“工人代表是一个非常精明的律师”，而“资方代表是一位厚道的老板”。在这样的情况下，很难将“蠢笨得叫人放心的人”与“聪明得可怕的人”相提并论，所以，为了代替“蠢笨的”，可以找到“厚

1　Al Smith（1873—1944），即阿尔弗雷德·史密斯，美国民主党政治家，曾担任过纽约州州长，也在党内竞选过美国总统候选人，反对罗斯福新政。其母是爱尔兰移民，圣帕特里克是爱尔兰的主保圣人。

2　get to first base，习语，指连第一步成功也做不到。

道的”这个形容词，这正是按照狡猾的单纯这一套路来表明的。

【大智若愚】在雅罗斯拉夫·哈谢克（Jaroslav Hašek）整部《好兵帅克历险记》（*Adventures of the Brave Soldier Schweik in the World War*）中，这一套路贯彻始终。为了逃避讨厌的兵役，主人公靠的不是造反，而是变成本性愚笨又善良的家伙，拙（daftness）中有巧（deftness）。

【利用马虎】相似的对单纯的使用，如某人的操作：他在财务上惊人地粗心，但不知何故，他给别人少找钱，要比别人给他少找钱更为频繁。

【白痴替身】毋庸置疑，在下面这一例上，基督教的理想符合了世俗喜剧的本质。喜角扮演一个“笨手笨脚的家伙”，他毛手毛脚，让最笨的观众相比他而言，都更加聪明能干。（当我们明白喜剧角色必须装出何等愚笨至极的样子，为了让他的观众感到安心时，我们也就懂得了听众必然对自己有着深重的焦虑。）借助实体悖论[1]，以及喜剧角色和观众之间的治愈性对比，先用替身如此坦承蠢笨，再通过观众“健全地”认同他，认同这个可爱滑稽的替罪羊、这个单纯的笨蛋，于是，安慰就有了。

【种族和性别】“南方的好 n*****[2]”也被期待着扮演这种可爱无害的角色，掌握这种永远“稚气”的本事。他们履行这种角色，就能得到某些有限的利益。但是，这一态度的反讽反应是，统治阶级的成员给黑人设立的规范，让他们自己有了同情之感（将愚笨等同于健全），因而，他们期待自己的女性也要摆脱政治、经济、社会方面的启蒙，

1 关于伯克的“实体”概念，参考 361 页注释 1。

2 即 negro，由于涉及种族歧视，只保留首字母。“好黑人”在种族歧视严重的时代是流行语，区别于“坏黑鬼”，他们接受白人教育，学习白人文化，温和顺从。

就像他们对黑人的希望一样，性欲、诗歌、悲苦——对政治、社会、抱怨。[1]

【假天真】同理，女性通常也将一种“臆造天真”的套路用到完美，用不经心来引诱。对于所有用“刚强”或“陪伴”来取悦男人的女性，其中很多人会装作愚笨让自己的“买主”安心，从而迷住和讨好他们，她们也会让成功的婚姻变得不再可能，就算那婚姻实际上真的成功，正如两人想的那样。财务上不安的美国男人爱着愚笨的女人，几乎就像他们爱着薪水的增加。其实，她所谓的愚笨，是为了弥补他没能获得加薪的失败。有些女人，天生就是修辞家，可以管理大家庭，而且几乎出奇有效，尽管她们也会成为所有家庭笑话的素材。她们隐秘的能干，甚至对自己也是秘密，能干之外，掩饰着虚构的“无能”，这让其他所有家庭成员在对比之后颇感舒服，让他们都可以深爱自己，以至于也能爱着每一个人。

【高贵的野蛮人】本杰明·富兰克林在法国的故事难道不也是“狡猾的单纯”的绝佳例子，可以用作修辞套路吗？狡黠的富兰克林是银行家中的银行家，深谙资本主义的初始之道，扮演了卢梭式的“高贵的野蛮人”，利用了欧洲将所有美国人等同于印第安人和原始森林的想法，但实际上，富兰克林代表了某种所有权结构，它的思路完全异于这种结构想要消灭的原住民社会。反讽的是，颓废的法国宫廷，就其仪式性动机（ritualistic motives）而言，却很可能更接近印第安文化的本质，而非富兰克林代表的金融与应用科学的新兴功利主义。我们这位老谋深算的大使很清楚，自己难以通过精通法国的规矩来证明自

1 前面都是给黑人设定的特征，后面是给女性。

己的合格，于是，他显然将迫不得已之事当作心甘情愿，勇敢地打破一切为勇敢所设的律条，即兴发挥自己的礼仪来冒犯礼仪。这种“纯朴”“滑稽”的性格，得到了他想要的；当他为一场向他本人致敬的演说鼓掌欢迎时，他让整个法国都心满意足，为他讨喜的笨手笨脚开怀大笑。

【慵懒外交】但是，在国际关系方面，也许最为独创的“狡猾的单纯”的变体，出现于19世纪索尔兹伯里勋爵[1]的发言中：“英国的政策是要懒洋洋地顺流而下，偶尔伸出钩篙避免碰撞。”又如这样的说法，也有着相似的论调：帝国建立于“一阵心不在焉上”。英国人中弥漫的这种慵懒的气质，或许不知不觉间意味着：加农炮轰炸原住民的长矛，无畏舰[2]击沉原住民的木舟，这些都是一个小丑的搞怪动作，他滑稽无害，可爱而无关紧要，愚笨却又健全。

【基督徒的报复】狡猾而单纯的人，其踪迹可以追溯到这样一种相关的套路，我们在别的地方称之为“基督徒的报复”[3]。如，你能迂回地通过不断“原谅”一个人来控诉他。或者，你能过于热心地为他辩护（因为完全无力的辩护会缺少格外添加的“基督教”成分）。当

---

1 Lord Salisbury，即 Robert Arthur Talbot Gascoyne-Cecil, 3rd Marquess of Salisbury（1830—1903），英国保守党政治家，三次出任首相。他本人还发动过第二次布尔战争，与这里的政策截然相反。这里的引句见他1877年致印度总督利顿勋爵（Lord Lytton）的书信。

2 dreadnoughts，得名于1907年服役的英国新式战列舰“无畏号”，该舰名后来泛指所有同类战舰。

3 见《对历史的态度》（University of California Press, 1984，Third Edition）第236页。伯克用例子说明了教会的功能就是排斥，也就是“基督徒的报复”，如，一个人进屋，把东西放在桌上，然后就出去了。这个行为完全是“中性的”。但是A先生也在场，他擅长“基督教的爱”，所以开始原谅那个人进屋和放东西的方式，他同情地理解他的错误，从而间接地控诉他。

伏尔泰说，“我能爱护我的敌人，但保全我，防备我友，则靠上帝”[1]，他所想的，无疑就是“基督徒的报复”这种方法。当教会“无关政治地”为苏联人民“祈祷幸福”时，苏联政治家也吞了一剂有效的药物。

【假同情】也许是因为女人会比男人更努力地产生同情，故而，她们似乎有着更强的动力去使用同情的外表。女人对女人最为有力的一击就是用“亲昵”的言语，或是用“拐弯抹角的恭维”（backhanded compliments）。这就是“猫斗”[2]最典型的程式。如，虽然普林太太知道帽子是普隆太太的，但她还是表现得仿佛帽子属于其他人，她悄悄跟普隆太太私语，说自己觉得那顶帽子品质不高。（海达·高布乐[3]：“哦，今早上跟泰斯曼小姐惹了一出小事。她把自己的软帽放在了那边的椅子上……我假装以为，那是佣人的。”）但是，既然游戏在玩的时候没有裁判，那么比赛选手有时就会越界，直接开骂（从“猫”变成了“卖鱼妇”[4]），而非遵守“不露声色”的规则，因为按此规则，人们不得挑明态度。

【假关心】关于“正确”使用基督徒的报复，有一位朋友，是女校的老师，说：“有个学生普林妮，苦恼不堪，她求我为另一个学生普隆娜做点什么，她担心普隆娜学习过度，会把自己累垮。因为她发现普隆娜的确很愤怒，狠狠抱怨老师的作业。既然我要为大部分作业负责，就连忙给普隆娜电话，不过，我发现她很平静、和蔼。她解释说，

---

1 意即，我爱敌人，不防朋友。这句名言通常归于伏尔泰，但其原版（与此处略有不同）来自古维尔（Jean Herauld Gourville），由法国作家梅尔翰（Gabriel Sénac de Meilhan）在《精神与风俗研究》中所引。

2 cat-fight，原指女人之间的厮斗像猫一样。这里仅指不露声色的斗话。

3 Hedda Gabbler，应为 Hedda Gabler，编者或伯克多打了一个 b。这是易卜生同名戏剧中的经典主人公。下面的台词出自第二幕。

4 fishwife，指骂街的泼妇，这里为了幽默，将猫（斗）和鱼联系起来。

普林妮对她过分操心，这事就过去了。到后来，我发现，普林妮和普隆娜谁也不理谁，我才明白这里面有多么精心的策划。之前，我公开称赞过普隆娜，因为她耐心、和蔼（暗含了跟好斗的普林妮对比）；而普林妮温柔牵挂的样子是想要告诉我普隆娜的臭脾气。”

【明褒暗贬】又如，Q 告诉密友，他得到过一位年迈的学术圈大佬的称赞，而他们过去又都极为钦佩他（“我们国内的元老之一”，Q 现在这样说，热情洋溢地赞美这位称赞过自己的人），他的朋友诚挚地回答道：“你见过他，我真开心。他现在靠什么维持健康？他的各方面机能还正常吗？”这个提问如此自然，如此真切。是不是无意中也会发现恶意？

【爱的报复】也可以存在爱[1]的报复。羡慕想让幸运得一点。幸运得了好多。幸运沾沾自喜，对羡慕说，“猜猜我得了多少……”情形就是如此。幸运知道羡慕并不大方，所以盼他低估。但羡慕要更复杂。凭借基督徒的报复这个套路，他认识到，这正是自己格外大方的时候。所以，他估计的比幸运能得到的还要多。因此，当幸运说出确切的数字时，相比羡慕的豪爽，幸运反倒看起来小气了。

我们之前讲过约瑟夫用细心照顾折磨约瑟芬，这也可归入“基督徒的报复”这一条；为避免这个表达在解释时过于字面化，我们也应指出，此原则同样出现在日本人把自己的协助变成阻碍的那个例子中。

【以褒为贬】另一个变体：如果你的听众认为 A 是讨厌的对象，而你会把正在讨论的东西称为 A，然后谴责它，那么，你也可以温和地称赞它是出色的 A。如，虽然你会不大度地谴责某个说法是谎言，

---

1 charity，即羡慕表面装作爱幸运，所以高估了数字。

但你也能“大度地”处理它，称赞它是巧妙的谎言。因此，当苏维埃的副部长维辛斯基[1]在联合国大会上攻击美国和英国是“战争贩子”时，《纽约时报》发表了詹姆斯·莱斯顿[2]的一篇文章《演员维辛斯基扮演艰难角色赢得支持》，表面上赞扬了维氏善于支持自己，实际上却认为他理屈。面对这样的“欣赏”，我们就理解了为什么急欲立论的德谟斯蒂尼会承认，埃斯基涅斯实际上比自己更擅言辞，但他本人必须试图依靠某种愚钝的真挚来弥补自身的缺陷。[3]

【弱辩强攻】不过在这里，我们接近了“弱辩强攻”[4]的套路，如在《汤姆·索亚出国记》(*Tom Sawyer Abroad*)中，汤姆讨厌哈克跟吉姆，因为他们没能理解为什么十字军干的屠杀是如此“高贵”的宗教典范。或如，在《爱丽丝漫游奇境记》里，由于堵着黄油的表不走了，这就有了问题，但，“那可是最好的黄油”[5]。这里，我们已经进入了在其他条目中会更直接地加以处理的领域。

【装糊涂】还有一种有效的变体，当该套路的使用者已然面对受众将自己设定为有悟性的人时，他会反讽地承认糊涂。斯坦利·海曼在论 T. S. 艾略特的一章中（见《武装的眼力》）对之有所讨论。该方法就是，为了攻击一个不难的事情，那就宣称，它超出了自己的理解。

---

1 Vishinsky，应拼为 Vyshinsky，他于 1940 年至 1949 年任苏联外交部副部长。

2 James Reston（1909—1995），美国记者和专栏作家，采访过肯尼迪和赫鲁晓夫在内的很多要人。

3 德谟斯蒂尼在《金冠辞》（*Ὑπὲρ Κτησιφῶντος περὶ τοῦ Στεφάνου*）285、313 节和《使节辞》（*Περὶ τῆς παραπρεσβείας*）126、338 节等处夸埃斯基涅斯嗓音宏亮优美，但明褒实贬；《金冠辞》308、309 节称此技无用；《使节辞》223 节自称会用正直（ἐπιεικὴς）赢得听众支持。

4 attack by weak defense，用说服力较弱的辩护来攻击。下面的汤姆就是一味强调十字军的正当性来为其屠杀行径辩护。

5 三月兔在疯帽匠的表里放了黄油，表不走了，它就把表放在茶里，既为泡茶，也让表少一些黄油。它为自己行为的辩护就是一句：“那可是最好的黄油”。

如海曼所说，艾略特

> 反对道，他不太懂雪莱《致云雀》第五节的意思……他坚持认为，济慈的“美即真，真即美”这一句“对我毫无意义”，等等。显然，这种突然迟钝的姿态意味着苏格拉底式的反讽，既来自他选择的例子（总是浪漫派诗人的那些含混的情愫），也源自如下事实：他称赞布拉德利（F. H. Bradley），因为“他习惯于突然宣称无知而让对手尴尬”。而反讽的是，在艾略特最为辛辣的批评者中，有一位伊沃·温特斯（Yvor Winters）本应该几乎专门按照这种方式来攻击他。

【不懂】有位狡猾的教师好争是非，他也许会使用下面这种套路来试图让一个同事在学生眼中声誉扫地。如，他“承认”：对他来说，这个同事教的内容“太多了”，很难懂；这更加暗示：学生也不应该期待着从他那里获得什么好处。这一套路还有进一步的价值：当使用者真的不懂他在贬低的工作时，他可以过分热情地说出这一点，以此暗示：应该指责的不是那个人，而只是工作。

【自欺欺人】在此，我们可以彻底完结我们对“狡猾的单纯”的概述：考虑一下这样的推销员，他轻信的本性如此具有传染力，使他能骗住自己，由此，再通过虚假的承诺诓骗别人。或者，想一下天使博士[1]对“自愿心灵盲目”（voluntaria caecitas mentis）的告诫。在论及我们与上帝的关系时，他说，面对现实蓄意地封闭心灵，任何这样的做法都是罪。但是，我们也应该指出，在世俗的事情上，通过试验种

1 Angelic Doctor，指托马斯·阿奎那。下面的论述见《神学大全》2.2，问题 XV，论题 I。

种修辞套路来判断，“不露声色的盲目”可以大为获利。

【倒奶油】有时，倘若“狡猾的单纯”这一原则可以张口说话，那么，它也许会这样表达自己：“何必搞阴谋？想吃奶油，只需要‘忘记’搅牛奶就行了。”[1]

以过为破[2]

【以捧为拆】主持人在大度的表现下隐藏了恶意，他可以赞美一个天赋不凡的人，说他是杰出的天才，从而微妙地让听众反感他。程式即：既然“吹捧”是为了“拆台”，那么，让“吹捧”变得脆弱，就可以确保“拆台”。

【不抱怨】与之相似，一开始并不抱怨的人，也许可以在一段时间后学会合时宜地不去抱怨。这样有力却难以察觉的修辞，它的受害者会变得晕头转向，而一顿高声抱怨则会让其难以承受。

【以退为进】有个朋友是心理学家，说：“有位病人每次聚会都试图成为焦点，她给自己带来了不必要的麻烦。我建议说，就当做个试验，她可以尝试在人群中待上整晚，但不要企图去引人注意，哪怕是一次。她试做了——明晃晃地退却。她并不起眼，却好像戴着一个牌子，宣示说‘我不起眼’。”

【由异取同】我们曾经听过一位演讲者在天主教听众面前偏袒共产主义，为之辩护。此时，反共的敌意还没有达到高峰。演讲者一上来说，他无意让马克思主义跟天主教对抗。首先，他并不想这么做；

1　狡猾的单纯故作不搞阴谋，装作不会从牛奶中分离出奶油，直接倒奶，奶油就在其中了。

2　Undo by Overdoing，把事情做过头，以此来拆台。伯克举的例子中，有的还是“欠火”，但效果相同。

其次，他认识到，按照听众的性质，任何这样的努力都注定徒劳。他设想，听众都是善良的天主教徒，他们也打算始终如此。但是，他认为，马克思主义的批评有助于抵挡对宗教的滥用。他假设，真正的宗教教徒会欢迎任何批评，即使来自最不友好的一方，只要批评可以针对滥用宗教的做法告诫虔信者。然后，他继续揭示，随着经济状况渐渐改变，教会，甚至完全单纯的教会，它的等级制如何可以跟阴险的社会和政治势力保持一致。他主要论述了一些很久以前的外国例子，在那些国家，等级制与“不在地的大地主”（large absentee landowners）保持一致。类比关系不言自明，但他并没有说破。接下来，他继续揭示，一种宗教动机如何全面影响了马克思主义者的行为，尽管他们郑重其事地极力否认宗教动机。他指出，至少，去教堂礼拜的普通人，往往并没有共产主义者那样热忱地自我牺牲，热忱地献身于他们所认为的让人类更加美好的事业上。

【由同转异】这位演说者取得了一些进展。但或许不是很大，因为他是在天主教教会做的演讲，当着许多神父，针对的听众是信徒。不过最起码，他切入了针锋相对的领域。听众是宽容的。也许有些成员甚至心存同情，也许还太过同情。因为，比如突然间，听众中有人热切地呼喊，超出对他讲话内容的合理支持程度，那和谐的关系立刻就断了。抗议的咆哮涌起。“两者兼容”的气氛消逝；事情又直接回到了“非此即彼”的范围。

【临时决定】有种人，他强烈的惊呼将雪崩般的抗议释放出来，对其内心的动机，我们不是太清楚，也不会试图解释这样的做法。但是，如果——根据我们当前的需要——你假设自己在听众中安插了同谋，为了防止不想要的反应，你嘱咐他们过分激烈地表现出这样的反应，那么，你就提供了一个完美的“以过为破”的例子。惊呼的做法，制造出一个并不适合演说的情境，由此，让演说不适合于它。为了达到自己的效果，它强行违反了一个重要的戏剧法则：它引出了“并非提前准备”的决定。

【注意预判】贝内德托·克罗齐曾经让这样的雪崩落到自己身上，因为他犯了错误，没有采取这样的措施：拿出“并非提前准备”的决定。[1]反讽的是，这个例子中，从语法上，他提出了想要自答的“修辞问句”，由此恰恰“准备”了下一步的发话。但在形式上，修辞问句是向听众表达的——而他的听众迅速对他的回答、这个错误的回答，报以咆哮。当时，他是在那不勒斯做演讲，在一场欢迎他的集会上，时为墨索里尼倒台之后不久、盟军占领期间。他以修辞的方式问道：“我们想不想废除君主制？”他本打算提出“摄政制”来自己回答这个问题；然而，在他回答“不想”之前，听众就喊出了雷鸣般的“想”！

【故意出错】据说，德谟斯蒂尼在他与埃斯基涅斯的一场交锋中，有意让听众产生明显难以控制的反应，从而接着将之用于自己的目的。他询问雅典人是否认为埃斯基涅斯受腓力所雇。不过，他将“雇”这个词的读音稍微念错了一下，于是，坚持地道的希腊语的听众，喊出了正确的读音，以此来回应他。随着他们喊“雇！雇！”，他满意地说：“你听到他们说什么了吧。”他们已经大声宣布，埃斯基涅斯就是外国势力的工具。[2]

【错误的准备】也许可以期待身为思辨哲学家的克罗齐出点口误，

---

1 应指 1943 年 11 月 30 日，克罗齐的演讲，题为《意大利统一》（*Il Risorgimento*），当时的国王是埃马努埃莱三世，后来退位由翁贝托二世摄政。

2 见德谟斯蒂尼《金冠辞》第 52 节，他把 μισθωτός（受雇）误读为 μίσθωτος，锐音的位置不同。

尽管精通戏剧的演员自然会避免这种做法。无需德谟斯蒂尼也能知道：错误地准备一句台词，事实上是对台词的“破坏”（undoing）（这样的破坏，如果不是靠“过火”，那也是依靠具有相同效果的“欠火”（under-doneness）。这之后，下一步是，正如德谟斯蒂尼的策略，故意弄出一副看起来像出错的举动，由此吸引听众，为再下一步举措做准备。如，在罗斯福第四次竞选总统期间，奥尔森·威尔斯[1]似乎就是一例，他有意使用了错误的准备，恰恰达到了效果。那时，新闻界正在煽动民众对罢工的反感（不公正地让人产生了这样的印象：罢工在蔓延，会导致灾难性的减产），威尔斯面对保守的听众发表演说，他宣称：既然美国罢工了，美国大兵都该拿着家伙和武器上了。当他的说法遭到激烈的嘘声之后，他挑明：他引用的是马歇尔将军[2]的话，当时，将军的声誉正如日中天。由此，这位演讲人要弄听众，使之“过火”（overdoing）。不难想象，他其实还可以在听众中安置一些同谋，为“过火”做准备，这可以确保听众开始示威，发出嘘声。

【出气筒】在易卜生的《人民公敌》中，第四幕不正是使用了这一原则的微妙变体吗？之前，他的《群鬼》激起了公众的愤慨，《人民公敌》这出戏就是他的回应。被描绘成因为支持正义事业而受到迫害的医生斯多克芒，也暗示了《群鬼》的作者，是其代言人。在第四幕，斯多克芒医生面对着舞台上不友好的观众（戏剧家和他的剧作也面对着座席中潜在的不友好的观众）。但是，舞台上不友好的观众在反对

1 Orson Welles（1915—1985），美国著名电影演员、导演和编剧，代表作《公民凯恩》，他担任导演、制片、编剧，并出演男主角凯恩。威尔斯在1944年积极发表演讲，为罗斯福竞选助威。

2 General Marshall，即 George Catlett Marshall Jr.（1880—1959），马歇尔计划提出者，曾对二战时的国内罢工以及工会颇为不满，因为影响了美国的形象和后方稳定。

斯多克芒医生时，大嚷大叫得过于迅猛。因此，通过暗示，他们恰恰将“易卜生”受到的攻击弄得“过火”了。这样，他们的粗暴就可以用作“避雷针”[1]，消除易卜生的观众有可能提出的指责。舞台的观众成员将现实观众的抗议弄得“过火”，从而将他们转到了另一个方向，激起了他们对身为弱者的斯多克芒医生（具有基督般的内涵）的暗暗同情；因此，经由暗示，现实的观众被带向了同情，同情这位由主人公代表的、颇有心机的剧作家。

【成批审讯】在最近的战争期间，有一些人被控从事反美的法西斯主义阴谋，对于这样的审判，我们假定检察官打算公正地定罪。但是，关于“以过为破”这一套路的思想却告诉我们：假如他们想要确保“不能公正地定罪”，那么，他们的做法本就应该恰如他们实际所做的那样。他们不应该一上来就选择审理那种明显最容易解决的案子。相反，他们应该把整批案子堆到一块儿（他们实际上就是这么做的），把那些重罪的被告和轻罪的被告放在一起来审讯。这样就让程序“过火”，借此，他们能够合理地确保程序被“破坏”了。实际上，审判中唯一的受害者就是法官，他显然被“过”所“破”，以至于精疲力竭，不出几个月，一命呜呼了。我们也许可以对比一下这种对右翼的“成堆审判”与针对“十君子”被告的“独立审判”——这十人拒绝在国会委员会上就自己是共产党员的指控作证，而被起诉有藐视行为。[2]在后一种情况里，至少不存在“以过为破”的风险（我们也应该注意，在

1　lightning rod，俗语指可以用作转移注意力的出气筒或发泄对象。

2　指 1947 年的好莱坞十君子。在麦卡锡主义推动下，保守派成立的“众议院非美活动调查委员会”（即此处所指委员会）针对左翼思潮流行的电影界展开调查，传讯多人，十人接受审讯，但拒绝证明自己并非共产党员，最终被判“藐视国会”，入狱受罚。“好莱坞黑名单”由此设立。伯克在此嘲讽美政府以不同方式审判左翼人士和右翼分子：为严惩前者，宽大后者。

某些情形下，集体审判并没有削弱控方，正如针对“右派和托派反苏维埃集团”的莫斯科审判；还有二战后的各种战争罪审判。在这样的案件中，可以利用托洛茨基所谓的“捏合”[1]，由此，每个人的罪行使得彼此的罪行加重。但是，在此类案子里，“以过为破”或许以另一种不同的方式出现。比如，在许多人看来，莫斯科审判的高效恰恰证明了这些审判是阴谋。）

【追求完美】当某势力与好盟友联合在一起会大为有利时，这样的提议有可能受到攻击，理由是，盟友并没有那么好。如，美国国内拥护纳粹的势力利用了孤立主义情绪（反对一切与国外的牵涉关系，因为都是坏的）来协助希特勒的崛起。而“不干预西班牙”[2]这样的空话，也被用作手段来帮助佛朗哥镇压西班牙共和派。以“最好”为名义，来避免“好”。“完美”就是不作为的理由。这违反了“小儿流鼻涕，好过擦鼻子”[3]这句谚语，算是它的异端之说。

【求少得多】标准的讨价还价的做法是：想卖不低于 3 块，就出价 5 块。但是，由于“以过为破”的微妙性，在某些情况下，如果要求过少，结果反倒更好。如，有位老船长现今退休了，他照料一座游

1　amalgam，托洛茨基形容莫斯科审判手法的常用词，他认为，这种审判的本质就是“捏合”，即将党内革命反对派（被告）的情况与白卫军的事实成分捏合在一块，将大量谎言与少量真话合并到一起，而不是完全编造假话，从而得到一个捏合出来的犯人及其罪行。伯克在《论象征和社会》（University of Chicago Press，1989）第 299 页指出，基督与两个罪犯一起行刑，他被放置于一般罪犯的层次，这就是托洛茨基说的“捏合”。显然，伯克指的是，不同的犯人混合在一起审判，而托洛茨基指案件中真假事实的混合。在这里，伯克的意思是，将各个犯人打成集团，罪行就变重了。

2　指英法苏意德等国 1936 年 8 月签署的《不干预协定》（*Non-Intervention Agreement*），它们成立了不干预委员会，共同承诺不干预西班牙内战。但其实，德意苏三国却暗中干涉内战，尤其是德国更希望佛朗哥获胜。

3　Better a snotty child than his nose wiped off，意思就是，保留现状，比激烈的改革要更稳妥。

艇码头，住在旁边的小木屋，那里放着艇员的装备，还有其他东西。有个阔人让他用藤给小舟编一只小座椅。活干完了，要钱25美分。这位有钱人通常被人要高价，他几乎成了查钞票的高手，金额上，一分硬币也不能错，于是，他就方寸全乱。为了补偿过低而离谱的要价，他大方地多给了钱。倘若这个狡猾的老水手索要高价，他就会遭到强烈的抵制。假如他提出了正常的价钱，他也就只得到这个价。但是，通过要得太少，他就得到太多，还获得了阔人的赞扬，说他是天生的绅士，少有的单纯。

【欲拒反得】抑或，用克尔凯郭尔式的表达，我们可以说，既然他跟自己的有钱主顾收入“悬殊”[1]，那么，他找到了一种法子，将这个差距转化为自己的优势。他也设定了某种期待，让对方觉得将要出现的过高要价毫无问题。正如一个乡下人，给城里来的邻居小修了一下后者的乡村别墅，他不是少要，而是不要，不要任何费用，他坚持说，他干这个活，纯粹是出于“帮忙”。通过建立这样的“悬殊性”，他设定了一种情境，让他后来既能要高价，又能让人连反对的牢骚也发不出。

【骄则必败】但是，在有钱人对老水手的称赞中，或许还有某些要点。基于这种绕着圈子获利的出价做法，动机之中，有可能还存在着恐惧和虔诚，它们几乎与巫术有关。在“宇宙戏剧”的意义上，“低调之言”源自不安地领会了如下这一技巧上的事实：以最具效果的戏剧来说，“骄必先于败”[2]。情况很可能就像那些原始人，他们为了不

---

1 incommensurable，即丹麦文的inkommensurabel，见《恐惧与颤栗》的问题2，论信仰的悖论，内在与外在存在着“悬殊”，即“不可共通”；也见《非此即彼》的序言。

2 来自《旧约·箴言》16:18。这是戏剧设置情节的重要效果技巧。

让自己的孩子引起上天的忌妒，就给他们取个卑下或甚至讨厌的名字。因为，当神想要合适的受害者时，比如说，一对夫妇心爱的孩子，恰好叫"里特尔·娄瑟姆·斯坦奇"[1]，既然名承其实，那么，神是不会放低身份连这样的孩子都考虑的。（但是，回忆一下我们之前关注过的等级制，我们也应该指出，这样虔诚的对上天的卑下，似乎在印度之类的文化中极其流行，因为那里，种姓制度的巫术最为极端。）无论什么情况，就如那些自我贬低、引出褒扬的人一样，不管这一套路来自何种想法，是戏剧性反讽，还是虔诚的卑下，或迷信、或种姓，套路中都透露出了"狡猾的单纯""狡诈的获利"，尽管这并不是营造帝国的那种做法，却相当有利于某些在营造帝国的社会里百分比适中的、和平的爱好者。

【名褒实贬】另一种"以过为破"的变体是通过"弱辩护"，名褒实贬[2]。友人说："我跟两个朋友一起散步时，我心绪不佳，他们倒是兴高采烈，极其气人。到最后，他们决定，应该找个法子惩罚我一下，理由是，我跟他们没有同感。当我辩解说，我的不快跟他们毫无关系，我实际上跟他们很有同感时，他们还是决定我应该挨罚，因为，凡是有人赞同他们的蠢[3]，他就不可饶恕。总之，无论我是有同感还是没有，我都应该受罚。事情看起来对我很糟，直到我想出了如下论证：我起誓，我仅仅是跟他们自身的某些方面没有同感，他们自己也明察

1 Little Loathesome Stench，意即，渺小的、令人作呕的恶臭。

2 damning with faint praise，英语习语，用模糊和微弱的称赞来表达批评。往往只说称赞的话，贬低的话并不说出。这与前面的"以褒为贬"路数相似。

3 朋友的提议本来就是开玩笑，而且他们应该同情"我"才是，因此是"蠢的"，"我"改口赞同他们，等于认可了他们的蠢。

秋毫地对这些方面并不认可。[1]但是，我大为赞扬他们身上的值得称赞的品质，比如，他们富有想象力，聪明，尤其还有一丝不苟地热爱公正，尽管这爱因仁慈而有所缓和。这个论证难住了他们一会儿。然后，他们决定让步。他们承认，对我的审判并不公平，因为没有让我请律师。所以，由于我对他们高尚品质的称赞触动了他们，他们就任命其中一人为我辩护——但他很快败诉。”

【说好话】Q太太告诉Q先生，在他出门期间，孩子们的表现如何糟糕。她让Q先生激动不已，他于是让他们挨了板子。之后，他不在家时，Q太太安慰了孩子。她还为Q先生说好话，跟孩子们解释说，他辛苦工作都是为他们好，操劳过度，所以动怒。[2]

【号召冷静】或如某国的国务卿，号召民众冷静对待他国事件——他描述这些事件是“恐怖统治”[3]。

【名贬实褒】这一原则的倒置，在某位记者的文章中发挥了作用。该记者正在吹捧一位可能的总统候选人。首先，长长的赞颂。之后，为了缓和赞颂，这位作者也补充了一些对“缺陷”的“承认”。这位伟人曾经调整过政策；他犯下了错误。但是，

如果他错了，他的国家也错了。如果在20世纪20和30年代，他有点太过自信、有点太自傲、有点太自矜，那么当时的美国亦是如此。如果他现在诚实、真诚地调转方向，试图奋力避免过去的错误，那么，

1 指“蠢”和不同情“我”。

2 这一条是以说好话为名，实则让孩子怨恨父亲，从而隐瞒自己想要教训孩子的意图。

3 reign of terror，原专指雅各宾派的恐怖专政。伯克指的很可能是国务卿马歇尔1948年3月针对捷克斯洛伐克的描述。马歇尔实际上是在煽动民意。

他的所做，也正是他的国家的所为。

这样，当这位作者承认了他的英雄的“错误”时，这些错误似乎在于：他同自己的整个国家的气质恰恰一致。这位有可能作为候选者、代表我们的人，他的“错误”就是：他代表得太彻底了。这个例子仅仅因为是“反用”，所以才归于此处。它颠倒了“名褒实贬”，恰如某人“悔认”自己“太过真诚”。

【愤愤不平】至于更公开的斗嘴，如：普林不满足于将成功告诉普隆。他顺便提出与普隆比一比，后者的收入更低；他确保普隆理解了含义。普隆默默忍受，直到某一天，他想到了一个魔鬼般的念头。他愤慨地说（愤慨并非对准普林，而是全世界）：“你得到的收入还不够。我认识一些人，他们比你缺乏进取心，能力远远不及，但是，他们的收入比你多得多。看看他，瞧瞧他。跟我比，的确，你已经赚了很多。但是跟他们比，无论如何你的所得还未达到你的劳动能赚到的那个数。”普隆反击；他将普林的思路做到“过火”，从而“破”了普林，他得以喘息。比较收入这一话题，告终。

【讽刺】当要计谋的人没有摊牌，“过火”中就有了不露声色，但是，当你使用这一套路，目的是为了打趣、戏谑、嘲弄、丑化时，讽刺显而易见，敌意清楚表露。

【倒转】在嘲弄时，只要将事情倒转一下，将“所避”处理成“所欲”，就可以迅速地达到效果。如，有篇文章要让人们关注我们土地的急剧流失，但起了这样一个标题，从而变成了嘲弄：《论耗尽我们土地最有效的方法》。

【过度一致】或者，当“以过为破”的原则以嘲弄的方式使用时，通常可以认为，它借助了“过度一致”来达到效果。这是许多漫画的基础。如下，引自《纽约客》：

一家现代的古董店遭到抢劫。劫匪穿着18世纪的宫廷服饰，拿着老式的火枪……一对夫妇倒立在洞顶上，挂着就像苍蝇。周围是巨大的钟乳和石笋。说明文字是：“我从来分不清钟乳和石笋。”……一个开殡仪馆的，教他的狗装死……来自匡赛特屋[1]的一家，他们的身体有着同样的半球型……印刷业工会的纠察队[2]，他们的标语是花体字……打折店门口的纠察队，他们的标语显示自己的要求是减价……当总统候选人、州长杜威正尽可能回避许多争议问题时，他数着绵羊入睡。绵羊没有跳过篱笆，它们顺着篱笆遛……马群沿着赛马跑道铺开。它们比赛的排名对应了马鞍上的号数……一列房屋，都是一个模样。每一座的前面都有一棵树，尺寸和形状相同。每棵树都是秃的，全只剩一片叶子，在每一棵相应的同一个位置……女顾客在担架上，让百货店的店员抬着。当他们恰好经过问询台的服务员时，她惊问：“我这是在哪儿？”……三个士兵用带树叶的枝条伪装。有两个站得笔直；他们的伪装同样笔直。第三个弯着腰，垂头丧气；他的伪装也是下垂，他说：“不知道怎么了——我整天都觉得难受。”（最后一个例子，就是我们在《动机语法学》中所说的“场景—行动者比例”的绝妙的戏谑版：心态“以类比的方式呈现”于环境中。）

1 Quonset hut，一种活动房，最早生产于罗德岛的匡赛特角，房子是半圆柱形的，所以下面说这一家的身体也是这种形状。

2 pickets，工会组织的罢工纠察队，为了防止工贼和不愿罢工的工人。

主动让步

【过度一致】与上一个策略关系密切。的确，“过度一致”放在那里，还是放在此处这一条中，都非常合适。当那些体育专栏作家谈论一个“随拳闪转”[1]的拳手时，他们想到的，就是类似的行为。当诗人说道“啊，大海”，他呼唤翻滚的大海滚滚涌动时，[2]就体现了这样一个原则：该原则若是超出纯粹的语言范围、用来获利，它就变成了“主动让步”。或如玛格丽特·富勒[3]宣称，她已经“接纳了宇宙”。（这情形让卡莱尔惊呼，“上帝啊，她最好还是接纳吧！”）或如，摔跤手把对手的攻击转化为使其摔倒的方法。当布莱克写道“将好水者浸于河中”[4]时，他也想到了这个原则。弥达斯[5]的故事是另一个变体。通行的表达“你自找的”，就立足于这一原则。同样的说法还有“随你的便”，说话人继而会利用这一句来否决你。

1　rolls with the punch，习语，punch也可用复数，表示拳手随着对方的拳击转动身体，主动躲避，并不攻击，引申为从容应对，随机行事，兵来将挡，水来土掩。这符合本套路“主动让步”：以迎合对方的方式来反抗。由于退让就是与对方一致，因此与“过度一致”相关。

2　指拜伦的《恰尔德·哈罗德游记》IV.179一节（也被人单独称为《致大海》）的开头，Roll on, thou deep and dark blue Ocean, roll！诗句是赞颂大海的汹涌，贬低人类的渺小，诗人让自己与大海一致，也算面对大海“让步”。在1970年7月8日致吕克特的信中，谈及自己的健康问题时，伯克反复念叨了这句，Roll on, oh seas, roll on. Roll on，意思似乎是呼唤大海将自己早点带走，减少“人口过剩”。

3　Margaret Fuller（1810—1850），美国作家，女权理论家，著有《19世纪的女人》，与爱默生相识，也接受了先验主义（或译为超验主义）哲学，承担过《日晷》的编辑工作。富勒在欧洲游历时拜访了卡莱尔兄弟，她在一通发言中高呼这样的话，引来了卡莱尔的惊异。卡莱尔也是表面让步，没有直接提出本来想表达的反对。

4　Dip him in the river that loves water，出自布莱克的《地狱箴言》（“The Proverbs of Hell”），原文that作who。

5　Midas，即弗里吉亚国王弥达斯点物成金的故事，见亚里士多德《政治学》1257b和奥维德《变形记》第六卷。酒神赐他想要的这种能力，就是以遂愿的“让步”来捉弄他，同时也是与其愿望“过度一致”。

【迎合】或像那种迎合自己群氓的领袖……或如这样的灵媒，她在聚集的老人面前宣布说，她看到了一个“小老妪”的魂灵；她询问，在场人中，是否有谁可能丧母；或如这样的批评家，他对一位诗人写道，“我相信你的作品从来没有得到过这样应有的、细致的研究”[1]……或如那些“蛮族中的西方人”的故事，他知道日食按期将至，但他却像巫师一样，召唤怪兽吞噬太阳神，以此来证明他的本事。

【赶潮流】“主动让步”的最流行的形式无非是“赶潮流”[2]，如政客忙不迭地让自己的提案符合眼下受到公众欢迎的目标。藐视弱敌或远敌。说服已经相信的人。宣传员赢得内战。公鸡在自己的粪堆上逞强。[3]

【胡佛村】当在实际中说“很好，如果你要这么办，那就彻底这么办吧”，这一套路显然跟“过度一致”相似。如：回忆一下胡佛担任总统时期，正值大萧条，赤贫者在空地上用旧箱子、锡板和其他废物给自己搭棚屋，这些社群渐渐被叫作“胡佛村”（Hoovervilles），这是为了致敬那些鼓吹“顽强个人主义”[4]的人，他们坐视赤贫者无依无助，却通过“复兴金融公司”[5]优厚地用公共信贷来为大型金融机构纾困。

---

1 批评家为了缓和诗人可能的不满，所以迎合说：他至少细致地研究过诗人的作品，所以才提出批评。

2 rush for the bandwagon，bandwagon 即游行时的花车，俗语也有 jump on the bandwagon，指政治上从众和随大流。

3 The cock bold on his own dunghill，本身就是谚语，指在自己的地盘逞强，只在内战里内行。最后四种都属于随大流的类型。

4 rugged individualism，胡佛发明的口号，强调个体自力更生，不依赖政府。由此，很多贫民没有得到救助，胡佛村以及一系列为了嘲讽他而命名的劣质的器物，都成了胡佛的污点。

5 Reconstruction Finance Corporation，1932 年成立的、由美国联邦政府管理的金融机构，旨在于大萧条期间为企业、银行和各级政府提供贷款之类的经济支持。

几年后，在对抗罗斯福时，有些国会议员提出，将“博尔德坝”[1]更名为“胡佛坝”。民主党参议员格伦·泰勒（Glen Taylor）随后建议说，为了纪念前总统，他们不如更进一步，把博尔德市的名字改成“胡佛村”。

【作茧自缚】 W. C. 菲尔兹[2]在一部影片中用过这一套路。他在里面扮演老千，为了蒙骗其他老千，他装成新手。细节记不清了，但里面的情节是：他们教他扑克，以便来诈他——而他“学起来”又笨又慢。有一次，当他拿到了大牌 A，刚想在这一局赚上一大笔，他们就跟他解释说，A 是小牌。他并无异议，等待时机，最后，他给一个老千发了四个 A，而给自己堂而皇之地发了四个 2。当然，对方下了重注，因为他的牌更大。而菲尔兹不露声色地出了四个 2，赢下了钱。他就是在“随他们的便”。他们作茧自缚。[3]

【以让为迫】 一群没有女孩又惦记女孩的少男在街角闲逛。少女走来，脚步轻快，对打量她的男士轻蔑不屑，不理不睬。他们吹起口哨，那调子同她的脚步合拍，借此让她的步伐跟随他们的曲调。这是一种献殷勤的强迫……电影让动物的运动与人类虚构的情节一致，这也体现了相同的原则：随机摄录动物的“镜头”，再提供人貌似可信的指令，使得动物看起来正在对此表示服从。有时，这种服从也弄得过于做作，不仅产生了拟人化的效果，而且还过分而滑稽……又如，逗小孩笑时，孩子并不情愿，他也许会不自然地强作笑颜，以此来抑制并非自愿的

---

1 Boulder Dam，位于内华达州博尔德市，在科罗拉多河上，胡佛在大萧条期间为了振兴经济而组织修建。大坝在 1935 年富兰克林·罗斯福任总统时才告竣工，更名一事最后还是通过了。

2 W. C. Fields（1880—1946），美国喜剧演员。

3 They had made their bed, let them lie in it，来自俚语，you've made your bed, now lie in it，自食其果，自作自受之意。

发笑。[1]

【汤姆效应】那种有投机嫌疑的发起人，要求投资者“提供担保人”，否则他们的资金不会被接受。怪哉！整个申请程序都符合要求啊……当然有时，限制条件始终存在。地产值20美元一亩？一说它“有限制”，就卖了100块……顾客只会买一个？那就让他们读读牌子，“每位顾客，最多两件”。……按照祭司的巫术，东西一文不值，但一护着它，就使之价值连城。（马克·吐温有个诙谐的变体：汤姆·索亚让男孩子们为他刷围篱，还要付给他东西。[2]）

【先发制人】甲知道乙[3]抓着他的把柄而且就要发动攻击，他就去跟乙说，“老实讲，我处境难堪。我需要你的建议和帮助”，于是，他把后者已经知道的“真相”告诉了他。如果乙还是发动攻击，那么情况也不会比甲不来求助要更糟。而甲的举动也许消除了误会，转变了形势，充分改进了同盟关系，提前止住了进攻。

【先要建议】如下面这位雇员，他担心雇主对他不再信任，于是打断了危险连续的谈话，他说：“实话实说，我对自己最近的工作并不满意。我希望你可以给我一些建议，告诉我如何能改进工作。”

【迎客】无处可逃时，面对追赶者，就像主人欢迎客人……如果

---

1 本条的三个例子，分别是：男孩对女孩主动让步，用口哨与步伐一致；人主动用自己的命令与动物的动作一致，也算让步；孩子对逗他的人主动让步。但最后的结果是，A对B的主动让步，变成了A对B的强迫。

2 见《汤姆·索亚历险记》第二章，这是个经典的可以用于管理和营销的案例，甚至被命名为汤姆·索亚效应：波丽阿姨让汤姆去刷围篱，汤姆故意把这项工作弄成无上的荣誉，而且还拒绝别人来做，从而让其他男孩子争先恐后地付给汤姆东西，以换得粉刷的机会。这个故事的道理就是，如果想让人们觊觎某种东西，就要让它不易获得。

3 伯克用的虚构名字是Primus和Secundus，即拉丁语阳性的第一和第二。有时还会用Tertius（第三）。凡是用阴性Prima和Secunda时，中译为女甲和女乙。

你被贼关照了，就让他不要客气，宾至如归……在所有这些情况中，你都要“主动让步”。

【无中生有】当种种迹象表明，所有工人都会听从工会的罢工号召时，公司发了一份请求：“忠诚的”员工，请你们也别来上班了……[1]公众对国外冲突无动于衷时，官方发布了声明，诚挚地要求他们保持冷静，直到事情得到调查……在纳粹占领法国之后，“自由法国”[2]的代言人，号召民众于预定的时刻待在室内，以此来表示他们对“抵抗运动”的同情。选择的时间是周日的午休之时，但通常此间，待在室内的人数本来就是最多——因而，由于这种示威是缺场的，“示威者”就根本没有办法找到。

【艺术家的回驳】当有人反对特纳的《威尔基入葬》[3]中船帆的黑色时，画家回答说，他希望再加点颜色让它们更黑。从形式上说，这是所有艺术家典型的回驳。小说家则这样承认：他的目标恰恰就是达到批评家反对的那种效果。滑稽的变体是：雕刻家看着自己的作品，边想边自语道：“头似乎不成比例。也许，我最好叫它‘大头女’。”

【他将与之，我先索之】在党派政治领域，这一套路非常有效的变体就是，他将与之，我先索之。某派系了解到，另一派正计划拨一

1 “忠诚”的员工本就不会来上班，或者，本来就没有“忠诚”的员工，但公司一这样做，就好像他们是听从了请求，而且的确存在这样的员工。如果工人不听从请求，那就要来上班。无论如何，都起到了分化工人的目的。本条都是接受“不存在的状态”，将之转化为“有”。

2 free French，指 Free France，这是 1940 年 6 月戴高乐在英国建立的流亡政体。下面提到的“抵抗运动”（the Resistance）指戴高乐发起的反对纳粹德国和维希法国的运动，它统一了法国各阶层的抵抗组织。

3 “The Burial of Wilkie”，即《安息—海葬》（“Peace-Burial at Sea”，1842），特纳将此画献给他的好友大卫·威尔基爵士，后者去世，海葬于直布罗陀海峡附近。本条中，艺术家没有去驳斥对方的观点，而是顺着对方说，不但承认对方的反对观点，而且还认为不够，所以也算主动让步。

笔奖金，在选民中收买善意。该派遂直接发动示威，索求奖金。因此，当奖金表决通过后，示威者就可以声称，之所以拨下奖金，是因为他们的鼓噪……按照该原则，我们常常认为，当欧洲左派攻击马歇尔计划时，他们与其大声怒喝表示反对，不如呼吁支持，来个十几次，这样反而会更有效。

【利用定局】或者，若一项议案已然取得一致，但还需要时间制定细节，那么，在此期间表达出的任何反对意见都可以解释为“在确保”议案会通过。如，1947 年春，第一次“希腊—土耳其援助法案”[1]已成定局；但是，当亨利·华莱士[2]在英国表示反对之后，他的发言可以解释成“为他所反对的计划提供了重要支持”。类似情况还有，在准备第一大笔面向西欧的“马歇尔计划”拨款时，法案最终的通过如此确定，以至于几周时间里，国会演说中连出席的法定人数都未达到，而这些演说仅仅是为了完成国会记录（Congressional Record），其面对的会场也常常是空空荡荡。但就在此间，每当欧洲左派采取明显的行动，这就可以一再有效地解释成：无疑是这样的举动，让资助得到压倒性的同意，招致了如此的反击。直到最终，当捷克斯洛伐克建立了左翼政权后，我们的公众还受到鼓动，得出了这样的印象：我们在欧洲的整个计划之所以形成，就是为了回应这起事件，它“确保了”定局的出现。

【交警例】一个朋友说：“有一次，我闯了红灯，交警冲我吹哨。

---

1 Greek-Turkish aid bill，即 Greek-Turkish Aid Act，1947 年 3 月 18 日通过，该法案属于杜鲁门主义的政策之一，为了制约苏联。

2 Henry Wallace（1888—1965），曾在罗斯福第三个任期担任副总统。杜鲁门时期，他公开反对冷战和马歇尔计划，1948 年组建进步党参加总统竞选，最终失败。

他向我示意，指给我停车的地方，我却在等他给我罚单。但是，我误解了他的指示，他就抓住这一点当证据，说我二次违法。他愤怒地冲过来，不太吉利地宣布：‘你马上就会得到罚单。’无论如何，我都要拿罚单，但由于我加倍的独断，才会因为错误拿到罚单。当我思考国防心理时，我想起了这次事件。如，某国建立了空军基地，威胁到他国的安全。后者就采取措施针对这一危险自我防御。而接着，前者严厉地宣布：‘我们马上会建立基地。’”[1]

【前例】显然在外交、政治和法律的争斗中，前例可以用于这个目的。对于某国，当一个前例适合于自己的目的，就制定这个前例，但为了其他目的，它会违反这一前例，是外国的外交官让它想到了这样做。“去年，你设立了这样的原则。随你的便。很好，现在，还是想想这个原则，在眼前的情况下，它就对你不利了。”[2]因此，在“前例”仍在确立的联合国安理会会议上，大多数国家决定了“每一案都应按其实质[3]来确定”——这意味着，只要他们始终站在大多数一边，“前例”就不可能让他们困窘难堪。

【以彼之道，还施彼身】小孩子提供了我们所知的“主动让步”的最微妙的变体。他在楼上玩救火车玩具。他妈妈叫他把积木收拾进

1　这一条的逻辑是：行动者 A 先行确定采取行动 a；之后，行动者 B 做出反对行动 b；b 是 A 预料之中的，但 A 不加阻止，有意纵容，也就是“主动让步”，等 b 做出后，则说，是因为先有 b，所以采取 a。即使有人质疑，a 发生在 b 前，但也可以解释说，是因为预料到了 b 的将要发生，所以提前采取 a。这一条里，虽然从语言上判断，交警没有想因为闯红灯给罚单，不过，他未必是有意纵容朋友第二次犯错。

2　外国的外交官采取了“主动让步”的方式，让某国先按自己的原则 x 做出某事，将之作为前例，在下次，以 x 来约束某国。所以，某国需要违反 x。

3　on its merits，法律术语，即按照案件的实际情况、是非曲直以及适用的法律，而不考虑程序和技术问题。

楼下的盒子里。没一会儿，当她上楼来，发现他还在玩救火车。妈妈说："你怎么还不收拾积木？"孩子："救火车正来回找我放积木的盒子呢。"妈妈："你很清楚吧，救火车在这找不到的，盒子在楼下啊。"孩子："是啊，但救火车不知道呢。"此处，"不露声色"的实现看起来分三步：（1）在他的游戏中，他让东西按照他的方式行动；（2）妈妈回答，但没有修改孩子的游戏规则；（3）然后孩子回答，把他的方式处理成妈妈的方式，由此，"以彼之道，还施彼身"。

【苏联方式】在美国和苏联的交往中，苏联人曾经大张旗鼓地主动让步，那时（1948 年 5 月），他们把美国直言不讳的抱怨转变为了和平建议。按照詹姆斯·莱斯顿的解释（NYT，5/12/48），五分之四的照会都"涉及了美国决定让现存的政策继续针对苏联"。而剩下的五分之一，关涉了"商谈事情的可能"，但这仅仅是"表达善意的例行姿态"。但是，苏联人公布了照会，还有他们的回应，在国际上大肆宣扬了一天，这种做法惊动了全世界，使之陷入阳光一样的希望；也赐予了我们几小时完美的田园诗般的生活，直到我国的发言人将我们拉回了地牢。

【例行公事】表现得貌似有动作在进行，然后立刻开始这一动作。"'接受'没有提供的东西"（阿瑟·克罗克[1]的定式）。不露声色地将外交的例行公事解释为一种企图，也许有点像你收到一封寄来的信，"敬启者"（Dear Sir），然后将它作为证据，证明你的通信人爱戴你。（除非，在这种情况中，我们的发言人想让事情左右逢源，他解释说，虽然是例行辞令，但它可以视为我们良好意向的真实证据，从而忽略

1　Arthur Krock（1886—1974），美国著名记者，获得过普利策奖。《动机修辞学》与《动机语法学》中，伯克都引用了他的专栏文章。

我们最近大幅增强的备战举动。）

转移

【自然转移】［转移］与其说是手段，更接近于目的——它是如此普遍的一种目的，以至于，几乎所有的“言辞之争”都可以包含于其内。在某种程度上，任何被表示出的最微小的偏向也是转移。既然，就连最具想象力、最有智慧、最有美德、最幸运之人在试图描述现实时也会犯错，因而，某些程度的转移就自然而然，不可避免了。既然特殊的利益方通过批评之词中的转移能够获利，那么就未必需要极度缺乏想象力、极度缺乏智慧、极度恶劣的德性以及极度的不幸，才能具备对“转移”进行修辞训练的条件。可以补充如下事实：当前的想象力严重匮乏（广播、电影、大众杂志均可为证）；而且智慧稀缺（挑唆民众行动的新闻界的质量可以为证）；即使人们并不比正常情况时更加恶劣，但至少他们的恶被充分地组织了起来（“诈骗”就是有组织的犯罪）；我们现代的复杂性和权力所体现出的“新”，其本身就是不幸，正如“文化适应”[1]的需要所判断的那样——你找不到“转移修辞”不应该随处可见的理由。在蓄意使用时，转移的高效竟然如此永久，因为，它的出现是如此自然。弗洛伊德的梦的“替代”（displacement）表明了，它与人类的自然性逃避的根源是何等接近。

【方式问题】如某个孩子，当他不得不把自己想要留着的东西给他兄弟，但因为他的兄弟没有说“谢谢你”，他就激动起来，开始号啕痛哭。他的兄弟马上说“谢谢你”，于是乎，他的哭声倒更大了，“因

1　cultural adjustment，在《反述》中，伯克讨论过20世纪20—30年代，科技发展、机械化、城市扩张和资本主义给当时美国文化带来的危机，由此，他提出了文化适应的问题。

为他说得不够快”。他用“如何”取代了“什么”，就像那些认为外国政治“不美”的美学家。

【混淆主次】与之相似，许多讽刺笑话都用到了转移的一个变体。如有两件违法行为，一大一小；强调小的，因此暗示大的并不重要，这就引人发笑。如一个反对罗斯福的笑话，有人要求法院批准他改名字。当法官听到诉愿人的名字是富兰克林·德拉诺·斯廷克时，他立刻同意改名生效，然后问诉愿人想取什么名字来替代。回答是：“约瑟夫·斯廷克”。[1]

【喜剧转移】又如，在喜剧演员的滑稽动作中，有一种“通用的”转移。当演员就要亲吻女主角时，他停住，寂寞而又渴望地转过身，热烈地拥抱旁边摆出姿势的大理石像……同样，这种“通用的”转移在下面的情况中也可以看出，一旦看出，就会让人生笑，如反派开枪击中喜剧主角的配角，主角抱怨说：“什么都让我碰上了！”[2]

【无意转移】无意的转移，例如：在《意识形态与乌托邦》（*Ideology and Utopia*）中，卡尔·曼海姆（Karl Mannheim）试图以合理视角来展示种种欺骗行径以及改正它们的方式，他使用了农家男孩的例子。假如小男孩一直待在乡下，他就会把“地方视角”当作“现实”，但是，当他进了城，通过自己的经历，他的视角得到了极大的拓展。这个例子很充分，举它也是完全出于善意。但是，要注意它如何微妙地主张了一个更广的视角却又强化了一个更为狭隘的视角。因为它遗漏了“反

---

1 罗斯福的全名是富兰克林·德拉诺·罗斯福，法官以为这个人要将“斯廷克”（Stink）这个姓改为罗斯福，而且也因为Stink表示恶臭，但那人的做法相反，这就暗示，“富兰克林·德拉诺”还不如“斯廷克”。

2 击中的是配角，主角当成是自己中枪。

例”，城里人去了乡下，也会扩展自己的视角（知道乡间神的人幸运了）[1]。区别很细微。但是，在选择这两种例子中的一个作为你的范例时，你让注意力偏离了另一个；你为自己的动机理论，分别赋予了对大城市或对乡野的偏向。（确实，想想传统的“自然”和“神”的紧密关系，人们甚至可以说，作者的选择隐含地包含了这本书的意图：该意图从人类动机的宗教范畴转向了世俗范畴。）

【以宽盖狭】亨利·亚当斯[2]说约翰·布莱特[3]：“他接连打击几乎每一位他能打到的英格兰人，当他打不到单个人时，就打击整个阶层，或是，当阶层对他来说太小时，就打击全英格兰民族。”这一看法指出了若干种转移，它们立足于最典型的便捷推理，使用宽泛概念来涵盖狭小概念。因为，你攻击某个人时，如果是以他的阶层或民族为名义，那么事实上，你就转移了自己的目标，这差不多就像踢一个人的狗，以此来代替责骂他。这种标准的语言手段，其通常用法可见于挖苦地提及“某个民族”时，如某个人当场正在做一件骇人听闻的事，那就是“某个民族”在做它。亚里士多德指出过，从属转向种、再从种转向属，这也是隐喻手段，它会在意象化领域，提供出种种与这种逻辑手段相似的转移。[4]

【由狭转宽】在政治性论战中，也能通过将动机范围变宽或变狭来达到相同的结果。（见《动机语法学》论“范围与简化”部分。）例如，你可以将两人共有的一个要素处理成仿佛仅仅存在于一者之中，

---

1 fortunatus et ille deus qui novit agrestes，出自维吉尔《农事诗》2.493。

2 Henry Adams（1838—1918），美国历史学家，属于显赫的亚当斯家族。下面一段话出自他的《亨利·亚当斯的教育》，谈及了布莱特的勇敢。

3 John Bright（1811—1889），英国政治家，擅长演说，曾经反对谷物法，提倡自由贸易。

4 见亚里士多德《修辞术》第三卷论隐喻一章。

或是，将一者的要素处理为好像是两者共有，或甚至是全人类共有。如，虽然官僚制存在于一切复杂社会之中，但是，托洛茨基派能将官僚制的掌控宣传成斯大林主义的特有之恶。（与之相似，在美国，虽然每家商业组织都是以官僚制组织起来的，但是，“外党”通常仅仅将这种掌控归于“内党”。）又如，既然资本主义和现代社会主义都立足于机械，那么由机械引起的文化问题，其本身就可以仅仅归咎于伴随机械的政治架构。这种转移尤为可用，因为一切政治体制都有许多共同的要素。的确，在一切政治体制中，所有相同的动机都有可能找到，尽管这些体制各有分殊，规模各异（政治争论中使用的“抽象”做法，恰恰可以轻易地让这样的特殊和规模变得模糊）。

【具象化】同理，任何将某形势简化为某意象的做法，也可以当作转移，此时，如果意象作为典型，从字面上来理解，那么，它就曲解了形势本身的种种重要方面（可以想想边沁对“原型化”[1]的论述）。在丘吉尔的修辞中，有一些糟糕的转移，如，引诱西方人按照“救生索”“权力真空”和“铁幕”等字眼来塑造他们的政策。“权力真空”也许是“冷战”最为阴险的发明。人们几乎能够看见一个虚空之地，它强行地把临近的可移动的东西吸入其中，由此，它将苏联军队吸纳进来，无论他们愿意与否，除非我们的兵力取而代之，填补这个空白。而人们可以接着想象，当我们的兵力位于那里时，“他们”就会“被

1 archetypation，见边沁的《虚构理论》（*The Theory of Fictions*，1814）及《论语言》（“Essay on Language”）和《论逻辑》（“Essay on Logic”）两篇论文，他在分析词义时，认为法学中意指观念的抽象词汇，都有可感的具象的来源，如 obligation，与拉丁语 ligo（绑定）有关，因此蕴涵着 cord、band、tie 等具体的意象。这样的意象就是 archetype 或 emblem。这样，在功利主义的理论系统中，要想理解这样的抽象词汇，就必须借助 archetypation 的过程来将之还原为可感的意象。

装起来”[1]（仿佛它是某种从外面来的东西）。只要军事援助加入这种吸力之中，随着我们支持那些如若不然就会因自己的影响力而倒台的反动政府，人们同样会受到诱导按照“权力真空”来考虑这一点。这样的被处理成观念的意象，就如按字面来理解的漫画。我们至少再用几个意象吧，或者试着把它们混合在一起。如，我们可以尝试提出：讨论这一国际问题，就是讨论填补权力真空——这是大英帝国的救生索和软肋（soft underbelly）——的需要。

【控制与无序】有种独特类型的自然的转移会这样出现：凡当控制与无序并存时，就可因无序来谴责控制。但是，如果控制放松，有了无序，那么，谴责可以针对控制的缺乏。既然控制与放松控制都是政府的政策，故而得出：政府处处都能受到谴责。这就是我们的商人享有的舒适条件，他们彼此之间的不和谐关系，需要政治控制；因为，他们能谴责代表商业利益冲突的政治家的冲突。

【善变】转移的获得，还可以通过改变思考问题的角度。这样的视角变动恰恰是突然想出新发明的方式，无论是实践，还是思辨上的发明。（如“在一新国度，善变是上策”。[2]）一位友人说：“我有回见过一只鸟，它困在了教室里，慌慌张张地朝着天花板扑扇翅膀。老师把鸟的困境解释为‘趋向性’（tropism）的例子。因为，它服从了某种不相干的本能，它试图直直地向上飞逃，但是，如果它降下几寸，它就能从最高处打开的任何一面大窗户逃离。老师要代表自己的专业（他教逻辑学和哲学），所以他说，如果我们能用几句话来改变它的本能，

1　contained，contain 就是冷战语境中常提的“遏制”，这里取其具象含义。

2　It's good to be shifty in a new country，来自胡珀（Johnson Jones Hooper）的小说《西蒙·苏格斯船长历险记》（*Adventures of Captain Simon Suggs*），是苏格斯的座右铭。

那么帮这只鸟逃脱会是何等的简单。”[1]

【划界】现在可以补充话语的使用[2]，转移则作为修辞功能出现。从充当解救者的话语中，转移能建立新的限制秩序。凡当话语的引诱给出时，通过对错误的地方划界，语词实际上就能创造出全新层次的“本能”，这些本能让我们朝一个方向望去，而解决方法却在另一个方向上。从理智来说，话语产生的转移，是这样对错误的地方划界。从情感上讲，它们做出的转移则是通过如下方式：让我们转移注意力，以至于我们难以有条理地自问：界限是否划得正确（如“肤色界限”[3]就能转移社会批评的角度）。

【负向转移】神学教义可以引起转移，它将公地私占所导致的贫穷化归于上帝的意志。今天，也有相应的“科学”转移，它存在于地缘政治家的如下论点中：“帝国主义的竞争纯粹是地缘问题”。或者，转移仅仅隐含在“事实”的选择里（这是新闻界的主要修辞方法）。情感上，转移的获得，可以通过引入更强烈的兴趣，比如这样的母亲，她受过自由开明的教育，所以，她没有对自己的小调皮鬼说“不”，而是试图引诱他，使之满足另一个愿望，令其转移，从而不去满足原有的愿望。或如政治家负向地遵循转移原则，当他们有麻烦的新闻要爆出，他们就在更大的丑闻占据头条时放出这些新闻。或如，更负向的是下面这样的实利主义修辞，它能转移倔骡子，使之偏离自己的倔强从而运动起来：赶它的人叫喊，抽打，却毫无效果，而一个过路的，将一把沙子塞进这畜生的嘴里；骡子的注意力都集中在摆脱这件事上，

---

1 见《人的定义》一文，鸟即鹪鹩（关于该鸟另见第 192 页），此是伯克亲见。

2 接上一段老师的主张：通过话语来解救这只鸟。

3 color line，美国历史上存在的划分种族肤色的歧视性界限。

故而，他就自动服从赶骡人的指令了。从想象上，可以用更强的再现来转移注意力。如，当“严谨地”报告两方的争论时，发言人能为他的听众“再现”其中一方，其清楚程度超过了对另一方。耶稣会的“引导注意力”的套路（在我们论帕斯卡的地方讨论过）[1]也是“转移注意力”的变体。有位“友好的”商人，他的做法中就有出色的转移。当你作为朋友求他相助时，他会以商人的角色严厉地回复；当你作为商人，找他结账时，他会随便地答复，就像朋友。所以，多年来，你都能问他，但就是得不到直接的回答。

【法律转移】在自由国家，法律数量的大幅激增让这样的“转移”成为可能：这些转移在名义上准许的自由，多过了事实上存在的自由。当法律允许辱骂国王时，叫喊“打倒国王”的人，也许会因为叫喊而入狱。[2]在自由政体中，对官方不欢迎的观点采取支持的人，必须在行为上异常正确，而且要将这一点当作座右铭，哪怕仅仅是作为修辞上的预防。有情妇的政治激进人士也许会受审，但这不是因为他的激进倾向，而是由于情妇；我们可以补全对称的情况：想象他被保守派人士起诉，后者也有情妇（如，倡议严格种族隔离的参议员，据说偷偷在和女黑人同居）。

【国际关系】国际关系修辞中常见的转移做法是在“理想”和“利益”之间移动，用牺牲的说辞来表达贪婪的动机，反之亦然，这种做法此前曾有所讨论（尤其是我们论边沁的部分）[3]，后面还会在“大我的”条目下加以处理。

---

1 见《动机修辞学》的“帕斯卡引导注意力”一节。

2 即从“叫喊辱骂国王”转移到了“叫喊行为”。

3 见《动机修辞学》的“边沁的修辞分析”一节。

【先发制人】在国会上使用的一种常见的转移方法是先发制人采取措施，不是靠直接攻击，而是提出更弱的选项，该选项貌似旨在达到相同的结果。

【回避】当罗斯福被人问及一些选举结果时（这些结果不利于他的政党），他用转移作为直截了当的回避，他答道，他只追踪来自前线的结果（这些结果是有利的）。当有迹象显示罗斯福之前的竞选经理詹姆斯·A. 法利[1]与罗斯福的政敌密切往来，而记者对此提出了一些尴尬的问题时，这种转移就接近于纯粹的回避，他答道，"哦，吉姆完全能照顾好自己"，由此表明，那样的磋商是对法利有危险，而不是对罗斯福，但是，结果会对两人都有利（但同时，还有弦外之音表明，要小心的只是法利自己）。

【迂回】转移可以成为迂回，或拐弯抹角的暗示。如，一些日本政治家为了将针对他们的攻击打上不义的印记，就遵循日本帝国时期的政治做法，隆重地去往皇居，向天皇问安。

【时间】有一种转移，是按照边沁指出的思路：时间不允许了——现在不是时候——本该早点完成——需要更多时间——时候一到，我们就开始——计划不错，值得再研究研究，可以让它更好。我们曾遭受过的最巧妙的变体之一见于一场拥护法西斯的集会，那是在一所教会学校，以"西班牙主义"[2]的名义支持佛朗哥政权。当然，这种以纯

---

1 James A. Farley（1888—1976），美国爱尔兰裔天主教政治家，小罗斯福任下担任过邮政部长，民主党党魁，他是罗斯福1932和1936年竞选的管理人，为后者的胜选提供了关键的支持。但他反对罗斯福第三次竞选，两人关系破裂。

2 Hispanicism，即西语的Hispanidad，指全世界所有西语国家和民族共同具有的以西语文化为中心的民族性。佛朗哥颇为强调这种意识形态，还建立了"西班牙主义理事会"（Consejo de la Hispanidad）。

粹“精神性”的措辞来表达政治经济政策的做法，本身就是转移。但是，这样的转移会得到另一个转移的保护，即明确请求听众予以置评。对这种批评的渴望有着强烈的坚持，但也指出，它们应该留到最后。所以，无论有谁保留着评论，耐心地积累到一起，而且没有表示不满，等待着轮到自己的一刻，那么他们最终会“发现”：集会持续的时间超出了原计划，“很遗憾，时间不允许了……”等等。这样，当“摧毁西班牙民主”成为紧张争论的问题时，“西班牙主义”（即，佛朗哥主义）就受到欢呼，而且没有一丁点异议的杂音。

【骗局：假意共谋】最完美的转移例子，事实上也是转移的范例，就是骗局。骗子让他们选定的受害人［“上当者”（sucker）］下定决心、试图去骗其他人，由此，骗子可以转移受害人的注意力，使之注意不到他们对他的企图。的确，一旦共谋的气氛充分设定，那么受害者本人就会主动打消对自己死党的疑虑。模式就是：在共谋的外表下，隐藏着表里不一。

【《职业盗贼》及其实例】对骗局的出色描述见于《职业盗贼》（*The Professional Thief*）[1]，其中还带着粗朴的文学味。这是一部访谈记录集，访谈对象是一位有哲理的骗子，由犯罪学家埃德温·H. 苏瑟兰注解和阐释。它针对修辞欺诈的基本功提供了深刻的洞见。其中考虑的诸多套路都蕴含着对说服的热诚，德谟斯蒂尼才配得上的热诚。这些套路需要模仿和雄辩上的高超技艺（想想德谟斯蒂尼对伟大演说家的三个要求：“表演、表演，还是表演！”）[2]——尽管对这门技艺的纯粹之

1 美国著名犯罪学家埃德温·苏瑟兰（Edwin Sutherland）编辑和评注、由职业盗贼 C. 康维尔（Chic Conwell，化名）所作的犯罪记录作品。

2 见伪托普鲁塔克的《十演说家列传》，action 即 ὑπόκρισις，也可以译为 delivery。

爱通常让这些专家将自己的才华耗费在平庸的谋划上，将世界事务的管理留给了极为低劣的实践者，后者常常靠一些缺乏信服力的影子写手和御用文人来为自己完成修辞。

“骗局（confidence game）中不可能击败一个诚实的人”，这位佚名的权威[1]对我们如是说。“某位职业骗子”读完这句话后，称之“绝对正确”。另一位则说，“有个商人，是教堂执事，可敬的公民”，此人否认“自己有窃心”，他坦承道，“他不会因为任何缘故去做不诚实的事情”。但是，骗子不这样想，他们把他作为“计划”。后叙如下：[2]

计划有稍许进展，内容是夺取吉姆·奥利瑞（Jim O'Leary）的钱，他那时是芝加哥南区最大的赌棍。这个上当的家伙坐下，想了一会儿，然后说：“我一向憎恨赌博。我认为它毁了成百上千的人。我愿意协助破坏赌博业。如果这个计划有助于摧毁赌博，我乐意助一臂之力。那我们搞到奥利瑞的钱以后，就不能去趟温泉城[3]，到那里再灭掉几个赌徒？”

【诈骗信】下面有一封我们以前收到的“诈骗”信，它明显遵循了上述规则，因为，它需要“共谋”来试图欺诈书信作者的出资对象。

1　见《职业盗贼》（University of Chicago Press，1956），第 69 页，这里是化名作者康维尔的正文。

2　见《职业盗贼》，第 69—70 页，注释 27，是苏瑟兰在评注中的记录。骗子假意与那个商人合谋去诈骗奥利瑞的钱。

3　Hot Springs，位于阿肯色州，曾经盛行赌博业。

不应该忽视一位说西班牙语的小姐[1]具有的说服潜力，她就如菜谱中的一项材料：

墨西哥城 1940 年 2 月 26 日

肯尼斯·伯克博士

安多佛，新泽西

敬启者：

有位认识您、对您赞誉有加的人让我将某件颇为棘手之事与您相托，事关我的爱女和我的生活的全部未来。

我身陷囹圄，因破产而判刑，我想知道，您是否愿意帮我保存住一笔 285,000 美元的钱款，我将钞票放于隐秘之地，在一个旅行箱中，存于美国海关。当我把某份确凿证明寄给您后，您务必来我这里，缴纳与我诉讼有关之应付费用，由此，我的几只皮箱可得放行，其中一只收有一张行李票，是我去北美存放那个装有上述钱款的旅行箱时给我的。

为了弥补您的所有辛劳，我会给您前述金额的三分之一。因我担心这封信不能交于您手，故我没有签署名姓——待听到您的回音，我在那时会将自己的全部秘密交托给您。我暂时只以“A”为签名。

鉴于一些您以后会知道的重要原因，烦请用航空邮件或电报回复。我恳请您以最为绝对的慎重和谨慎来对待此事。由于我在负责监狱学校，方能如此完全自由地向您致信。在这狱中，我难以收到您的回函，

1 指书信的作者是女性，但下面的书信没有显示这一点。

所以，一旦您同意我的计划，可以给一位我完全信任的人士惠寄空邮，那人会将信件安全、及时地递送给我。

下面是他的名字和地址：

曼努埃尔·戈麦斯

巴尔德拉斯 78

墨西哥城

"A"

我们承认，我们的品德恰恰没有将自己从这种阴谋中解救出来。几天来，我们都生活在不可思议的犯罪的喜悦中。若有汽车慢慢地经过屋宅，这看起来都颇为可疑。我们想知道邮差是否清楚此事。我们开始想象该如何花这笔钱。我们还自我安慰，说这是骗局。但是，直到两周后，我们才摆脱这套戏法，我们收到了几乎一样的复制品，措辞有异，但用到了所有相同的细节；提供的名字和地址不同，却还是墨西哥城。（惊人的疏忽，几乎让我们对骗子失去信任。）甚至在那时，我们还抱有幻想，我们想象着自己"假装"相信这个故事，从而去趟墨西哥城，只为了看看这个阴谋的各个步骤如何展开，这完全是出于科学的兴趣。

【纳粹煽动】共谋非常、非常诱人。在关系冷漠的社会，比起诸多我们与他人的交往，共谋的社交性要更为深刻。想到这一点，我们就能更清楚地理解：在希特勒沙文主义的煽动下，德国的"雅利安人"如何轻易地就反对犹太人。我们能明白：通过这种"共谋"，人们的注意力如何能转移，不再注意这群垄断分子的花招，这些分子正在用自己的种族主义教旨来欺骗全部人民，他们主张的承诺是为了人民的利益而让犹太人和其他群体臣服，但这是为了让人民臣服；他们欺骗人民，令其自认为是盗窃世界的共犯。

【道德美化】当我们明白民族主义、侵略主义思想如何有可能使我们今天的国民转移注意力时，我们会再次想到这一套路。因为，正如所有实质利益可以转译为与之对应的“理想”，所有贪婪的目的可以变换为与付出牺牲的目的有关的词汇，或者，热爱暴力的儿童也能通过那些以美德的名义重拳出击、见义勇为的民兵，来为自己将暴力“道德化”，所以，“帝国主义扩张”也可以变成“承担起我们在海外的责任”。

【境外势力】当你达到了上述地步，公共福利的考虑就退到了国防考虑的背后。就是说，在国家的任务中，更大的百分比从经济上有用的商品转向了战争物资制造商的利益。当你达到了这个阶段，你就掌握了希特勒式的诈骗。如，大工业家无需应对向民众出售低廉“非战争商品”时的问题。相反，他们能高价将战争物资卖给自己的政府。种种杜撰之词将自己的企图集中于外国对象，由此，民众的注意力就从这种糟糕的事态上转移而去。他们恐惧外国势力造成的可能的掠夺，却对国内势力造成的实际掠夺闭上双眼。凭借沙文主义的狂热，他们在骗局中受到蒙骗；通过将实质利益表达为伦理理想，他们甚至还被骗得为此感到道德高尚。

代言人

【辩护转移】在西塞罗《论演说家》第二卷中，有一章[1]，苏尔皮基乌斯（Sulpicius）和安东尼乌斯（Antonius）回忆起了之前的一次演说论辩。苏尔皮基乌斯为原告发言，安东尼乌斯为辩方发言。苏尔皮基乌斯正在称赞安东尼乌斯的技巧，尽管他在法律上理据欠佳，但是，凭借这样的技巧，他设法煽起了听众对被告的同情：

（正如你对我们所说）当我留给你的不是要处理的案件，而是火焰——神灵啊！——你做出了怎样的开场！你看起来是如何惶恐，如何犹豫！你的表演如何磕绊和踌躇！你在一开始如何抓住了每个人都在为你辩解的唯一借口——你在为你的挚友，也就是财务官辩护！所以，你如何一上来就准备了引人倾听的坦途！之后，正当我断定你只能成功地让人们认为亲密关系才是为一位恶劣公民辩护的可能借口时——瞧啊！——到此为止，其他人都没有怀疑你，而我自己已经深为警惕了，你就开始让人不知不觉地潜入了你著名的辩护，那辩护为的不是作乱的诺巴努斯，而是愤怒的罗马人民，他们的恼怒是你激起的，这并非不义，相反公正而且应当……你如何让每一个词带着仇恨、恶意和同情发酵！所有这些不仅仅在你的辩护演说中，也在你对斯卡乌鲁斯和我的其他证人的处理上体现，你没有用反证来驳斥他们的证词，却逃入了民众的怒火中借以躲避。

1　第 47—50 章涉及了这起诉讼，由于伯克下面的引文来自第 50 章，故这里指的就是该处。伯克的引文用的是 Loeb 丛书本的英译。

安东尼乌斯从人民的角度，将他对委托人的辩护转向了为他的听众辩护，这一转向本身当然是“转移”。但是，其中还有一种更微妙的转移。他对罗马人民的代表团做的演讲，显然也是为罗马人民所说。作为他们的“代言人”，他在为他们“辩护”，为他正试图在他们身上激起的情感辩护。

【部分同于整体】哪里有社会，哪里就有秩序；哪里有秩序，哪里就必然有某种“部分等同于整体”的代表形式；哪里有部分代表其所等同的整体，哪里就有“代言人”套路需要的条件。

【代言要转移】如果 20 个人做出了决定，选出一人代表他们来宣布该决定，他当然就是他们的代言人。但是，按照此处我们理解的该词的特殊意义，他并非代言人。因为，他的职务中不存在“转移”，他履行的就是他所承担的职责。

【引入态度】当我们假借为另一人发言，实际上也是在对他发言时，代言人就作为修辞套路的转移出现了。在这个意义上，代言人套路企图在听众中引入一种听众按照料想已经具有的态度，而修辞家表面上代表听众表达这一态度。

【党国一体】党派政治中使用的典型的转移方法源于如下事实：执政党以不确定的方式既代表自己的特殊利益，也代表整个国家的利益。因此，针对该党的攻击就会受到“憎恨”，仿佛它是针对国家。如，当共和党谴责富兰克林·罗斯福的政策会造成让美国陷入共产党控制的危险时，他凭借总统的地位，作为国家代言人答道：“当任何政治参选人站起来郑重其事地说，存在着美国政府——你们的政府——有可能出卖给共产党的危险时，那么我说，那位参选人表露出了惊人的对美国的不信任。他表露出了惊人的对民主的不信任——对我们人民的精神力的不信任。”[1]

【认同转换】在这种使用中，代言人套路清楚地包含了认同的移动。既然总统是党和国家的代言人，那么，他能选择两种认同中的任何一个来用于手头的特殊情况，从而试图转移批评（这里的转移近乎直接的回避）。但是当然，他的批评者也能操纵属于自己的这一套路的变体。如，当罗斯福谋求再选时，指出其政权在战争期间的卓越作为，而州长杜威[2]则震惊于某位竞争者的厚颜无耻，因为该竞争者等于窃取了整个国家勠力同心达成的伟大成就，将之归功于自己的党派。

【高贵的代言】这是政治斗嘴，相当标准，但没什么特殊的。不过，在弥尔顿的《论出版自由》（*Areopagitica*）中，有一个该套路的高贵的例子，在那里，弥尔顿说，审查制度是人民的耻辱，因为它暗示，对于拒斥腐朽的思想，人民缺乏正确的判断力：

> 对于普通人这就是责骂；因为，如果我们对他们如此嫉妒，连一本英语的小册子也不敢交给他们，那么，我们的所作所为除了斥责他们为糊涂、恶劣、无理的人民，斥责他们的信仰与判断都处于糟糕和虚弱的状态，只能靠审查认证者的管子咽下东西，还能是什么呢？在平信徒（laity）受到极大憎恶和鄙视的教皇辖区，同样的苛责用到了他们的身上，但我们不能像在那里一样，将这伪装成是对他们的照顾或是爱。

就这样，弥尔顿的理由很迅速地等同于全英格兰的理由，因此，

1　应为罗斯福 1944 年 11 月 4 日在波士顿的竞选演说。

2　指共和党人托马斯·杜威（1902—1971），1944 年竞选时任纽约州州长，最终败于罗斯福。

对他的立场的抨击也可以转移成对国家的抨击。

【美国例子】这一套路的变体通常被一些美国商业利益的维护者在与苏联代言人产生修辞冲突时所使用。例如，苏联代表指控美国的某些特殊群体“好战”。但是，我们的编辑、政客和外交官都代表了整个国家对此表示不满，从而这一批评进行了转移。

【纸媒代言】在一定限度内，报纸也依赖代言人套路（在转移的意义上），他们对自己的读者发言，但看起来是为他们代言。尤其是针对舆论还没有将之明确化的议题，报纸编辑能在表达舆论的伪装下影响意见。我们说“在一定限度内”，是因为这种套路并非总能起到效果。如，“代表性的”报纸反反复复“表达”公众对富兰克林·罗斯福的不满，而每次大选，他又再复原职。与之相似，在与苏联论辩时期，报纸都是好战的“代言人”，代表思想和平的公众。我们也应该注意，在罗斯福去世之后，当他不再能够还击时，反对他的那些报纸的“代表行为”变得更加有效。

【宗教代言】通过代言人套路，牧师能在一次仪式中设法完成两个布道。因为，除了他公开劝导信众的那个布道之外，还有一个祷告，此时，他表面上告诉上帝他的信众对事情有如何的感受，但实际上是在告诉信众要如何感受。当然，在这种用法中，代言人套路与“基督教复仇”套路很是相配，正如一些“非政治性”祷告，它们代表了受敌对政治组织“伤害的”个体。在这方面，发言者越是表达同情，他就越是在明确控诉。当这样的祷告充分时，会众就能准备好作战了。

【独裁与自由】在许多方面，都可以注意到，独裁政权的代表在与那些拥有“自由”新闻媒体的国家的代表洽谈时具有优势。因为，独裁者完全控制了新闻，以至于他们能让自己的交易恰恰按照自己想要的方式曝光。但是，通过操纵代言人套路，自由派政治家拥有一种独裁国家不具有的优势。他们仅仅需要断言：他们不能做出如此这般的让步，因为恐惧国内的“公众压力”。既然独裁政权严格地控制着自己的报媒，那么，它必须为自己的报纸负全责。但是，自由派政治家参加会谈时，可以充分准备好用“令人头疼”、抗议让步的独立报媒来讨价还价。在洽谈期间，凡当他受到操纵趋向于他不想做出的让步时，他就能将让步的消息“提前泄露出去”；于是接着，回国之后，“自发”而且“不可控”的抗议就可以为他助力。在民族主义情绪颇为强烈的时代，这一套路的帮助甚巨。（如果在这里强调的不是“代言人”这一要素，那么，该套路也可以视为“不露声色”条目下讨论过的“我们束手无策”[1]这一程式的变体。）

反转

【意义反转】虽然如亚里士多德所言，修辞术“正反面皆可证明”[2]，但是，这一能力并非仅仅立足于语言上的诡计。某一个情境中的行动或目的有可能与另一个情境中的相同行动或目的有着不同的意义。同理，用来帮助的工具也能用来阻碍。修辞家能够如此轻易地反转表面的意义，因为实际的意义就是如此可以反转。

【否极泰来】在《讽奢侈》（“Satire on Luxury”）中，狄德罗问道：“我要去哪里才会找到永恒的幸福？”——他回答说：“我要去恶被推向极致、从而它会让事态更佳的地方。”这就是“越坏越好”的程

1 见第 17 页。

2 见《修辞术》I.1。

式。另一变体是一句非常“辩证”的谚语，我们过去曾经提过，[1]它是所有反讽的根本：“至善之败即至恶（corruptio optimi pessima）。”[2]人们会想到许多变体：“孤独之人，非神即魔（Homo solus, aut Deus aut daemon）”[3]；“若冬天来了，春天还会远吗？”[4]；“那力的一部分，它总欲恶事又永造善举”（Ein Theil von jener Kraft, Die stets das Böse will und stets das Gute schafft）[5]；洗清天空的风暴；死前的安逸；砖数翻倍，摩西就来。[6]

【宗教与经济】可从资本主义收购的角度来考虑散财宴[7]制度是何种情况。或者，考虑一下“新郎受新娘家族奴役”如何转变为“男人购买女人”。或是考虑一下这样的窘境，它如今又困扰着资本主义的国会代言人：为了支持“自由企业”制度，他让我们的政府将我们的过剩产品完全分配给无力购买它们的国家，但又主张在苏联出售就是叛国，即使苏联会用等值现金或商品来支付。

【武器与精神病学】因此，如下观念至少还是具有合理性的：原子武器和细菌武器的可怖令它们的使用变得不太可能（“越坏越好”）。

---

1 见《文学形式的哲学》。

2 该句也见于《希特勒的〈奋斗〉修辞》结尾。

3 源自于亚里士多德《政治学》1253a27，ὁ δὲ μὴ δυνάμενος κοινωνεῖν ἢ μηδὲν δεόμενος δι' αὐτάρκειαν οὐθὲν μέρος πόλεως, ὥστε ἢ θηρίον ἢ θεός。但亚氏是说，非神即兽。拉丁文方面比较早的引用来自于伯顿的《忧郁的解剖》（*The Anatomy of Melancholy*，1621）I.2.2。

4 出自雪莱《西风颂》。

5 出自歌德《浮士德》V.1336—1337，梅菲斯托所言，句首原有 Ich bin（我是）。《大师和玛格丽特》开篇也引了这句话。

6 when the tale of bricks is doubled, Moses comes，事见《出埃及记》5:18，tale of bricks 来自钦定本的英译，tale 是古语，意为数量。法老让犹太人做砖，不给草，而且还增加了砖数，以色列人苦到极点，但耶和华和摩西的拯救也即将到来。

7 potlatch，北美印第安人某些族群的赠礼仪式，在仪式上会散发和毁坏财物，进行一些经济和社会性活动，也会进行娱乐游戏。

如果美国还没有自然而然地烤死成千上万的人[1]，那么上述这种看法就会更有说服力。或者，存在着相反的可能性（至善之败即至恶），想想精神病学改良过的方法可能让道德败坏的效力更强。

【革命与宗教】有一个谜困扰着所有“革命形势”。可以正确又不正确地说，治疗手段靠疾病发展而且鼓励疾病。曾经刊登过的一篇文章题为：《说战争是对宗教的激励》[2]——在那些诱导我们将自然灾难说成是“上帝作为”的原因中，随灾难迸发的虔敬、忏悔和博爱，或许就在原因之列（恰如那种一度在曾经围困旧金山的地动和海啸中振颤的“地震之爱”）。

【乱与治】在社会动乱时期，所有将“表面”与“实际”联系在一起的做法都围绕着“越坏越好”这一原则。反转在即——这一伦理窘境是反转的最令人伤脑筋的方面。它为反讽设定了条件，一种有力的悲剧性的反讽，笼罩在我们的政治御用文人的可怜的口角上，就像大都会中阴沉不变的嗡鸣，来自不计其数、各不相同、混杂在一起的噪声。

【求异存同】“宗教裁判所”的心理学加强了反转的责任（为了净化，就替代性地惩罚异端者身上存在、但自己也具有的缺陷）。当争吵并不像演说家的“对照”那样看起来分明时，这一试图将种种含有共性的政治制度处理为互不相容的对立的做法，恰恰极大增强了论辩的尖锐程度。

【审美反转】最起码来说，在由衷赞美和屈尊俯就之间，存在着

---

1 指美国用原子弹袭击日本。

2 “Calls War a Spur to Religion”，据查该文载于1940年2月12日《纽约时报》，全名为“Sheen Calls War a Spur to Religion”。Sheen即美国天主教主教富尔顿·希恩（Fulton Sheen）。

摇摆的界线，如在鄙俗的“高雅崇拜”中，如果什么东西缺乏品味，就崇拜它的风情。当我们将革新与“仿古”的潮流严重混淆时，这种做法之中就存在着对反转的审美反应——这通常在表面上微不足道，但是意义重大。顺便一提，同样的情况，作为补充套路，也能引发审美转移的修辞，通过这样的修辞，那些在政治上令人不安的思想和意象，在艺术上也会令人觉得是坏趣味。由此，诗的“合式”（decorum）标准间接地成了经济特权的修辞性保障。但是，在很大程度上，抵制也是合理的，因为，为了某个目标所写的作品，其大部分内容都是低劣的，它是为了后辈的福祉所作，但这些后辈恰恰不会感激，而是将之忽视。（在奥古斯丁的时代，似乎许多支持新教义的热心拥趸都想让优秀的基督徒避开一切卓越的异教文学。但是奥古斯丁表示反对，因为他接受过异教修辞术的训练，他认为，这样做对于信仰并无太多益处，故而，古代知晓的所有风格上的修饰都应该为了荣耀上帝而使用。他的立场与当代的许多左翼人士恰好相反，后者是粗糙的工匠，他们会表明，代表他们目标的写作即使是劣质的，也是道德上的责任。）

【善恶相生】一个人为医治“凶眼”[1]开出的药方，你可以依赖于它，但另一个人会以为这是让凶眼具有威力的力量。如医院，其存在是为了健康，但又意味着疾病。“不朽”成了表示死亡的词。虔敬的僧侣帕夫努修斯[2]令苔依丝皈依，但在这个过程中，罪将他腐蚀。让工会干部来强制实行针对工人的纪律。“保护”意味着警察与罪犯的

---

1 evil eye，迷信认为的某人具有的使他人遭灾的目光。

2 Paphnutius，埃及隐修士。伯克此处所指情节应来自法郎士小说《苔依丝》，其故事具有反基督教倾向：帕夫努修斯对苔依丝怀有强烈爱欲，其信仰因此受到腐蚀。伯克曾经写过《人物的主要动机》（“Mainsprings of Character”），该文是一篇书评，评论的是一部研究法郎士的作品。在1922年2月6日致考利的书信中，他也分析了法郎士的叙述风格。

合作。[与之相似，纳粹统治德国期间，在纽约的一次审判中，证人主张，Unterstätgung[1] 这个表示“支持”的词，应该翻译为“国家的压迫”（pressure of the State）。] 不守规矩的孩子被赋予了维持教室秩序的任务。初为全才，后为专家。先是灵，后是物（如，教会是不动产的大投资人）。自由为始，垄断是终（柏拉图攻击民主制迈向了僭主制）。司法部长汤姆 · C. 克拉克[2] 在参议院“拨款”小组委员会（Senate Subcommittee）上（1946 年 5 月）证实并且讨论了对一些公司的法律起诉，因为它们违反了反托拉斯法，他说：“许多公司都认为，刑事诉讼中缴纳的罚款属于商业经营中的固定费用……它们认为罚款是继续非法行为的许可费。”还有，通过钻法律的空子，骗子通常迫使更优良的法律通过。如，就金融家本身来说，当“无耻之徒”干扰了他们对这种机会“出了名”的利用时，他们必定需要政府更严格的金融控制。（如，根据美国证券交易委员会的一位成员的看法，某种程度上，该机构会让一些曾经只有 “讼棍”才能使出的手段合法化；讼棍的“游荡让经管层和金融界的心脏恐惧不已”，由此，他们充当了“对过分之举的威慑”，从而让商人预先计算“手中交易的弱点”。）此外，在一定程度上，罪犯也保护了守法者，使之避免严厉的立法；因为罪犯让严格的法律无法执行——如果没有这样的反对，法律就有可能制定得颇为严厉，就连有身份的人也不得不违反它（忽视上述哪一条悖论，都能让许多固执的人极度自恋）。

【罪的反转】如果你没有发现罪的可变换性，你就不可能长时间

1　表示支持的词应该是 Unterstützung，应是证人利用了谐音，这样 Unterstätgung 就包含了 stat-，unter 意为“在下面”。

2　Tom C. Clark（1899—1977），1945 年至 1949 年在杜鲁门执政时期任美国司法部长。

地思考社会性的本质。（这是互赖、束缚、义务、服务、奴役、辩护、免罪、借记、信贷、破产和赎回的领域。）因此，修辞上的引诱会让人们将现在的帝国主义描绘为“承担责任”（“白人的重任”[1]——哎呀！直到有一天，“有色民族”同样认为，如果资本主义民族主义就这么自行发展下去，那么，他们无疑会发现，其工业强大到可以力争按照帝国主义的方式来控制西方，从而承担起“有色人的重任”）。感谢上帝[2]，这是某种仪式性的对未来支持的企望。某公司在自己偏好的股票上借款，也就是为了债务借款（归根到底，债务等同于欠款）。或如，既然纽约州的银行法意在“消除不合理和破坏性的竞争”，而美国的反托拉斯法显然旨在鼓励竞争作为垄断的抑制，那么，被控共谋的银行家，其会议的代言人就批评说，州政府建议的“合作”，美国司法部却将之谴责为“阴谋”。我们怀疑——但是的确不清楚——稻草人是否告诉了鸟哪里种着粮食；我们也听说过，扒手发现写着“小心扒手”的标志对他们的职业很有帮助。因为，当路人的目光落在这样的标志上，他就用手去摸，想看看自己的钱包是不是还安全；因此，盗贼就知道钱包放在哪里了。既然所有的援助都是控制的手段，因此，在“欧洲复兴计划”（European Recovery Program）这样的项目中，有人必然会注意到反转修辞的材料，这取决于他对我们海外金融投机的态度。

【以罪为辩】有时，当罪难以否认，通过反转，它就可以转变成辩护。如，为了预先阻止大陪审团的起诉，银行界的法律代表就辩解说，公审会削弱银行体系的信心。

1　暗示吉卜林的诗作《白人的重任》（“The White Man's Burden”），该诗主张白人殖民者要开化野蛮人，将帝国主义扩张美化为承担责任。

2　Gratias Deo，来自于武加大本《圣经》中的短语，如《哥林多前书》15:57，常用于弥撒仪式。

【牺牲被告】在萨柯和樊塞蒂[1]受审期间，薄弱的证据在全世界激起了善良之人的义愤，这义愤似乎本身“从良知上”就被视为处死这两人的充分理由。因为，在开明的公众看来，受到审判的是权力至上的马萨诸塞州。正义的问题退到了另一个问题之后，即，马萨诸塞州的公民是否应该相信他们州政府的法律机制。为了支持这种信仰，马萨诸塞州似乎必然要被宣告无辜——这当然意味着被告是“可以牺牲的”。由此，事实上，审判的“可疑”恰恰能够成为证明法官行为的论据。

【反客为主】或如某人的策略，其中也有反转：此人求职时害怕面试，他找到了一个法子，可以通过“面试”面试官来扭转局面。他对工作的性质提出了非常细致的问题，仿佛在决定这是不是他能够胜任的那种工作。然后，在仔细斟酌之后，他宣布了自己的决定：这是属于他的那种工作，他愿意接受这一职务。

【漫画反转】反转必然是漫画家的主要套路。在《修辞术》中，亚里士多德指出过“对照”[2]的修辞效力；在他的《诗学》中，他同样强调“突转”[3]，这种揭露戏剧性地改变了情节的方向；而反转则具有上述两者的特点。如，从《纽约客》的大量漫画中可以选出若干［反转者也具有反常者（perverse）的讽刺性］：

拿木棒的穴居男。他猛击穴居女，将她扔到肩头，扛起来正走。

---

1 费迪南多·尼克拉·萨柯（Ferdinando Nicola Sacco，1891—1927）和巴托罗缪·樊塞蒂（Bartolomeo Vanzetti，1888—1927），两人均为美国的意大利移民，一个鞋匠，一个鱼贩。1920年，他们被指控持有武器抢劫了一家鞋厂并杀死两人，经过七年审判和法庭辩论，虽然真凶落网，但二人最终仍被处以死刑。据通常的看法，两人都是无政府主义者，具有反美倾向，因此被安上了莫须有的罪名。

2 antithesis，希腊文为 ἀντίθεσις，见《修辞术》1410a，这种对比更强调词汇和句式之类的语言层面的对照。

3 peripety，希腊文为 περιπέτεια，见《诗学》1452a。

另有两个穴居女旁观。说明文字是："好了，我想她最后把他抓住了。"[1]……囚犯坐在警车里，豪华享受的派头，而警察忙活着处理爆胎……真空吸尘器公司的窗户上摇动着尘推……电话交换台的话务员说："抱歉先生，通信大厦没有应答。"[2]……歌舞队少女面对着男观众，有个女孩跟队列中的下一个女孩说："左数第二个不赖哦。"[3]……卖喇叭的小贩捂着耳朵，吵闹鬼起劲地吹着喇叭……病人跟心理医生说："但是，弗雷德里希大夫，你难道还没看出来，这大笔的费用都只是幼稚地试图建立你的'自我'（ego），只是妄图补偿你真正想要的东西？"……不般配的一对在昂贵的餐馆，上年纪的绅士对年轻性感的伴侣说："我一半想要做的，是远远地爱慕你，亲爱的，但另一半是想带你去大西洋城。"[4]……得意的老板，还有小男孩，在挂着许多牌子的店铺前："处理……搬迁……清仓……再卖最后三天"，等等。说明文字："总有一天，我的儿，这一切都是你的。"[5]……警察小队走过水果店，第二幅画上，他们已经过去，水果也没了……战争期间，如下主题有许多变体：女主人取悦仆人，老板奉承自己的下属，顾客讨好售货员。或者，还是战时：孩子们，空篮子，空桌子，"扮商店"。[6]……战后恢复生产时：图画表明背景，从办公室窗户看去，工厂内部，有大量巨型的战争武器。前景，主管们的办公室会议，冷静地检查小的机器玩具，猴子骑着三轮车，这是他们为下一个阶段准

1　穴居男看上了穴居女，其他两个穴居女表示遗憾。

2　电话交换台就在通信大厦里，所以已经应答了。

3　男观众肯定对女演员品头论足，但反之亦然。

4　新泽西州的大西洋城是著名赌城，这位绅士似乎暗示女伴有可能被输掉，这样，就只能远远地爱慕她了。

5　因为并没有要搬迁，只是借机多卖。

6　战争期间本来就没有物资，小孩子演与不演商店游戏，其实都是一样的。

备的商品。[1]（在这个平和的巧喻中，编辑们大概没有预见到，正确指导的“危机心理学”[2]能让许多这样忙于战争物资的工厂存活下去，尽管打仗已经停止。）……小孩的大人般的态度或言论……野蛮人的文明语……绵羊数着跳过篱笆的人来让自己入睡。

【连环漫画】反转特别契合讲故事的连环漫画。如，第一幅：男人遇见牵狗散步的女人。几幅过渡的画面之后，他们相熟，成婚。最后一幅：男人牵着狗步行……变体，墨西哥主题：扛着包袱的男人——遇见女人——求婚，等等。——最后一幅：女人扛着包袱……穴居男和洞穴中的女人——经历古代、中世纪和现代的进化——报纸宣告战争——最后一幅：两口子戴着防毒面具在洞里……关于战时肉食稀缺的主题：餐馆用餐者开始吃牛排，他留意到标志，“小心帽子和大衣”，他转身看自己的衣帽是否还在；当他转过身，他的牛排没了……关于战时缺少仆人：银行家们开会，摆出各种“高管”的姿态。最后一幅：几小时后，嘴里还是叼着昂贵的雪茄，主管们爬着擦地板。

【不平衡】通常，当一幅漫画的绘制是为了夸大前后反差时，设计上有意的不平衡能够加强幽默效果。如，一些正从好莱坞戏剧学院毕业的学生。中间的教授颁发毕业证书。随着一行学生排队、从左向右经过他，他依次给每人发文凭和墨镜。由此，一边的人眼睛发暗，另一边则人数更多，眼睛明显瞪圆——这个喜剧观念本身提供了这样一种心理因素，该因素补正了形式上的反对称。又如，

1　军火厂战后转做了玩具生意。

2　crisis psychology，见本书第 237 页，李普曼批评杜鲁门政府使用这种手法来引发危机，制造恐慌，从而加剧了危机。

讽刺阿德勒公司的口号“你能比她高”[1]：两道门并排，但不相配，矮的标着“进”，高的是“出”。（通过漫画的这个方面，对喜剧观念的感知可以修正形式上的不平衡，但是在此，该观念本身通过不平衡又得以加强；而这一方面也许还存在于无意搞笑的怪诞艺术中，那里，心理的动机与对称的打破共存。例如，想一下彼得·布卢姆[2]《永城》（“The Eternal City”）中的不和谐，按照我们的阐释，这幅画在自身之中包含了“之前”“之后”以及两者的过渡，这一连续过程被“嵌入”图画的同时性里。相似的荒诞也见于两个模特的故事，一男一女，赤身裸体，摆出姿势，为了画潘（Pan）和宁芙（Nymph）。宁芙拒绝跟潘同时摆出姿势，所以艺术家安排他们在不同的时刻出现。但是，最后完成时，瞧！他们在画布里还是一起，成为神秘的统一。）

【敌贬我褒】在政策主张的背后，存在着不同的哲学。但是，在争抢的匆忙中，不可能指望竞争的演说家搜寻到自己立场背后的所有哲学含意。口舌之战主要是“打一下就跑”（hit-and-run）的事情。因此，既然彼此对立的哲学最终导致了针对既定主题的彼此对立的态度，既然姿态或语气可以表达态度，难以言喻的全部复杂差异通常必须在斗争中差不多简化为边沁式的“评价称谓”（censorial

1 Adler 指阿德勒增高鞋（Adler Elevator Shoes），该公司的宣传语是，“Now you can be taller than she [is]!”，指男性顾客穿上之后可以比自己的女伴更高。该句经常在广播中播放，常受到嘲讽。

2 Peter Blume（1906—1992），美国国家，画风多元，含有超现实主义、精确主义、立体主义和民俗艺术等。他是伯克的好友，也是后者关注和评论的艺术家。《永城》是他的名作，该名指罗马，首先由古罗马诗人提布卢斯所称。布卢姆在画中嘲讽了墨索里尼，将之贬低为盒中弹出的玩偶。

appellatives)[1]，即声调的反转，借此，演说者用“褒扬的”（eulogistic）腔调来提及另一人以“贬抑的方式”（dyslogistically）提到的事情，也许同时，还要带有最易于用来对该选择表示认可的、任何意象或思想的片段。

【意大利大选】这种可以反转的语调，轻易就能让修辞斗争的基本形势变得模糊。如，美国在1948年4月意大利大选[2]中“获胜”之后，相当程度的清醒还是存在的。反对南斯拉夫人、煽动民族主义偏见的一切做法，以及“若共产党胜出则扣除救济金”的威胁，还有资助天主教政党至少有400万美元的竞选款——开始显而易见的是，我们向意大利投入甚多，这是为了获得特权从而能够投入更多，而之所以结束，要么是我们的民众抗议，因为我们给予的太多，要么是意大利人民抗议，我们给予的太少。我们赢得了权限可以继续支持一个必定会需要持续支持的政党。它在意大利之所以存在的理由，恰恰就是维护错误的土地所有制和对工业的错误控制，而这样的控制会彻底导致意大利难以自持。你对这一形势观看得越是仔细，你就越能觉察出里外翻转、上下颠倒、向后退步的反讽情形（当然，有一点除外，意大利能够成为承受可能战争冲击的军事基地——而我们整个国家的损失或

1 见边沁《行动动机表》的“表格解释”的n.4。也见《动机修辞学》的“边沁的修辞分析”一节。边沁认为，所有表示痛苦、快乐、欲望、情感、动机、倾向的道德词汇都是“中性的”，无有对错之别，只有“褒扬性的”（eulogistic）和“贬抑性的”（dyslogistic）之分：同一个行为既可以是前者，也可以是后者，彼此可以互转。两个极端都是“评价性的”（censorial或censorious）。这就截然区别了亚里士多德在《尼各马可伦理学》中将中道定为善，两个极端定为恶的看法。

2 在这次大选中，美国全力支持天主教民主党（Democrazia Cristiana）及其领袖加斯贝利，苏联则支持意大利共产党和社会党组成的人民民主阵线及其领袖陶里亚蒂；在美国的帮助下，本来不占优势的前者获胜。

许意味着我们国民中选定的某个群体获得了可观的利益，我们后面考察修辞情境时，还会考虑这一点）。

【道德反转】现在，我们的主要目的是探询，如何试图在思考反转时感觉自如，即使这只是作为心智锻炼。如果你在旅行，要说服某位朋友违反其意愿来陪伴你，想想你会给他写什么。另一方面，如果还是这位朋友，他想陪你，但又做不到，那么想想你在这样的状况下会给他写点什么。那么回忆一下，在这两封信里，你也许都是十分诚挚的。人们并不担心一道门既用来进，也用来出，一架梯子可以上，也可以下。但是，他们想让人类的习惯不是像神，就是如魔，不是进，就是出，不是上，就是下；当这种荒唐的确定性受到否定时，他们就会感觉自己道德败坏。

【修辞研究的意义】这里，人们道德败坏的条件存在于对确定性本身过分简单的崇拜中。他们不会允许自己从一开始就具有如此肮脏的多神性质。正确抵御这种道德败坏的保护方式并不是试图按照一种修辞固定僵化。相反，唯一配得上人类自由的保护措施，就在于对修辞本身的系统研究，这最终既能从外又能从内来处理修辞。当政治和新闻界的雇佣文人有意设计的“危机心理学”困扰着我们时，那么，我们会承担一项完全理智和富于想象力的事业，即，试图为自己描述出今天的新闻如何能在呈现时反而有利于截然对立的煽动类型[1]（两种呈现中的任何一者都未必完全是谎言）。在这种试验性的反转思考中，我们应该为之奠定基础的，不仅仅是宣传压力的结果，而是某种超越于此的事情。

1　指与危机心理学对立的煽动手法。

【反转练习的意义】通过系统思考反转的学问，我们就练习了“准备活动”。因为，我们必须记住，修辞家尽其所能地塑造我们。我们会自由。但是，他要保住自己的工作；身为说服能手，他的工作就是限制我们的自由。因此至少，我们应该让他的工作变得对他来说颇为艰难。通过练习（多少本着德·古尔蒙[1]的精神）反转的才能——无论多么具有试验性——我们就设定了正确的条件。

【猎狐㹴】有位朋友谈到自己的猎狐㹴：“它只有一件愁事。每次它打喷嚏，鼻子就碰到地板。打喷嚏竟会有那么剧烈的后果，这显然是它一贯的经验。它有可能想当然地认为：狗打喷嚏就其本性来说，就意味着要磕鼻子，而经常打喷嚏恰恰就是它的霉运。”当官方激起战争恐慌的修辞借助广播和报刊，长时间地影响公众时，狗的情况难道不也伴随着我们所有人吗？我们难道不也想当然地认为，当我们用喷嚏喷掉我们的经济障碍时，我们的鼻子也必定碰到地板？抑或，如果将这个例子转译为美国当前的情况，那么，人们不也是在宣传之下想当然地认为，推动国际和睦的唯一方式就是借助带着战争思维的挥霍？——这正需要通货膨胀、征兵、非战争物资的短缺。当我们具有的非战争物资的生产能力在整个历史中达到最强，我们就受到煽动从而相信：我们能用喷嚏喷掉和平富足的障碍，只要我们的鼻子重重地碰到短缺和战争。

---

1 Remy de Gourmont（1858—1915），法国象征主义诗人。此处暗示了他的“分解”（La Dissociation，disassociation，dissociation）概念，这深刻影响了伯克，而且是认同概念的基础。早在1921年伯克就撰写了文章《研究雷·德·古尔蒙的方法》，载于《日晷》；也见《动机修辞学》的“德·古尔蒙论分解”一节。

反说

【直击目标】反转（在诉诸对立方面）具有心理和形式上的吸引力，在关键时刻立足于言外现实，它引出了“反说”[1]这一修辞套路。每个控制，都有反制；每下攻击，都有躲避——但是，我们这里所指的“反说”的意思却不止于此，它将一种积极的自信赋予了防御。在理想的不露声色中，存在着某种含混的发笑、诡笑或讥笑，但是，“反说”至少表面上是直率、直接和直白的。不露声色能允许反讽的成分。然而，虽然“反说”套路会让分析者觉有反讽之意，它的风格本性却是直击目标，除了想要朝向那里之外，别无其他动机。可是，许多例子似乎也在不露声色的边缘，不可能明确区分。如果读者觉得更简单，不妨将之视为不露声色的关系较远的变体，通过强调反转的要素就会获得它。

【舒喉烟】流行的烟草广告可以作为范例。所有烟草都刺激喉咙吗？那么推荐给你的产品就是“舒喉烟”。联邦贸易委员会[2]或许可以得到法院命令要求你“停止和终止”直截了当地宣传此事。但是，如果你需要，可以在自己的陈述中引入含混。既然你的读者被销售辞令弄得迟钝，那么可以期待他们没有看到委员会要求你插入的限制条件。通过提及统计数字和科学测试，你还能进一步转移批评的注意力。但是，这一切的最终结果都是一样的，即“商业伦理”，借此，咽喉刺激品被当作舒缓咽喉的东西来卖，报刊和广播在全国范围内“自由地”散播这一福音。

---

1 say the opposite，说反面，当对方说 x 是 A，我则说 x 是非 A。简译为反说。

2 Federal Trade Commission，美国政府独立机构，保障消费者权益，打击垄断。这里的“你”，指烟草商。

【单纯】不露声色需要复杂；它的简单形态是狡猾。但是，通过“反说”这一套路，老手也可以看起来简单。你只需阐明这样一句话，如：你在说 A 吗？然后说，它是非 A。

【说坏话】依照这一原则，有个怪老头准备诋毁邻居，他解释说：“我不认可应该对邻居坏话。我也不想说邻居坏话。我只想说一点：我认识乔·夸德，我以前就认识他父亲，认识他爷爷。无论何时，你跟这个小 p***pot[1] 打交道时，都要注意点。”

【明降暗升】政府官员想将报告推迟 60 天？那就让他发布一项命令提出这样的要求：报告不得早于 60 天提交。你想要法律准许商人们达成价格协议从而保持价格上涨？那就让报纸满是这样的文章：坚决主张商人应该被准许通过达成价格协议来降低价格。（这个方法通常隐藏了如下事实：当价格太高，有可能自发摇摇欲坠时，那么，对这种协议的要求就会出现。因此，降低价格百分之十的可能协议就受到极大的欢迎，反过来，若没有协议，价格就存在降低至三分之一的危险。）同理，纽约牛奶经销商要求有权提高牛奶价格，理由是，这会让牛奶价格下降（因为，拒绝同意上涨就会让企业“饥饿”，由此，会让消费者面临之后“更高的上涨”）。政府为了限制贸易反对联合企业的诉讼史，就是一长串辩解的罗列，辩护律师用这些辩解意在证明，通过各种墨守法律的腾挪，这样的企业联合推动了自由贸易，哄抬物价会让产品变得便宜。通常来说，并不指望仅仅靠这些辩解就能说服人，相反，它们旨在给默许的法庭提供一种借口，它可以表明自身的令人信服（正如看不起强奸、只乐于让人自愿顺从的诱奸者，

---

1 侮辱性的词语，原稿省略，有可能是 pisspot（尿壶）。

他可以恰如其分地“绅士”，只施加“适度”的威胁，以给对方屈服的借口）。

【你也一样】一个有力的变体是“你也一样”[1]：“你反对我的指控也完全适用于你。”当两个对手彼此谴责对方毁谤时，这个模式是对称的。

【口是心非】“老实讲”，他说。他的密友自问：“他此刻到底想隐瞒什么呢？”……同理，约瑟芬（认真地对约瑟夫）讲：“你必须来。我盼着呢。你要是也去，我会更开心。答应我你要去。别倔了。”约瑟夫（对自己）说：“究竟因为什么她不想让我去呢？”

【低调】个体斗智的修辞中，一个人会有说服力地像影响听众一样影响自己，“反说”必然采取别样的形式。因为，当一个人既是发言者，也是听者时，说服方式不会完全类似于那些说者与听者区分开来的流行方式。种种有魔力的谦卑套路就在这时出现，它们试图谦逊地承认不安，由此来引出成功，承认对失败的强烈恐惧来诱出胜利（顺势疗法巫术[2]的变体）。有个认真的家伙也是如此，当他中年时，故意像老人一样喋喋不休，希望自己在晚年能避免像老人一样喋喋不休。外向的“反说”一上来使用这样的套路，如，承认对自己不满意，从而引出赞扬。但是，较之某个团体的代表，单独的个人会更喜欢用这些形式。如，个性谦逊的政治家，他必然代表自己国家自夸自矜。而企业之间必定彼此吵嚷。（至于为了让私人公司获取国家利益而进行的游说鼓

---

1 Tu Quoque，即诉诸伪善，常见的逻辑谬论。如，A 主张 p，B 则主张 A 的行为是非 p，以此证明 A 言行不一。B 实际上是在“反说”。

2 homeopathic magic，以毒攻毒的疗法，即若某物 A 服用后导致症状 a，则认为 A 就可以治疗带有 a 症状的疾病。本修辞套路就类似顺势疗法，故意低调来积累好感。

吹，读者可以自行判断：按照“车轮吱吱叫，就有润滑油”这一严肃的修辞原则，怎样混合谦逊与自夸才能让这一结果最为充分地实现。）

【暗示】有一种方式可以让这一套路与不露声色重叠，即当不“反说”，而是暗示反面之时。如，我们的英雄自认为做了件善举。他去找他的朋友，完全准备着接受赞许。但他的朋友用了套路，激烈地欢呼：“我告诉了大家。我让他们沉默不语。我说，你的所作所为十分正确。他们无言以对。”我们的英雄就这样受到维护，他发现自夸殊为困难；他就这样获得了原谅，他发现难以维护自己。

【以子之矛，攻子之盾】有时，对反制的崇拜可以沦为游戏。如，一个善辩者反对某组织，该组织“通过判断自认为的苏联的欲求然后拥护反面来采取行动”。他说：“我发现这个外国势力扶持的新的暴政难以忍受并且反美。”（用一句口号反对口号的提出者。）[1]

【掷出窗外事件】下面有一些在最近的意识形态辩论中可以注意到的控制与反制的例子：当共产党在捷克斯洛伐克夺取政权，“西方”的代言人感到了双倍的震惊，因为，正如共产党指出的，政权更迭的实现并没有通过动乱，而且，其伤亡比起“一般的”美国七月四日国庆庆典还要少很多。但是，马萨里克[2]的自杀，将很有说服力的论据给予了新政权的外敌。情况似乎就是这样，直到共产党一派的总理哥特瓦尔德[3]在公共葬礼的演说中亮出了同样具有说服力的反制，他提及了

1　美国反共分子的荒唐口号就是，国内左翼人士依靠苏联这个外国势力。

2　Masaryk，即 Jan Masaryk（1886—1948），捷克首任总统托马斯之子，1948 年 3 月 10 日被发现死于住宅切宁宫窗下，是为第三次布拉格掷出窗外事件，此事为冷战的导火索之一。马萨里克死因不明，伯克相信是自杀，而且不认为是苏联的阴谋。

3　Gottwald，即 Klement Gottwald（1896—1953），1946 年至 1948 年任捷克新政府总理，这是捷共政治人士首次担任这一职务；之后任总统。

马萨里克从以前海外的朋友那里得到的许多电报，这些电报谴责他决定与新政府合作。由此可以说，马萨里克有自己的西方友人，他们破坏了他内心的和平；哥特瓦尔德宣誓他的政府会为牺牲者的致命痛苦复仇。

【政变】对于政变本身来说，“共产党和左翼社会党的联盟构成议会大多数”这一事实可能令人尴尬；但既然没有盟友的共产党是少数，事件中的这一方面就加以强调。至于不流血完成变革这一事实，它可以视为完美证据，证明这次的政变加倍阴险。

【语调】我们无需试图决定这里的正义问题。显然，这方面的问题太过有争议。出于当前的目的，我们仅仅需要注意修辞上的反转。尤其是，我们应该再次注意语调反转的使用：正如在这个例子中，采取通常描述“流血”的语调，将之用于不流血的情况。与之相似，当讨论“苏联制度与其他制度的差别”时，丘吉尔曾说，马克思主义者“无需按照通常的方式雇用特务”[1]。显然，针对马克思主义者的热情，相同观点也可以轻易地被赋予截然相反的语调，例如，将之比作这样的政权，它们通过难以置信的巨额的金钱贿赂来维系国外的盟友。确实，当对手利用了这种强调反面的做法时，通过反转其语调，丘吉尔就有可能做到这一步。

【因果倒置】反说通常导致“果处理为因”的反转。[“无因之因”（Non Causa pro Causa）的逻辑谬误则更加普遍，它将任何“非因”的因素处理为“因”。] 此中可以保护这样的标准用法，如，帝国主义者通过煽动内讧来达到统治，再用内讧来证明自己统治的合法性。

1　1946 年 6 月 5 日，丘吉尔在下议院的演讲。向来对共产主义者怀有偏见的丘吉尔主张，凡是信仰共产主义的人，就会为了这个乌托邦主动担任间谍出卖国家及其机密。

或如，剥夺黑人的教育机会，然后用他们的蒙昧来证明：他们不应该接受教育。

【代言人】“代言人”套路有时能处理成“反说”套路。如，若某国国民不想打仗，但是他们的代言人却想打，那么，代言人可以用和平的名义预备出一种战争的态势，并且确信，一旦态势成熟，“出于自愿的”国民就会响应作战的号召，甚至也许还呼吁战争。

精神化（大我的）[1]

【唯物与唯心】所有对立，所有反转中，在修辞上最响亮、最独特、最广泛的，就是论辩性地在唯物主义与唯心主义这两种表达动机的词汇间来回转译。

【无形和有形】事物作为“物体”而分解？那就“通过精神”将之统一。某国想扩张它的物理领土？就让它谈谈传播自己的“理想”。你想掩饰私有制内部的冲突？那就谈谈爱国。你遇到过矛盾？那就叫它们“平衡”。某组织紊乱？就谈谈它总体的“意图”。存在对手段的斗争？那就庆祝“目的”的一致。你想认可权宜之计？那就谈谈对应的原则。以“自由（无条件的）名义”称赞限制条件。将自然精神化为神的签名[2]。根据“不可见和无形的事物”（神性事物）来认可“可见的事物”（化身）。

【新旧语言】我们之所以在这里讨论精神化，并不是希望对其说

1 Spiritualization（the Nostrum），该条指将有形的物质转变为精神性的东西。Nostrum 是拉丁文，即“我们的”，见伯克下面的解释。中译为“大我的”，有时为了读起来顺畅，简译为“大我”。

2 源自帕拉塞尔苏斯《论万物的本质》第九章“论自然物的签名”（De signatura rerum naturalium）的理论。事物具有某种签名可以表露其本质。

出什么新的内容，相反，是因为它如此流行。此外，评估其变体的范围，有可能颇有裨益。较之新语言，在老语言中，有更多的词汇表示精神（Spirit）。但是，你只需要将一个名字赋予一个人或一个地方，你就召唤出了精神物。年轻的、实在论的语言才会表露出对精神浮现的持续的意识。而老语言中则充满着这样的意识，以至于，就连它尝试唯物论时，也充斥着唯心论。

【大我】我们称精神化为“大我的”，是因为，尽管我的和你的（the meum and the tuum）是不同的，但它们必定在精神上融合为与“大我的”（the nostrum）有关的观念。

【金口约翰论婚姻】如，考虑一下金口约翰[1]论“我的和你的”，见其论基督徒婚姻的布道（公元4世纪末写成，评注了圣保罗的《以弗所书》）。

金口约翰告诫为人夫者，不要纵容妻子对财富的无知崇拜，他解释说，虽然丈夫对应了头部，妻子对应了身体，但是，“如果他与妻子生活就像跟奴隶[2]在一起”，那么，就连丈夫也难以享受婚姻。解决方法就是完全禁止提及“我自己的”，这是魔鬼引入的“受诅咒的”和“不神圣的”表达：

> 尤其是，“我的”和“你的”这样的想法要从她的灵魂中去除。如果她说出“我的”这个词，那就跟她讲：“你把什么东西称作你的？因为我真不知道；我没有属于我自己的东西。那么，既然所有东西都

1 St. John Chrysostom，也译为金口若望，基督教早期历史上的著名教父，曾任君士坦丁堡大主教。此处选文见其《布道》XX，对《以弗所书》5:22—24的评述。

2 这里指用金钱买来的奴隶，约翰希望丈夫用修辞让妻子成为程度更高的奴隶，见下。

是你的，你如何说‘我的’呢？”

慷慨地授予她这个词吧。你难道不明白，这就是我们对孩子的做法？当我们拿着任何东西，孩子一把夺走，然后又想抓到另一件东西，我们允许，然后说，“是的，这是你的，那也是你的”。

让我们对妻子也做相同的事情吧，因为她的性情或多或少也像孩子一样；如果她说“我的”，那就说“但是，所有东西都是你的，我也是你的”。

这不是奉承，这位圣徒解释说，因为，在奉承中，“人们为了恶的目的做了无价值的举动”。相反，上述行为“是高超的智慧”“最高的哲学”，因为基督徒丈夫为了维护和平，从而说：“甚至连我也是你的，我亲爱的孩子。”

通过说这样的话，你会让她心安，你会扑灭火焰，你会羞辱魔鬼，你会让她成为你的奴隶，但胜过用钱买来的奴隶。用这样的语言，你会像用咒语一样将她束缚。这样，就用你自己的话，教她不要再说“我的和你的”。

从最为严格的字面意义来看，作者似乎自相矛盾。他没有去除“我的”和“你的”。因为，丈夫受到的劝告是，让妻子将所有属于他的东西称之为“她的”。两者融合，溶解在更大的整体中。因为，如果丈夫和妻子“不再是两人，而是成为一个肉身”，如果“两人成为一人，一个生命者”，那么，表示这种共有的词不就是“大我的”吗？

因此，我们的程式是：当“我的”和“你的”在精神上融合，那么结果就是“大我的”（the nostrum）。

【三种销售】尤其在联邦政府控制价格时期，发展出了一种“捆绑销售”（tie-in sales），借此，批发商会完成零售商的名牌商品的订单，但唯一的条件是，零售商还要同时购买一些不想要的、没名的牌子。战争期间，通过捆绑销售，大量的酒得以分销。分销电影时，“整批承包”具有相似的性质，影院经营者必须接受他不想要的片子，从而得到他想要的影片。可以说，这些做法就是这种“精神化我们的”之明显模式，这种唯心论只会赋予你一个东西，仅当你会将其他东西同它放在一起时。更厉害的类似套路是“诱饵调包”（bait and switch），以划算的买卖为特色吸引顾客，但是，一旦顾客在店里，“销售员就极力卖给他们价格更高、可以带来更大利润的物品”。[纽约市商业促进局（Better Business Bureau of New York City），引自 NYT，4/6/47。]“捆绑销售”和“整批承包”似乎说明了这样的方法：当某国制订国际协定，通过推动普遍的稳定来促进自身的繁荣，那么，“利益”就包含在“理想”中。但是，在我们对待那些为了设法维系自己的统治而让民众愚昧和贫瘠，并将之作为公共政策的伊朗统治者[1]时，当我们确信，我们在那里的外交目的就是“维持西方民主制理想”时，将石油气味精神化的做法，似乎更像是“诱饵调包”。

【西班牙谚语】请参这句西班牙谚语：“为上帝请求的修士，实则为两者请求。”[2]对修士的物质帮助因此被精神化了（虽然这句谚语

1　指美国支持的巴列维政权。1953 年 8 月 19 日政变，美英策动推翻了主张石油产业国有化的民选领导人摩萨台，扶植巴列维，从而让外国石油公司进驻伊朗。

2　A friar who asks for God's sake, asks for two，一般引用的句子作，A friar who asks alms for God's sake begs for two；西班牙语原文为，Fraile que pide por Dios pide para dos。

当然是反讽地表明：“大我的”应该被再次翻译为物质方面的所指）。

【对谁有利】“cui prodest”这一原则（这个问句意为“对谁有利”，出现于试图判定谁是罪犯时）也是从物质上揭露所有“大我的”（按照边沁的功利主义路线）原则［精神化、理想化、“褒扬称谓”（eulogistic appellatives）之类］。

【凝聚力】从政治中剥夺掉“大我的”，帝国主义的虚情假意也就会不再可能。但不幸的是，许多健全形式的政治凝聚力同样也会不再可能。“大我的”这一套路，有好也有坏，正如合作也许是为了和平，也许是为了恶意与谎言。

【剩余】对于“精神化”的合法证明：正如个体存在者（划分）全都可以被处理为有共同基础的参与者（合并），所以，对于“大我的”这一套路，不存在缺乏某些充分论证的情况（我们在这里完全涉及了“证明反面”的修辞）。如果目的是理想的，那么手段必定具有自己的物质性，这样的手段可用于任何在它的物质性之上的特殊目的；因此，如果手段必须是“不纯的”，那么，通过更加有力地强调目的的纯洁性，这种“不纯性”就可以“精神化”。或以其他方式来讲：将任何计划组织化，将任何观念制度化，将任何想象的可能性转译为对应的物质化身，从而将之官僚化；你还有某种剩余，它与源初的目的并不相容。这种剩余，这种“计划外的副产品”（一种“物质性的排泄物”）会成为一系列这样的“条件”：人们可以重新将之精神化，要么通过再次解读原始目的，使之进入这些条件，要么“先知般地”赋予它们新的特性或本质，并要求一种与之对应的新型的行动和目的。简言之，可以将它们处理成动机性基础，其本性用新的志愿来鼓舞人们。相应地，它们就成了“大我的”，因为它们激励人，令人在范围各异、相关公共利益的种种“共谋”中“共同呼吸”。[1]

【总括】虽然特定的“精神化”例子具有数量众多的、支持自己的论证，但我们眼下的意图不是因此而提供用来做出决定的准则。（即使你有一套完全正确的准则，你还是需要更深的知识——比如我们打算在“修辞情境”部分考察的内容——决定这些准则如何应用于特定的例子。）我们当前的目的是审视“精神化”这一整个主题，考察那些范围广泛、能被处理为这一修辞套路之变体的种种话语。我们不是试图认可或揭穿“精神化”本身；我们是在试图“理解”精神化在何种程度上进行，甚至进行于那些表面完全物质性的术语中。凡当你接触到了某个情境的“特性”“本质”“核心”“实质”“原则”，凡当你谈论“一切所归”或赋予一切某个“称号”时，你都处在了“精神化”这一边。你的“总括”的本性隐含的是某种具有相应本性的、对行动和态度的理由。

【命令】正如逻辑实证主义者鲁道尔夫·卡尔纳普指出的，许多看起来像“事实陈述”的表达，实际上都是命令。如通过下面这一信条，“仅有一个超人族，霍屯督人[2]说，只有该族配得上统治其他所有种族”，要理解此处的实际做法，我们应该将这一句从直陈式语气改为命令式，使其意为：“霍屯督族的成员！团结战斗，为了统治其他的种族！”[3]

1　本节涉及几个与 spirit 同源的词：inspire、aspiration、inspirit，词根来自拉丁文 spiritus，即呼吸之意（结尾暗示了这一点）。

2　Hottentots，该词本由荷兰殖民者用来指南非土著游牧族科伊科伊人（Khoikhoi），这一族区别于班图人，故该词也可指所有非班图人；后来该词也泛指野蛮人，具明显歧视意味。“科伊科伊”是霍屯督人的自称，即人上之人。该人种接近下文中的俾格米人（该词指身材矮小的非洲黑人，具有歧视意义），都是旧时划分的非洲黑人的人种。

3　这一段的直接引文来自卡尔纳普的《逻辑》（1937）。在《文学形式的哲学》中，伯克引述了梅塞尔（Edward M. Maisel）《文学的解剖》中所引卡尔纳普及其霍屯督人的例子。

【新闻描述】通过这种途径，某种修辞成分一再被偷偷地放入伪装成纯粹科学的文字中。因为，在每个对条件状况的陈述中，都存在着一些或多或少清楚暗示的指令。凡当记者描述一个场景，既然我们相信他，我们就倾向于那些与他的描述相符的态度和行为。因此，任何有关“事情如何存在”的陈述——它们范围各异，从新闻通讯到相关上帝和绝对者之本性的形而上学理论——都多少起到了诱导的功能。如果相信某个事态占优，那这种信念就能导向某种与之一致的行为或态度。就这样，场景描述或报道具有一种在修辞上有助于诱导出某行为或态度的本质或精神，而且该行为或态度也拥有对应的精神。这就是为什么我们相信，甚至最为实证的术语，也具有某种程度的修辞。（在上面对卡尔纳普的引文中，人们也许会进一步注意到，不适宜地选择一个接近俾格米人的种族、将之作为世界征服者的例子所达到的修辞效果。）[1]

【五元组比例】“精神化”的变体似乎隐含在五元组的成对关系中：行为、行动者、动因、场景和意图（在《动机语法学》中，曾将该关系作为“比例”加以讨论）。例如，意图—动因（手段—目的）这一比例似乎包含在如下的处理中：让“组织”（动因，手段）充满着意图（目的）的精神，而组织的建立就是为了这个意图。或，如果说，形势（场景）会导致某种与之相符的人的行为（“场景—行为比例”），那么，这就等于是说，行为的本性以类比的方式存在于场景的本性中。或以其他方式来讲：行为潜在地、实质地、隐含地或原则性地处于场景中。或回到卡尔纳普的例子：场景陈述是乔装的“场景—行为比例”；

1　卡尔纳普用这个例子是为了嘲讽纳粹，尽管不适宜地透露出了他的种族歧视倾向。

因为，为了唤起某个具有同类实体的行为，该陈述将某种精神或特性归于场景。

【昭昭天命】在我们横贯大陆的帝国主义扩张期间，当许多印第安人的土地被夺去和占领时，“昭昭天命”[1]和“白人的重任”成了口号，借此，明显具有实质性的套话实际上带有了命令式语气，由此，它按照普遍的或伦理的基础表达出了对行为的激励。与之相似，地缘政治家的“生存空间”[2]观念就是主张要考虑对外国领土进行国家主义的扩张。（这可以解释为什么“美国世纪”[3]的提倡者会从纳粹地缘政治学停下的地方继续下去，同时寻找教会方面的盟友来协助激励做法。）[4]

【抽象层次】与在身心之间的修辞移动密切相应的，就是随“抽象层次”而变的范围变化（见卡尔·曼海姆《意识形态与乌托邦》，248—250）。例如，在灌输动机时，可以做出如此的一般化，使得“我们都在一条船上”（如“原罪”教义）；或者，可以具体阐述和特殊化。如，“意识形态”概念被一般化到连马克思主义也会放在这个条目下的程度；但是，马克思本人对它的使用是特殊的，它仅仅用于他的对手。曼海姆以此为例，说明马克思主义拒绝像“知识社会学”要求的那样

---

1 manifest destiny，19世纪在美国流行的短语，表明了美国的扩张是遵循天意，是自身卓越性的体现。一般认为是专栏作家奥沙利文（John O'Sullivan）首先使用，Our manifest destiny [is] to overspread the continent allotted by Providence for the free development of our yearly multiplying millions。

2 Lebensraum，德文，德国地理学家拉采尔（Friedrich Ratzel）提出的地缘政治学概念，他将生物学与政治学相结合，指出国家是一个有机生命体，为了生存，必须扩张自己的空间。这一概念在两次世界大战中被德国人使用。

3 American Century，《时代周刊》的创办者亨利·卢斯（汉名路思义，1898—1967）发明的短语。1941年，他在《生活》杂志上发表了《美国世纪》一文，主张美国应该在全世界传播民主，主导世界，开创自己的伟大世纪。后来，该短语泛指二战后由美国霸权主导的世界局势。

4 本节的激励一词即inspirit，暗含了精神一词。

宽泛地一般化：

人们甚至不被允许提出这样的问题："非人格化"（impersonalization，Verdinglichung）[1]是像马克思和卢卡奇阐述的那样，差不多是意识的一般现象，还是说，资本主义的非人格化仅仅是意识的特殊形式。

在这个特殊的例子中，马克思主义似乎降低了黑格尔使用的一般化层次（或抽象层次）。黑格尔将这样的过程处理为普遍的，正如"组织"（中介，Vermittlung，mediation），借此，观念被赋予了身体，就像上帝的道成肉身。马克思总是致力于反对这种唯心主义倾向，曼海姆称之为"飞入至高的抽象与形式化的王国"，这也许"就如马克思主义正确强调的那样，导致了具体形势及其独特特征变得模糊"。

【大鞋子】精神化（在这个情况中，就是一般化或高度抽象）能被用来阻碍选择（如，试图拒绝一个政策，理由是：它比另一个更容易挑起战争；但这样的做法会被如下宽泛的断言弄得含混：即战争是不可避免的，因为"战争总是已经存在，总是将要存在"）。另一方面，这样的一般化陈述能够具有"鞋子合脚"[2]的性质，这样的鞋子够大，足以穿在任何脚上，但是，说话人指的却是一个特殊的穿鞋者。"公正无私"也可以达到这样相同的目的，如果能选择一个"公正无私"

1　德文直译就是著名的"物化"概念，此处按英文翻译。

2　whom the shoe fits，来自谚语 if the shoe fits,（wear it），即如果意见正确，就接受。但这里的话术是，将这句话普遍化，即便这个意见实际上不正确，也适合于任何对象。

的场合：仅当被刺伤的是别人的牛[1]时，才“超越争斗”（或当拖延有利于你，那就愿意再细细考虑一下）。

【立场评价】将党派性的评价措辞开明地中立化，这种做法也可以划分在精神化条目下，尽管关系较远。例如，在马克思主义能够找到资本主义“内部矛盾”的所有地方，开明的辩护（或模式相同的“公正无私的研究”）都可以发现某种差不多凭借妥协和改革就会恰当解决的“复发的问题”。或者，“矛盾”能够处理成“相互制衡”（mutual checks and balances），竞争利益集团的对抗被说成是：竞争者通过商品和观念的自由交易而达到的不稳定但却充分的彼此调整。高利润和低薪资的“矛盾”仅仅被视为需要议价的关口，而失业保险和政府的利益分配，通过税收和公共服务，在某种程度上矫正了利润和薪资的不平等。种种地区利益不一致，或城乡冲突，或职业群体间的冲突，都能被理解为在一定限度内的相互纠正（既然在议会集团中，每个群体必须与不完全敌对的群体结盟，从而牺牲其他群体来实现自己计划的某些部分）。这样的“中立”观，将资本主义的行动视为不定的竞争与合作，它可以被称为“精神化”，相反于马克思主义对相同动机的阐释，因为，它对马克思主义以贬抑方式所认为的资本主义内部的矛盾提供了相当“充分的解释”，尽管这样的矛盾不仅导致了不稳定，也导致了不可避免的制度的崩溃。（的确，在资本主义版本的自由市场的基础中，存在着非常圣保罗式的思想模式：在这里，普遍的“上帝原则”会是最广泛的辩证意义上的“竞争—合作”观念，它可以描述人类关系的一般形式。而资本主义会是这种普遍动机的“化身”，

---

1 the other man's ox is gored，来自谚语 whose ox is gored，最早是马丁·路德所讲。意为，谁受到了损害。这里指别人受到了损害，己方当然可以做出公正无私的态度。

尽管它按照了特殊的制度条件，但这样的条件保留了原始的辩证含混性的反讽精神，由于这样的含混，人们难以清楚地讲出，什么时候互利合作终结而彻底的敌对开始。）

【失业】从新政时代开始，失业方面的经济因素得到了普遍认识。但记住下面这一点，非常关键：就在连不高的失业保险也会受到反对的时候，新闻报刊立足于如下观点来支持“大我的”：“失业是精神和教育问题”，不是“经济”问题。（我们引用了罗杰·巴布森[1]过去的声明。）这一特殊的主张已然不见。它有意阻止的国会法令，也已经通过并且成为我们文化的传统特征。但是，该主张背后的敌意会永远继续，“精神化”的转移套路也是如此，如全国制造商协会（National Association of Manufacturers）宣布：“我们不是为了免于这个或那个的自由——相反，我们是为了自由本身。”也就是说：让我们谈谈绝对自由，忘掉自由的条件。

【承诺】人们如此倾向于精神化，以至于他们轻易就误解了对现实的承诺。如，有篇社评说“我们需要重新积极确定生活是什么、能够是什么。我们需要对生活的荣耀和意义有崭新的感觉”，一位读者热情地来信写道，这些话“有助于我极大地确定我心灵和精神的方向”。虽然他已经“对新闻[2]给出了‘负面反应’”，但他证实，这篇社评“对我产生了良好的影响”。他得出结论：“我今天会更幸福。”你会注意到，该社评说出了我们的所需。这位读者也许觉得，他自己把握到了这一点（仿佛社评说“我们需要的是食物”就缓解了饥饿）。

【两者兼得】精神，当与意图结盟，它就丝毫不难解决矛盾。因

1 Roger Babson（1875—1967），美国经济学家，建立了著名的巴布森学院。

2 指社评评论的新闻。

为矛盾仅仅存在于条件状况领域。如，种种政治承诺随着精神而富有活力。当它们自身中具有某种融合对立的观念或意象时，它们的活力至极。“我们保守党的目标，”丘吉尔说，“是建设有产的民主制，它既独立（independent），又互赖（interdependent）。”（NYT，10/6/46）当被带入条件状况的领域，这就会意味着面对诸多选项。例如，有产者的“独立”是否意味着，他能按自己的选择购买和出售？是否意味着，当许多人缺乏必需品时，他却能引进奢侈品，就像利用稀缺性牟取暴利的希腊商人？还是意味着，在这个时候，应该让“互赖”方面的考虑因素介入？显然，按照条件状况，这些差异在丘吉尔那里的融洽共存，要求“非此即彼”。但是，在精神中，原则上，这可以说成“两者兼得”。（的确，充分将之一般化，你就会发现普遍而必然的辩证程式，借此，就连最松散的政府或最严苛的暴政也同时包含着独立和互赖的趋势。）

【希望】想一下之前提到的代表“西班牙主义”的“集会”。演说者以如下方式陈述事情：在讨论完困扰民主制、德意法西斯主义的麻烦的条件状况后，他转向了西班牙主义的希望和理想（纯粹精神）。然后，他先列举了这些希望和理想，最终得出结论：现在，根据这些成就……。宗教象征、国旗、教会法衣、警察和军队制服带来的强烈的壮观，也放大了相同的修辞效果。这是一个博物馆，满是被显现出来的精神，就如飘动的神幡，为了驱避看不见的邪恶力量，由此“揭示”它们的存在。[1]

【恐慌】希望的精神性在恐慌的精神性中有其对应。如，全国广

1　本条就是将尚未实现的希望处理成已经实现或存在的事情。

告客户协会（Association of National Advertisers）（NYT，10/2/46）的发言人断定，现在没工夫自满，他“强调，广告文案应该让人明白放弃美国传统习惯的后果，而不是专注于保留这些习惯带来的利益”。

【经济恐慌】显然（我们这里是在评论，而不是报道），如果你强调经济的正面成就（也即，强调“美国生活希望”得以实现的种种方面），那么，只要那些希望是正在实现的，你的论证就是充分的。但是，如果人们承受着重税、高物价、商品稀缺，而这些被等同于美国的“更高生活标准”，那么，这个通过提及物质条件就能明确检验的论证，变得不仅薄弱，而且完全令人尴尬。但是，如果用负面的、引发恐慌的心理取代希望的、带来希冀的心理，那么，你就自动避免了这样的问题。[1]通过树立对某种并不存在的形势的恐慌，你就能让“现实的辩护者”得到那些以别样方式仅仅为“理想未来的先知”所保留的利益。

【对外恐慌】后来，在杜鲁门政府执政期间，人们见识了有计划地煽动民众对“外国意识形态”的恐慌，这一做法何等完美地满足了该程式的要求。

【公约】既然“精神”是“自由的”，那么，当自由主义与马克思主义唯物论交锋时，“精神化”就成了前者的典型来源。如，在相关原子弹控制的论辩（在联合国理事会[2]上）中，苏联代表总是试图详细说明控制的条件，而美国则热衷于确立控制原则。苏联代表葛罗米

1　比如，警告人们放弃高税收、高物价，缺少稀缺商品，生活标准就会降低，这种恐慌就产生了说服力。

2　指联合国安全理事会。

柯[1]指出，通过这样的协约，谁控制着“控制机构”的大多数，那么谁就能决定控制和检查的确切条件。而立足于其他议题上的欺骗，很有可能会是这样的“大多数”：“苏联人民不可能指望他们对苏联心存善意”。因此，从建立这一组织开始，一而再，再而三，苏联代表们就迫切地要求在具体条件上达成一致，而英国和美国都支持更为自由的协约。例如，当种种人权声明来自“自由”一方，它们就更加具有“精神性”——它们并不按照条件来严格定义这样的权利，由此，它们会更容易让那些控制联合国大多数的国家谴责少数国家违反了自己庄严的国际公约。因为，如果公约表述得足够模糊（就如“精神化”能够让它们成为的那样），那么随后，大多数国家只要能“根据案情的实质”[2]确切决定这些公约的含义就可以了，因为公约已被转译为具体形势的种种条款。

【西方同盟】当针对在欧洲建立“西方同盟”[3]进行谈判期间，“精神”长时间地让我们的标题作者获益良多。由于这一组织的建立始终都在拖延，所以标题作者们能为“核心”形成和采纳“原则”方面的激动故事兴高采烈，但实际上，英国人有意避免具体陈述“条件”（并非出于任何对恶的钟爱，而是因为他们难以既具体说明与法、比、荷、卢的经济同盟的条件，又不会为此违反他们与英联邦国家的协约条件）。也许可认为，过分强调条件会让经济同盟的障碍变得明显，而为了同盟的“精神”欢欣，这足以让议会为美国军火商提供拨款。

1　Gromyko，俄语全名 Андрéй Андрéевич Громы́ко（1909—1989），苏联外交家、政治家，曾任驻美大使、外交部长。

2　on the merits of the case，见 46 页“主动让步”之【前例】条目。

3　编者注指出，1948 年《布鲁塞尔条约》后形成的同盟，北约组织的前身。

【共有钱包】特殊利益转变为对应的理想措辞，这实际上是按照“全体所有”来表达“私人所有”。我们在转移和代言人主题中考察过一种在“合并”与“区分”间的移动，这里就是那种移动的变体。理想是“每个人的”，它所认可的利益则是“某人的”，将其他人排除在外。有一句西班牙谚语：“两友一钱包，一唱一哭号。”[1]我们能将“理想”视为共有钱包的“精神”，而“利益”是这样的安排：“大我的”在物质上分为了百分之八十的“我的”（唱）和百分之二十的“你的”（因为恼怒或理想的混乱而哭号）。

【理想与利益的关系：一致】当某政策既会一般地有利于社会，也会给某个人或某群体带来特殊的利益时，理想和利益就相符（一致地相关）。例如，因为某种有利于全人类的产品而对发明者和制造商予以特殊奖励。

【理想与利益的关系：超然】有两种方式，理想和利益可以超然地相关。第一，可以处于法官的立场，他能通过传达正确的判决，而非支持争议两派的任何一方来产生助益。第二，可以完全不关心争议。当在这两种“公正无私”之间波动、位于某处时，就存在着下面这种“崇高的理想主义”：为了让国外的条件改善而签名请愿，国家离得越远，就让它变得越好。这样，与之相似，官员也许“理想地”大声呼吁改善外国的选举，但却对国内选民被蓄意地剥夺选举权缄默不语。通常，这种理想主义并不活跃，除非某些有影响的组织拥有这样的特殊利益：普遍理想在国外的胜利会支持它，且 / 或，国内的胜利会不支持它。

【理想与利益的关系：对立】理想与利益也可以对立地相关，如，

1 When two friends have the same purse, one sings and the other weeps，西班牙语为：Dos amigos de una bolsa, el uno canta y el otro llora。

假设“正义”提出要求：我们的牛应该被刺伤，那么，我们会做出牺牲、无异议地放弃我们的牛，以此来支持这一判决。这里就是愿意牺牲个人的特殊利益来支持普遍利益（它的后盾就是对应的理想）。阿伽门农弃掉伊菲革涅亚[1]或亚伯拉罕欣然祭献以撒都是原型。神职人员的起誓也在这个条目下，即当这种誓言的牺牲性为贪婪的野心提供了共鸣和说服性（“宗教作为政治工具”）。

【理想与利益的关系：替代】为了避免理想和利益的对立关系，可以选择替代的理想，使利益能够与之一致地相关。这能有意地做到，也能在“无意识”中利用动机，比如，一个人可以通过隐藏的对异性结合的厌恶来“牺牲”他的婚姻机会。这样的考虑因素是典型的现代的关注对象，它有利于一种“心理学主义的”对古代英雄神话的解读，如这样的小说家，他给出了“杀婴动机”来解释父亲对“部落”让他牺牲孩子的默许。这里会出现那种我们研究计划中的动机，它们最适合归于《动机的象征》。它们略微包含了斯宾诺莎的关注点，通过它们，意志与必然性成为一体，如在这样的存在者中：它必定想要（must will）成为那种是其所是的存在者。例如，若某人将财力等同于强健体魄，而且他本人身体纤弱，那么，他会执着于财务上不利的选择，因为由此，他的命运就与他的体格保持“一致”，[2]这样，修辞方面的因素就退回到了均质发展的“诗性”[3]之后。

1　Iphigenia，为了让阿尔忒弥斯平息风浪，阿伽门农不得已献祭伊菲革涅亚，后者被神摄走，留下一只鹿来代替。欧里庇得斯、拉辛和歌德都有相关剧作。在《反述》中，伯克讨论过欧里庇得斯的伊菲革涅亚。

2　为了体现自己的体魄——已经等同于财力——他就会挑战自己。

3　在伯克对文学和言语行动的分类中，修辞性与诗性不同。诗性的核心是悲剧和净化，它具有纯粹的理想性，因此是均匀发展的。

【理想动机】当一项功利政策的动机基于理想式的理据时，你可以这样描述情况：

（1）某某是这一政策的物质动机。

（2）这些物质动机恰好符合（或能表现成符合）某某理想。

这样说，诉诸理想就被证明是合理的了。

【宗教】我们前面讲过那个善变的绅士，当他被人当作朋友来询问时，他回答得像个商人，当被当作商人来询问时，他回答得像个朋友。[1]这正是为了“唯心主义（理想主义）和唯物主义的辩证法”而设计，或是为了“转移修辞”，通过在“世俗的”和“精神的”这两种措辞之间往复移动来达到。作为“无时者”和“暂时者”[2]的桥梁，教会的这一地位就是“精神化”的完美范例。凡当教会的世俗权力受到攻击，它的代言人就重申教会的纯粹精神性的功能，以此达到转移。但是显然，它对实际事务的影响证实了它的精神性功能。因此，影响政治决策的“精神性”成了对世俗意图的批准。这里出现了“精神修辞”的机会，或马基雅维利意义上的将宗教作为政治工具的用法。

【新闻界】但是，在现代世界，我们的许多态度都是由报刊广播来塑造，而非靠神职人员，故而，作为修辞套路的精神化，为了自己的最大效果，必须依靠完全世俗的和新闻界的代言人。它们承认在阐释精神话语时容易出错，但是，它们的事务正是将这样的话语用于政治论辩。这种将“精神劝导”与“世俗代言人”结合起来的做法是必

1　见“转移”中“负向转移”条。

2　the temporal，该词指暂时的，也指世俗的和世间的。“无时者”即永恒者。

需的，这让精神化套路在现代环境中极为有效。否则，它就成了那种当经济利益转译为对应的审美价值时我们所发现的转移（一种安静而永久普遍的影响，但并不具有紧迫的政治论辩所需的尖锐的指向性）。

【真精神话语】真正精神性的陈述不应该、不可能也不会降格到日常政治扯皮的水准。因为古往今来，精神性陈述都必定保持着自己的意义，但政治计划来去无常，而且有时，活到日落之前的被杀死的蛇[1]，比政党的决策还要命长。因此，通常被精神化的话语如此措辞，以至于并未及时地适用于任何特殊的情境。对于古代马达加斯加“唯一教会”的大元首，[2]即使他的言辞被精神化而符合他的职位，但是，他也有可能做出一些在他的时代被下面的代言人解释成攻击新兴的“可恶党”的声明；但是后来，如果可恶党掌权，同样的这些声明也能被复述，当作一种支持可恶党统治的教义。

【教皇话语】以此方式，一些新闻代言人一再地随意歪曲罗马教皇的声明，他们没有节操地使用这些声明，而这样的用法并不见于精神性陈述本身。教皇会猛烈抨击世俗主义、现代主义、不正义或和平的威胁，总而言之，抨击种种在所有时间、所有地方都可发现的背德之举。但是，新闻代言人用标题向我们担保：“看，他指的不是我们，是他们。”正是这些代言人强调了这样无时性的陈述，为了用于没有节操的政治扯皮，就像民族主义战争中，两派中任何一方的代言人都能使用“普遍精神”的言论，将之作为证据证明其事业是正义的。

【意大利大选】例如，在意大利的一段政治紧张时期，我们的新

---

1 美国的迷信，看起来被杀死的蛇，日落后才会真正死去。

2 这里是随意举例，避免对号入座，选了一个遥远并且怪异的国家，虚构了教会元首，包括下面的可恶党。

闻报道反复给人这样的印象：教皇牵涉进了美国党主席级别的助选活动。这种标题的范例有可能如："圣父赞同吉姆·布鲁普当总统。"例如，1945 年 5 月 10 日《基督教科学箴言报》（*Christian Science Monitor*）刊载了一则特派记者的报道：《梵蒂冈声言意大利的义务是投票反对共产党》。这位作者说："虽然这不是梵蒂冈第一次向意大利人指明如何投票，但似乎是多年来最为积极的一次。"还有，"简单来讲，教皇庇护十二世[1]本人领导的 17 位枢机主教会刚刚告诉意大利人要投票反对共产党控制的人民阵线。它证明了这一行动是合理的，依据是：共产党及其左翼社会党同伙的胜利基本上会让意大利的罗马天主教教会陷入危险。"主教会警告天主教徒"必须投票支持那些积极反对共产主义观念的政党"，等等。但值得注意是，没有一个句子是直接从陈述本身中引用出来的。

【美联社例】但是，也有一则美联社（Associated Press）通讯以相同的标题登载。它倒确实引用了。如：

在致罗马神职人员的年度演说中，教皇庇护十二世告诉他们，他们的权利和义务就是，要让罗马天主教认识到 4 月 18 日意大利选举具有"特别的重要性"。

教会正在干预政治这一点，被认为是教皇对共产党的指控的回复。

教皇 3 月 10 日的演讲用他的声望来毫不含糊地在后面支持意大利枢机主教、主教、神父动员罗马天主教投票击败左翼的做法。

---

1 Pope Pius XII（1876—1958），庇护十二世以反对共产主义著称，所以媒体未必是完全歪曲了他的看法。

在这里，我们终于得到了直接的引述。这句话就是：“特别的重要性”。我们得知，这被认为是如何如何，教皇“用他的声望”在后面支持某些“世俗的”努力。但是，这不是对教皇任何陈述的直接引用，正如前面的标题所说，在一场特殊的选举中投票反对共产党是意大利人的义务。代言人——在这种情况中，也许是新教的代言人——为陈述本身提供了“世俗的”指向，尽管这样的陈述对于当地竞选来说太过普通了。只有这样的代言人表明，教会的利益就像新泽西选区大佬的利益。

【赞美民主】我们的目的就是检查新闻报道。虽然我们对这种修辞的处理属于另一章，但是，不妨先简要地列举其他一些我们注意到的例子。如，1947 年 8 月 2 日的《纽约时报》刊登了一篇通讯，报导说“庇护教皇今天褒扬了民主政府，谴责了极权主义”。报道引用了两段教皇的演说。但是演说里面，只字未提极权政府或民主政府。（显然，如果教皇就这样助选，攻击极权主义，褒扬民主制，那么佛朗哥的西班牙如何呢？显而易见，罗马教会与其的关系颇为和睦。）实际上，教皇抨击过野心家“为了个人或团体的利益而剥削普通人民”的引诱，他指其为“尼禄的独裁”，这些言论也能贴切地用来形容美国的压迫性的垄断；他定义了任何左派都能赞同的“正义的政府”。但是，我们被告知：“甘多尔福堡[1]的私人觐见者中，有某些在场者很清楚：教皇提及了美国政府，将之对比了苏联政府。”所以，报道就有这样的标题：《教皇赞美民主制》，很可能在《纽约时报》索引中，也是如此编目的。但是，尽管你能在标题里找到它，也很可能在索引里找到它，

1　Castel Gondolfo，应为 Castel Gandolfo，位于罗马东南，是教皇避暑之地，庇护十二世即去世于此。

然而，你却不会在文章本身的直接引文里找到它。“某些在场者很清楚”（显然，难道连所有在场者不都清楚？）：教皇发布的这样的陈述，就像是共和党全国委员会有可能发出的一样。但是，评论员还觉得不够清楚，还不能用这些陈述本身来向人们表明。只有在他的话里，在那些标题作者的话里，才是清楚的。

【归罪苏联】记录在案的最值得注意的例子之一见于 1947 年 6 月 3 日的《纽约时报》。其中全文刊载了教皇向枢机主教发言的官方英译文。其副标题为：《安全；繁荣；自由；青春；家庭；无畏；和平；爱》。与之相随的卡米耶 · M. 钱法拉（Camille M. Cianfarra）的报道是如下标题：

教皇警告世界

小心暴政、战争

他抨击了营造和平上的

举步不前——他将罪责

归咎于苏联

而教皇演说的副标题“安全”在新闻报道中，有一个对应的副标题，“强调不安全”。

针对“归咎于”苏联的罪责：教皇确实提到了“错误的先知”，宣传“反基督和无神论的世界观、国家观”。这些同样也能贴切地形容资本主义国家中的许多现代的科学自然主义者，当然也包括《美国宪法》的某些奠基者。教皇还说过“阶级战争的剥削者”为了诱陷人民，“于是告诉他们，基督教信仰和天主教教会不是他们的盟友，而是他们的敌人”，这些话让我们想到：甚至今天苏联的希腊礼天主教教会[1]的宗主教也能完全同意这一立场。是标题作者“将罪责归咎于苏联”。教皇并没有这么做。

【反帝国主义】还有，在《纽约先驱论坛报》（*New York Herald-Tribune*）中（2/21/46），我们得知了教皇反对现代帝国主义的陈述。那么，这种对帝国主义的指控范围就太广了。英国是帝国。而在我国自己的外交政策中、在我们的某些拉美邻居称之为“经济帝国主义”的扩张主义商业目的里，许多人也似乎觉察出了帝国主义倾向。但是，标题中的代言人向我们保证：这些“可视为针对苏联的批评”。没有节操的新闻记者必定提供了这种阐释。它的建立，并非通过对精神性陈述本身的直接引述。

【例子种种】简要地考察下面一些1947年6月的新闻报道，但我们不插嘴，就让各种各样的说服性观点彼此评价吧：

【奴性】美国希腊礼正教教会的一位都主教（NYT，6/6/47报导）宣称：“美国的俄罗斯正教会对其母教会的态度，不应该受到美国天主教的怀疑，因为他们对教皇和罗马教会，也处于多少有些相似的立场。”但在一份耶稣会杂志上，某作者报导了同样的新闻，他说：苏联政府对正教会的态度更为仁慈，这源于教会的“奴性”：

> 战时，教会给予了政府全面的支持，还通过宣传增强了苏联人的斗争意志。为了取悦苏联政府，教会代表放弃了对基督教的最高指挥，去爱自己的敌人。这就是无神政权下的教会的奴性。

---

1 Greek Catholic Church，东仪天主教的主要类型，承认罗马教皇的至高地位，但尊奉希腊拜占庭礼仪，而非拉丁礼。

【枢机团】与之相似，当天主教教会提议从 19 个不同国家擢升主教从而扩充枢机团（College of Cardinals）时，莫斯科将这一举动归于政治动机。但是，圣统回复说，莫斯科没能区分宗教与政治。于是，在前民主党主席詹姆斯·A. 法利的陪同下，总主教斯佩尔曼[1]去往罗马，为了证明这两个领域如何才能区分开来。

【匈牙利】但是，尽管在精神上彻底被算计，莫斯科却制定出了一种“处于低位的物质领域”方面的反驳。它拖延着匈牙利大主教若瑟·敏真谛枢机[2]的离开。由于这次拖延以及伴随公众的示威，莫斯科尽其所能地表明了如下事实：枢密会议（Consistory）擢升了一位匈牙利土地改革的反对者，而通过这样的改革，庞大的地产会分配给没有土地的天主教农民信徒。

【世俗政策】有时，新教徒并未协助将教皇的形象描绘为政治候选者的背书人，他们辩解说：抵抗教会的世俗政策，这丝毫没有违反天主教的教义，而且，甚至合格的天主教教徒也能这样做，而不会被革出教会。这样，《基督教世纪》[3]（《纽约太阳报》，6/20/47 报导）以社论形式说：

甚至罗马天主教的平信徒，如果反对用公款维持天主教学校或将

1 Archbishop Spellman，即 Francis Joseph Spellman（1889—1967），1939 年任天主教美国教区总主教，后被教皇任命为司铎级枢机。

2 Joseph Cardinal Mindszenty，即 Mindszenty József（1892—1975），匈牙利大主教，艾斯特根教区总主教，天主教司铎级枢机。他极力反对纳粹和共产主义。1949 年被匈牙利政府逮捕，经审判入狱，1956 年释放；同年，苏联入侵匈牙利，敏真谛躲入美国驻匈牙利使馆，直到 1971 年才流亡国外。这里说的“离开”指的是 1946 年 2 月他被教皇指定为枢机之后去梵蒂冈见教皇。

3 Christian Century，1884 年创刊于芝加哥的美国著名新教杂志。

学生送入其中，这也是在他的权利之内。如果他这样做，那么毫无疑问，他会承受强大的压力，被迫改变主意或是保持沉默，但是，他不会攻击教会。新教徒也有相同的权利。不会有任何“反对罗马天主教教会的讨伐运动”，除非教会的领导者，如斯佩尔曼枢机，继续谴责每一个对天主教程序的批评或每一句反对天主教特权要求的话，并将其视为反天主教的“偏执”和“偏见”。

【衣服】关于“精神化”修辞就到此为止吧（我们以前讨论马克思主义对“神秘化”[1]的关注时也考察过这一点）。我们还应该注意“精神修辞”如何立足于诗性因素。如，既然一个意象同时代表物和观念，故而，观念拥有的成分要更多，超过了真实属于物的成分。在这种程度上，意象代表了某种身体感官无法达到的东西：它就这样是“精神性的”，是“衣服”[2]，它所象征的秩序原则，并非物理地存在于仅仅作为事物的衣服上，相反，仅当衣服这样的事物成为“物神”[3]（是“物”，也是“观念”）时，秩序原则才存在。

【攀爬】“攀爬”（mounting），可认为是行动或意象，它结合了性意义上的“爬”[4]观念以及社会地位跃升［“爬升”（climbing）］和道德提升的观念。但是，即使假定忽略了第三个含义，那么，将“性

1　见《动机修辞学》“马克思论神秘化”一章。马克思关于去神秘化的论述深刻影响了伯克的“去精神化”，这也是动机修辞研究的中心之一。

2　clothes，见《动机修辞学》“卡莱尔论神秘”一章，以及卡莱尔的《衣裳哲学》（*Sartor Resartus: The Life and Opinions of Herr Teufelsdrockh*）。卡莱尔将“衣服”作为了法律、习俗、政府、文明的象征，社会建立于布料之上；人的灵魂被可见的衣服所象征的不可见力纽结在一起；人为的外衣是人类堕落的象征，而自然界则穿着上帝的自然的外衣。

3　fetishes，联系了拜物教（fetishism）一词。

4　俚语中，mount 作为动词，表示性交。

的爬”与“社会跃升”结合起来的观念也会包含一些这样的动机：它们超越了只有身体感官才能含纳的能力。社会等级制的成分会“激励”（inspirit）“性”，“性动机”会“激励”社会教化。即将从文法学校毕业的少女，拿着花走下街道，唱着结婚曲：听着她唱，我们无疑会认为，这是一组纠缠的动机，它足以将一生“精神化”。如果毕业离校意味着结婚，那么毫无疑问，总有一天，结婚就意味着毕业离校。当她穿着婚纱走下走道[1]，也许，对“那天的街道”的“不相关的”想法会涌上心头。结婚的观念也很可能包含把教育当作等级阶梯的观念（这是没有系统表述出的思想：教育提升一个人，使之成为可售的财产，其中还混杂了如下模糊的观念，即，教育是超越，用黑人灵歌的歌词来说，就是“更上一层”[2]）。

【诗性象征】就这样，秩序修辞立足于诗或秩序象征（我们再重复一下：在我们的规划中，诗是特殊情况的象征，是限定于形式表达领域的生命的一般象征领域）。有许多修辞动机，既可以正用，也可以误用，但是，无论正误与否，它都有存在的理由。宗教家会从作为精神的上帝本性中获得理由。就我们的目的来说，至少可以认为，这些理由立足于语言本身的“超越”本性，借此本性，正如词超越其所命名的物，词就将人类精神秩序植入物中。这样的“精神化”大部分来自语言承载的、与社会利益的主流结构相涉的关系（这样的关系，能表示出天上对地上秩序的复制形式）。不过，它甚至也能降低到纯

1 walks down the aisle，习语，表示结婚。这里为了对应“走下街道”，所以直译。少女把街道想象成教堂或礼堂的走道，当她走在走道上，又会想起那天的街道。

2 one rung higher，出自灵歌《我们爬雅各的天梯》（*We Are Climbing Jacob's Ladder*），来自这句：Every rung（也作 round）goes higher and higher。

粹双关语的层面。因为，当处于初级水平时，双关语总是揭示精神。想象一种假想的语言，其中，“人”一词恰好是zoof，而比如说，“树”一词恰好是soove。[1] 相比英语的典型秩序，在这样的语言中，人中存在着更多的“树性”，树中存在着更多的“人性”。即是说，每一个词都被另一个词以更强的程度“精神化”。

建立联系

【瓜田李下】有句中国谚语说，“瓜田不纳履，李下不整冠”。[2] 毋庸置疑，这是因为人们也许会设想出不祥的联系，某种不可告人的动机。他们会“二二得四”地[3] 推出你做还是没做。人们会建立联系。因此，有句希伯来谚语说：“人若家中有谁吊死，则不会跟邻居说，把鱼吊上”[4]——或西班牙语版的变体：“上吊者之屋，莫言绳索。”

【新闻次序】当我们的新闻所收集的广播，来自那些承受着严格审查的国家时，这些广播似乎通常默默地诱导我们“二二得四”，这依靠的就是它们处理“不相关”论题的次序。如，纳粹占领捷克斯洛伐克时期，一位从柏林发来广播的美国记者，首先谈及了纳粹宣传中对于在印度的英国人的谴责，然后转向了捷克斯洛伐克这一不相关的主题。我们自问，是否仅仅在这个主题次序中，存在着某种狡猾、难

---

1 zoof与soove谐音，每个词都可以双关另一个词，从而将对方“精神化”，如将人理解为具有树的性质，而树也具有人的精神。

2 In a melon patch don't adjust your shoe; under a plum tree, don't adjust your cap，见古乐府《君子行》：“君子防未然，不处嫌疑间。瓜田不纳履，李下不整冠。”

3 put Two and Two Together，前面编者序中提到过，俗语，像推出2+2=4那样，利用事实推出明显结论。“建立联系”这一条重点考察了这一套路。

4 He that hath one of his family hanged may not say to his neighbor, hang up this fish，见《塔木德》之《中门书》（*Bava Metzia*）59b。

以审查到的暗示。我们相信，至少有时，一组新闻序列是有意安排的，如当（在《新共和》，3/29/48）提到一位前新闻室经理时。此人从洛杉矶 KMPC[1] 广播电台退休，他起誓说，电台的所有者告诉过他“要始终在任何有关共产党的报道之后，紧跟上有关罗斯福家族任何成员的批评报道”。

【账单】或如一位侍者，这样诱导我们建立联系：他呈上账单，用温情的强调语气表达了自己的谢意（随后，顾客心神不安地计算需要多少小费，才能配得上如此的热情）。

【得意的司机】《纽约客》有幅漫画描绘了一位妄自尊大的得意的汽车司机，警察就要因为交通违章给他罚单。说明文字是：“名叫唐斯——杜威[2]的‘D’，奥德怀尔[3]的‘O’，威兰德[4]的‘W’，司法官诺里斯的‘N’，警官萨利文的‘S’。”

【指桑骂槐】母亲告诉孩子要安静，但显然是邻居的小孩们弄出噪声。（安静的孩子要很多年后才能理解这一条的重点。此时，他仅仅认为，自己是不公正之举的受害者。）

【达菲酒馆】在广播节目《达菲酒馆》（“Duffy's Tavern”）中，通过在恰当的时间“直言其词”[5]，“二二得四”这一套路时常可以用

---

1 即“韩国电台”（Radio Korea）的呼号 Korean Multilingual Programming Corporation。该电台位于美国洛杉矶，是 AM 商业电台，开播于 1952 年。

2 Dewey，即 Thomas Dewey（1902—1971），曾任纽约市检察官和纽约州州长，大力打击犯罪集团，1944 和 1948 年两度作为共和党候选人竞选总统。

3 O'Dwyer，即 William O'Dwyer（1890—1964），1946 年至 1950 年任纽约市市长。

4 Wallander，即 Arthur W. Wallander（1892—1980），1945 年至 1949 年任纽约市警察局局长。威兰德曾是奥德怀尔在警察学校的老师。

5 saying the word，也是本条目下的基本套路，意思就是，在关键时刻说出让人容易建立联系的那个词，也即“2+2”这个部分，人们听到该词，就能得出 4。

来达到良好的喜剧效果。每期节目，情节都这样安排一次，比如当阿奇谈到愚蠢这一话题时，愚蠢至极的芬尼根正好进来，用糟透了的语调说话，而这就是他角色的特征。通过反转使用相同套路，也可以达到这一效果，如当阿奇恰好说到智慧这一话题，芬尼根进来。

【咕哝其词】形式上，直言其词的套路就像是，一个独特且重要的表达突然间从难以理解的“咕哝”中闪现出来，如：

咕哝 咕哝 咕哝 咕哝 那个词
咕哝 咕哝 咕哝

的确，喜剧演员也许恰恰会以这种方式使用这一套路，他漫无目的、心不在焉地自言自语，然后突然脱口出一句话，透露和揭示一切。人们能想象到其他人会惊讶地看着他，而在说出这个词之后，他又回到了漫无目的、心不在焉的咕哝上。

【碰脚】一位具有奥维德思想[1]的朋友说：“我想，这事也不算太重要。但是，当我的心肝在餐桌边，身旁的男人用脚触碰她，我怀疑她对此的回答或许意味深长，我多希望她在交谈中没有突然间闪出这样的表达，如‘前推’‘快点’‘接触’‘悄悄压住’。”[2]

【交换条件】许多人会轻易地建立如下联系：如果你应该给他们

1 暗示奥维德的《爱经》（*Ars Amatoria*）第一卷，为了勾引有夫之妇，酒席散去，可以在人群中用手指碰她的身体，用脚去碰她的脚。《动机修辞学》谈到修辞学传统原则时，提及了这部作品，它在某种程度上也属于马基雅维利式的作品，只不过处理的不是政治权力，而是如何追到和抓住女人。

2 这是妻子对那人回话中的几个短语，容易让丈夫联想到暧昧的意思，尤其是丈夫熟悉奥维德的撩拨技巧。

礼物，那么他们会不假思索地想知道，这样的预付款是为了什么事情。如，一位朋友说："我把几个网球给了寓所前玩耍的孩子。他们话也没说就拿了球，站着看我，直到我尴尬地离开。一会儿过后，他们按了门铃；我回应时，他们谢谢我给了网球。从他们说的话里，我推测，他们一直在等着查明我对他们有什么要求。"他们想当然地认为，这不仅仅是"打赏"，而是交换条件（quid pro quo）。

【不言自明】这种期待也为"直言其词"和"不言自明"[1]的效力做了准备（如在办公室会议中，如果信贷部的头儿为了改进销售部而提出意见，那么这些意见很快就"没有联系地"引出了销售部的头儿为了改进信贷部给出的建议——直到这两个部门都明白了不要管其他事，这样才能没人再管自己，而整个官僚结构就僵化至死，除非外部力量侵入其中，再次震动它，使之变得迅速）。

【纯真】这些套路也带有"不露声色"，因为它们如此纯真。没有什么比一个主题从不快乐之事转向快乐之事的改变更自然了。但是，当有意转变主题，是为了让人关注"此事不快乐"这一事实时，那么，从这种伊甸园般的单纯性中，可能就会出现修辞上的堕落。没有什么比无意泄露出有联系的观念更自然了。如提及布莱恩先生，就会"纯真地"提及佩腾姬尔小姐，后者被怀疑与前者有不正当的关系。但是，由此也能产生修辞上直截了当的联系，如说话人直接从一者转向另一者，从而有意表明那种关系。或如，对话涉及骗子——某人问道："顺便问一句，乔·麦奎德这些天在哪儿？"这是一句"跟前言不搭的陈述"

---

1 the Word Pointedly Left Unsaid，在其他地方也作 leave the word pointedly unsaid，the pointedly unsaid 等等，意思就是，避免说出那个做出联系的词，但那个词已经不言而喻了。尤其是，形势和事实本身就可以表明那个词，说话人无需再说出。

（non sequitur），但又绝非如此。

【误植与口误】 这种套路，按其单纯性，藏身于弗洛伊德在《日常生活的精神病理学》[1] 中包含的口误里。只有天知道，《基督教科学箴言报》（1/16/48）的排字工人因为什么心神不安，他将欧洲国家的"自助"（self-help）排成了"自抽（self-whip）计划"。而我们想到，在胡佛萧条期间，另一位也叫詹姆斯·乔伊斯的印刷工人发出一篇预言"prosperfidy"[2] 的报道。在广播里，我们听到发言者意在褒奖一名去世的政治家，他提及了后者的"天赋"（gifts），但他失言（lapsus linguae），说成了后者的"罪"（guilt）。在"强硬"政策高峰时期，我们自己的打字员将"国务院"（State Department）写成了"仇恨院"（Hate Department）。与之相似，当美国许多有影响力的组织想让我们的军队留在全世界各个"不安定地区"，保护不得人心的政府，抵挡迫其改革的势力，从而帮助维持现状时，我们听到了战争副部长在广播节目中请求扩大征兵。他打算用政治中立的措辞说，我们需要大量人来适当地关闭我们在战争期间建立的海外的各个机构。"军队"，他说，"必须清理成千上万的战争遗留物"。但是，他在"遗留物"（the leftovers）这个词上打奔儿了，于是，他的话这样说了出来的："军队必须清理成千上万的战争的左派（the Left）[打奔儿，停住]——残余（overs）。"人们也能想到许多有意产生喜剧效果的例子。或者，还有些情况更微妙。例如，在格特露德·斯坦因[3] 的作品某处，有一段文

1　见于弗洛伊德的《日常生活的精神病理学》（*Zur Psychopathologie des Alltagslebens*，1901 年）。

2　Prosperity（繁荣）的误打，多加了一个 f，这样，perfidy 意为背信弃义。

3　Gertrude Stein（1874—1946），美国小说家、诗人、剧作家，生于美国，曾移居巴黎。伯克 1923 年为斯坦因的《地理与戏剧》写过书评《语词工程》（"Engineering with Words"），批评了她的"减法谬误"（fallacy of subtraction），即减去了文学媒介中的内容。

字萦绕于心，挥之不去，“小鸡是脏鸟，脏词，脏三儿”。[1]这一段的巨大威力和深刻性存在于如下这一点：它努力认真地几乎就要说出它并未直言的韵脚，但是，在“三”这个词的音节上，已经彻底接近于说出这一点了。

【老鼠】有位朋友说：“在给老熟人的祝贺信中，我通常动不动就爱用俚语，不写‘congratulations’，而是写‘congrats’。有一次，情况是，‘congrats’必须要分写，首音节在一行末尾，第二音节在下一行开头。我又惊讶又颇为深省，我发现这样一分，第二行的文字就读作：‘你好运上的老鼠（rats）。’从那时起，我就改回把词写全了；但我还是经常收到一些有俚语的信；不管怎样，就算在正式表达里，依然会有一只老鼠存在。”

【狂吠】在这里，修辞动机与诗性动机令人迷乱地交错。如有位朋友说：“我在论证时一直大喊大叫，一对比，我的对手就成了‘绅士’。其论证的某一要点，是说明他所说的‘bark’的词义。可以想到，他的用法是在树皮（bark）这个意义上，而不是在形容我酒鬼般狂吠的意义上。但是，我现在认为，这两个意思都有。他在搜寻一个词来说明他脑子里所想的情境。但是，他脑子里想的是什么情境呢？这情境有两个重要因素：（1）是他在论证中表达的要点，这需要提及树皮作为例证；（2）是他对大喊大叫的憎恶。‘bark’的双重意义将双重动机带入了这唯一一个音节中——但是很可能，在他听见自己用这

1　见斯坦因诗集《柔软的纽扣》中的《小鸡》，伯克引文略有不同。“三”即 third，指圣灵，三位一体之一，排第三，象征是鸽子。这里小鸡表示女性，而圣灵本无性别，所以成了脏词。“鸟”“词”（暗示圣言）和“三”（也是三个词）都押韵。这里放在了口误一类中，也许是因为 dirty bird 似因“ty”而口误为 dirty third。

个词之前，他还没有认识到在‘直言其词’时它的全部关联。”

【故作低声】或如一位女主人，当客人太吵，她突然开始讲故事，音调几乎听不清，之后被打断，她懊恼中大呼：“我够大声了。”

【绝对单纯】在上面第二个例子中，我们确实超出了绝对单纯的范围。但是，其效力存在于如下事实：我们总是徘徊在边界上，总是在单纯性的实际范围中。我们退回到了纯净的状态里，带着修辞的弦外之音和可能性，如当甲怀疑乙不劳而获时，突然令他吃惊的是，他听见自己跟乙说：“丙总是不劳而获。”甲认识到了他的话的合适性；他很开心自己这么说；他偷瞄乙，想看看这是否有效果。不过，假设他预先想到了这一套路，他就会设法不去用它。

【以全指偏】在社会争斗的范围中，甚至可以考虑一下如此低层次的用法：明确提及一般的坏邻居（以“鞋子适合谁”为基础），为了表明，所指的是某位特殊的邻居。这一粗朴的套路根植于某种作为哲学与艺术之本质的区分原则：用相一致的细节围绕一个既定主题的“得当性”，正如《动机语法学》中讨论的“场景—行为”和“场景—行动者”的比例，或如，当爱人要谈论他特殊的爱，他会谈论一般的爱。（我们前面已经看到了，在报纸中这种一般化的特殊强调如何通过代言人套路加以策划。在对话里，形势本身划定了论域，仅仅一瞥、一个手势或语调就能更加容易地做到这一点。）

【区分关联】假设说，某件事具有对你非常不利的因素。它也具有某种中立的或略微有利于你的方面。老手会推荐你中立或略微有利的方面，让你去发现未曾提及的内容所具有的清楚的关联。这会是不言自明的。但是，这一套路可以源自伊甸园般的单纯。如一位从事文学的朋友说：

我遇到一人，他想看看我写过的东西。他告诉我很多关于他自己的事情；我们非常合得来。出于某些原因，我决定让他看看，但不是我最近写过的什么东西，而是一篇我25年前写的散文，我最近拿到了它的重印版。在他还给我之后，他的态度局促不安，倘若他只是觉得内容无趣，那这样的态度就并不合理了；我自己又通读一遍。我发现，其中包含了一长段文字，可以很容易地解释为，是在拐弯抹角、但又直接不利地暗示了跟他相似的处境。

我当时并不记得这篇文章的这个部分。假如我记得，我就会选择其他内容给他看了，因为我不想冒犯他。但我是不是完全忘了呢？忘记的这个部分实际上不正是属于动机吗，它让我为这个特殊的人选择了这篇特殊的散文？

我不是说，我是受“无意识的恶意”驱动。而是说，这一动机会是“不受批评的关联”。

也就是说，我对这篇文章的模糊记忆正确地向我暗示了这样的想法：文章与这位读者有着特殊的关联。但是，记忆太过模糊，恰恰难以具体说明文章具有什么样的关联。一般来说，它是有关联的；具体来说，它令人不快地有关联。对于社会关系而言，从特殊角度进行区别是更加重要的。但是，对于区分方法，针对一般关联的伊甸园般的单纯感则是最基本的，就应该如此。

【闹掰的邻居】直言其词——用言词本身，或自言的行为——之所以如此有效，是因为它如此专横，随时准备突破，无论精于此道的老手有多么不需要它，它都可以作为传达精神世界的媒介。如，一位朋友说：“我的邻居和我从前十分亲密，后来，我们因为财产吵架，闹掰了，有好几年。有一天，在偶然的对话中，我们试图和好。但是，我发现形势无望，因为我认识到，尽管言语和蔼，他却在不停地吐口水；微笑中，我不断重提灭鼠的话题。”

【杜鲁门口误】 对于杜鲁门在杰克逊日[1]晚宴上出名的失言——他将西奥多·罗斯福而非富兰克林·罗斯福，与杰斐逊、杰克逊和威尔逊并列为民主党辉煌过去的伟大人物—— 一位朋友说：“无论是自发还是有意，这都表明了自罗斯福去世后的几个月里，事情发展到了何种地步，就连他的名字，在他自己政党的代表中都不可能毫无拘束地被念出。但是，这一闪避也颇为适宜，因为富兰克林·德拉诺·罗斯福的响亮大名，叫华而不实的杜鲁门之流说出，就像壮丽的歌剧咏叹调让花花公子吟唱一样。”

【交换军官】 再回到完全修辞的领域：外交辩论中，当人们已经知道英国和美国军队在商谈计划，以备可能的联合反苏行动时，蒙哥马利[2]提议英苏军事学院交换军官学员，他试图以此来中和商谈会议的意味。但是，按照苏联官方通讯社塔斯社的看法，斯大林拒绝了这个提议，理由为，和平时期的这种措施“有可能被理解为战争的准备”。通讯社解释说：

斯大林注意到……各个新闻机构谴责英国和美国通过实行交换军官、将培训和武器标准化来准备战争。

---

1 Jackson Day，即 Jefferson-Jackson Day，民主党设立的筹款纪念日，纪念杰斐逊和杰克逊两位著名总统，民主党视之为本党之父。西奥多·罗斯福是共和党，身为民主党总统的杜鲁门犯了严重口误。按照伯克的描述推测，这次晚宴演讲的日期应为 1946 年 3 月 23 日。

2 编者注指出，陆军元帅蒙哥马利 1946 至 1948 年任英国帝国总参谋长。

如果苏联同样采取这一路线，那么无论好坏，它都会成为谴责的对象，苏联也不愿意如此。

这样，英国提出看法：英美密切的军事合作并没有险恶的意味，因为它们也提议与苏联进行军事人员的交换。但是苏联拒绝了，它设法强调这一建议旨在淡化的那种联系。

【三明治】既然形势自言，那就不言自明，对于这方面的例子，有这样一件事：丈夫在赛马上赔了一周的薪水，他告诉自己的妻子，钱被偷了。他们安排，为了下周省吃俭用，他会自带午餐，不去餐馆吃了。他咬了一口妻子为他包的第一份三明治，他发现里面装的都是作废的赛马票，是她从他口袋里找到的。三明治自言。

【借刀杀人】或者，“形势自言”建立联系，也可以用来蓄意歪曲，如：普林会跟工人抱怨他的工厂，但这就会从自己身上转移走工人的怨恨。普隆碰巧经过。普林私密地跟普隆说话，让工人尽收眼底，但是听不见，间或又朝向操作区指指点点。普隆走后，普林走向工人，按顺序一二三地陈述对工人的反对意见，仿佛复述他刚才受教的经验。[1]如果普隆在某种意义上也是操作工人，是那个挨批评的工人的竞争对手，那么这一套路就更加有效了。普林没有撒谎；他只是上演了这样的情境，使得另一人受到引诱为自己“建立联系”，从而接受了普林的批评，却憎恨普隆。不夸张地说，这就是做戏之术的套路，这门技艺的杰出大师就会使用它，比如伊阿古。

【率先求助】但是也存在一些变体，可以用于友好的目的。如，

1 普林把反对意见转嫁给了普隆，仿佛是普隆教育他这么做。

普林做了一件他知道会大大激怒普隆的事情。所以，他要求普隆帮自己一下（帮忙的时间，就在预计普隆得知了令他恼怒的消息之后）。普隆答应了，之后获悉。如果他当时拒绝帮普林的忙，那他就会违背自己的承诺。但是，如果他恰恰履行承诺，那他就是在暗示，已经原谅了普林。（普隆甚至也许会感激这一计划，这使他更加容易地让过去成为过去，否则的话，他有可能连着好几天都情绪消沉，难以承受。）

【二中舍一】将论域窄化为两个主题，然后仅仅提及其中一个，从而让听者立刻自问“另一个如何”，这可以有效地加强不言自明。如，两位小说家女士辩论，一位跟她的同行——同样也是三个孩子的母亲——说：“仨孩子和三本书——多么优秀的孩子！”

【声东击西】或如，格特露德·斯坦因在《美国人的造就》（*The Making of Americans*）中表述了相同的原则：[1]

还有一人，他曾经始终确信：某人有次告诉他，他以后早晚会在教书上成功，这意思肯定是他在绘画上不会成功，而且肯定是因为，那人妒忌这人，虽然那人刚刚认识这人。

【狗舔宝宝】或如，存在这样的变体，包含了反讽的反转：一位朋友说：“我儿子走路不稳，我给他装了小安全绳，带他到公园散步。但是我发现，那些遛狗的女人，把她们的狗和我的孩子当成一样。一只讨厌的贵妇犬，蹦蹦跳跳地领着一位慈祥的女士走过来，那狗扯紧狗绳，急不可耐地要舔孩子的脸。我拉开一下，她就走近一步，还向

1 斯坦因举这个例子是为了说明多疑的人，因此这里的“妒忌”是主观的猜测，伯克在引用时忽略了这种猜测性。该例子之前的论述见第 184 页的引用。

我保证，狗不会伤到他，只是想给孩子亲热一吻。我说：‘太太，我怕狗舔到宝宝的脸，宝宝会传给它寄生虫。’”

【自损伤敌】另一变体：作家普隆刚刚发言，接受了掌声对他的评判。对于“从业对手”作家普林来说，掌声是眼镜蛇的毒液，他起身接着发言。他开始说：“我愿意首先向我们当今唯一重要的作家致以敬意。我无需再说我指的是谁了——桑给巴尔·贝赞特先生。”现在，似乎初看起来，为了收拾普隆，普林也损害了自己，就像那个脏笑话中的人，试图染上恶病，来迂回地让神父也得上病；“他就是我要师法的人”。但是，再看一遍，你会注意到，通过这种对贝赞特慷慨的致敬，它如此坚决地暗中攻击了普隆，而普林本人则幸免于此。就他自己的名誉而言，他扮演了对自己的成就谦逊得体的发言人。的确，他的“谦逊”甚至让这一套路成了基督徒复仇的世俗化版本，连带着还有这一套路：以窄化的论域来发言，使得其攻击指向了在他之前刚刚发言的人。

【以一代二】下面有一个最常见的对这一形式的用法，用于轻微的歪曲：“艾瑟尔和我刚在谈这事，我认为你应该……”等等，在这里，含义是，艾瑟尔和说话人已经做出决定，但字面意思上仅仅提及了之前与艾瑟尔谈话，这诱使听者推断，说话人是在为两者代言。

【节食】但是，我们知道一个例子，其中的老手足够巧妙、富有想象力，足以在受害者眼前建立某种歪曲，而且受害者还全部知情。如，一位朋友说：

从前，我给一位杰出、古怪、有点专横的人当私人秘书，那人因为脾气，消化不稳，所以严格控制饮食。他有着各种慷慨，但也有各种吝啬；首先，从我跟他一起进餐以来，他就表明，他当然不想看我吃得痛快而他却有计划地挨饿。他在乎的不是成本；他非常富有，但一想到看着自己的秘书大嚼牛排，而他却闷闷不乐、一点点吃着自己一小碟一小碟的粗滤蔬菜，他就不能容忍。所以他解释说，他之所以要求我一起节食，是因为他的厨子不乐意，他会讨厌被要求准备两份不同的菜单。所以我听之任之，仅仅认为这是此份工作令人遗憾、不可避免的方面。但是我怀疑，是不是他本人也相信自己的杜撰；因为，这是一座布局不合理的老屋，以至于我从自己的卧室走到餐厅的路上，必须穿过厨房——当我走向一小碟一小碟糊状、粗滤的胡萝卜之类的东西时，我要经过炙热的肉香，那是厨子为自己和黑人帮手做的。

最终，尽管我对此没说什么，但经过这些汁多味美的佳肴，我还是明显闷闷不乐，这让厨子亲自来到我的老板面前，询问是不是也要给我上那些他给自己和帮手做的饭。自然，我的老板必须同意，因为厨子建议时，我就在场。所以，下一顿饭对我来说就是奇迹，尽管我的老板试图让我觉得自己像笼中之兽，在动物园被游客注视。

不过，他有对策。他不想让我蒙混过关。他行动很快。突然，他开始抱怨自己的粗滤青豆。它们做得不好。于是，他问我知不知道这样的青豆如何做出。我说，我想它们要用密网滤器压制，那样，豆荚更粗糙的部分，连同筋线，都会留在滤器里，剔除了出去。他让我把这些全部重复了一遍。我觉得自己像笨蛋，因为这又不是什么复杂的学问；虽然他一向对这样的事情知之甚少，但我很难想象为什么我的描述让他看起来若有所悟。他急切地听着每一个词，重复着每一步，仿佛我在告诉他一种罕见的烹饪窍门，其拥有者是关起门来配制特殊酱汁的厨师。我一说完，他摇铃叫来厨子。厨子到了，他说：“这些青豆做得不好。它们太糙。这位先生[指着我]说，豆子必须这样这样……过滤”等等。厨子朝我做出严厉的表情——我清楚，我刚吃的牛排是我在老板的地盘吃的最后一块了。

【不做联系】但是如有计划地“不做联系”，暧昧地诱使听者“二二得四”的技巧，也可以招致破坏。比如，某女士擅长狡猾地含沙射影，用含蓄又明确的暗示来充实她的流言，一个朋友，虽然喜欢她的故事，但禁不住有意地迟钝，要求她讲得更清楚一些，直到这种暗讽的伎俩被夺去了所有巧妙、趣味和防御。

【故作不知】至少还有一种方式，可以破坏影射的伎俩。如，我们曾听说过一个在苏联的人，他对政权有点敌视，但只字不言抗议。他仅仅从之前沙皇时期写出的文学作品中选择数段，这些文字，如果读作双关（double-entendres），那么就可以解释为对当今统治者的狡猾的评论。他并未直言抗议。他只是选出了几段可能影射的经典文字，他会暧昧地说，“读吧”，仅此而已。但是，人们通常都做出了联系。这是完美的套路，坚不可摧。然后有一天，他的朋友们开始问道：“伊凡[1]在哪里？”

【催债】许多直言其词的例子都立足于如下原则：意象当中，没有否定。因此，同一个观念的提出，既能通过恳求某事，也能通过警告勿做某事，既能通过断定或命令，也能通过提问。如：甲欠乙的钱，乙想提醒他债务，但乙在财务上又颇为审慎。所以他急切地问甲：“我没欠你什么，是吧？我们两清了吧？”他直言其词。

1　Ivan，有可能指第一位沙皇伊凡雷帝，即伊凡（也译作伊万）四世。那人很可能用伊凡雷帝比喻斯大林，但朋友们装作不知，故意问他。

【伊阿古】通过意象加否定，而意象本身又扫去否定，这种“直言其词”的套路，其最为可怕的漂亮例子，见于《奥赛罗》第三幕第三场。这里，伊阿古引导着奥赛罗，使其微妙地从一开始微闪着不安（伊阿古用自己暧昧的牢骚、含糊的问题、明显尴尬地重复奥赛罗自己的话，来慢慢强化这一点）渐渐发展成强烈的嫉妒。（伊阿古用明显的警告，为奥赛罗和我们概括说，“哦！小心啊，我的主人，小心嫉妒”；之后，他靠淫荡或“淫邪的”意象让嫉妒活跃，使之几乎难以忍受，这些意象并未在逻辑上直接指责黛丝狄蒙娜，而是从心理上指责她：“即使他们像山羊一样好色，如猴子一般贪淫，/ 豺狼似的下流”……）由此最终，在谈到杀死凯西奥之后，伊阿古暗示谋杀黛丝狄蒙娜，但他表面上警告不要这么做：“可还是留她活命吧”，从而让自己的模式圆满对称——由此，奥赛罗喊道：

> 诅咒她，淫荡的婊子！啊，诅咒她！
> 来，跟我走；我要独自
> 想出一个法子，快点弄死
> 这美艳的魔鬼。

总而言之，我们在这部分考察了：二二得四，或，建立联系；直言其词；密切关联；不言自明（尤其是窄化论域，然后遗漏提出要求）；交换条件；形势自言；意象淹没否定。

随意说

【无不可反】直言其词，反说，不言自明——当老手愿意“随意说”[1]时，本模式就完成了。世界上没有完美之事，这就意味着，在任何目的下，对于某种反对，都存在着一些合法的理由。此外，有许多反对意见，尽管在形式论证上不充分，但为了“打一下就跑”的目的，却可以做得不错，尤其是在对方回答时处于劣势的情况中，正如围绕国内消费展开的民族主义论战。在其中，“随意说”套路开始流行。没有它，我们的报纸就会更简短。

【吹毛求疵】扇子没法用来拔钉子，水让天花板变糟，有许多东西都比木头更能止渴。尤其是，如果你的任务是推动国际敌意，就像今天许多新闻评论一样，那么，你不会无视这样的智慧。如果他在这里，他就不在那里；如果是五，就不是十；骑手并未步行；行人没有骑乘；很遗憾，无韵诗不是押韵的对句；很遗憾，散文式的小说不是诗体的戏剧。因此，在所有存在恶意的地方，“随意说”套路作为“口角吵嘴”的支柱，就是这样的法子。

【完美国与可恶国】[2]为了避免理论压过事实，我们还是用一个假设的例子。想象某个修辞方案，旨在有计划地挑唆“完美国”(Perfectland)人民和一个遥远国家——我们会称之为“可恶国”——的人民的恶劣关系。再想象，你，尊贵的读者，能够引导完美国的修辞政策。你会怎样着手于此、为了恶劣的国际关系而随意说呢？本着新式马基雅维利的精神，你会这样进行：

1　Say Anything，按照伯克的意思，首先指正反来回说，怎么说都是自己对：攻击时，对方说 A，我说非 A，对方说非 A，我说 A；自辩时同理。亚里士多德在《修辞术》中就表明了修辞学能够做到正反两头说。后面也提到了“来回堵”“另角度切入”。第二，指无原则的随机应变地说，见后面的“抓到什么是什么”的法子。第三，指以微不足道的方式不断地随便表达敌意，“消磨”听众，用一滴滴的说服汇聚出巨大的力量。

2　完美国与可恶国影射美国与苏联。

【不合国会议】首先,关于会议。我们假设,有个叫"不合国"[1]的"世界"机构就要成立。宪章正在起草。你很自然地想要确保,与可恶国的关系一上来就立足于尽可能难以容忍的基础上。所以,当可恶国提出你所不同意的建议时,你愤怒地反对它的"不合作",你说他们试图破坏会议,你宣布了"他们计划退出"的流言。如果他们要5块,按照标准的讨价还价的程序,他们实际上是希望以3块成交,但你哭诉他们肆无忌惮、自大傲慢。之后,当他们同意妥协,你就兴高采烈地宣布,可恶国丢人现眼地遭受挫败。如果完美国和可恶国都想要否决权,但是可恶国之后不得不行使它,从而干涉了完美国的方案,那么,你就让完美国的国人认为,否决权是可恶国的专有发明。当这种杜撰全力使用时,下一步就要决定如何可以充分限制否决,但对你有利的话,就无需这样;然后开始为此呼吁。坚持最大限度的公开,为了难以处理的国际往来;赞美这正是民主程序之精华;但是,当可恶国在"不合国"大会上提出自己的理由时,你就表示遗憾:他们正在将这一组织仅仅用作世界宣传的"传声筒"。再将他们计划退席的流言,混合上应该把他们踢出的要求。简言之,为了世界范围内的敌意,随意说。

【让步】凡当他们做出让步,就宣布他们表现出虚弱的迹象,以此做出反应。或者警告说,这只是麻痹"完美人"使之产生错误安全感的花招。无论如何,"随意说"会叫"让步"看上去不像合理的交易步骤。你再呼吁,只有在所有重要方面(你称之为自己的"原则")做出退让,他们才能值得信任地证明自己的善意。为了让这一模式圆满,"随意说"盘算着确证如下假设:只有让你国的枪炮部署在他们

1 Disunited Nations,为了暗示和讽刺 United Nations。

的边境沿线，他们才能证明自己对和平的真正热爱。

【制度对比】或者，若可恶国成千上万亩的领土因战争而满目疮痍，但与敌人相距甚远的完美国，之前建立了一座战争结束时依然完好无损的巨大的工厂，那么，你要幸灾乐祸地说，可恶国经受了难以置信的毁坏之后，“生活标准”更低了。再用他们的条件对比完美国的富庶。将这一差异仅仅归因于可恶国政治制度的本性。设置一种“声音”，它将这一消息慷慨地传遍世界。之后，要保证可恶国尽可能长久、剧烈地承受战争带来的毁坏，而据信在战争中，完美国却是可恶国的盟友。

【遮隐更妙】让完美国官员尽最大努力出言敌视可恶国。然后，为了效果完美，你要令可恶国说明，他们不会因为外交困境泄露更加有害的信息。（遮隐之处，他认为更妙。）[1]简言之，要用歪曲的陈述尽可能让指控变强，然后一本正经地完全不做进一步陈述，以此让指控更强。为了圆满完成效果，要“透露”不祥的流言给通讯社，它们会自由地传播，将之作为得自“可靠来源”的“内幕消息”。

【裁减军备】如果可恶国数年以来要求裁剪军备，而完美国的强势分子协助建立了好战的“地缘政治国”[2]，其统治者承诺摧毁可恶国；那么，如果可恶国设法拖延地缘政治国入侵己邦，完美国中道德敏感人士就会惊诧于可恶国的背信弃义。接着，我们假设，战争之后，完美国人拥有了不可思议的新式武器；他们确信，自己能用它威胁可恶国。但是人们适时地认识到，这种武器并不完全令人满意，因为可恶

1 Quae latent meliora putat，见奥维德《变形记》1.502，si qua latent, meliora putat。说阿波罗与达芙妮之事。

2 Geopolitia，虚构的国名，暗示地缘政治（geopolitic）一词。

国的军队如果迅速占领完美国人希望其站到自己一边的中立地区，那可恶国就有可能自我防御。你惊诧于可恶国的庞大军队，坚持让它退回到新式武器可以充分恢复威胁力量的地方。与此同时，号召一项全球计划来控制新式武器，然后，如此操作的方式是，让你国永久控制甚至一切对该工具的和平应用。为了将事情圆满完成，就将可恶国放置于这样的立场上，即，使其拒绝一项你国参议院本就可能以任何方式拒绝的协议（理由是，不管这协议对完美国的利处有多少，都不足以满足极端民族主义的欲望）。

【战争支出】增加拨款用于长期战争来反对可恶国。尽一切可能试图召集盟友。之后，注意可恶国的预算，看看他们下一步要做什么。如果他们拨出了大量款项用于防御，那就高呼：完美国要划出更多钱款、精力、物资用于军事目的。再要求“枪支替代奶油”[1]。（或者，用地缘政治国口号的完美国版变体：全民来军训，人造奶油要免税。[2]）如果有证据表明，可恶国预算中较大百分比都用于消费资料，而不是战争产品，那么，不要将此处理为和平意向的证据，而是将之阐释为这样的证据，它证明了可恶国民众流露不满，因此，必须用一定的非战争物资来安慰他们。你要幸灾乐祸地说，现在只有完美国的武器生产能覆盖全世界。

【手段矛盾】或者，想象下面这一事态：想象完美国会在海外建立一些区域，由此，可以方便地发起对可恶国的攻击。但是，再想象一下，这些区域的居民并不喜欢“成为完美国战场”这一想法。再进

1　枪支与奶油的对比源自美国一战时期，它们各自代表国防开支与民用物资的支出。后来在经济学中，形成了“枪支—奶油”的解释模式。

2　这样就促进更廉价的人造奶油的销量，减少了天然奶油。

一步想象，当完美国官员试图建立这些强大据点时遇到了各种各样的矛盾。例如，在巩固其中一个地点时，你引发了另一个地点的恐惧。或者，你发现了，他们全部更像是不利因素，而非有利条件；你发现了，在战争情况中，你必须削弱自己来试图保护它们，而不是让它们来保护你。你要用数月苦思冥想这些问题。然后，不露声色地摆出你所有的困境来证明，你没有战争意向。“当所有这些你谴责我们想要与之结盟的国家中，都存在诸多问题时，”你解释道，“我们怎能考虑打仗？”（将手段中令人烦恼的矛盾阐释成这样的标志，它意味着目的并非所欲。我们要说：“显然，我没有试图这样做，因为我开始发现，它做不成。”）

【友好协议】如果完美国达成协议为一些距离本国几千里的国家提供武器，那就为了促进和平事业兴高采烈吧。但是，当可恶国提议与邻国建立友好协议，为了减小完美国通过这一地区发起攻击的可能性时，就厌恶地瞄准这一新的证据，它证明了可恶国的扩张、侵略和欺诈。你要提前宣布，协议条款会颇为苛刻。如果当协议发布，结果是温和的，那么，你要首先对准温和，将之作为证据，证明可恶国的力量在变弱。你要解释说，在完美国雄辩的帮助下，可恶国的邻国才能够达成这样合算的交易。接着，几天后，当事件结束，你要开始说，这个协议符合了你原本的预测，仿佛其具有了一切你原先所说的、将会具有的苛刻与侵略性。

【结盟】如果曾经有段时间，完美国与可恶国是盟友，反对过共同的敌人呢？在那期间，完美国通过船只还运送了大量军用物资给可恶国？那么之后，当完美国与可恶国发生不和，完美国的领导人呼吁大幅度提升军备时，就让这些领导人引用在之前状况下运送的货物作为证据，证明完美国对可恶国的良好意向。（你不能让如下事实被提及：尽管可恶国的面积广阔的领土在战争中受到蹂躏，完美国高产的机器设备却大大增多，但是，完美国官员依然试图收回那些货物。）

【战争预算】为了在距离国内一万里的地区威胁可恶国，你就要求极大幅度地提升军事预算。然后跟民众解释说，应该归罪于外国势力。

【拥护政权】要呼吁几十亿人拥护不得民心的政权，而这样的政权，如果没有你国持之以恒的干涉和支持，就会很快失势。将这一点归罪于可恶国，试图将你国政体强加给世界上的部分国家，尽管那里的条件完全不适合；你要将那里的麻烦归罪于可恶国。（这就像把佛罗里达的酒店放到北极，当出现财务问题时，你就归罪可恶国。显然，这样的手段只有"随意说"套路才能做到。）

【制造不和】如果在某个特殊议题上，完美国政策恰好符合可恶国的政策，那就淡化这样的一致性。那么，如果完美国政策转向，以至于两个国家再次不和，那就立刻开始表达对可恶国不合作的抱怨。那么，如果完美国政策再次倒转回去，以至于又符合了可恶国政策，你就警告说，可恶国试图"挑拨离间"完美国和"踉跄帝国"（Imperial Totter）——该国与完美国密切结盟，但此时与完美国官员不和。

【讨要拨款】为了通过立法机关获得巨大的军事拨款，你要激发战争危机。你要情绪激昂地谈论迫在眉睫的可恶国的威胁。你要预言，可恶国即将发动袭击。在你得到拨款，而且无需为此继续强烈烦恼时，你查明敌人正在烟消云散。你之前可是预言了，可恶国准备向你认为属于自己影响范围内的地区进军。他们没有吗？你要庆祝，你强势的态度阻止了他们。如果接下来发现出了问题，需要新的煽动来得到拨款，那么，就重新查明，可恶国准备进军。如果需要，你甚至要给出确切日期。关于“可靠的权威来源”，无所谓。如果，在回应你反对他们的煽动时，可恶国显示出了预防攻击、自我防御的迹象，那么，你就呼吁，你的观点得到了证实：将你的威胁政策所挑起的抵抗解释为这样的证据，它证明了此政策是正当合理的。但是如果，他们试图终结愚蠢的军备竞赛，那么，你应该幸灾乐祸地散播这一新闻，将之作为证据，它证明了他们是虚弱的、惊恐的。以这种方式，基于“这一威胁政策就是在报复”的理由，甚至最基本的、呼吁裁剪军备的合理迹象，也能转换为对增加军备的诱因。此外，鉴于敌意，你会发现很容易同时让如下两种观点变得可信：他们想要和平，因为他们的经济难以承受庞大的军事开支——他们正准备在国外做出进一步的军事冒险。

【准备开战】要求耗时两年才会建成的战斗机群。作为消息灵通人士，你要跟自己的听众解释说，可恶国还没准备好在两年内打仗。倘若结果是，需要三年才建成完美国的机群，那么，你能查明，可恶国还没准备好在三年内打仗。事实上，除非你国准备跟他们开战，可恶国才会准备好作战。你要让这一模式变得如此明显，大讲完美国此时相对虚弱，使得几乎每个人都必然自问：“好了，既然战争不可避免，为何可恶国占据优势，现在却不去开战？”之后，要让深刻的思想家挺身而出，带着这样的担心：可恶国自己也正在得出相同的结论，他们时刻会带来袭击的危险。当不需要战争恐慌来让工厂全面运转的可恶国依然没有袭击时，那你就幸灾乐祸——幸灾乐祸——放出各种有关可恶国政权内部弱点的内幕消息。因为，你要始终铭记：如果他们表现出和平迹象，那是因为，他们太过虚弱难以战斗；抑或，如果他们表现出抵抗的迹象，那是因为，他们试图用恫吓来掩盖自己的弱点。但是，当你需要大笔拨款用于军事工业时，那又是因为可恶国如此之强。事实上，可恶国成了你需要他们成为的任何样子、所有样子，就为了这一天特殊的敦促行动。由此，所建立的敌意就可以成为自己的防护，制造骗局的氛围，由此，人们乐于忽略宣传的浅薄，被引导着相信：他们的“代言人”实际上就是为他们代言。

【和平攻势】如果可恶国领导人表达了意愿，想要与完美国谈判，为了改善国际关系，而全世界人民都生出了希望，因为在恶意的地牢里看到了光明，那么，你要等待时机——接着，几周之后，重提这次事件，将之作为这样的情况：完美国与可恶国的“强大友好关系”也许产生出了普遍的“不安”和“疑虑”。你要轻易地掠过当完美国的官员憎恶这种“和平攻势”（peace offensive）时全世界的悲痛。要为人民“代言”，仿佛他们恰恰感觉到了自己所感的反面，直到他们亲自接受了其“代言人”的所感。

【挥动武器】如果某个“为了和平”的既定措施，是在军国主义的保护下推行的，那么，当某些公民并不信任通过散播恶意来试图获得和平时，对于他们，你要解释说，这一既定措施没有好战的含义。对于那些好战的人，你要解释说，可恶国只懂得武力的语言，而你国的政策是道德高尚地挥动武器。

【敌意态度】总之，“随意说”的重要因素就是态度：敌意。因此通常，这一套路可以仅仅还原为语调问题。任何一个语调上的例子都可以还原为按照亚里士多德的“论位”[1]所做的分析结果。但是，这

1　在古典修辞学中，论位（topos）指构建论证的指引。关于这个概念的译法和亚里士多德的界定，见后第 374 页注释 2。

样的个别性处理通常不会回报我们的努力。我们还需要其他比如气体理论[1]之类的东西。因此，必须遵循边沁的捷径继续前进，同时仅仅注意这样的普遍利益：它激发了整个一系列在“褒扬”和“贬抑”措辞之间的“评价”移动。何必要试图在一个既定例子中决定要使用什么论位呢？一旦态度建立，一旦在一段时间内听众被引导，从而期待着恶意成为家常便饭，那么，发言者所需的，就仅仅是使用种种语调去确认敌意。的确，当物体已然被用力地启动之后，只需轻轻一推就可令其转向。那么情况也许是：语调越是轻微，效果就越好。仅仅是“可恶国又来”之类的表达，就有可能像新闻播音员每天的微传[2]一样，他不算强烈地施加影响，促使有条不紊地维持国际恶意，有计划地败坏人际关系。或如，一个非常明智的问题也许有助于达成这一目的：“但是，我们能否希望可恶国不会也要求自己的意志得到体现，从而掺和进来？”或者，提到可恶国时，用最微小的一声“哼”来暗示。

【两头说】在建立上述这个假设的例子时，我们的意思并不是暗示，在这样的论战中，自始至终，可恶国都逆来顺受，宽容大度。随意说、两头说、来回堵（Get Them Going and Coming）、另角度切入——一旦某议题首先按照国际恶意来考虑，那么人们能发现这些套路的变体双方都在用，套路如此轻易地欺骗听众，因为处于同谋立场的听众，也如此渴望欺骗自己。

【巴别塔】“我们没干。”“只有他们干了。”“或者至少，他

---

1 指像气体理论考察气体分子整体运动那样考察论位，而非孤立地去研究它。

2 tithing，见后面第二章第五节，指媒体一点点地像缴纳什一税一样通过措辞和论调给读者传达敌意效果。这个概念较早被提及，可以见伯克的《语调的号召》（“The Calling of the Tune”），载于《凯尼恩评论》Vol.1，No.3（1939 年）。

们先这么干的。”就如马基雅维利指出的，如果统治者真想背信弃义，他从不会想不出理由。他们的确先这么干了——但仅仅因为人人都先这么干了。若将事情追溯得足够之远，你就到达了巴别塔。[1]就是说，你碰到了共谋情境的本质，盟友争吵的本质，普遍的“先天性”：在巴别塔故事中，这种先天性以神话的方式表达为在过去某个时间地点实际发生的事件。但是，请按实质来理解神话，它是这样的方式：使用“近似史实的”措辞来指涉某种在口舌之战中的普遍动机；你认识到了，为什么“他们先干了”这一指责如此诱人。“所有人都先干了”，意思就是，所有人在本质上都这样受到了引诱。他们能将“普遍神话”转型为论战性的、历史性的神话，从而同时既承认又否认指责。这里，本质性的“所有人”分解为“我们”和“他们”，这诱使“我们”将不想要的因素分配给“他们”，从而净化自己（共体和异化的两可性，它促成了将敌人用作替罪羊的净化仪式）。

【民兵模式】在所有这样的民族主义“共谋”中，都存在着这样的“精神化”，它催动了民兵模式：将暴力道德化，从而满足对暴力的欲望，它将暴力的牺牲者表现为做出暴力、以同等方式受到报应的“坏”人。这一模式的诱惑说明了，为什么堕落的基督徒弄出了如此完美的暴徒（就像反动政治中以供使用的暴民“正义”的种种手段）。

【共谋】但是，虽然在誓愿投入国际恶意之事业的修辞中，“随意说”的诱因最为根本，然而，在不强烈的程度上，它存在于所有党

1　巴别塔故事是最早的所有人共同活动的原型。也是从巴别塔之后，人类沟通不畅，开始分裂，修辞才有用武之地。伯克认为这个神话其实是个寓言，隐含了共谋又疏远的动机：人们集体行动，但受到指责时，某群体A就会将责任推给非A，表明是非A先做的，反之亦然。凡是人们如此推卸责任时，都暗含了巴别塔原型。

争的、共谋的情境里，在这样的地方，为某个敌对群体“代言的人”暗中向该群体发言，群体的成员受到煽动采纳了某种特殊的敌意，这敌意标志着他们是身份合格的成员。

【两头堵】之前，我们考察了亚里士多德的种种“拇指法则”[1]，它们可以反转对手的论证来为你的论证获得材料。但是，当“随意说”的条件成熟时，发言者倒不如反转自己的论证来获得材料。也即，他无需决定是说某事，还是说它的反面；他可以两头说。因为，重要的不是论证，而是它背后的敌意；在这样的情况中，互相矛盾的论证，也许比两个一致的论证要更好，因为覆盖面更广。事实上，它们仅仅是用彼此矛盾的意象来夸饰唯一一个观念。虽然有时“两头堵”套路（以至于对手“如果是这样，他就该死；如果不是这样，他还是该死”）比生硬的“两头说”更有创意，但是，它们明显彼此相融。

【外交政策】在阿瑟·克罗克的专栏（NYT，3/19/47）中讨论过一个与“两头堵”有关的例子。民主党全国委员会盖尔·萨利文似乎想出了一种独创的方法来让共和党人“处于困境”，他号召共和党人为杜鲁门政府的外交政策背书。如果共和党人这么做了，他们“会成为‘米兔’（Me Too）党，尽管他们控制着国会”。如果他们没有，“就能对他们提出新指控，即‘孤立主义’和在关键的外交议题上不合作”。克罗克先生对这一创意义愤填膺，它出自一位“英俊、自信的芝加哥青年”，他“渴望创造机智的记录”，为此，他将严肃的外交政策变成了“党派利益”。如果你想看见一位聪明的青年当众挨抽，那就将这一条视为炫示（epideictic）的例子（一位“从前的大学讲师”……

1　rules of thumb，习语，指经验性的、直觉性的、不精确的方法。

一位“从前的神学学生”……“但他跟冷酷的城市和国家机器一起‘玩弄政治’有很多年了”……这跟参议员范登堡的“庄严抗议”截然相反……“而参议员汤姆·康纳利也学他”[1]）。总而言之，不允许民主党人针对共和党人两头堵，但这意味着，民主党人就遭到了两头堵；后来，当共和党演说家们解释说，两党连立的外交政策才是他们的意思时，这一点才显而易见。瞧啊！如果你不想要这一政策，你就不应该要杜鲁门。如果你想要这个政策，那你就应该想让共和党人当总统，因为这样的总统与共和党主导的国会能更加密切地合作。

【另角度切入】但是，在这一点上，存在着“另角度切入”的可能性。也即，他们告诉我们，两党制是美国民主的光荣。选民不必只有一个政治纲领可选，相反可以在对立的纲领之间选择。那么，亨利·华莱士从另角度切入，他问道：如果两党各自宣布，它们统一于一个政策，那共和党和民主党选民如何选择呢？

【政府盈利】这本身是不错的套路。但是，它违背了广播和报刊已经彻底确立的态度。我们可以认为，这是试图用一种支持不足的、贬抑的语调取代高度支持的、褒扬的语调。“另角度切入”套路，当其利用和确认一种既定敌意，而非仅仅用来回击已经对其具有敌意的少数人时，是最有效的。作为在确认敌意时这一套路如何更有效的例子，可以考虑下面这种见于某报的用法，该报的读者强烈反对任何企业为政府所有，除了那些必定亏本经营的公共服务事业：联邦机构公布了由联邦所有和运营的两条管道设施的巨大利润额，这些数字意在回应政府在商业中总是“无效”的指责，报纸编辑本着自己广告商的

1　阿瑟·范登堡（1884—1951）是共和党参议员，来自密歇根州；汤姆·康纳利（1877—1963）来自德克萨斯州，是民主党参议员。

精神评论说："当政府涉足商业时，它显然没有像它查看私企账簿时那样挑剔利润。"对于其读者来说，它成功了。

【安东尼演讲】一旦语调确立，演说对手必定理所当然地认为听众很容易受其感染。即使他要试图转变他们——就像安东尼逐步转变民众对杀死恺撒的凶手们的态度[1]——他也必须一上来似乎认可他们。但是，想一下这个情境：演说者不止需要说服一个听者，而是许多人。想象他非常成功地改变了自己的第一个听者，就像安东尼那样，小心谨慎、不知不觉、一步步地引导他们。然后再想象，当他有机会向其他听者解释之前，一家反对的报媒刊载了对他第一次演说的报道。你还不知道这些标题？但那些还未听过安东尼演说、因而依然认为布鲁图斯及其同谋是国家救世主的听众，已经读过了。

打倒布鲁图斯，暴君废主的走狗这样说
他号召向爱国者复仇

马克·安东尼在市场上跟一群闲散之徒做了一番煽动演说，此人以前是想要称帝的死者的宠儿，他暗示，罗马人应该采取措施反对国家的解放者。他直言不讳地刺激"罗马的石头奋起和暴动"[2]。他毫不掩饰一个事实：按照他的旨在策划阴谋反对政府的一党的看法，罗马从独裁中解放出来，完全是"血腥的叛乱"。他还读了几段据说是前任统治者的遗嘱，这进一步引诱民众忘记去感激那些同仁，尽管新时代的开辟主要是依靠他们的奋勇之举。

1 见莎士比亚《裘力斯·恺撒》第三幕第二场。

2 出处同上，安东尼形容民众是罗马的石头。

当这样的手段可以使用时，那些控制语调的人也拥有了与势不可挡的雄辩等效的纯粹物质条件。试图违背流行的“情报”发布方式而直接切入，这必然是困难的，因为最终，这一方法包含了某个关键政策得以说出的语调转换。

【价格升降】在商业和政府的不稳定的联盟——这是我们文化的典型特征——中，有一个简单而启发人的翻转（volte-face）例子，它出现于 1947 年春。有一段时间，在报纸的金融版，刊登了商业领袖代表的种种陈述，他们警告说，价格过高，“纠正”迫在眉睫。这些新闻显然是为如下要求准备的，即，要求政府允许商人在降价上达成协议（这样的协议，在现行法律下容易遭受法律起诉，指控为串通勾结）。这场行动，表面上有意降价，但也意在允许这样的约定：能让价格不会自行下跌过多。但是，在这种预备警告几周之后（警告中散布着这样的遗憾：当前的规定让商人不能一致行动），总统用如下的语调看到了“另角度切入”的机会，他实际上在说，除非商业界让价格下降，否则，劳方会合理地要求更高的工资。形势立刻就转变了。必要的价格调整，却忘了谈（尽管一位编辑顺便承认），“存在着自愿提高具体价格形势的机会”。但是，这位编辑的愤慨针对了“工会领袖旁边的不太敏锐的人”。数字迅速被算出，表明工资已经足够高了，甚至有点太高了。官方声明的这种严重令人不安的效果让编辑遗憾。（此外，按照我们之前关于商业文化中政府角色的论述，我们应注意到这里存在着两头堵的契机。如果政府的经济学家警告小心市场衰退，而衰退确实发生了，那么这能归因于政府经济学家的警告造成的信心丧失。另一方面，如果他们没有给出警告而衰退发生了，那就可以归罪于他们的沉默，这鼓励了错误的信心，因此辜负了公众的信任。）

【审美疲劳】另一种切入方式可以叫作“审美”。如，当指责彻底确立以至于人人清楚时，它可被摒弃为“陈词滥调”。这是特别有效的侧翼攻击（flank attack）（当确认敌意时），因为它实际上制约了长时间持续的弊病。归根到底，既然修辞家处理言辞，那么他的问题就是风格问题。风格方面的一个要求就是新鲜。但是，说到拖累表达的新鲜性，有什么甚于需要这种表达的情境的迁延持续呢？因此，如果坏的条件延续够久，那么，除非反对它的修辞家异乎寻常地具有创意，否则，当辩方反对说，修辞家的指责跟情境一样沉闷，从而借此切入时，坏条件的存在恰恰就起到了制约它的作用。如，乔治·塞尔得斯[1]的英勇小报《事实上》，其抨击新闻失范的显著特色就被反复出现、无处不在的各种失范现象冲淡了。人们诚挚地希望，修辞能永远新鲜，但它必定永远都敲打相同的地方。想想一个木匠，他被要求每敲打一下，都要用新法子；你会知道，通过从审美角度切入，在这样的情况下，你能将何种麻烦的义务强加到修辞家身上。

【嗜虐消磨】亚里士多德讨论过的套路都是定式的，或定性的。甚至他对于夸饰的观念也是如此，相比于现代的“随意说”的能力，在后一种情况中，语调以定量的方式，通过庞大的官僚制（来自政府、来自报刊广播链：修辞托拉斯）得以夸饰。在这方面，德谟斯蒂尼洪流般的雄辩毫无必要。每一位修辞家处理的是一小滴一小滴的说服，直到仅仅通过它们的数量和持久性，修辞家就能从身体上征服听众。由此，说服采取了更加虐人的方式，就像谚语里说的中国酷刑。它与

1 George Seldes（1890—1995），美国记者，曾服务于《芝加哥论坛报》，后独立办报。《事实上》是他和妻子在 1940 年至 1950 年合办的针砭时弊、抨击政府的小周刊，该刊共有四页，汇编了其他报纸不会报道的独特新闻。

其说是说服一个人，不如说是消磨他。最终，在半昏迷的状态中，他断断续续地做起梦来。梦中，他认为，同一个被广为宣传的圣灵处处都在，它不亚于上帝本身；现在，他发言时，不是以洪亮的、《圣经》中的口吻，而是以肮脏但无处不在的、雇佣文人的新闻语调。我们且将这种风格称为“新卫生法”，因为它的口号应该是：用一次就扔。（这样的说服，是毕生与言辞共度的人所掌握的，他们遗赠给人们的不仅仅是一句值得铭记的话，除非像赫若斯特拉托斯[1]那样，他被记住是因为毁了神庙。）或许，连同信仰、知识、意见、信念和猜测这些传统词汇，我们还应该为了“新定量修辞”（New Quantitative Rhetoric）补充“受消磨”这个词，它指当涓滴的狂流有计划地袭击听者之后，听者所具有的心态。

【理性】但是，在我们对“随意说”——作为现代定量修辞的主要手段——的诊断性强调中，有一个巨大的风险。在其他地方，我们警告过，小心瑟尔曼·阿诺德[2]在《资本主义的民间传说》（*Folklore of Capitalism*）中做出的那种阐释，他处理了许多人的新闻陈述，仿佛它们都是由一个发言者做出。这种方法十足荒唐；但是，它能让修辞看起来比以往更不理性。当试图培养国际恶意时，其中存在的大部分不一致都源自如下事实：既定的敌意是由不同人以不同方式确立起来的。个别来说，他们的观点也许并不像丢成一堆那样极为无序。甚至这样混在一起时，它们也都具有共谋的理性，所有人共有。也就是说，它

1 Herostratus，古希腊人物，为了出名，焚毁了以弗所的阿尔忒弥斯神庙。

2 Thurman Arnold（1891—1969），美国法学家、律师，富兰克林·罗斯福执政期间曾任首席检察官助理，领导司法部反托拉斯局。阿诺德主张法律现实主义，《政府的象征》和《资本主义的民间传说》是其代表作。此处所言“其他地方”，即伯克为后一本写的书评《无矫正的腐蚀》（“Corrosive without Corrective”，1938），收入《文学形式的哲学》。

们的理性，并非来自彼此的关系，而是来自与鼓动集体的精神或敌意的关系。这之所以是理性的，恰恰是因为它在筹划，浸透着人的意图。我们可以说，它并不是非理性的，相反，它只是太过彻底地理性了，它在太过恶意的、缩小的规模上拥有理性。

二、套路理论

一

【不择手段】“别跟每个人都争论，也别跟普通人这么做”，《论位篇》中亚里士多德如是说：“因为有些人，一跟他们争论，争论就必定恶化。”[1]亚里士多德说，当某人“用尽一切手段只为看起来不被击败”时，如果你要对付他，那么，用任何你能使用的手段得出结论，都是合法的。“但形式并不合规。”

他在考虑如何从普遍接受的意见进行推理（他称之为“辩证式”推理），如何能避免说出任何会在论证中妨碍自己的话。他的八卷篇幅的以自我为中心的顾虑，让我们想到了旋转、足尖功、阿拉伯舞姿、社交舞姿。这是一个原则领域。但是，在最后，他现实地让我们去请教没有限制的日常世界。

处于中间的就是公共争论的领域。在“一位老律师”丹尼尔·F.米勒写的、1880年匿名出版于得梅因（Des Moines）的《作为说服技艺的修辞术》（*Rhetoric, as an Art of Persuasion*）里，我们得到告诫，不要成为“满脑子都是杂乱知识”的人，因为这种人试图在论证中支持所

1　见《论位篇》164b8-10。

有论点，而不是关注要点。作者解释说：

如果有个肆无忌惮的对手，论证上颇为狡猾，他会避免强的论点……只利用那些弱的论点，他详细地反驳它们，带着明显的热情和信心；为了满足成功的需要，他会谎称，一切所论及的命题的词项在观念上构成了统一，必定能要么一起站住，或是一起被推翻，也即，当链条的连接被打破时，链条必定分解。

不过，要是你觉得被曲解了，会怎样呢？尽管你的理由是正当的。你难道不会通过任何你能用到的手段来试图算计对手，就像一些出版社，偶尔会在卖一本好书时，也试图用广告宣传它，就仿佛它是垃圾一样？即使你诉诸的，是一些只能以虚伪的方式、按照理想的目的证明为合理的手段。（在此，存在着这样的诱惑，让人用理想的目的来证明总是越来越邪恶的手段，直到一个人接近十足的表里不一，就像塔尔杜甫在宗教上的虚伪一样。）

【工会】如，若一个人对经济学一窍不通，但他公开表示，“我们的所有麻烦都归因于工会”，那么，你可尝试表明政府尚未能解决其他的争议问题。由此，他重新开始说：“是这样。是政府的错。”你接下来试图表明，两个大党都支持正在论及的法律，他回答说：“是，我们的政府已经干预太多了。”你试图表明，有一些税是政府直接征收的，还有一些隐蔽的税是商人向顾客征收的，他回答说：“税已经太高了。”你慢慢地缓和语气说：“不，我的意思是……”但突然，他想到了另一个聪明的主意，他宣布说：“应该对工会收取高税。工会才是麻烦所在。为什么，你知道——”他用长篇大论，谈及腐败的工会领袖。

【急救疗法】你开得越快，轮子就转得越快。你试图证明某论点，而非用论证击败对手。既然你的论点包含了几个因素的集合，每一个因素都明显是另一个争论的出发点。你尝试逐个观点地跟随他，以此来陈述自己的理由，这种做法就像是要堵住滤网，匆匆忙忙地只用一个木塞，从一个洞挪到另一个洞。你能做什么？显然，你唯一的希望就是“另角度切入”。你很难指望治愈，但可以找到急救疗法。所以，就把整个论证放到一边，你这样说：“你想把一切都归罪于工人。我并不苟同，不过你为人公平，我会跟你做个协议。如果你因为工人罢工时妨碍了生产就谴责他们，那么，你会同意在他们工作的时候同样大声地赞扬他们吗？”

【伺机】或如，某非犹太族老板用不祥预言式的口吻向你吐露：“你也许认为现在的时代很糟，但不妨等着瞧，看从现在起一年内事情如何。到那时，全国商业就会破败，犹太人到处开张。”若你觉得不该只是一语不发，你要怎么做？当然没有让你大谈反闪米特主义的历史、原因和政治危险的余地了。你必须寻觅一个伺机性的回答。比如说，存在这样的事实：你和那老板都不是犹太人。于是，你也许可以在这种“种族”一致的方向上让步，以此来令他困惑。所以：你笑了；你对此很开心。你高兴地抗议说：“好啦，巴特菲尔德先生，你太温和了。其实我们非犹太人也能变成像犹太人一样成功的商人。为何？你懂的，非犹太人在任何事上都能胜过犹太人，只要他们下定决心去做。阿尔卡特拉兹岛[1]上的一些罪行最重的犯人就不是犹太人。”

---

1 Alcatraz，俗称恶魔岛，位于旧金山湾，曾是著名的关押重犯的监狱。

【铁幕演说】当丘吉尔在密苏里州富尔顿演说时[1]，他率先使用了一长串好战的手势姿态，指向苏联，许多真诚的人对此都表示异议。但是，这些异议都是正面出击的。而我们听到的、进行必要的侧翼攻击的论证，则是下面这一段来自地铁乘客的话："不应该去别的国家说这种话。他应该在他交税的地方做自己的演讲。"一个人必须要想很长时间，才能以这里出现的完全单纯的"自由"方式，通过刻意设计来利用仇外的心态。

【封面魔咒】毋庸置疑，这一方法也有危险。它可以称之为"《P.M. 报》[2] 自由主义"，因为报纸通常都使用这种温和的无原则的套路，旨在为了自由主义原则而战。上述地铁乘客的话是《P.M. 报》报导的；我们同样可以想到这样一件事，一场大火，某位女运动员失去了 26 匹马，就在那天，《时代》周刊的封面刚刊登了她的照片。《P.M. 报》用标题《"〈时代〉"封面魔咒[3]卷土重来》予以报道。新闻罗列了"持续十五年，当著名运动员的照片为红边的鲁斯[4]周刊增光添彩时，一系列发生在他们身上的事件——或巧合"。这条新闻不正是站在自由政治的立场上，却连迷信都弄进来了吗？

【无招胜有招】在某些情况下，比如在书里，或，当某段长度的时间分配给演说时，你可以圆满完成一句陈述。但是，当你在对话里为了批评一个看起来是某种形态的陈述，而去证明它其实看上去是另

---

1 即 1946 年 3 月 5 日的铁幕演说。

2 美国自由倾向的报纸，拉尔夫·英格索尔（Ralph Ingersoll）创立，仅存在八年，该报颇有个性，拒绝广告。报纸名有可能来自"午后"（Post Meridian），但一般称 P. M.。

3 cover jinx，最早是来自《体育画报》（*Sports Illustrated*）的魔咒传说，凡是上了封面的人，就会倒霉。

4 Luce，即亨利·鲁斯（1898—1967），汉名路思义，生于中国，《时代》周刊的创始人。

一种形态时：你只有耐心地、一步步地建立替代的形态，才能充分做到这一点；尤其在没有规则的地方，以至于对手能随时打断，或是按照其“不友好的听者”的角色拒绝做出必要的努力来跟随你，那么，你的每一步阐述都会成为另一个争论的来源。在这样的情况下，既然问题的一个方面，只有放在其他因素的语境中才能充分被理解，既然对于某个尚未看到它们关系的人来说，其他因素中，每一个其本身都是争议问题，那么通常，“抓到什么是什么”[1]的论证就是唯一可行的一种。

【品格刺杀】当你只想试图驳倒对手时，这样的反驳足够强硬。但是，如果你的目的并不是打垮他，而是带着他跟你至少走上一小段路，那么，这些反驳会更令他棘手。因此，诱惑就在于在迎合和沉默间做出选择，或者，失去耐心，仅仅想要一个会战胜对手的回答。政治家通常使用“品格刺杀”（character assassination）作为“抓到什么是什么”的反驳，因为他们仅仅试图打垮对手，而不是说服他；他们的政治理论如此贫乏，以至于听众能区分两位竞选人的唯一方式就是，是否有一方陷入丑闻。

【突袭】但是，我们在此并非特别关心作为论证的修辞。论证通常包含了持续的攻击；然而，今日的独特修辞，是以迅速的突袭来操作的，如印第安人的战斗、游击队战术、突击作战行动。它既非好论证，也非坏论证；它根本不是论证。它用认同和戏剧化来取代论证。毫无疑问，广告就可以还原为修辞演绎[2]，或者甚至有时还原为推论。

1　catch-as-catch-can，来自擒拿式摔角（catch wrestling），指没有计划，不择手段。

2　enthymeme，来自希腊文 ἐνθύμημα，亚里士多德首先规定的修辞术使用的“推论”（三段论，syllogism），但它一般省略了全部或部分前提。推论是辩证术使用的论证。

“上等人买 X”这样的广告语，描绘了奢侈的环境中对 X 的消费，可以想象，它也许能还原为某种如下形式：奢侈的环境表明上等；你想成为上等；这件产品在奢侈的环境中呈现在你眼前；“因此”，你应该认同这件产品，用它来确认自己的身份（identify yourself with and by this product），它本身就等同于（identified with）上等。但是，虽然可以这样用分析的方式还原广告，但它没有这样的形式。它完全没有给出论证。它仅仅用联系来为 X 取同。它没有持续地攻击，相反，一次又一次地重复着同样的迅速突袭。（的确，我们对“随意说”的论述也几乎能精确地被认为是对“说同”（Say the Same Thing）的论述——因为这一方法旨在持续强化某一种态度。）[1]

【风格即人】我们一直在考察的种种套路，首先是风格方面的事情。职此之故，它们很容易让我们面对人格方面的事情。（正如这句套话：“风格即人”[2]？）

二

【人格】每一种人格都会有对应种类的修辞，这有时候会让老手获利，但他使用时，如果修辞“炫示地”（epideictically）如自我写照一样描绘老手，那他甚至也会受损。如，某人为自己的邻居取同，但他并没有为此说“他们都住在山上的房子里”或“他们都买了默多克地”，而是说“他们是去年冬天把我们的车从雪里拉出来的人”或

1　这一段里，伯克频繁使用 identify 一词，联系了 identification 概念，但配合语境，中译采取了不同译法。该词的核心方面与实体理论有关，如，identify x，就是确认 x 的本质或身份。

2　Le style, c'est l'homme même，来自法国博物学家布封的名言，出自《论风格》（*Discours sur le style*）。

“他们是第一拨打电话说同意我的计划的人”或“他们无偿为我们做事”——按他的方式所使用的套路，不同于下面这个女人的套路：她的小鸡开始蹂躏邻居的菜园，邻居跟她说，他不介意，因为他今年已经不用这个园子了；但她还是用棍子追赶小鸡，把它们赶回家，嘴里嘟囔着“我可不想欠谁的”。前者用接受来约束，后者显然完全不想约束。但是，在其他方面，她比自己察觉的还要慷慨，她做过种种帮助之举，尽管不值得报答；不过，她却总是贪婪、抱怨、小气地要求回报，以至于受她帮助的人，认为她无情得就像通俗剧里的反派——她做的每个善举都给人留下了这样的印象：她在没收穷寡妇的抵押品。

【本性】显然，这里的创意由其创意者的本性所限定；无论结果如何，种种创意都描绘出了本性。而在这样的“为了利益的说服”和“纯粹表达的动机”之间的移动中，若某人觉得缺乏信心，而且看重面子，所以总是潜伏在微小的方式里，让人们赞美他（人们经常这么做，甚至没有认识到这一点，因为他的测试是秘密的），那么，一系列完全不同的创意，又会随着他出现。比如，如果他用明信片询问某些需要长信回复的内容，并且收到了信，他就觉得自己在这一天取得了进展。又如，为了有个更好的座位让自己被人看到，他的所作所为费尽心机，就像必须推翻政府的革命者一样。

【奉承】很可能，奉承的最诚实的形式就是向一个人表明：你将他微不足道的特征与他联系在一起，将之视为他这个特殊之人的标志，尽管这一特征是其他许多人身上的无足轻重的细节。这就是奉承，因为，虽然你认为这一特征是中性的，当它这样被挑出从而属于他时，其拥有者会暗中觉得它具有褒扬的意义。或者，选出的标志让他的人格既在客观上是普遍的，同时又以受崇拜的方式得以具体化。得到奉承的人变得就像记者们通过夸张某一特征（如西奥多·罗斯福的牙齿）从而树立于公众眼前的官员一样。赞美表明了，你关注他——但是，恰恰因为这个原因，如果关注被认为侵犯了某人的隐私，由此威胁了他的自由，那么它会受到憎恨。（如果一个人应该为自己品格中某个确实独特或本质性的方面找一个好的表达，如果你应该通过这一表达为他想个绰号，比如，仿佛是让他自己这么叫自己一样，那么，你会进入更需要小心的人际关系领域。因为，每次你叫这个名字，你就表明了动机方面的事情。）

【两个动机领域】这里，我们再次面对了《动机修辞学》第一部分中我们曾经遇到过的区分，那里考察了马基雅维利的《君主论》。[1] 我们发现，套路指向了两个动机领域：试图在情境中获利；纯粹地表达人格。如，一位朋友说："他们每周三开会。但是，当他们邀请我时，我坚持说，他们要把时间改到周四。我没明白为什么我应该接受他们挑的日子。"会有一些关涉利益的想法，但是，它们如此一般，如此绝对，我们难道不会将这一套路处理为"自我写照"，而非使用心机？有些人通过联合起来贬低他人，从而达成和解（国际同盟的标准状况）。或者，如一个变体：约瑟芬称赞约瑟夫，仅仅为了激怒约瑟夫斯（恰如某批评家对去世的作者颇为宽宏，他可以更为有效地指责健在的作家）。这样的套路更与情境相关，而非人格性的。

【发展】或者，这样的套路可以转化为发展。如，"畏缩"敲门，你让进来的却是"咆哮"（当他不觉得有拘束了，就像两顿饭变肥的

1 见《动机修辞学》的"马基雅维利的'行政性'修辞"。伯克的分析在马基雅维利研究史上是公认必读的。

狗时）。[1] 但这里也可以有另一种发展。Q一语不发，进来时金光闪闪；然后出去时却泛着银白，变得喋喋不休。

【花展】不露声色之所以成为可能，恰恰归因于"图谋修辞"和"人格修辞"之间的移动。如某些人：如果他们接受你的友好时，你没让他们觉得你心存感激，那么你就没法向他们显示友好；如果你对待他们，视其与自己同等，他们就会对你视如敝屣。因此，除非你自找惩罚，否则，你必须使用套路来针对他们，即使你对他们以朋友相待。[2] 要注意"谋利"和"人格"，在下述花展上，这件事是如何交织的：社区展览会有一些漂亮的鲜花，布置有序；观花就如随着一首首歌声漫步，每一朵都是精心安排的象征，邀请你用相似的平衡美感来安排你的态度；但还有一些评委，他们要颁授优胜丝带——但他们在决定时争吵不休，甚至争吵者死后，争吵依然存在。[3]

【辱骂】辱骂表面上是竞争性的。但是，人们之所以谩骂，很少是出于恶意，而是因为，人们喜欢共鸣且谩骂具有共鸣性。语言的殉道者，违反了昆体良引用的修辞的合理原则，因为他宁舍朋友，不舍一句风凉话。或如，一些心存怀疑的人，如果带有拿破仑的特征，就会发起攻击；恰如，若他们带有苏格拉底的特征，就有可能提出问题（两种情况的目的是相同的：通过探询来获知兵力的部署）。

【渴求之梯】在所有修辞之下，存在着如下基本规律：一看刮盘子，就流口水。但有一条反规律与之相配：吃饱了就挑食——在这里，

---

1 即甲到乙家，甲敲门时很老实，因为是去别人家，但进来后一会儿就变横了，因为开始觉得自在了。

2 对方的性格会让己方受损，这就从人格转向了利益。

3 观花者按照自己的人格和兴趣来欣赏每一朵花，此时的修辞无关利益；评花者为了选出优胜，就要争论，这就涉及了利益。

敞开的道路通向了“渴求之梯”，等级性的饥渴。因此，渴求是人格特征，属于“主角”，但在每个人身上还有着其他主角因素。（每个主角都被其他主角没有注意到的事情激怒，痛苦不已，因为其他主角都有着自己对愤怒的理解。）

【纯说服】完全炫耀的修辞、为了雄辩而雄辩、“纯说服”、以媒介为乐从而对语言手段持续且有方法的使用（简言之，炫示性动机），都交织着等级性动机，因为这种熟练的论证是对某种优先地位的有名无实的要求。但是，我们也应该准备好反转这样的观察，同时注意到，虽然竞争性条件也许导致了“谋求利益的修辞”，但也会出现纯粹的“获胜精神病”。我们的意思是：人们之所以寻求战胜彼此，这并不是为了任何特殊的利益，而仅仅是因为满足于表达竞争性的态度本身。在这个意义上，“猫斗”修辞成了一种炫示性修辞，这样的雄辩在“隐秘的目的”上并不强，就如“第二次智者运动”时期[1]对口才的崇拜。在这里，这门“获胜术”是某种练习，它并非将人们的密友视为潜在的竞争对手，尽管通常来说，表达它的材料都由这种竞争（因为担心他人）经验提供，而且对自身的忧虑也会加强它的效果（因为，既然一个人感觉到了不忠的动机而且对其加以抑制，那么，他会担心其他人也感觉到相同的动机，并且没有善意）。

【小孩吵嘴】对获胜本身的崇拜通常源自利益的窄化，由此，最小的竞争，也具有世界性问题的强度。（种种这样的竞争很可能间接地表现出了它们所忽视的问题。）通常，它们伴随着人的倒台、退隐，

1　Second Sophistic，古罗马尼禄统治时期至公元230年的智者运动，区别于古希腊的第一次智者运动。这次运动的人物都是以希腊语写作的学者和修辞家，如著名的艾利欧斯·阿里斯提德（Aelius Aristides）、金口狄翁（Dio Chrysostom）等。

尤其是当联系产生了某个共同体，其成员不再认为自己在整个世界还具有潜在的“影响力”时，他们试图在某个小团体里成为专制君主，或是为了赢取君主的支持。同样的动机也能出现于小孩吵嘴，他们的“死党小王国”，实际上就是他们的现实世界（或意识世界）。如，当兄弟间的竞争成为“创造性”情境，并且这决定了他们全部经验的性质，那么，获胜崇拜很快就达到了这样的程度：每个人甚至也许都希望挫败自己，只要他能同时略微挫败其他人。

【两好友】一位朋友说：“我知道的最激烈的争吵之一，因一瓶墨水而起：有两个男的，最近都结婚了，他们婚前曾是密友。现在，他们各自都在新的、独立的感情世界里有了‘财产’。既然‘财产’需要保护，那么通常，在过去他们都会坦诚的方面，现在却都沉默或闪烁其词。另外，还有一些掌握时机的问题。这四人必须同时处于和谐的情绪中，积攒起来的怨恨才会一扫而空，有时当两个朋友都开心，这种情况就有可能发生。还有，他们对自己的女人都很单纯，可是两个女人都各自试图破坏两位朋友从前的亲密关系，至少要在很大程度上对之做出修正；她们想要彻底‘拥有’自己的丈夫，而只要从前的友谊占据上风，拥有就没有可能。女人们的确想让四个人都成为朋友，但是，她们想让友谊移动到纯粹社交性的基础上。此外要补充一下，两个家庭的预算，一部分是分摊，一部分是单付——你这就有了条件，可以为 10 美分一瓶的墨水激烈地爆发了，你还能利用这个时候可以用到的任何辱骂，直至到达了‘纯粹的’舞台，到达了对获胜本身、对纯粹的语言练习、对恶劣人际关系下的修辞炫示的热爱。”

【雄辩】但是也许，我们应该在这里进一步做出区分。或许，我们在这里对“炫示”一词的用法等同于德·昆西（我们在第一部分[1]曾经提过）对“雄辩”的使用（这指对语言媒介本身的热爱）。炫示，作为表演术，最为密切地接近了德·昆西所想的“纯粹”动机（预示了世纪末的口号“为艺术而艺术”）。但是，虽然仅凭对语言活力的热爱，就足以让一个人既能痛骂，又能赞美，然而，对于这样的表达，还是存在着范围广泛的“隐秘的目的”，如，当某人的赞扬可以让我们选择他的政策时（这里的展现性修辞[2]增强了议政性[3]修辞），或当它驱动审判员做出有利于自己的判断时（增强了诉讼性修辞）。

【三种动机】总而言之，我们发现了这些与动机有关的重要的移动，它们是套路自然具有的：在这些意在隐秘动机的表达中，某些人为了确定的利益，某些人为了普遍的优先地位（我们可以说，他们望向优先地位），某些人出于对技艺的纯粹热爱（正如对“获胜”本身的热爱）。但是，最后一种通常可以被解释为人格表达，更接近于象征（或象征的特殊情况，诗）而非修辞本身。因为，甚至当明显用来图谋利益时，这样的形式或许也在很大程度上相关于自我表达，因而，就算它们带来不利，老手也会坚持它们。（老手本人或许认为，他在为了优先地位而谋划，但实际上，他在尝试击败自己。如，某人骂人，说人家富不了，因为富有并不符合他的特征，比如，假设他身体羸弱，

1　见《动机修辞学》第二章，但这里的看法相反，那里指出（第126页）：德·昆西（1785—1859）区分了修辞与雄辩（eloquence）：前者与所有文学独创性有关，是炫示性的；后者与情感和激情有关。

2　demonstrative，与 epideictic 同义，也对应了希腊文的 ἐπιδεικτικός，该词最早来自拉丁语 demonstrativus。在亚里士多德那里，这是演说的第三个类型，它指演说“展现”所涉及的人物的美德或劣性，但在后来的修辞传统中，它更多地指炫示演说技巧。

3　deliberative，对应了亚里士多德那里的议政修辞术，这种修辞术用于商议政事。下面的诉讼是最后一个亚里士多德规定的修辞术。

而且无意识地认为，身体羸弱不适合高薪。）

三

【自发转有意】这让我们遭遇有意识动机和无意识动机的区分，当评述“自愿心灵盲目”（voluntaria caecitas mentis）[1]时，我们对这一点已经稍作考察。这里，我们要将有意的图谋补充进自发的表达中，从而由诗学过度到修辞学。如，在传统上，甚至像修辞格这样自发的诗性套路，当按照方法进行教授时，也归入了修辞学名下。而强迫性的爱欲姿势的象征，当成为有意的符号交流时，则转变为奥维德式的调情修辞；由此，这种性吸引的语言被故意地还原为了自然沟通，有点像两只草蜢的腿轮流抽搐，慢慢移动，就位，交配。

【忽视要求】或如政治事务中，统治者倾向于忽视请求，直到请求成为要求。那么接着，他会谴责这样的要求是挑衅，而且过分。你能按照我们讨论过的修辞原则，为这样的自然发展赋予马基雅维利式的风格，你可以这样陈述：“当人们受害时，提出请求，你就忽视请求，直到它成为要求，然后谴责它是挑衅。”

【前恭后倨】或者，考虑一下我们先祖在北美洲的发展。当他们首次抵达时，虔敬地感恩上帝和他们的东道主印第安人，后者教给他们当地的学问，这能让他们度过艰苦的冬季，得以存活；的确，他们之中没有一个人同其他人说过：“只要我们虚弱无力，那么在跟这些容易上当的野蛮人打交道时，我们就要和蔼客气。在这个脆弱的阶段，我们要跟他们一样公平交易。之后，当我们牢牢站稳脚跟，我们就有

1　见第 27 页。

足够的时间骗他们、抢他们、败坏他们。”相反，对于这两种情境，存在着一种单纯的、伊甸园式的反应。当他们一开始薄弱、依赖土著人时，这些早期的移民很自然要恭顺、感激。这样的态度最为完美地符合了他们的情境。很自然，他们不会傲慢霸道，直到他们在自己的恭顺的保护下，能够确立自己的势力。

的确，这种恭顺在修辞上有其用途。而所有那些以个人获利的方式来追求合作效益的伦理态度，情况也是如此。只要土著和移民随“阶级”分化，那么，这种“普遍的”伦理模式就有可能出现，这样的可能性常见，而且暂时，当条件提升了移民的相对力量之后才会显露出来。在这样的环境下，只有最老练、最严格的宗教顾虑（如公元 4 世纪的旷野运动[1]）才能让新来者在起初不会渐渐改变自己的角色，直到这些感激着接受施舍的客人，成了坚决要求殖民的入侵者。但是这些移民在此地是为了积聚财产，而非（像旷野运动的苦行隐修士一样）放弃财产。所以，印第安人发现：虽然敲门的是“畏缩”，他们让进来的却是“咆哮”。

当然，仅仅通过将原本自发的恭顺按照其反转的结果来处理，就可以将马基雅维利式的举动赋予这一发展。由此，你会把诗性反应的单纯（“登山宝训”[2]就是这种恭顺诗学的丰碑）转变为修辞套路的复杂，甚至是表里不一（这种发展从一开始就好像是蓄意的：“我们要前恭后倨”）。

---

1 Desert Movement，公元 4 世纪，罗马帝国基督徒到旷野（desert，按和合本《旧约》译为旷野，也有译为沙漠）隐修的运动，他们不满于基督教成为国教之后信徒的散漫懈怠。这样的隐修是不流血的殉道，隐修者被称作旷野教父。

2 the Sermon on the Mount，见《新约·马太福音》第五到第七章。

【希特勒扩张】若干年间，当许多后来可以算作希特勒敌人的人纵容他时，希特勒都使用了这一套路的貌似有理的变体。他采取的每一步都朝向了第三帝国的扩张，而每一步本身又太过微小，难以引发战争。他每走一步，其宣传手就开始让全世界都听到他们彼此的保证："我们终于得到了我们需要的一切。现在，我们能安分了"——由此，几个月后，甚至几周后，在其他某个地方突然取得了小进展，之后立刻就是自我祝贺："现在，我们真的得到了我们需要的一切。现在，我们真的能安分了。"

【小丑】你可以想象这样的情节，它是"小丑熟套"的理想典型。小丑甲指着天。小丑乙信任地凝望上面。小丑甲踢他小腿。小丑乙愤愤不平，卷起袖子准备干上一架。但是小丑甲满脸笑容，讨好小丑乙，给他奉上一杯酒，待他就像老哥们。小丑乙平息怒气。他们拥抱，开始一起散步，手臂挽手臂，接着，小丑甲踢了小丑乙的屁股，之后，小丑甲又立刻重新变成谄媚的家伙。随意重复——或像受到鼓励的希特勒那样，多次去做，直到这样的情况出现（他理应觉得愤愤不平）：英国"保守党"[1]决定结束这一熟套，而没有首先让他知道本党的意图。

【雇佣兵】留给读者的问题。请评论下面这个发展情况：在二战最初阶段，丘吉尔为英美关系确立了口号：给我们工具，我们就会完成任务。之后，当物资开始到达，劝动方式就能因此加以调整。代言人能评论说，纳粹的敌人也在进行"我们的"战争。事实上，海外公众就能受到刺激，从而去问："他们把我们当什么，雇佣兵？"也许，精明如丘吉尔和罗斯福的政治家预见到了第二阶段，他们仅仅认为第

1　Tories，英国旧的保守主义政党，这里用来指代保守党。原书编者指出，保守党 1938 年支持张伯伦与希特勒谈判。

一阶段是通向第二阶段的必由之路？这是不是移民的朴素的单纯？还是狡猾的单纯？

【比坏】或者，回忆一下《卡拉马佐夫兄弟》中的片段，几个人物玩了一种病态的游戏，每个人忏悔自己曾经做过的最邪恶的事情。我们曾经见过相似的游戏，玩家是几位病态的青年，那是在他们最初几轮纵酒狂饮中的一次。几番忏悔之后，比赛精神控制了他们，这让列举的违法行为越来越卑鄙。之后，一位可怜虫，讲述了一桩略微有点肮脏的性侵，他突然间在行地兴奋起来，就在他讲完自己的故事之后。他按照这里考察的修辞原则，同时补充了目的因素，然后得出结论说："先生们，此外，如果事事都按计划，那么我希望下周再干上一次同样的性侵。"[1]

【赠礼】当然，有目的的发展也能变成诸神的修辞。因为，如果赠礼是诗性的单纯，如果收回礼物也是如此（如婚约终止，指环返还），那么，礼物就能变成巨大的宇宙阴谋，如（按亚里士多德《修辞术》II，xxxiii，20）"另一个论位这样认为：目前存在或已存在的某事之因，是某件一般来说将会或有可能是其原因的事情；例如，有人将某物赠送他人，为了在夺走它时引起后者痛苦"，由此，亚里士多德引用了一位佚名作者的话："神给众多人馈赠巨大的福分，并非出于仁慈，而是为了让他们承受更为惊人的灾祸"——无论这是不是诸神更喜欢的讨论，它都当然是一出还不错的好戏。

【未婚情侣】回忆一下，在马克·吐温《密西西比河上的生活》（*Life on the Mississippi*）中的无子女的外国人和年轻未婚的情侣：

---

1 可怜虫只是在吹牛，渲染自己的邪恶，所以故意兴奋，然后提出了有目的的"发展"。

> 在一个西部城市里，住着一位富有、无子女的外国人和他的妻子；在他们的家庭里，还有一位清秀的少女——算朋友，也算女仆。我一直谈到的那位年轻职员——他的名字不是乔治·约翰逊，但为了叙述起见，还是会叫他乔治·约翰逊——与这名少女相识，接着他们违反了道德；外国老头发现他们外出，申斥了他们。他们羞愧，撒谎，说自己已经结婚；说是私定终身。之后，外国老头的不快得以治愈，他原谅而且祝福他们。这以后，他们就能不用躲躲藏藏，继续自己的不道德关系。不久，外国老头的妻子去世了；又不久，他随妻子而去。家族的朋友集合起来为他悼念；在悼念者中，坐着这两个背德者。遗嘱打开，郑重宣读。它将老头巨额财富的每一分都遗赠给*乔治·约翰逊太太*！
>
> 并无此人。年轻的背德者飞奔而去，做了一件非常愚蠢的事情：他们在一位不出名的治安官面前完婚，让他把日子提前。这干得不漂亮。远方亲戚成群涌入，极为突然、意外轻易地就揭露了欺诈的日期，夺走了财产，留下约翰逊夫妇合规、合法、无法撤回地被高贵的婚姻拴在了一起，但此外，连祝福他们的一分钱也没有。

现在想象一下，老头怀疑真实性，他没有完全单纯地把钱遗赠给“乔治·约翰逊太太”，他故意这样做，就想让事情如此显露出来。如果他暗示了反讽的可能性，但又没有明确亮出意图，那么由此，你会将他的行为转变为修辞套路，即不露声色的变体。

【不义的情境】当有利于某人的既定情境导致了对其他人的不义时，那些因情境而获利的人就会想要维系它，尽管不义本身是不想要的附带结果；如果产生这种结果的条件并不能创造利益，那他们就想要迅速消除它。从修辞上，如果你将目的从情境转移到不义上，那么就可以得到惊人结果。也即，你不要说“我们保持住这有利的情境吧，同时希望，以某种方式，我们能弥补它产生的不想要的不义”，相反，你可以说：“就让他们承受不义吧，我们可以由此获利。”

【恶行想象】就是说，如果你要戏剧性地强调不义行为，如果你将它带入意识层面，那么最有效的做法就是让它与良知有关。将其描绘为所愿，你就可以做到这一点（通过若干在这方面可行的模式之一：幽默、讽刺，或让人笑不起来的反讽和怪诞的表达）。从象征的角度来说，这一方法存在危险。就这样间接表演出良心的诗人，由于刻画了违背良心的“恶棍主人公”，故而，他也许成了自己创意的受害者。[1]我们的观点仅仅是：恶行想象背后的修辞动机，也许远远不是想要犯下恶行的“受压抑之欲望”的单纯投射与升华。

【修辞动机】当然，也存在着“纪德式的诱惑”（诱惑人将“汝不可”[2]转变为“要是……会如何”——这个趋势尤其立足于如下事实：意象无否）。但是在这里，我们试图表明纯粹的修辞动机，它超越了精神分析的动机。我们的意思是，例如，一位如莎士比亚那样的作者，他之所以想象了越轨行为，并非是出于“受压抑的犯罪欲望”，而是因为他对社会规范有着深厚的感受。因此，通过将不想要的事情描绘为“所愿”（对罪行的刻画）从而诉诸良知，就凸显出了他丰富的、受到吸引、想要表达的戏剧意识。

【嗜虐厨艺】例如，据说将牡蛎浸入沸水时的牡蛎肉，不如水渐渐烧开时那样柔嫩。因此，大厨之为大厨，就应该以一种从人道主义

1 被精神分析家认定作者自己具有犯罪的潜意识。

2 thou shalt not，钦定本《圣经》翻译摩西十诫时，每一条以这个短语开头。

角度看来残忍、野蛮的方式处理牡蛎。这里，行家“精心有爱的”技艺，迎合了人类的味觉，它属于快乐之事的范畴，它始终能完全体贴，只要人们不“以同情的方式”想象着垂死动物受到的缓慢的酷刑。一旦允许同情全面入侵大厨的意识，那么，这会给他的良知设置要求，迫使他在“作为大厨的良知”和“作为人道主义者的良知”间做出选择。如果，当充分面对这一问题时，他继续用（对于牡蛎来说的）严酷的方法对待牡蛎，而这一方法恰好做出了对人类食欲来说最为体贴的产品，那么他就只能在有意识的程度上成为嗜虐的大厨。换言之，他的“嗜虐倾向”之所以能出现，仅仅是他用自己的受害者来“认同自己”时。否则的话，他就不是嗜虐的，就跟我们所有人一样，即使我们每踏一步，地面就必定会痛苦地颤抖。

【天真无邪】小孩子把蝴蝶翅膀撕裂了，他完全天真无邪，处在单纯的状态，这先于残忍的出现。当他年龄够大，想起了这样的导致不必要伤害的行为时，他就从“天真”转向了“美德”。因为，从此之后，他要么必定放弃自己的快乐，要么在残忍的计划中成为共谋（为了复杂，放弃单纯）。残忍、嗜虐就是邪恶地表达出的同情。它就是悲剧和喜剧中不成熟的反讽净化形式，在这两种戏剧里，观众与替罪羊——作为被净化物（katharma）——的关系，同时包含了认同与异化。

【客观和主观】在“客观性”写作中，按照良知将意识戏剧化的做法，可以态度暧昧地通过恶行设法做到。在论辩对话中，将可疑的观点归于作者不用负责的说话人身上，也同样可以避开审查。但是，在“主观性”写作里（或是在散文性独白里），作者被认为是为自己发言，因此，它要为所有陈述负责。在这样的情况下，意识可以反讽地确立，通过作者自己对良知的违背，除非读者也想要复杂而反讽地理解这种形式的本性。

【非人】如，在一部“主观性”作品中，作者——也是这部小说的代言人——写到了一些在“残酷”生存条件下受苦的人：[1]

就以非人的方式养育他们吧，考虑一下畸形地训练他们的性格……教导他们：缓解既不可能，也不可求，指导他们具有猪一样的食欲，培育他们的残忍，就像我们鼓励其他人的情感一样。在最低程度上，以这样最小的公平对待他们。研究他们，为了彻底将其贬损。引导他们向下走去。

这里，通过将直陈式（“他们有可能遭受了非人的恶劣条件”）改为命令式（“我们要让他们的处境非人化”），这句陈述以冒犯读者良知的方式呈现给读者的意识。结果就接近于怪诞的反讽，而且在通向讽刺的过程中。完全讽刺的处理也可以做到，例如，通过嘲弄地模仿教育论著：《残忍工作中提升雇工条件之计划》《让人残忍如其工作的教育计划》，由《新对称》的作者所著。

【路线】在富兰克林·罗斯福执政的早期岁月，美国共产党将作家联盟中比重不小的美国作家组织了起来；许多人都试图遵守“党的路线”（按照一些本身对马克思主义并不精通的演说家所指明的路线），我们想到哈罗德·罗森伯格[2]为了安慰一个倒霉鬼说的话；倒霉鬼的一

1　这其实是伯克自己的小说《我的流亡自己消失》（“My exile had unmade itself”），收入《朝向更好的生活》。

2　Harold Rosenberg（1906—1978），美国作家、艺术批评家和哲学家。罗森伯格是伯克好友，为《反述》写过书评。编者注指出，这段话是1935年美国作家联盟会议上罗森伯格对伯克所言。

段发言让他无意间冒犯了他人，受到信仰卫道士的严厉斥责。这个认真的家伙，因为自己脱离了正统而郁郁不乐（结果是，两周后，路线转变，瞧啊！他恢复了名誉）——天才般有魔力的罗森伯格对他解释说："好的党派演说家并不是那种直率地重申路线的人。路线没什么可兴奋的，除非确实来自高层。次要的人物应该做更微妙的工作。他应该总是在受到怀疑的边缘。'现在，他在右倾方向上走得太远了'，听众应该惊恐地告诉自己——但是，就在最后一刻，他摇摆了回来。'现在，他在左倾方向上走得太远了'——之后再一次，他及时恢复了自己的平衡。"

四

【目的性】从修辞上强调目的性，这其中有一个显著的优势。对人们受利益驱动的方式加以关注，这比试图将仪式性动机处理成首要动机的做法，让人的行为看起来更有理性。（边沁的功利主义就是第一种做法的例子；第二种做法的例子则是瑟尔曼·阿诺德的《资本主义的民间传说》，其中，他过分看重不一致性，将之归于对仪式的热爱；他贬低隐秘目的的一致性，通常这才推动了不一致的混淆。）另一方面，让事情看起来太合乎目的，这也有风险。因为，虽然"图谋""计划""策划""谋划"之类的词语表明了理性目的的因素，但是，它们也具有阴谋的含义。当目的性因素太过被强调时，甚至纯粹的过失似乎也像狡猾的怪物。这就是偏执狂的危险，它就存在于许多左派对资本主义和全能"恶父"的态度的边缘。

【自我写照】因此，虽然修辞揭示了目的中的诸多理性，从而让我们摆脱太过非理性的人类话语观，但是，我们也看到了结果如何成为新的暴君。因为，人们也许找到了许多证据，证明了这样的设计：人际关系看起来就像庞大的阴谋，其中的全部交易只是某种迫害。然而在这一点上，我们能从修辞转向诗（或更宽泛来说，转向象征），同时注意到，种种套路在反映人格时，如何有助于自我写照（“身份”）的目的。现在我们希望，读者会同意我们想要充分重视《君主论》第二十五章的想法，那里从“场景—行为”转向了“行动者—行为”动机。（在这方面，通过在修辞上强调目的，从而让许多种“发展”带有“马基雅维利的色彩”之后，作者注意到，既定的统治者会倾向于使用最符合他性格的套路，甚至当它们并不最适合于在既定情境中促进他的利益时。）

【伪装】但是，同样的思路表明了这样的可能性：有时，从图谋向自我写照的移动，其本身也可能是伪装。也即，就像 19 世纪对审美性的强调，名义上反对修辞，因而不得不偷运修辞动机，那么，在人格的伪装下，难道没有发展出太多的欺诈？甚至对于老手来说，在对纯粹人格的崇拜下，难道没有隐藏着太多的欺骗？就这样，一个人的性格也许成了某种阴谋。至少，存在着一些明显的例子，人们受到鼓动，培养出“讨人喜欢的人格”，将之作为修辞套路（或使用其他对理智来说有致命魅力的人格手段，也许就是女性过分依赖的、作为哄骗手段的“女人气”）。这里，修辞与象征的界限消失了。情况相同的还有，在更深刻的意义上，修辞的“伪装”是真实的（就像奥斯卡·王尔德，他坚持“伪装”的真实性，毫无疑问，他意识到：对于他，文学上的变态就是性变态的真正对应）。精神病般的“装病”同样属于这个未确定的领域，如，为了逃避而装病的人，的的确确是那种为了逃避而装病的人。

【审美犯罪】纪德式的“审美犯罪”（犯罪者不是为了利益，而是为了对艺术的爱，这是自我写照）对应了某种炫示性动机，因为在这里，对阴谋的诗性之爱通过对阴谋者的崇拜找到了表达，或是，对阴谋的爱通过对阴谋的崇拜找到了表达。但是，这种修辞“自由”非常等同于象征的“必然”，因为在这样的条件下，“成为自己”这一有意选择，同样也是强迫。当老手的姿态要求显赫地位时，无论多么不自在、甚至会付出牺牲，利益修辞还是进来了。因为，这样的姿态就是勋章，它们宣布自己骄傲地登入了非常高贵但又不祥的、有着家徽的世系，祖先的血哺育了强大的私生子的血统。[参见纪德对“私生子”（fils naturel）[1]的赞美；我们可以说，他赞扬私生子，就是将之作为个人事业的崭新源泉。]

【性格身份】反过来，性格本身也能以两种方式加以考虑：（1）一个人作为个体的身份（他在行动上与之相符，从而实现自己的本性）；（2）一个人作为阶级成员的身份，处于某种特殊的位置或社会地位，等等。通常，那些将“仪式”动机处理为人类行为之首要动机的人，都想到了行动者与行为之间的关系，由此，行动者“在他的行为中表达自己”（或者，我们可以说，他采取了“模仿”自己本性或“类似于”本性之类的行动）。因为“得体”这样的原则并不是“理性的”（在这个词狭义的理性主义的意义上），所以有些提出仪式和神话优先的批评者就会将上述原则处理为“非理性的”。

【单子】但是，在任何情况下，如我们之前所说，将行为视作性格写照的观点，可以略微减轻将这些行为解释为纯粹“密谋”的诱惑。

1　在《文学形式的哲学》中，伯克也考察了纪德对私生子的态度，那里提到了《梵蒂冈地窖》中的拉夫卡迪奥，这里应该也是指向这部小说。

在这一点上，修辞退回到了象征中，而当人们从整体上思考人类动机时，这一点又必定会被想起。不过，将行为仅仅视作表达行动者身份的观点，其方式也很难让人接受，它表明了，人们只能永远和不可改变地命名自己的数量[1]。当这样的身份如魔鬼一样狂热地追逐一个人时，他最好还是逃入修辞争抢的领域；修辞争抢关注客观的图谋，这跟无休无止、不可避免地重申一个人独特的本性正相反，就像莱布尼茨的单子（monad），它与自己同伴的相遇仅仅是一种由内向外的展开过程。

【不公平】在回顾修辞动机与象征动机之间的移动问题时，我们要看一看，该问题如何限定了我们之前对"修辞大托拉斯"的方式及其话语特征"不公平性"的论述。我们曾经得到告诫：这种不公平不应该完全归因于修辞曲解。也就是说，这些组织的典型陈述在说出时，并非仅仅意在曲解"场景"本性的行为。相反，它们应该划入场景本身所选择的、行动者的自发行为之列。无论这些陈述有多么不公，它们从动机上比针对其曲解的纯粹修辞分析所指出的，还要更接近于单纯。我们可以说，场景导致了对个人的选择，选择一些在研判国家形势时"从本性上"和通过训练之后变得不公平的个人。而这些行动者，在遵循自己的本性、自发行动时，都只在"成为自己"的过程中使用了表里不一的修辞，正如一只鸟摇曳翅膀，试图将我们从它的巢附近引开时，人们不能称之为骗子一样。

总之，既定官僚秩序中的位置，具有自身的本性；因此，个人不加鉴别地让自己适应于这些位置的特质，然后，他们"自发地"响应

1　身份一词即 identiy，指同一性或独特本质性，所以与量有关。

他们职位的条件。他们需要有这么一点点故意的精神盲目，这可以称为忠诚的反感，反感去咬那只喂他们的手。

但是，反过来，需要纠正这样的想法，即，场景所选择和训练的行动者能“自发地”遵循自己的本性来行动，同时不把修辞的表里不一作为动机。例如，我们不应该设想：某个场景选择了“本性上”不公平的行动者，或者，甚至训练他们成为这个样子。其所选之人的不公平，并不是绝对地，而是以场景要求的特殊方式成为如此。在其他许多值得注意的方面，他们也许是诚实相待的人。

【群体本能】在《伦理学》的某处，斯宾诺莎说：尽管我们的语言有词汇可以指称我们对敌人不幸的快乐，但是，却没有一个词来指称我们对朋友好运的快乐。即使如此，恶意无处不在这个事实却并没有让恶意高于其他的动机因素。的确，如果普隆有10块钱，普林也许试图从他那里拿走5块；但是，如果普隆一无所有，普林也许就给他5块。我们承认，如果我们必须得出如下结论：人，甚至在争抢中也仅仅是受恶意与谎言的驱动，那么，只要从个人弱点出发，我们就不可能像我们在这里所做的那样广泛而深入地思考修辞领域。我们必须苛刻又仁慈，甚至反讽地希望，在暴怒者中发现和平之人。如果读者想要像莎士比亚的雅典的泰门[1]在怨愤之后那样审视人类动机，那么对于任何这样的读者，我们应该说：恶意与谎言的“完美”总是被某种方式的忍让和真理削弱，只要前两者作为套路，让恶意的动机更加有效。确实，在读者强调更阴险起源时，我们至少能要求他充分注意这些源头被不断超越的真实方式，以便真理和容忍得以显现，恰如人

1 泰门乐善好施，对朋友散尽家财，但穷困潦倒时无人相帮，怨愤后以恶意揣度人类社会。

们只有通过遵守合作原则，才能发起有效的战争。或如群居动物，它们原本聚在一起，可能是因为每个成员都具有贪婪的欲望、想要夺走其他成员发现的任何东西，但整个物种也许因此逐渐具有了种群行为方式，以及真正的群体动机，比如我们所谓的“群体本能”（古人给它起了个更具有戏剧主义的名字，“模仿”）。

五

【伦理修辞】至少，我们从传播媒介对人类的要求中，演绎出了伦理理想。由此，我们可以将伦理还原为修辞，同时不会因此“揭穿”伦理。事实上，当一个人将道德观念强加给他人，而且他在某种程度上必须成为道德观念的参与者时，伦理就以修辞的方式产生。这样的观念是一种意象化过程，刺激他通过意象改造自己。

【绝对律令】即使我们首先从《理想国》中忒拉绪马霍斯的命题开始——即，人们谴责不义，是“出于恐惧自己成为不义的受害者”，而非因为他们本人不想成为不义者——我们也还是能注意到，他们的恐惧的“普遍化”充当了对自我的伦理禁令，就如“基督教的金律”[1]。例如，且让我们想象一种以修辞方式直接产生的伦理。我们可以说，伦理的倡议者试图决定其他人应该如何为了他的利益行动。他会得出这样的诫命：“汝不可杀我”。但是，这句陈述如此说出时，却并未完结。因为，它还没有得到最大的一般化。它还没有完全本着“上帝之言”的精神，比如，若它是最为彻底的伦理，那它必然就会如此（自然地，如果我们的道德立法者为了保护自己

1 见《马太福音》7:12，“你们愿意人怎样待你们，你们也要怎样待人”。也见《利未记》19:18。

而制定规则，那么，他会想让规则尽可能彻底全面）。向上帝之言前进，就像从标题前进到标题的总标题。这种精神的普遍化禁令应该这样说："任何汝不可杀任何我。"如此普遍化后，它同样成了对自我的禁令。所以，即使你提议按照高度简化的个人利益的修辞来"揭穿"伦理，但是，这种"最小程度的处理伦理的做法"会让你也包含进将同一法则强加给你的普遍化原则。（这很可能是快速而容易地得出康德"绝对律令"的方法。通过普遍化，立法自由成了将法则强加给自身。）

【概括】我们可以这样说：当我们寻求概括性词语，寻求标题的标题时——当这种让自由和秩序形成一致的运动，具有了与自己在伦理上对应的欲望，想要将原则普遍化时，我们"自然地"或"自发地"满足了理性的（或语言的）要求和可能。也就是说，当理性朝向规则（即正义）的最大一般化进行运动时，理性就沿着自由的方向运动，它的运动朝向了满足形式性的终极欲望。精神就这样"本质上"自由了，只要它能允许自己以这样的普遍化为目的。因此，《理想国》中苏格拉底所寻觅的正义的定义，会胜过他的智者派对手所宣扬的那种有限的"阶级正义"观——在这一追寻中，他的探求合乎理性。（我们由此发现，理性、语言、普遍化、正义、满足、自由，都交织着想要概括标题之标题的欲望，这样的顶点，用神学术语来说，就是"上帝"。）

【挫折】但是，如果任何情境都要求，应该通过对人的思想进行内部检查，从而有意让这一方向受挫，那么，在这样的程度上，人们从根本上就受到了挫折，因为内在的奴役伤害了他们。通常，现代的自由派心理学家都以太过唯物的方式来处理欲望，因而掩盖了这种挫折感的真正本性，让我们看不到它。如果约瑟夫为约翰工作，但不可能以某种方式共享约翰的妻子，无法完成对称（该原则或许可以表述为这样的谚语："砍约翰的柴，汗洒在约翰的床"），那么，现代心理学家会告诉我们：约瑟夫承担了受挫的欲望。按照这种观点，无论你想要什么，却又得不到，这就是受挫。如果你受到的挫折足够强烈，那么，你就显露出了"神经症"。

专研挫折的心理学家，在这方面也许走得更远。他注意到，神经症并非仅仅来自所感觉到的、由外部施加的挫折，而是来自挫折的内部对应者，此时，受挫的个体将"汝不可"强加在自己身上，他压抑和扭曲自己的欲望，直到彼此相反的冲动形成的混乱令其不安。内在地将外部限制自我强加，这样造成的挫折，显然更加深刻，超过了仅仅源自事物被拒绝给予的那种情况。在一个受到训练从而更重视获取而非忍耐的社会，这样的挫折尤其令人沮丧（所谓受到训练，就是追求获取的方法，但并不相应地寻求忍耐的方法）。

【种族至上】不过在这里，我们追问的是：是否存在一种更为深远的受挫，它并非源于事物被拒绝给予，而是因理性欲望本身受到拒绝，不允许以普遍化（"正义"）为目标就表达了这样的拒绝。例如，一个人支持种族至上理论，在他凭着良知努力建立自己对这一理论的彻底信念，直到该理论的精神灌输进他的全部思想时，那么，这个人不正是要将最为激烈的挫折强加给自己吗？这样的挫折就是不让理性自由地转向合理的普遍原则。

【戴维森文章】当我们读到唐纳德·戴维森[1]在《塞沃尼评论》上

1 Donald Davidson（1893—1968），美国南方诗人、散文家，毕业和任教于范德堡大学。该文章发表于《塞沃尼评论》Vol.53，No.3（1945 年）。

的一篇文章《决定之序》时，我们想到了上面这一点。这里，我们不想试图复述作者支持种族歧视的论证。我们只需要指出，他公然承认的目的就是找到新的答案，回应那些诋毁“白人至上”理论的“社会学家”。基本上，作者将他的理论立足于诉诸习惯。习惯是道德，在南方，种族不平等是习惯性的，因此，道德个体，要么白人，要么黑人，都应该再次肯定种族不平等的恰当性。

【诉诸习惯】我们可以反对说，“习惯”不是均质的东西。货币经济也是南方习惯的一部分——当它改变了南方经济结构的本性时，它也引起了习惯的变革。此外，在习惯存在冲突的地方，我们可以要求某种法律原理，它不仅支持习惯（习惯是不可能做到这一点的，因为某些习惯会破坏其他习惯），而且还试图以更大的正义或自由为方向，从而修正习惯。

但是，我们这里的目的不是反驳戴维森先生的文章。我们只是零零星星地举出他的论点，因而，这种水平上的回应是不公平的。相反，我们的重点在于：有一个事实给我们留下了这样的印象，戴维森先生的文章出自一位非常敏感、本着良知而诚实的作者。他诚挚，甚至深刻。他反动又真诚，而相反立场的大部分话语，却肤浅而错误（谴责种族歧视的人，他们的生活方式却完全不符合自己的理论）。

【诉诸历史】首先，我们应该注意到，这篇文章如何强调了黑人和白人的不同历史起源，从而将种族本质观转变为时间性的说法（依据他的主张：社会学家并未正确关注“作为因果力的历史”）。就像巫术通常将个体的人格本质集中定位于他的专名，所以，戴维森先生这样论述了社会学家的立场：

很奇怪，像名字这样的基本事实会被遗漏。黑人约翰·史密斯的奴隶祖先的原名，用非洲话来说，有可能像是“鳄鱼杀手”或“造矛匠”，是英勇和高贵的名字，但是，当他被拐走成为奴隶或是被自己的部落首领卖给奴隶贩子，这个名字就完全消失了。

在考虑这一消失时，戴维森先生说：“黑人约翰·史密斯没法像白人那样，喜欢揣摩自己的名字，因为，在应该存有历史的地方，却存在着缺漏和潜藏的耻辱。”相反于这种“致命的消失”，白人约翰·史密斯却“能回想诸多世纪，如果他愿意这样做，他就并无不快，或者通常还颇为骄傲”，因为“他去哪里，他的历史就随他到哪里”。

他不必总是费心地有意记住历史，因为它遍布两个约翰·史密斯及其同类人所确立和始终维系的习惯和制度。但是，如果黑人约翰·史密斯走入白人等候室，无论如何，他似乎挑战着隔离的安排，那么，白人约翰·史密斯会瞬间从头到尾地记起历史。在这样的时刻，这一历史因素成为两人整个环境中最强力的因素，恰恰在他们的存在里也的确如此。白人约翰·史密斯回想起：他之前的祖父，他的父亲，后来还有他，在任何时候都从未一致认为：黑人约翰·史密斯是白人社会的成员，除非在隔离等候室，以及其他更复杂和小心安排的习惯所象征的限制下。

【性联系】我们在《动机修辞学》前面的部分里指出过，社会阶级之间的关系如何以性方面的表达得到重述，像那里一样，我们也可以指出：此处提及这两代世系（黑人和白人），是为了关涉等候室的“隔离安排”（这一联系联想到了即将发生的私密和羞怯，这两者都秘密加入了作家的事业，以诗或小说的方式巩固他的论点）。

【惯性】这样，如果我们说，在戴维森的说服中，存在着某种深刻性和文字的机智时，我们并非是在讽刺。而且，当文章在他对南方习惯和社会学家之规律的、纯理论的反驳中，补充进了对本质的迂回看法时，这方面的透彻，又值得进一步褒奖。直到结尾，作者开始警告“自由派”。他提醒说，如果他们受到的影响来自社会学家对“白人至上”的看法，而非他的重述，那么，他们会违反“南方一贯含蓄或直接坚持的原则：黑人难题是独立而特殊的难题，要立足于独立而特殊的基础才能解决；它让所有难题和所有问题陷入混乱，因为它的特殊性质被隐匿或忽视”。他问道，难道就没有这样一个领袖，“他代表的不是压力团体，而是整个南方的多数意见”？他继续说：

如果没有这样的南方领袖，那我们就会继续漫无目的，就像我们一直以来的漫无目的一样，我们只会用我们古老的惯性面对改革者精明的逼迫。如果我们就这样漫无目的，那么，重任就会落在那些南方“自由派”身上，他们现在如此傲慢、明目张胆地上蹿下跳。他们最好还是培养那种惯性的健康一面，尽管很遗憾，这一方面已不像过去那样辉煌活跃，但尽管如此，它还是强大而令人敬畏，而且结果有可能是，它是难以言喻，而非缺乏关注。

【反讽种种】就在这个地方，我们突然间看到了我们之前提过的更深的可能性。因为我们觉得，可以认为，这些论及“惯性”的话解释了作者本人将习惯处理为非理性范畴的做法。如果是这样，那么，我们认为，在考察重农派[1]对反讽[2]的崇拜时，可以将之作为如此定义的"惯性"在文学上的对应。有许多种反讽。对存在的奥秘沉思时，则有形而上的反讽，这样的奥秘是可操作性的表达永远无法触及的。还有隐喻的反讽，同时说A是又不是B。还有辩证法反讽，戏剧突转的反讽。不必用"崇拜非理性"来解释所有这样的反讽；事实上，我们可以用最有理性的方法得出它们。但是，也存在这样的反讽，它立足于对不义的部分默许。这方面的反讽不仅仅承认了推论理性的必要界限，它还会对"非理性"做出积极的崇拜。

【极端挫折】我们认为，这里会出现一种极端的挫折，它相反于自由派心理学所研究的那些挫折。它会从内在上反思奴役，因为它不会给予自己权利来积极地思考普遍化过程的完成。在这里，根植于实体悖论的普遍性反讽会与等级性反讽相混同，后者立足于在实体上有别的不同阶级或种族。在种族不平等已然盛行的地方，这样的反讽会要求"惯性"理论在政治关系领域得到完成，因为它既不会放弃现有的特权，也不会强化之。（也即，它不会将平等给予获释奴隶的后裔；但是另一方面，它也不想正式地回到奴隶制。）由此，它会捕捉到一些介乎相反动机之间的条件。如果维持这样的条件就是维持既有的一

1 Agrarians，也叫逃亡者派，前面的正文和注释中曾提及了兰瑟姆、泰特和沃伦，他们都是重农派的代表人物，戴维森也是其中一员。该派主张维护南方的传统文化，重视农业经济，反对工业化，恢复内战前南方的社会状态。该派在文学批评中，重视悖论和张力，所以极为看重反讽，从而怀疑普遍的正义和理性。

2 在《动机语法学》《四种主要辞格》中，伯克将反讽等同于辩证法，而后者又等同于戏剧；戏剧性的反讽就是苏格拉底式的。也因此，包含着人物冲突及其对立观点的戏剧，同样具有反讽，下一节就讲到了这一点。伯克对反讽的定义是"试图通过语词之间的相互作用来产生使用所有语词的发展时，反讽就出现了"。在这个意义上，反讽是客观上言此意彼或让正反统一的合题性修辞，它的核心特征是反差性和矛盾性，未必就带有"讽"的攻击意味，中译只是沿用了通常的译法。

套不平等，那么，反讽会是特权的标志，一种从风格上要求阶级特权的方式，或是从风格上用特权确认自己的方式。简言之，它会是修辞性的，是言辞之战的一个方面。

【对非理性的崇拜】但是，我们并不想认为，这样的反讽（燕卜荪很可能将之处理为“田园诗”[1]的变体）仅限于南方的文化情境。它在那里恰好引人瞩目，因为种族隔离的习惯、法律、理论都如此鲜明地得到了界定。由此，它揭示出了内在于所有社会等级制的条件（各种等级制都需要反讽，因为它们的目的就是将不平等原则“普遍化”）。的确，我们甚至可以进一步指出，某种强烈沾染上阶级属性的反讽，对它的经验，可以促成对普遍性反讽的更充分的理解。但是，在普遍性反讽的辩证法和戏剧背后，或许潜藏着等级性反讽的修辞——当我们对作为社会动机的“非理性”感到了过分的狂热时（“非理性”，并不是被承认的恶，而是社会之善和诗性之善的来源），我们就受到修辞的诱惑，走上了它的轨道。

总之，在将“非理性”作为社会之善的崇拜中，似乎会包含如下因素：（1）对秩序的理性欲望；（2）如果人们能让自己有利地适应秩序，最好是主流秩序，那么这种欲望就“合理地”得到了满足；（3）但是，这种秩序必然包含了等级制，等级制通过个人价值、偶然事件和文化延续的联合作用发展而来（文化延续就是维系一套制度的种种习惯，以及习惯中必然存在的地位差异）；（4）因此，就有对“传统”的崇拜；（5）但是，这一崇拜暗示了对不义的认可，因为传统让地位（“属性”）

1 关于田园诗的论述，见燕卜荪的作品《某些版本的田园诗：文学批评》（*Some Versions of Pastoral: Literary Criticism*）。这里的田园诗，不仅包含诗歌，也涉及了小说和散文，如福克纳和塞利纳，甚至还有中国的孟子。

的不平等得以持续；（6）由此，对传统的崇拜让普遍的理性原则受挫；（7）因此，反讽与/或对“非理性”的崇拜，在文化上对应了对等级制的认可。（这里，有时会出现对“仪式”的强调，强调它是文化表达的首要动机。此外，对传统的崇拜、神秘主义和“惯性”也作为了社会利益的“非理性”来源。在种种新的等级制中，其拥护者在看待它们的时候，大体上要对照旧秩序的阶级结构，故而，反讽和非理性也许被对立隐藏了起来。）

【心理学模式】上述想法也许顺带着略微有助于心理学的“模式”问题。一个人何时习惯于特殊情况（如当某人受到诱惑，去爱或恨某人）？——某种普遍态度或“模式”何时建立（如某人的信心丧失被“转换”，成为普遍的丧失信心）？例如，人们听到孩子的“否定抗拒”；但是，对一件事的否定态度必定暗示了对其反面的肯定态度（至少，家里不服从的孩子，甚至有可能成为马屁精，对孩子王服服帖帖）。反讽是普遍态度；对反讽的崇拜会是一种“模式”；但是，当它是阶级起源时，其中就会存在歧视，这依赖于反讽的社会含义。就是说，不仅存在反讽，而且至少有两种，主反讽和次反讽。一个是“普遍性的”，非修辞的，其中包括了所有人，但是，它又暗中偏袒，因为它反讽地默许流行的不平等。另一种会是明确偏袒，这是一种训练有素、以论辩方式反对敌人之表达的反讽理论，它绝对地不让敌人感知到反讽，也不会指出，敌人的反讽仅仅采取了不同的形式。

六

【戏剧反讽】虽然，一种复杂如戏剧的形式，只有可能出现于这样的社会结构：劳动分工使之形成了强劲的等级制，但是，我们应该回想起：在戏剧本身之中，存在着一种纯粹技术性的反讽，它不能还原为社会不平等的表达，而是内在于作为文类的戏剧的原则里。例如，我们可以假设一个有关戏剧反讽的例子。我们就用一出粗糙的滑稽剧吧，因为借此可以让“观者反讽”[1]的本性显露无遗：

戏剧开场。女甲：“乙啊，我收到一封美妙的信，是亲爱的史特科斯[2]寄来的。爱的表白那么自然。真挚之情，又这样明显。我会立刻嫁给他，让他来掌管我所有的钱。乙啊，你又好，又和善，还可靠。伊万杰琳很快要来看我们。我知道你们会彼此喜欢。我希望，她会以你为榜样。”第一场终。

第二场；女乙跟史特科斯说：“这信让她都哭了。她从未怀疑过我插了一脚。一星期之内，我们应该能带着所有东西离开。然后，史特科斯，我的小坏蛋，我们就自由了。但是，我们必须快点动手。她说有人要来看她——这有可能让事情变得复杂。”

第三场；史特科斯对伊万杰琳说：“我知道我喜怒无常，阴郁，有诗人气质。我知道你难以理解我的沉默和奇怪的缺席。这是因为，你不清楚，当一个人在女人面前如此不适应，就像我爱上了千载难逢的你时，那是什么感觉。一位神秘的朋友可以帮助我离开，不再回来。我需要你，如果某天晚上，我突然给你打电话说我准备离开，你想不想跟我一起走？”

第四场；伊万杰琳跟她的保姆说：“我想让亲爱的史特科斯见见

1　观者反讽属于戏剧反讽，指人物A理解自己的本质或属性为p，但观众看到的人物的本质或属性为非e且非e为真，由此，观众感觉到了反讽。《俄狄浦斯王》就是常被举出的观者反讽的例子。

2　Stercus，拉丁文，意为粪便。

女甲和女乙。但是，他如此害羞，我计划准备一个惊喜。我安排了会面，没有告知他。我确信，他一认识她们就会开心。”

第五场；侦探甲跟侦探乙说：“我们在追踪来福提[1]·史特科斯，别名唐·璜·德·阿尔卡特拉兹[2]。他似乎还是跟那个情妇活动，但是，另外又牵涉了两个女人。一个有钱；他和情妇有可能下手坑她。有一个更年轻，刚离开女修道院。我们走。”

这里就是戏剧反讽的条件，所涉及的人物以一种方式来阐释观众看到的行动，但观众可以用另一种方式做出阐释，而且他们知道自己的阐释是正确的。这种对情境的估判同时也是在准备“发展”。反讽可以包含等级性因素，但是，它同时也为“发展”做了准备。在现代悬疑小说（mystery story）里，读者直到结尾才能明白是谁犯罪而且原因为何；这种对人物彼此关系的部分不确定，并不容许如此全面和自然地使用纯粹的戏剧反讽，尽管戏中的某个人物也许在态度上具有反讽性，或是反讽的心灵也许反省着整个过往。越是强调（现代科学主义的）知识，就反讽地导致：越是强调无知（而非“得意”），无知就是反讽的来源。如果让读者一直在猜测谁犯了罪，那么，他们对情境的认知实际上低于了坏人的认知，后者知道自己的罪行，但是没有告知。现代侦探惊险小说中，对“精明”的大部分尝试，也许是试图用风格上的推进来弥补形式最为完满的古典反讽所自然具有的形式强度。（人们或许也注意到了反讽的等级性含义，它对应了等级性动机，后者包含在古典的对“得意”的恐惧中。因为，对得意的恐惧能巩固社会现状，所以，科学主义的“对精明的崇拜”能与那些实际中或是

---

1 Lefty，左撇子或左翼分子。

2 Don Juan de Alcatraz，用了阿尔卡特拉兹岛和传说人物唐·璜的典故。

在自我辩解的梦里“追求获利”之人的理想相配合。）

【单纯与复杂的分离】如果观众对人物关系的更高认识所获得的反讽，内在于古典戏剧的语言媒介，那么，恰恰是这种情境，让戏剧成了一种善意的骗局，其中，剧作家影响观众，将之作为自己故事里的同谋。与之相似，这一形式轻易就分离了不露声色的两个要素[1]：单纯性可以分配给剧中人（dramatis persona），而这种对单纯人物的描绘恰恰是作者方面的设计（例如，作者可以描绘像基督一样拒绝打人的情况，而情况恰恰就是，观众越发叫嚷着要求还手）。

【安东尼的仁慈】如，在《安东尼和克莉奥佩特拉》中，爱诺巴布斯（Enobarbus）开小差时，他留下了“箱柜和财物”，安东尼并未变得愤怒，相反，他责怪自己激起了这样的行径：[2]

去吧，爱洛斯，把财物交还给他；就这样做；
一点不留，我命令你。给他写信——
我要签名——礼貌地告别和问候；
就说，我希望他不会再找理由
更换主人。啊！我的命运
败坏了正直的人。快走吧。爱诺巴布斯！

我们很快知道，这种仁慈导致了爱诺巴布斯的死。在下一场，当他被告知，他的财物送来时，爱诺巴布斯悔恨道：

1　指单纯性和设计性（复杂性）。

2　以下两段引文见《安东尼和克莉奥佩特拉》第四幕第四场和第五场。

我是世上唯一的恶人，

我觉得我最是如此。啊，安东尼！

你是慷慨的源泉，你用金子

奖励我的卑鄙，如果我效力得更好

你又会如何赏赐我呢！这让我心碎：

即使迅速的忧虑没有让它破碎，那么也有更迅速的方法

会比忧虑带来更大的打击；但是，忧虑就会做到这一点，我觉得

我要跟你开战了！不，我要找

一条沟壕，死在里面；最肮脏的沟壕，最适合

我的余生。

剧作家这里极力所写的事情，就是他期待我们赞扬安东尼没有做出的事情。他在为安东尼安排，让爱诺巴布斯痛苦不堪（剧作家令自己的主人公太过高贵，甚至难以想到这一做法，由此，剧作家屈尊做了一件小心眼的报复行为）。

【伊莎贝拉的诱惑】与之相似，在《一报还一报》中，当莎士比亚让修女般的伊莎贝拉天真地跟安哲鲁讲他的“权力”（potency）[1]时，观众对戏剧反讽的特权般的观看，转变为了单纯性和复杂性的分离。伊莎贝拉的这一表达引出了清教徒般的安哲鲁的色欲主题，直到她的话让他觉得“如此合理，令我动心”。她首先“直言其词”，单纯地说出了安哲鲁、观众和“花花公子”路西奥（他在说服力方面训练过她）以各种方式、用复杂表达加以阐释的内容。

1　见《一报还一报》第二幕第二场。这个词也暗示了性能力，伊莎贝拉其实是在诱惑安哲鲁。

【恺撒的遗言】想象这样一个场景，普林认为普隆就要杀他，普林自我防卫枪击普隆。而普隆倒地垂死，他让普林知道：实际上他是要给普林礼物。如果他这样做是为了谴责普林，那么，他就是在做出基督徒式的报复。很不幸，在他的最后时分，他使用的，是仅有的、依然还留给自己的竞争手段。所以，他就如伟大的修辞家一样死去。在恺撒对布鲁图斯的临终之言里，[1] 修辞诉求的微妙在于如下事实：剧中，这些话就像一位真实人物对他人讲出的一样，由此，它们不是修辞的。它们并不是以谴责的方式说出的；它们仅仅是悲伤之词。但是，作为影响观众的套路，恺撒这些简单的话，恰恰就是修辞的。它们具有竞争性功能。莎士比亚就这样以能够想象到的最微妙的意义、不露声色地做出了“反说”；他让一声呼叫充当了在戏剧性上最为尖锐的谴责，尽管其本身在说出时并未带有谴责。

【伊阿古的意象】当莎士比亚用伊阿古的色情意象围绕黛丝狄蒙娜时，他的做法相同。借此，他让反讽上处于特权地位的观众比他们所认为的更像是坏人的同谋。的确，伊阿古邪恶的意象、奥赛罗高贵的嫉妒、黛丝狄蒙娜的美德是唯一一个观念的所有本质部分，即，我们称之为“性财产”[2] 的观念。

【伊阿古的单纯】伊阿古的表里不一恰恰就这样在某种意义上成了一种单纯。因为，当用话说服奥赛罗留意黛丝狄蒙娜时，[3] 伊阿古大

1 这里指向了莎士比亚的《裘力斯·恺撒》第三幕第一场，临终之言就是，Et tu, Brutė?—Then fall, Caesar。朱生豪汉译为：勃鲁托斯，你也在内吗？那么没落吧，恺撒！

2 sexual property，见《作为象征行动的语言》（*Language as Symbolic Action*，*University of California Press*，1966）第 434 页；也见论文《奥赛罗：一文以说明方法》（“Othello: An Essay to Illustrate a Method”，1951）。

3 见《奥赛罗》第三幕第三场。

幅缩减了言词的围度，他诱导奥赛罗从整个动机“配方”中去掉了许多成分(但没有诱导观众做出相同的事情; 因为,鉴于观众的特权地位,伊阿古的单纯化恰恰刺激了观众达到更为复杂的认识）。

【政党偏执】但是，在现实生活中，这样的围度缩减——在观众这一边，反讽上的特权地位并未对其做出纠正——在修辞上有助于影响听众，其方式就如伊阿古的缩减影响了奥赛罗。这一方面的阐释充分有助于政党偏执狂，因为每件事情似乎都照顾到了，但是在语言上，范围又太过狭窄。如果有人做出了以暗示的方式败坏某党派地位的陈述,那么,这个受到冒犯的政党的拥趸,就会面向自己一方将之描述成:这一陈述的目的就是所暗示的那一点，除此无他。

七

【修辞的沉思】我们在这里是要关注什么？我们从未试图着眼于实用来处理套路，就像某种指导学生运用套路的修辞手册那样。相反，我们意在从伦理角度来处理它们，这是一种沉思或思辨的方法，它应该是“生活方式”的一部分。当所有人都在争抢时，他们有时会谋求算计他人，或是被算计伤害，或是想要揭露意在算计的套路。

【修辞的安慰】但是，虽然修辞本身通常是在争斗中使用的言辞，可是在根本上，按照我们的构想，当某种生活态度被称为有用，其“有用”不是作为困扰敌人的套路，而是以安慰和安置为目的，为了培养让人们难以被敌人伤害的精神状态，那么，《动机修辞学》应该仅在这样的意义上才是有用的。

【修辞的终极目的】你去拜访一位童年起就认识的老友。你遭逢厄运，落魄潦倒，而他就是成功的化身；当你经过总机台和他办公室之间的一票官员时，你感到压抑。他娴熟地转动自己的转椅，他问候你，亲切让人舒服。你们谈了一会儿。在某件难办的事情上，你并不同意他。你这样说——令你吃惊的是（也许，连你的双眼也吃惊地瞪圆？）他起身。安静而威严，这表明，面谈结束。你离开。当你到街上，雨下得很大。你站在楼门口，直到风雨缓和一些，你衣领上翻，肩膀收紧，冲向地铁。

那么，你要如何去做？你会不会只是觉得比以往更加绝望？还是说，你指望着迟早报复，用这样的指望从骨子里毒害自己？或者，你会踢狗？还是不知不觉地走进凄凉的教堂，去做祈祷？抑或，边走边狂怒？还是彻夜而卧，双眼圆睁？或是买醉？

上述这些事情，你也许会做一两件，或者更多。但是，出于困惑，你或许最终做出了这样的思辨行为：你像珍视新发现的古玩收藏家一样看待这次事件。你为它留出了空间。你将其归类。你探询，还有多少其他的方式，可以安静而威严地起身，表明面谈结束。你试图回忆同时发生的身体语言有哪些（“意象化”）。你想知道，当这样起身时，你的老友是不是恰恰把那一天上司向下传递给他的东西（等级性动机，外加踢狗）又向下传递给了你。

你不必对自己说谎。你不必唾面自干。你也不必试图说服自己从而相信自己更加喜欢这个讨厌的家伙。你不必编造幻想，幻想未来会有某个“扭转局面”的伟大一天，到那时，你也能起身，将此作为标志，向他表明面谈结束。你不必下决心只是忘掉这次事件。你去除不了所有的痛苦。

但是，你已经朝安排的方向活动。你朝向了安置带来的满足。[1]一次按照其他方式有可能绝对凄凉的事件，已然转变为小的收获。以非竞争的方式，你扩大了自己的帝国。的确，当下一次遇到这位朋友时，你甚至都无需尴尬。因为，尽管从此之后，你们之间的距离加深，但你对他产生了新的兴趣，这略微弥补了失去的从前的亲密关系。你此时就在“收藏”他。你留心着想看一看，究竟还有什么别的性格特点，让他那个不可原谅的行为得以完成。此外，为了不偏颇，你还要留心看一看什么特点与这些特点截然相反。你及时发现，其实在那天，你甚至用天气作为反对他的理由，并将你站在门口看着倾盆大雨视为与他的行为有关。

你当然足够现实。你从未愤世嫉俗。你甚至可以及时、公正。你沿着安排、安慰、安置的方向，以斯多亚派的方式活动。这就是我们所想的《动机修辞学》的终极目的。

【访问者 Q】或如，当 Q 从外地访问归来，能期待他有何种在修辞上振奋人心的报告呢？会不会是恶意的，表示他跟家乡的民众团结？还是惜字如金，为了让听众央求着多说点？或是热情洋溢，暗示了对本地缺陷的批评，就像塔西佗称赞日耳曼人，为了攻击罗马人？[2]出于专业上的乐趣，你要设置问题，立足于你对 Q 的性格的了解，推断其回答，然后核对事实。此外，Q 的报告有可能不太符合你为之列出的任何类别。但如果 Q 是这样的一种：某些意象和身体语言表明了他在隐瞒事件的重要方面，那么，这样做的动机，似乎是出于自我保

1　安排和安置指从修辞理论的角度进行归类、分析和总结，就像“收藏家”安排和安置古玩一样。

2　见塔西佗的《日耳曼尼亚志》。

护的欲望，而非修辞诉求的策略。或者，虽然你正确地从一般角度预见了他的行为，但是，他可以将你没有预见到的特殊发展赋予行为。

总之，当你设法克服“鉴赏活动”造成的纷乱时，你认识到了争抢的普遍。尤其是，你留意着为了等级性原则进行的煽动，你如此接近人际关系的反讽性的根源。

【狩猎】如，每个狩猎季，我们都推测：为了每一只因为有人饿了想吃所以被杀的兔子，就必须弄死一千只，才能补救勇敢猎人们承受着严苛野心的病态自我。与之相似，一位朋友说：“曾经，在一个阴沉的秋日，低垂的云让人很容易就能听见附近所有山谷里的枪声。我站在林边，望着两只被追杀的鸭子，它们逃到另一个池塘。我知道它们什么时候到的，因为一连串枪声响起。然后，我再次瞧见它们，它们扯紧脖子，急匆匆地飞往另一座山谷，那里， 位英勇的主人用猛烈的袭击迎接它们。有时，我看不到它们；但通过声音，我知道它们又飞到了哪个池塘。我猜测，必定有不少于一个营的勇士，追赶这两只晕头转向的鸭子，它们疲于飞奔，而在这狩猎第一天，无论它们飞落到哪里，迎接它们的都是枪声。那么，我想到了某位敏感的女小说家，她通过回忆写下自己的童年：描绘了出发打猎、山上的枪声、仆从、家庭关系，以及最后父兄归来，带着悬挂的猎物——整件事混合了既存在几个世纪，又存在于女主人公沉痛空虚中的忧郁的神秘色彩（也许还怀旧地暗示了光荣的蓄奴时代）。我认为，这就是将两只鸭子绝望的逃亡‘等级化’的做法，无名无姓又无家可归的鸭子，它们死了，那些超越—饥饿的自我（transcendence-hungry egos）就可以活。”狩猎很少是因为胃口的刺激；两只毛茸茸、生着羽毛的猎物被钉上十字架，为了人类的等级原则牺牲，这才是狩猎的大事。

【以和为贵】但是，虽然我们制造了大部分作为修辞动机的争抢（伸手去抓任何东西，你都会发现修辞家），但人们会错误地认为："不和"仅仅会产生"不和"。如果你观察过任何机构诸如办公室或学校里的人际关系，那么，你很快就会注意到，通过呼吁宽容和容忍，冲突的增加恰恰有助于让事情进行得更加顺利。的确，我们甚至会说出这样的官僚原则：只有通过彼此抵消的冲突大幅增加，机构的持续性才能得以维系。随着新问题的出现，人们会发现：在前一周的问题上还反对自己的人，在这一周却与自己一致，而这一周的盟友也许下一周就是敌人。所以，他们学会了彼此温和对待，期待着盟友总能多少偏袒自己。借此，当机构中，如果清晰、持续部署的各方势力将其分裂，犹如铁镐凿裂冰，机构就可以设法稳步运行。至少下面这个想法表明了这一点，它对帝国颇为有利：要成功，就必须让它们自由。因为来自不和的和谐是"分而治之"[1]原则的对应……我们这里说得也许太过轻松，而有句西班牙谚语则以严峻的方式讲了出来："信任你的朋友，仿佛他们明日会是死敌。"[2]这一段从唯物主义角度解释了天使博士写下的这样的话（《神学大全》；第二集第二卷；问题 XXIX，论题 I：和平是否等同于和谐[3]）："和谐指不同欲求者的欲求之统一。"[4]也要注意有句罗马尼亚谚语"咬不了的手，就亲它"[5]如何既揭示又确证了等级性动机（"秩序"）。以相反的方式，我们也可以代表某些"战

---

1 divide et impera，来自马其顿的腓力二世，希腊文为，διαίρει καὶ βασίλευε。

2 最终的源头来自普布利乌斯·西鲁斯（Publilius Syrus）《格言集》（*Sententiae*），Ita amicum habeas, posse ut facile fieri hunc inimicum putes。

3 原文为拉丁文：Utrum Pax sit idem quod Concordia。

4 原文为拉丁文：Concordia importat unionem appetituum diversorum appetentium。

5 罗马尼亚语版本为：Saruta mina pe care nu o poti musca。

争贩子”这样说：大部分国际恶意的表示，都有可能纯粹源自不想开战（就如许多罗斯福的支持者，无时无刻不在抨击他，除了大选时）。

【吐温的大骗子】我们完全可以用马克·吐温作为个人修辞套路的来源。他关注诡计和花招，关注赌徒和骗子的门道，等等，这些关注并不是为了道德说教，而是赞赏。他的商人不仅仅是销售员，还是演说家、迷人的说客，更习惯于夸大其词地兜售蹩脚货（一部分原因也许在于，价格尚未标准化，以至于销售大体上具有阴谋性，尤其是在四处奔波的销售员中；一部分是因为，商业动机还没有战胜传统的宗教和贵族政治对它的抵制，因而，金融方面的图谋多少被人从巴尔扎克的视角来看待，而且它也符合了那些对公共领域进行大规模私自掠夺的人所定下的基调）。典型如下面这个精神化的例子，他引自“一本现在被遗忘的书”，该书描绘了“一个大骗子”。[1]

> 他似乎是最老练、最完美的恶棍。当他四处游走时，他通常的伪装是巡回布道师；据说，他的话非常“打动灵魂”——如此迷人，听众都忘了顾着自己的马，就在他布道时，他的同伙将马牵走。

但是，虽然像《哈克贝利·费恩历险记》中“国王”和“公爵”之类彻头彻尾的无赖，永远为了隐秘的目的而说话，但是，他们的演讲中也存在着纯粹的炫示动机。在某种意义上，他们是像汤姆·索亚一样热爱这门技艺的人（如，汤姆·索亚本该帮助吉姆逃跑，他实际上却引入了各种各样不必要的推论，这符合他的审美得当的观念）。

---

1 下面的引文来自《密西西比河上的生活》。

他们的表里不一不仅仅为了获利，而且还是一种单纯，一种对自己本性的诚实和自发的表达，真实得就像那种格特露德·斯坦因一直寻觅的、永远反复存在的动机。

【敏感多疑】在《美国人的造就》中，格特露德·斯坦因近乎系统地研究了个人关系中的修辞套路。例如在结尾，讨论敏感如何转变为怀疑，怀疑让“简单之事”看起来像“复杂之事”，她写道：

> 那么，我现在描述的这些人，他们完全是自找怀疑，他们为了让内心的情感成为怀疑而让心中具有它，这时，怀疑还不是他们内心中某种针对任何事情、为了任何事情、关于任何事情的真实情感；这些人完全确信：每个人做其所做、感其所感、见其所见，但并不认同这些行为，这样的人感、想、信、做任何事情，都是出于卑劣或邪恶或嫉妒或愚蠢或顽固或可憎或宗教上的理由，才做那件事，这不是真的感、信、见、识，这个怀疑的人就如此确信。

接着，她给我们提供了“趣闻”的范式：

> 有一个这样的人曾经非常喜欢某人；后来，那人忘了给这人5分钱，而这是这人替那人支付的；然后，这人就讨厌那人，不信任那人，因为这人确信，那人知道这人太过敏感不敢来问，于是那人认为没有必要给对方[1]还钱；这人很难相信有人竟忘了这样的事。这就是一种那一类人全都具有的、极端的感觉方式。

1 这一段斯坦因频繁使用 this one 和 that one，前者指多疑的人，后者指欠钱的人；但此处原文为 that one，这是从“欠钱的人”的角度来说，因此指的是“多疑的人（这人）”。

人们会注意到，尽管使用了像是最具体的词，但她在这里做出了非常抽象的陈述。（没什么词能比“这人”和“那人”的一般性更高了。）我们也可以认为“5分钱”是理想化的情况。的确，至少涉及5块钱时，才是令人难受的事情。但是，5分钱能更好地把握事情的精髓。人们也会注意到，她的风格允许她“将劣势变优势”。因为，虽然通常必须寻找一些花招，来让令人厌烦的“这人”与“那人”的对照有所变化，或者试图让各种行动者尽可能不同，而同时又依然要强调行动者的纯粹功能意义，但是，她的风格恰恰将那些不利转变为有利。

但是首先，她所关心的，并不是修辞，而是我们所谓的象征。因为，当修辞的目的将单纯转变为复杂和表里不一时，当隐秘的动机让单纯变得复杂时，就在这样的情况中，她所寻觅的，是“这人的”或“那人的”做法如何成为对自己身份的简单表达。“每个人都有自己的本质”——行动者的行为是各种重复自己简单本质或本性的方式。（莱布尼茨单子论的美学化版本？是否还具有这样的可能：“美国人的造就”是普遍的，如果所有人的本性同享一个共同的本质？）

之前在几个地方，我们已经提到了为什么我们认为燕卜荪的“田园诗”观念要放在修辞套路的条目下（虽然，像斯坦因一样，这些观念强烈地倾向于减少诗或象征中明确的修辞动机）。

【病历】我们对此类事情的关注，首先自始至终地呈现于一部早年的、以修辞为目标的小说《朝向更好的生活》中。在那本书的若干章节里，我们试图为了纯粹的文学目的来移用“病历”[1]风格。就是说，

---

1 case history，在1966年9月28日致吕克特的信中，伯克也谈到了这个概念。他说自己在研究毒瘾的本性和病理，由此，他对病历感到了兴趣，可以将之用于纯粹的诗学目的。它有助于小品文（vigenette）和格言风。

我们通过将人的发展压缩进几句格言中来达到我们想要的结果——为了这个目的，我们设置了一个满嘴警句的主角，他以类似散文的风格，在这里和那里，概述不同动机的生活。有时，为了达到这些效果，也会将实际事件或情境“理想化”，同时忽视、改变细节，或为案例添枝加叶。有时，观察和回忆也完全是虚构的。但是，这一方法也具有“鞋子适合谁”的性质；该书出版后，我们有一次就发现了这一点。在书中的某个地方，主人公至少并未有意地回忆起任何实际的事件，他写到了一个虚构人物：“如果他的伙伴在街上的右侧步行，他建议他们走左边，如果他们并不在乎自己走在街道的哪边，他们就穿过街，来到左侧，那么，他就把他们的默认视为对自己权威的屈从。”书出版之后，有位迷人的朋友——他是最后一个我们会怀疑其具有这种动机的人——把我们拉到一边说：“那回，我们是走在第六大道上，我建议我们穿过那条街，我没有企图让自己显得有多重要。仅仅是因为，我们待的地方日头太晒了。”

【人际关系的修辞研究】既然我们在那里非常信赖反讽套路——我们曾经描述过它，将之作为“由违背良知从而带入意识”的做法——故而，我们那时刚刚起步的、对个人关系修辞的关注，就蒙上了不祥的影子，因为那是为了小说虚构，这并非套路研究所必需的。在那里，这种形式特有的惯例，引导我们将一切具有修辞动机的行为，要么处理成阴谋的，要么处理为受迫的（阴谋的，是当这些行为被视作应对情境的策略；而受迫的，是当这些行为被视作对行动者本性的必要而不可避免的表达）。

【人际关系三部曲】后来，我们开始做了一些笔记，相关种类更特殊的套路：对金融和法律象征体系的操控，现代工业大王的领土就借此得以确立。但是，在我们的研究过程中，我们遇到了来自国会承担的所谓普约调查[1]的报告，我们发现，对这一主题，仅还需做一些次要、边缘的补充。所以，我们继续前进，我们开始思考商业企业领域背后的动机领域，以及传播的一般动机，这塑造了人的野心、发展、自我辩护等等（我们原本就想把《永久与变易》称为“论传播”）。在我们的下一部作品《对历史的态度》中，我们试图将文学类型（悲剧、喜剧、讽刺作品等等）处理为应对生活情境的象征套路。在《文学形式的哲学》中，我们进一步将“策略”理论和“情境”理论做了一般化处理，同时，也开始了《论人际关系》一书的计划，该书整理了纯粹个人性的套路；意在完成我们在《永久与变易》（相关人与传播媒介之关系的一般理论）和《对历史的态度》（论人际交往的“喜剧”）中的研究。但是，我们在其他地方也指出过，我们发现，计划中的这个第三卷自己就是一个三部曲（一切内容都立足于对“实体悖论”的方法上的关注，大部分现代思想都在避免这一悖论，所基于的假设是：“实体”已经被有效地宣布为非法，不再属于最佳词汇）。[2]

【修辞词典】在我们最早的批评作品《反述》里，尤其是题为“修辞词典”（Lexicon Rhetoricae）的一节中，我们按照读者 - 作者关系对文学形式所做的分析，主要是在修辞策略与诗性策略（某种善意的“计谋”，其出现是当作者为读者设置陷阱时，且在这样做的过程中，作者让自己的陈述变得成熟，使之超越了刺激他表达的“情感偏好”

---

1 Pujo Investigation，由众议员阿尔塞纳 · 普约（Arsène Pujo，1861—1939）组建的国会小组委员会在 1912 年至 1913 年进行的调查，调查对象是华尔街的金融寡头。该报告全面分析了金融托拉斯的象征系统。

2 伯克认为从洛克开始，实体这个概念就受到了回避，因为对它的定义会导致二律背反。伯克相当于重新使用这个概念，将之与“共体性”联系在一起。

的界限）的重叠之处来处理前者。

【社会封闭】在任何这样的套路分析中，也许存在着“偏执狂”动机。但是，既然与任何范围不及“人类”的群体的交往同样具有分裂或隔离的方面，而且无疑，我们的现代世界燃烧着社会封闭的狂热（当然，最强烈的就是民族主义），那么，对人际关系的修辞套路的沉思（以及对充实这一态度的种种方法的研究），就有着充分的现实依据。

【秩序之梯】最重要的是，我们相信，虽然在考察套路时差不多可以将它们彼此独立，但人们应该注意等级性动机对老手的刺激方式。因为，我们已经说过，对“秩序”的欲望是理性的，但是某种既定的秩序是“梯子”，对具有“固定歧视”的梯子的维持，则涉及了“不义”，这是非理性的。

【不平等地位】在遵循这一情境时，“修辞大托拉斯”使用的许多套路都利用了如下事实：对手并不处于平等地位。这样，显而易见，在反方能够做出回应的情境中，“随意说”的威力就被大大减弱。（许多支持吹捧国家的人，似乎就没有考虑这一因素，如他们坚持主张，我们的海外宣传应该像内宣一样赤裸裸地自夸自擂；又如，他们会称赞，对于急需政治和经济改革的世界来说，美国就是右派的天堂。）修辞托拉斯的威力，能够确立对外国势力的要么支持、要么不利的态度，这主要取决于它们对传播媒介本身的物理统治权，如不是私营，就是隶属政府的新闻报刊和广播链。

【同等机会】但是，我们也可以从私人争斗的修辞中获得乐趣，因为通常来说，斗争存在于拥有同等机会、故而相对自由的论辩者间。特别是，当斗争的受害者亲眼目睹斗争的发生，他目睹自己的立场被有计划地曲解，虽然在技术上能够回应，但又完全被套路本身的戏剧性技巧弄得哑口无言时，我们就会赞叹这样的套路。

【聚会】如一位朋友说："有一次，一天晚上，我去参加一场装腔作势的聚会，我都快睡着了。喝了几杯之后，加上烟雾和沉闷的空气，再加上一个活泼健谈的人，我几乎昏迷，那人讲着冗长的趣闻，我试图让他不要摇晃，不要显出重影。我决定到打开的窗户边，希望新鲜空气会让我复苏。所以，我慢慢朝窗户走去。就在我接近隔壁房间的门口时，女主人出现了，拖着令人印象深刻的裙裾，那长度与她身体的比例，差不多就像彗尾之于彗头。我后退一步，让她过去——但与此同时，一位活泼的青年新潮时髦，轻快地走过，恰好踩在那件长长的礼服上。接着，裙裾落在地上，那位皇后般的女士变成了尾巴毛被扯下的、非常愤怒的母鸡。看起来她高贵的标志似乎仅仅是被压住了，没有太大伤害。但是，当我看着突然露出的臀部，我就像从后面看舞台布景一样感到幻灭；我的睡意被惊动，我几乎感到惊骇，就好像女士光着的屁股突然冒了出来。我确信，我惊骇至极——就在此时，那个活泼轻快的踩踏者，迅捷如闪电一样，转过身来，对我安慰说：'没事的，老先生。'透过这位贵妇的仇恨和轻蔑的双眼，当众人环视我时，我明白，她以为是我踩了裙裾。我默默无语，糊里糊涂地走开。"这里就是自由和平等的斗争。我们的主人公被敌手智取，在使用传播媒介本身时，后者并没有特权。这是一种公平、开放的斗争模式。这就是我们对最佳的社会"猫斗"的赞赏之处。相似的条件也是德谟斯蒂尼和西塞罗修辞的独特特征。因为，虽然对手在陈述问题时让人无法容忍，但他恰恰拥有同等的机会，面对的也是相同的听众。但是，修辞托拉斯控制的修辞，却让两派竞争者具有极其不平等的机会。与流行的偏见斗争，这本身就足以成为不利因素了。而在这样做的时候，又被勉强准许只能拥有一部分同等的技术条件，那么这就是朝尼亚加拉瀑布凫水了。

【生命力】我们认为口舌之战是不可避免的。的确，一项指望“净化战争”的计划应该希求这样的战斗不要太少，而是越来越多。只有合作中糟糕的弊病、民族主义的“全面战争”才必须淘汰，除非人类本身也要淘汰。在冲突和竞争意义上的战争是生命力的同义词。但是，文明形态中战争越多，我们在现代民族主义里发现的原始“实体思维”[1]的种种笑剧，就越是不需要它。

【鹪鹩】关于套路理论，就说这么多。我们虔敬地以一个意象告终吧。我们建议可以想一想鹪鹩，它们一方叫骂打断一方的歌声，然后在叫骂中，又突然唱起了新一轮歌声。真希望所有的风暴都是茶壶里的风暴[2]。真希望所有的战争都是鹪鹩的骚动。我们会从像雷龙一样踩踏修辞大托拉斯，到崇拜鹪鹩。我们会想到鹪鹩在春天回归：[3]

鹪鹩回返。

它们流动的歌声，涌入草坪——

（或若日光倾泻，鹪鹩之歌闪耀）

---

1 substance-thinking，指本质化的思维活动。康德将“实体”作为普遍的思维形式，与之相应，伯克将实体思维作为语言的普遍动机，不过这个实体始终是共体的。

2 tempest in a teapot，习语，小题大做。

3 以下为伯克的诗，题目《鹪鹩》，出自诗集《时辰书》。在《人的定义》一文中，伯克主张动物语言缺乏象征或指涉，因此低于人的语言，他举了鹪鹩为例。在大学上课时，屋里的鹪鹩按照本能，总是向上飞逃，但其实稍微降落一点就可以从打开的窗户飞出去了，如果它有人的语言，伯克就会告诉它，再低一点就行了。由于没有人的语言，鹪鹩的争吵和歌唱就是自然的，而且和而不同，这恰恰是理想的“口舌之战”。

歌声在门廊之上，又入卧室，那里
光的闪动越过池塘，
声响如微澜：新的铜币
在先知与太阳之间。借此
欣然醒来的沉睡者同他的鸱鸺
达成了约定，那既不属于鸱鸺
也不属于他，但又以各自的方式属于彼此。
在歌声唱出之后，是鸱鸺的历史
在接纳歌声之后，是人的历史。
（就将城市定为没有鸱鸺
歌唱的地方，仿佛四月是沙海，
春天，不是丁香的埋葬，[1]
重生的葬仪，为了花粉的
花环，而是石头上抖动的热气。）
磁性的风暴，让众人
不安，最是不安的人，担忧
薪水或爱的失去，这之后——
鸱鸺回返。

多希望套路理论就这样成为鸱鸺的标志。但很不幸，修辞托拉斯在我们周围无处不在。所以，我们眼下要转向这样的说服方法，它们来自新型的雷龙[2]：报刊、广播和官僚。

1　这两句联系了 T. S. 艾略特《荒原》的开头。

2　雷龙的意象很可能来自马克·吐温的《夏娃日记》，鉴于伯克经常引用吐温的作品。

第二章　科学修辞（新闻修辞）

一、“事实”即解释

【科学修辞与信息说服】从亚里士多德的角度看，“科学修辞”[1]是一个矛盾语。因为按照亚里士多德的用法，一个陈述的科学性与其脱离修辞性的程度成正比。我们之所以称新闻为“科学的”，是在这样的意义上：它处理信息或知识，而且在最佳情况中，这样的信息是精确的。但是，新闻又是“修辞的”，因为它形成态度或诱导行动。如奥古斯丁在《论基督教教义》中所言，信息如此具有说服力，以至于，无需其他雄辩来打动听众了（“很可能，人们就这样被所知的事情本身打动，以至于无需更强的雄辩之力来打动他们了”[2]）。我们同样也可以引用阿奎那的看法（《神学大全》第一集，问题 LXXX，论题 II）：“可欲之事打动不了欲求，除非它被理解了。”[3]

【事实即命令】如果你说，“向他进攻”，那么修辞因素显而易见。

1　伯克用该词指新闻报道、民调、座谈和财报中的修辞，它们与人文和社会科学有关，但往往被认为具有科学性。

2　原文为拉丁文：et fortasse rebus ipsis cognitis ita mouebuntur, ut eos non opus sit maioribus eloquentiae uiribus iam moueri。

3　拉丁文为：appetibile non movet appetitum, nisi inquantum est apprehensum。

你在劝动、说服、呼吁行动。但是，如果你说，“他是敌人”，那么，这一断言本身并非劝动。为了论证起见，我们就说，你在陈述一个真相：此人是敌人。那么，如果你对一个听者这样说，而且他的设想是“敌人应该消灭”时，那么，你对“事实”的“科学”陈述就隐含地具有修辞性了，因为，它暗示了一个命令，“消灭他”。这样，“科学”陈述就能成为修辞，或者，直陈式能包含命令式（如弗洛伊德就注意到了在梦中，直陈式如何能成为变相的祈愿式）。

【筛选事实】我们常常设想，当我们仅仅关注“事实”时，就可以获得对“现实”的超哲学的充分报道。这些“事实”被认为完全存在于解释领域之外。也许是这样。如果你说一个东西会上升，但它下降了，那么事实已然自己说话了。但是，我们绝不可设想，这种反驳，这种对一切错误的理想回答，适用于任何广泛的“事实”领域。因为，许多事实不仅仅是报告者[1]的解释；它们还是从报告者的解释中筛选出来的。

【新闻哲学】的确，人们很难不加选择地做出解释，正如人们不可能没有选择标准就加以选择——在这方面，我们再次回到了哲学领域，我们很难仅靠随意而肤浅的选择逃离这个领域。仅靠粗糙的选择，我们回避不了哲学。莫斯科和华盛顿之所以用不同的方式报告“同样的事实”，这并不是因为记者是骗子，而是因为，它们有着迥异的哲学、动机理论和解释。如果你愿意，那么想到这一点，你就能不寒而栗：但是，当某人在地铁上拉着吊环扶手，读黄色报纸[2]时，他在沉思。他

1　reporter，在下面会专门指记者，有时会在非职业的意义上指描述事实的人。

2　指具煽动性和夸大性、捏造事实、渲染丑闻、妖魔化某群体、引起恐慌和焦虑、吸引眼球的报纸，尤指小报。“黄色”最初因著名漫画专栏“黄孩子”而得名，起初并无色情意味。

在思索人类行动的动机。他在默想“代表性”的事情。他在吸收一种哲学，那是有可能轻视哲学、认为自己的职业相反于哲学的记者所写。

【实证科学】总之，“事实”从如下信念中获得了额外的修辞威力：只要诚实地举出“事实”，那么事实就会“自言”。人们通常没有认识到，这样有意义的实证主义和行为主义试验，仅在情境本身为了试验而正确设置时，才是适用的。在实验室里，我们确立了种种可控条件，它们允许我们立足于纯粹的行为主义基础来判断行为。但是，当讨论范围更大的世界之中的事件时，我们必须隐含地或明确地提供解释框架，按此，既定的行动或事件可以得到判断。（我们在《动机语法学》中讨论过这个问题，尤其是那些论“范围和简化”的内容。）科学修辞的重要手段就在于，将注意力集中在待判断的“事实”，而非判断事实的批评框架；这是受到了天真的经验主义和实证主义科学观本身的鼓励。

【非言即事实】结果，既然相信“事实”可以“自言”，那么，人们没有注意到：他们面前并无事实；除了对“事实”的报道之外，一无所有。也即，报纸被认为是一堆事实的集合，这样的事实指的就是言辞本身的反面（当某物相反于指物之言时，它就是事实）。但是，报纸其实是一堆话。它的陈述不仅仅是解释的依据；它们也是解释本身。因此，具有虚假说服效果的新闻，可以这样产生：通过让人转移注意力，不去注意问题的真正核心——这永远是一个哲学问题。当我们受到诱导，让我们的注意力落在我们面前的“事实”上时，相应地，我们没有看到魔术师实际上在哪个地方耍弄了自己的诡计，他暗中建立了参照框架，这框架本身就应该打个问号。就是说，既然报道必须通过措辞媒介来给出，那么，它就自动确定了让所报道的事件得到定义的措辞。通过使用具有共同倾向的语言、一再给予新闻头条位置，“科学”喉舌（即提供信息的媒介）就间接有助于实行让这一倾向持续存在的特殊用辞。

【待证明】就这样，新闻报道可以读作证明，但它本应该读作待证明。“待证明”并非是说，记者也许在撒谎（我们假定他是善意的），而是指，他所使用的动机用辞既暗含了一个解释体系（此即，“哲学”），但又避免了与正式的解释理论相随的质疑和警示。

【两种解释】对于一些依然保有某种优先地位的“事实”，有一个更审慎而具有警示性的词来表示它们，就是“第一解释”——那么，按照有意义的秩序来安排这种“事实”，就可以称作“第二解释”。“事实”意味着太多这样的看法：它们自我表达，甚至自我书写。但是，关于“事实”（字面意思就是，做过的事）的言辞不可能本身就是事实，而仅仅是对那些事实的解释。（当然，言辞可以成为语言学分析的事实。在诗歌中，言辞就是行为，因此也就是诗的“事实”。不过，虽然一位语义学家建议自己的读者不要参考言辞，而要参考事实，于是，他从声名不佳的每周新闻中引用言辞作为事实的例子，但这并不是记者所想的那种事实。）

按照《纽约时报》（10/3/46）的报道，伯纳德·M.巴鲁克[1]说：“我拒绝从事煽情或政治活动；你们懂的，我从事的，是事实。”马克·吐温的《密西西比河上的生活》说：“请注意，情感是世界上最难以凭空捏造的东西；编造七桩事实比编造一种情感还要容易。”但是，言辞越是被认为与事实趋近等同，那么，它就越有能力打动我们。虽然

1 Bernard M. Baruch（1870—1975），美国金融家和政治家，著名的巴鲁克学院的创立者。

许多人在肤浅的意义上怀疑新闻（他们怀疑，新闻按照编辑政策而有所倾斜），但是，很少有人从根本上或有条理地怀疑我们这里所考虑的事情：既然报纸并不是一系列“事实”（作为事情或情境），而是一系列解释（对事实和情境的报道），那么，它与哲学并不对立，相反，它本身就是未经批判而没有系统的或隐含的哲学。面对通讯社，我们可以自问：“商业公司[1]如何能充分从事哲学？”

【全球局势】在作为修辞的信息中，最彻底而基本的问题即：“全球”局势本身（当个体照顾自己乱糟糟的花园时，他的命运也普遍牵涉了人际关系，尤其牵涉了贸易扩张导致的国际性紊乱），大部分被误认为“现实”的内容都必定仅仅通过新闻媒介才让我们得知。因此，除了我们密切认识的一小圈子熟人之外，在我们看来，大型新闻传播机构说是什么，“现实”就基本上是什么。既然，通过这种版本的现实，我们受到驱动而做出行动，故而，如果我们相信任何蓄意的或无意的、曲解现实的错谬，那么，我们就在这种程度上受到煽动，朝向了相应错谬的态度或行动。因为，我们的行动立足于我们所知的现实。凡在我们对现实的理解不充分之处，我们的行动就只能凭罕见的好运才会准确。当然，我们的种种错谬通常不会因为我们相对来说无力对它们施加影响（而且承认我们的无力通常让我们放弃了整个事情）就造成什么伤害。

【极端情境】如果你让一个温和的人无路可走，让他陷入极端情境，使之受到了羞辱、折磨或死亡的威胁，那么，他的反应也相应是极端的。与之相似，如果他看到的迹象清楚表明：这样的极端情境造

1　指新闻机构。

成了威胁，那么，当他的想象等同于这种情境，他的反应则同样会是极端的。与之相反，如果情境完全不是这样，但错误信息的持续轰炸让他相信情境如此，那么，极端反应依然有可能出现。虽然事实上，在他行动所依据的有限的信息条件内，他的行动会是疯子般的（既然他的行动方式完全不适合于实际情境的现实），但是，他又完全是精神正常的。在试图理解受到错误灌输的人具有的残忍时，记住上述这一点颇为重要。他们并非本质上就是“魔鬼”；如果他们所相信的真相实际上就是真相，如果他们恐惧的事情实际上就应该恐惧，那么，他们的行动跟每个地方的一般人的做法没有两样。那些尽管生性对政治无感、却又加入阴险的政治运动的人，情况就是如此。

【现实即新闻】总之：“新闻”中的政治成分首先存在于如下事实：对于广泛的人际关系领域——我们必须对其采取一些态度，或对其达成政策上的共识，现实仅仅是新闻。我们必然要仰赖的“情报”并不是我们自己的情报，而是收集新闻和散布新闻的机构所具有的、纯粹媒介性的“情报”。甚至在最佳条件下，越过媒介的限制去看一看，对人来说也会是巨大的困难。

【价格管控】当然，关于“事实”，存在着无穷的争论。例如，有一段时间，大多数报媒采取行动，抹黑联邦政府的价格管控，一家纽约的报纸刊登了几位女性的照片，据称，她们就该主题接受了采访，并且表态反对价格管控。有位女性给对手报纸的报社打了电话，抱怨说，她受到了曲解。通过进一步调查，依据对手报纸的说法，可以发现，所有女性都同样遭受曲解。显然，我们这里的意图不是检查这种新闻，因为这方面的批评需要细微地用“事实”对抗“事实”，就连乔治·塞尔德斯也难以接受这样的任务。在此，我们仅仅要关注新闻中具有“诚实”倾向性的修辞。甚至当我们使用现实案例时，为了避免对“事实”争论不休，我们还是会将案例处理为假设性的。简言之，我们要检查报纸媒介“自然”具有的修辞手段。我们要考察以说服为目的，为了达到操控目的的引导和诱导做法。读者也能自己决定在什么程度上，他认为报纸放弃了这样的机会。

【新闻的论位】任何关于某人、某组织、某情境、某国等等的“事实”，都能遵循亚里士多德的“论位”[1]来分析，论位就是正向或反向塑造听者态度的套路。而对作为某种“演说”的新闻进行的研究，应该基于这样的关注：关注新闻所使用的、要么用来“鼓吹”要么“抹黑”的观念、意象和意见。但是，除了这样的传统手段，还有新闻媒介所独有的说服手段。我们主要会考察这些。

【引号】关于“事实”还有另外一点：如果Q先生是骗子，他撒谎了，而且报纸精确地报导了他的谎言，那么，这篇报道就是“合乎事实的”。许多善于估判形势的新闻记者，虽然需要转发他知道不实的官方声明，但他会把假话放在引号里，[2]引号不会让读者注意到，也避免了他们的正确评判。（如，官方说法周围的引号，对于记者来说，意思是“我对此事不负责”。而对于读者来说，意思是“此事受官方批准”。）

【三种事实】某人针对情况说了如此这般的话，“这是事实”。（也许他撒谎，或者说错，但是，他这样说：“这就是事实”。）某人针对将来说了如此这般的话，“这是事实”。（虽然据信，报纸意在告诉你发生了什么，但是，如果你不再自问“新闻”中有多少内容，涉及了可能会或者可能不会发生的事情，或将来肯定不会发生的事情，

1 places，指的还是《修辞术》中的 topos 概念。

2 这种用法来自于英语的 scare quotes。

那么，你反倒会觉得意外。）“某些不想透露身份的人”说了如此这般的话，“这是事实”。（这有可能是真的，即使除了记者之外没有人说过这样的话。）

二、标题思维

【定量修辞】在考察报纸媒介固有的手段时，我们应首先提及纯粹定量的修辞，这关于新闻的纯粹量和位置：头条、标题字号，甚至标题的字体和颜色。谣言显眼地占据了今天的头版，它具有古代经院哲学家所说的“更大的存在”，超过了转天会出现的权威和不起眼的辟谣。既然可以存在对虚假谣言的真实报道，那么，就能大肆渲染谣言的主旨，而非其可疑性——但后来做出更正时，就没有与之相应的、对想象力的激发了。

【表演盛会】定量修辞的手段如此平淡无奇，人们提都不会提起它们。但是每一天，这种完全机械的套路都让我们对“现实”的估计成形或变形。这就是演出盛会[1]方面的“真谛”：如果它三点钟登场，那么五点就必须为新版的世界让路了。[2]这大概也是按照“标题精神”所描述的那种经验的“本质”吧。

【思考存在靠新闻】我们只能猜测：在什么程度上，我们对人之存在本身的沉思恰恰成了对“标题思维”的反映。因为，甚至诗人和小说家，当他们试图通过自己的表达成为“全人类”（或者，我们应

1　pageantry，在《作为象征行动的语言》中，伯克把自然事物比作充满了社会—语言的面具和服装的表演盛会和精神游行。

2　指报纸的“本质”就是多变无常，每一期都是不同的世界。

该说“全世界”）时，虽然他们通常在描写自己思考过的“文化趋势”，但似乎，这种思考并非以第一手的方式，而是通过企业公司所汇集的新闻作为媒介。

【戏剧的标题风格】阿奇博尔德·麦克利什在他的诗剧《恐慌》中不正是无意识地对报纸做出了最大的致敬吗？在他的导论里，他说：“当今美国人的说话节奏……是紧张的，而不是强健的；是兴奋的，而非从容的；活泼的，而非骄傲的……人们心无旁骛地彼此交谈，在工厂的办公室或是这个国家的街道上，他们的语音从重读音节开始降低；而不是像莎士比亚戏剧里人们说话的嗓音一样，升高直到重读音节。”这也许对，也许不对。如“Get going”“shut up”“what do you mean”“he never got to first base”“you're telling me”“he's on the spot”，虽然它们都没有升音，但似乎都是扬扬格，而不是持续降调。

但是，标题中省略定冠词和不定冠词以及偏爱短词的做法，通常都让第一音节重读，产生的效果可以不折不扣地描述为“紧张的”“兴奋的”“活泼的”，而非“强健的”“从容的”“骄傲的”。这样，当我们随便挑出一页头版来瞧一瞧，我们就发现这些典型的开头：“Broad Nationalization Plank”……“Truman to Deliver”……“Tito, Defiant, Says”……“Marshall to Resist”……“West Willing to Discuss”……“No Draft Likely Before”……“3D Ave. Plea”……“Czechoslovak Army Demoralized”（小报有可能将之简化为“Czech Forces Split”之类）。[1]现在还是回到麦克利什的那出戏，我们发现了

1 依次译为：“广泛的国有化纲领”“杜鲁门演说”“铁托挑衅说”“马歇尔抵制”“西方愿讨论”“之前可能无草案”“第三大道请愿”“捷克斯洛伐克军队士气低落”“捷克军队分裂”。

下面这几行，其中“一位女人”说：

男人死了：屋宅
倒在厨房的花中。
家庭溃散。孩子们
街头流浪，用破箱子
搭房容身。

人们并没有像这样讲话。但是，标题就是如此，诗人将标题的性质转变为了一种程式，一种风格（巧妙地选出了标题的习惯手法，新闻写作只有这个方面有助于形成程式）。这种风格化的讲话显然与下面几行有着相同的神韵，其中，一位人物读着新闻跑马灯（news ticker）：

亚特兰大……水手全国……分部关闭。
印第安纳波利斯……人民的和担保……结束。
法兰克福……农场抵押……强制终结——

或如下面的话，来自“人的声音”，它们读道：

银行家召开会议。
麦克贾弗迪先生召开……
政府号召麦克贾弗迪。

诗人更进一步向媒介致敬。当戏剧描绘了社会经济制度的整体崩溃时，在各种无序中，“情报”喉舌依然完美运行，扮演了古希腊的传信人，从外面世界带来讯息，相关命运的无情的显现。就在这里，他甚至不都自发地将新闻媒介等同于人的理性和普遍命运了吗?

【新闻修辞的三种手段】但是，我们的确同意：诗人恰恰抓住了新闻的本质，这被理解成一种风格。因为那种本质就是“标题精神”，是新闻的独特特征，可理解为修辞。而它又包含了三种主要手段：选择性，缩简（或“要旨”）和语调。所有这三者都是一个修辞复合体的组成。如果可以，我们要尝试分别考察它们。但考察的同时，我们也要注意它们彼此的交织。

三、选择性

【选择框架】一位朋友在间接处理选择性问题时说：

当我上大学时，我努力学习文学知识，我尤其寻觅无数个格外贴切地表达某件事情的瞬间。渐渐地，我收集了一系列这样的表达（马修·阿诺德也许会称之为“试金石”），我要试图决定，其中的哪些因素让它们如此出色。后来，我开始不仅以“普遍的方式”，即与诗和哲学相随的方式来思考生活，而且还关注历史中特殊的情况，“时事”。在这方面，就涉及了报纸。

很自然，我试图按照我对待优秀文学的“鉴赏”态度来处理新闻。为什么不呢？因为标题不就是持续地让人们关注显要的公众人物对世界局势做出的种种重要声明吗?

这些标题困扰着我——就在几年前，我清楚地发现原因为何了。日复一日，一个又一个夸夸其谈的蠢货（或者，据我后来所知，是他们的影子写手）说出的陈词滥调，得到了报纸的欢迎鼓噪，仿佛人类的理解力迈出了新的一步。我困惑，但又确信，我的前人必定辨认出了我没有注意到的深刻性，我考察了种种言论，为了找寻联想、意象或锐利的格言，但一无所获。

每天，这样或那样腻子一般的[1]声明都会被大幅度地搅拌着，这些声明似乎跟我过去几个月或甚至几年里一直阅读的内容，没有什么太大的不同。当它们存在于标题中时，这甚至让它们更加枯燥。

显然，我正在发觉"诗"和"新闻"对杰出人士，对"代表人物"的检验的区别。我不得不认识到，种种声明之所以被引用，恰恰是因为它们没有卓越之处，而且陈述的枯燥正是让编辑们如此不知疲倦、贪婪地想要将之放在头条的原因。我要学会明白：它们的价值就是针对它们的标准化的选择性，以及，它们具有的、为了政策目的、让心灵处于某种框架内的用途。

【新闻倾向】一条新闻报导了某区的糟糕情况，虽然该报的编辑政策就是诋毁这一地区，但这样的新闻也许从字面上来说是真实的；的确，整个一系列这样的文章也许从字面上来讲都是真实的；不过，这些文章有可能具有倾向性，是虚假的，因为他们给出的，并不是所报导情况的正确全貌，而是一些为了特殊论战目的、被选择出的"真相"。故而，虽然这些文章因为是"真消息"所以能放在科学或知识

1 putty-like，来自习语，be like putty in one's hands，指任人摆布和揉捏。

的范畴中，但其真相的偏颇性令它们在修辞上具有了最恶劣的说服力。当标题赋予新闻突出性时，它就能被限制在对它的强调中，就像意在让唯一一种情绪盛行于整个话语世界的短篇小说或抒情诗一样。

【新闻自由】因此，当新闻记者坚决主张在一些出于政治原因要以负面方式呈现的领域，当拥有充分自由来收集信息时，这背后存在着某种不露声色。事实上，他们仅仅要求更好的机会来负向地影响自己读者的想象力。因为，如果他们要灌输一些态度，并将它们立足于某些新闻，但他们又没有这样的新闻，那么，他们就面临着技术上的尴尬。他们必须让想要的态度基于一系列千变万化的具体细节（它们的殊性各有差异，但是可以用相似的方式加以支配或产生倾向）。如果记者不能在需要如此负面报道的领域自由漫步，那么编辑们的政策每一天就都缺乏充分的体现，而且他们必须过分依赖于公开地表达编者意见[1]，在用老生常谈进行煽动时就会过分抽象。就新闻而言，如果有一天，可以有报道关于某个情境中的 Q 先生，而下一天，又会有 X 先生的报道，那么，这个情境就依然是“新闻”。

【个体化与具体化】从隐秘动机的角度来看，每日新闻的千变万化的细节（在将它们处理成延续了某种对读者来说的固定态度时）仅仅是各种各样的、对唯一一个基础形式的重新个体化和具体化（按照殊相，或“意象”），这样的做法让抽象的“原则”或“观念”进入了感觉领域。

【行动诱因】既然报纸可以被认为是每日事件的代表，而且必定选择出代表性事例，因此，所有这样的挑选，除了依赖哲学假设，它

1 editorializing，一般有社论和编者按语两种形式，即在客观报道中加入主观看法。

们还诱导读者接受这些基础性的假设。在这里，我们又遇到了在所谓的“信息性”事情中存在的修辞成分，既然所选“事实”实际上是行动的诱因——因为事实在传达时作为了“侦察”或“行动的准备”。

【内容时机】掌握时机的修辞会密切联系选择性。报纸的消息一条跳到一条，极不相干，但正是从这种不相干中，并置的修辞就能出现。如，在一段时间，总统与教皇的通信刊登，一家报纸也登载了一幅照片：《日本天皇俯首》……“近期巡视日本北方时，裕仁天皇在秋田的一座天主教教堂的圣堂中。”最小的俯首，足以在标题作者的帮助下通过考验。但是，在那天公布时，它有助于争取旧日本的诸神，让他们站到独一神这边，这同样是重要的政治结盟，因为它配合了这样的努力，即让我们的国民支持种种重建日本卡特尔势力的计划。与此同时，重要的广播评论员开始自己跟自己公开辩论，相关的问题是：天皇是否近乎皈依基督教；就这样，该记者的困惑有助于让这位“前神”[1]等同为和平之君[2]、罗马教宗，也有助于重建日本的战争潜力。

【发布时机】为了符合组织计划，新闻发布也要掌握时机。总体上，这一论位更适合属于“官僚修辞”；但是现在，我们可以考察下面这个“诚实选择”的例子：据说，每次国会会议，提交的法律介乎六千项到八千项之间。其中，略少于两千项得到通过。显然在这里，“关于将来的具有创造力的新闻”就有了存在的可能（这样的新闻会是一种伪装的“议政演说”[3]，既然它们意在促成最为符合编辑政策的将来）。因为报道能从华盛顿发出，它们挑选了某些提交考虑的议案。

---

1 指日本天皇，1946 年元旦昭和天皇发布《人间宣言》，声明日本天皇并非现世神。

2 Prince of Peace，耶稣基督的名号之一。

3 亚里士多德《修辞术》规定的议政演说针对将来之事。

关于议案的完全“真实”的新闻可以放在头条。一系列完全“真实”的、与议案倡议者和其他表示赞同的公众人物的访谈都可以刊登。还可以有一些辅助的新闻，涉及所提议的法律意在控制的形势——这些新闻本身未必就比倾向相反的报道更缺少“真实”，尽管后者同样会具有令自己值得称道的真相。可以期待，所有这样对一个主题的关注，都具有对公众的“教育”效果（因为，要记住：报纸就是我们“成人教育”的基本媒介）。它之所以能具有“教育性”，不仅是因为全面和均衡的描述，还因为灌输。

【新教牧师】有一个标准的相关“选择性”的例子：一位反纳粹的新教牧师[1]被送至美国，以便有可能用他来反对德国的左翼。他被树立为当纳粹主义最为猖獗之时、在德国抵抗希特勒的英雄角色。但当他返回祖国，他就与社会党[2]联合起来，跟梵蒂冈的政治影响做斗争。由此，他在希特勒统治下的情况有了新的版本。据发现：他公开承认过“他对纳粹目标的同情”；他从未有力地反对过纳粹的意识形态；他对纳粹唯一的反对就是极力为自己的教会保存一定程度的自治权；当他暂住于集中营时，他处于所谓的“体面的监禁”中，享受着不少舒适和便利条件；他拒不承认德国民族罪行的根源；他始终反犹，他在德国时反犹倾向的程度反而最低。突然间，这些成了“那种”有关他的事实，它们就出现在报纸上；倘若他的政策对报纸有利，那么报纸连一个值得考虑的事实也找不出来。这就是常见的那种“现在可以说了”[3]的选择性，它由政策的变化所决定……这一想法被披露出来没

---

1 编者在注释中指出，有可能是马丁·尼莫拉（Martin Niemöller）。

2 应指德国的统一社会党（SED），由共产党和社会民主党合并而来。

3 now it can be told，常用的新闻短语，表示终于能透露内情了。

什么惊人的，但在这里，为了遵循计划，我们必须将之重申，因为，我们正在考察的，就是报刊如何能针对同一个主题专门给予人们“美妙的事实”或“可恶的事实”，如何能在这两种情况下都是“诚实的”，尽管它在刺激人们朝向两种截然相反的政策中的这一种或那一种。(因为我们在论述的，不是“假新闻”。我们只讨论最负盛名的报刊，而它以某种方式处理一种如此可塑的“事实”，它不说谎，就能按照编辑所好，诱导人们要么说是，要么说非。这就是通过作为“成人教育”之来源的新闻所获得的“现实”的性质。)

【比科技】如果你国的报纸要培养对他国的恶意，那么，它可以给读者留下这样的印象，比如说，他国的科学家更低劣。(在我们的社会里，这是可以利用的好“论位”，因为有技术上的特权。)然后，让他国的一位首要科学家与官方产生冲突。瞧啊！突然间，你国的报纸就会回响着这位在全世界同仁中声誉卓著的科学家的说法。

【新闻骗局】当选择的效果让人感觉到时，还可以在修辞上加量。因为，虽然读者知道有倾向的新闻必定在某种程度上是打折扣的，但是，这样的认识反过来可以靠我们前面讨论过的“骗局”动机抵消掉。就是说，在读者读到的新闻选择令读者的态度成形之后，他可以同编辑共谋，去要求自己必须受到这种选择的持续欺骗。假如他心爱的报纸试图给他真正全面的现实，他甚至倒有可能不再买它。

【海外用船】这有一些例子，其中，选择性产生了威胁，有可能超出真相，但是从技术上来说，又没有越界：海事委员会曾想让某政府归还 96 艘船，该政府一直按照战时签署的租借协议运营船只。既然在那时，我国付出了很大的努力针对那个政府推动流行的恶意，因此，我们在三家不同的广播节目上都听到了这一报道，它具有普遍的新闻关注度。次日，从一页专业船讯上，我们得知，还是那个委员会，它要求另一个国家也返还运营的船只，数量是之前那个国家的三倍，该国“与美国商船‘直接竞争’，其利率却更有利于外国运营者”。但是，政策并不支持加强公众对该国的恶意，尽管它运营的我国的船舶数量更多。因此，三家广播都能“诚实地”仅仅提及那一条有助于将恶意针对运营船只数量更少的政府的新闻。

【委员会遇袭】又：一家广播报导，一个在希腊的联合国委员会，“遭到了游击队开火袭击”，这主要是因为我国的煽动。就在几分钟前，我们在另一家电台听到：委员会成员陷入游击队同民族主义军队的交火。请注意，即使交火的报道是真的，但委员会遭到一方开火袭击的报道只是以选择的方式才成真。

【摄影倾向】照片显然有倾向性，因为它能“讲述真相”：要么是茅舍，要么就是宫殿。但是，在一个单一行为中，甚至会有这样的时刻，它们就本身来说，是从自己固有的顺序中抽出来的，从而在修辞上有所倾向。如，一位向大批观众演说的人，必定就像歌剧歌手一样，如果用快照将之永久定格，那么他的嘴形就会看起来奇奇怪怪。也有一些固定的瞬间——编辑能“诚实地”选择这一个或另一个。1944 年，一家新闻周刊将两张 F. D. 罗斯福的竞选照片并列放在一起，两张都“真”，但一张是“贬”。这种“诚实”选择的修辞手段再明显不过了。一张是活力、机警、才干、笑容——人道的领袖。另一张是垂头丧气、气喘吁吁、闪躲回避——重点是，这样的精疲力竭不可能应付下一个总统任期的职责。这两张都不是伪造的。它们全都真实地再现了同一个人（或就这一点而言，可以是任何人）生活中的瞬间。它们就是如此，是“科学”。作为修辞，它们“正反面皆可证明”。

【相片说明】当一张相片讲述新闻时，说明文字可以起到标题的作用。如果你想看看这一方面中“创造性”作品的极端例子，那就查查1947年5月12日《生活》杂志的报道，其中描绘了“保加利亚生活”。一张相片是一个老人和两个孩子，非常有人情味的主题，风俗生活照，“常见的”打动人心的老少并列的做法。说明文字是“只有老人和孩子逃过了红色规训”。

另一张：一些人胸膛健壮，齐声用力把歌唱。歌声十分动听，仅仅一张照片就有可能传达出这一点。可以想象到，政治审查者会极为开心地用这些与活力和热情有关的证据来展现自己的国家。说明文字是：“文化逃避。保加利亚人受挫的才华倾注到所有艺术之中。”（这一推理似乎暗示，对艺术的爱微弱才会证明文化的良好。）

另一张：三位老人，诙谐的怪老头，摆出的姿势像新英格兰生活风俗画中朴实的哲学家。他们看起来友善，惬意。说明文字是：“保加利亚新秩序的标志下，三老者梦想着消逝的希望。”

最后一张：学生和年轻女老师在体育场。她教他们怎么踢一个看起来像是足球的东西。这幅抓拍表现了在她的脚触球一刻，她的腿伸展开来。说明文字解释说：“他们的苏联领袖，训练有素，教他们踢腿，这看起来像是著名的正步。”你无需为了评判这些照片而去知道关于保加利亚的“事实”。你只需将照片和说明文字对比一下即可。

【缄默】吊诡的是，在标题思维的选择性中，有一个特别有说服力的方面，就是缄默（quietus），由于情况的本性，这种修辞套路难以察觉，但可以对民众理解现实产生巨大的影响。在通过新闻（通过大量政治信息）来感知现实的地方，仅仅轻视新兴的政治思潮，就能更有效地做到“反驳”，这胜过了整页整页的谩骂。如果，尽管存在这样的轻视，但这一政治思潮的确得人心、有声望，那么，就能使用更微妙、更马基雅维利式的“缄默”变体。可以公开通报一阵，这期间，公正地报导有关新思潮的新闻。接着，几天后，再忽略这一主题。从修辞上，这样的转变事实上是在说：“当这场思潮事关公众兴趣时，我们要给予它充分考虑。但是，由于它不再受到公众关注，那么我们就不再给它空间。”这种套路可以通过专栏作家和通讯员所写的社评来加以强调，社评会顺便提及思潮的迅速沉落。从修辞术来说，最有效地使用“反向标题”的做法就是绝对“缄默”。其次有效的，会是这种“突发静默”，公开报导之后再陷入沉默。如果反过来这一招没用，那么还有标准的选择手段，将该报所支持的、代表相反哲学的新闻或动机用语放在头条位置。

四、缩简（“要旨”）

【罢工与政体】如果政治候选人做了持续两个小时的演讲，如果演讲的每一句几乎都正确而动人，但是，有一段出了错误，那么，支持竞选对手的报纸，其头条标题的作者就可以“诚实地”报导那出错的一段，将之当作演讲的本质。如，约翰·L.刘易斯[1]曾经让一个参议院委员会狼狈不堪，他在委员会面前作证，佯装支持自由企业，在当时的一段时间里，像全国制造商协会之类的机构都支持这一口号。但是，有一刻，当被问到如何让全国范围内的罢工停止时，他的表示令人毫无防备：“除非我们改变我们的政体，否则，我们对罢工无能为力。

1 John L. Lewis（1880—1969），美国工人领袖，曾任美国联合煤矿工人工会主席。

如果你们想要极权政体，那么所有这一切，你们就能实施了。”随后，标题是：《刘易斯目睹美国无力 / 阻止煤炭业罢工 / 除非美国变成极权制》。显然在这里，刘易斯认为，可以有许多不用搞极权制就能阻止煤炭罢工的方法。例如，政府向经营者施压，或可以阻止一些罢工。但是，如约翰·杜威曾经所言，人们难以同时说出一切。为了论战性的报道，可以断章取义，就将之作为刘易斯证言的本质。

【开战】一位循道宗主教在演讲时提醒说，除非改变我们对待苏俄的方式，否则，我们会走向战争。幸亏有“要旨”这种修辞手段，这篇演讲可以“诚实地”配上这样的标题：《奥克斯纳姆[1]与苏俄 / 确定开战》。

【救助物品】在实用中将“要旨”放入标题这一需要，它要求按照我们在“精神化”条目下考察过的方式来处理教皇声明（结合了“代言人”套路）。例如，我们听到过许多指责，说美国提供的救灾物资是基于政治忠诚分配给受到战争破坏的国家。有指责，也有反咬，如左派、右派、温和派政府，都遭到过指控，说有这样的行为。例如，美国的许多保守派报纸都刊登了来自中国的通讯员的报道，证明了国家主义者[2]如何连运送给共产党根据地人口的医疗物资都插手阻挠。因此，教皇可以公正地批评说，救济品“在某些国家安上了价格标签，价格就是对政党的忠诚。”但是，喜爱要旨的记者会这样缩简，这一具有普遍性的立场可以如此错误地被党派化：《教皇最新请求与红色政权斗争。庇护[3]睹美国的援助被政治利用》。（无需提醒人们注意这

1 Oxnam，按编者注，应为 Garfield Bromley Oxnam（1891—1963），美国循道宗美以美会牧师。

2 指国民党政府。

3 Pius，指教皇庇护十二世。

一点：虽然记者发现教皇的话“具有直率和有力的特征”，但是，他的演讲中只字未提那些政党之名。）

【异见】如果某政党宣布一项全面计划，以及对党内也许不完全支持它的人的批评，那么标题可以用“科学”的事实性渲染次要的批评，以此来暗示党内可能的异议。由此，该计划本身会当作“弱点”来陈述，但实际上，它开启了强大的新时代。如，关于全面改革的新闻可以诚实地缩简为这样的标题：《某主义成员的分裂已现》。

【撒谎】要旨能够轻易地从外交中引出外交，如果这就是作者想要做的。如，一条短新闻引用伊朗总理的话：“我一向认为伊朗必须获得我们强大邻居苏联的友谊和良好关系，故而，我期待他们不要用假话来让自己的伊朗朋友的心黯淡不悦。”这条新闻的标题是：《莫斯科撒谎，盖瓦姆[1]说》。

【贸易协定】在瑞典与苏俄签署双边贸易协定之际，美国通过外交辞令表示抗议，瑞典和苏联也通过外交语言做出回应。但是，一家报纸[2]给出了瑞典回应的“要旨”如下：《瑞典与苏联达成协议。回应声音令美国的抗议吃惊，它坚称贸易政策是自由的》。但是，给出的苏联的要旨如下：《苏联就贸易协定谴责美国，实则是说，苏联和瑞典的谈判与我国无关》。在实际的说法中，我们遇到的最接近上述表达的，是这样一句主张：瑞典和苏联“无需特意就贸易协议的有利或不利咨询美国”。

【罢工论调】有一条新闻在陈述时，意在制造对罢工者的敌意，使用并刊登的标题是《反抗美国的暗示》。（当然，反抗本身能得出

1　Ghavam，即 Ahmad Qavam（1873—1955），五次出任伊朗总理，这时伊朗以苏联为敌。

2　据查来自《纽约时报》1946 年 9 月 3 日。

两个截然不同的论调。就在之前没几个月，报纸将一位商务官员描绘为反抗联邦法规的英雄。但是现在这个论调，又将反抗等同于“红色毁灭”。）但是，实际的报道非常诚实地陈述了情况。记者与民主党公认的对代表人物的引用方式保持了一致，他援引一位（“不愿具名的”）罢工者说：“如果政府发布控制电话业的命令……那么应该记住，凭一张纸是不会让全国电话系统运转起来的。”但是，遵循了“要旨”的伦理，这番言论在标题中可以缩简为凶险地谈论反抗我们的国家。（当然，那位商务官员反抗了政府，然而，匿名的工人反抗了整个国家）。这样的缩简等同于夸饰。

【赔款】在将新闻缩简为其“要旨”时，人们能选择解释性动机或纯粹的行为描述。例如，某国向另一国要求巨额赔款。从行为上来处理，这看起来不会太好。因此，如果目的是给读者留下坏印象，那么可以举出纯粹行为性的“事实”。但是，如果标题的作者要给出好印象，那么他能从动机上将新闻缩简如下：

英国向意大利要求赔款

11,520,000,000 美元

为了补偿苏联的索赔

交易举措

（讨论语调时，我们会回到这一点。）

【反佛朗哥】在其他时候，标题能够加强陈述的表面动机。如，美国为了试图预先阻止联合国针对西班牙佛朗哥政权的强硬行动，它提出了一项弱的议案，但又想令其看起来足够之强，以得到接受，从而替代真正强硬的议案，就在这时，一家报纸将美国决定的“要旨”陈述如下：《美方呼吁佛朗哥退出。号召西班牙将其废黜》。这里的缩简符合了议案的表面目的，由此，信息本身设定在了一个加强转移性修辞的框架中。

【绪论和结语的合一】争论者开始发言，他说，“我要证明……”等等。在他的结语中，他说，“我已经证明……”等等。从修辞的角度来说，一个标题就是合而为一的绪论和结语，并且从形式上，并不能认为它是两者中的任何一者。这就是伪装成某些“事实”之“要旨”的论证的论点。通常，如果读者只读了标题，或者，如果他仅仅读了开头几句似乎最能证实标题的内容，那么，标题就可以最为有效地发挥自己的修辞效果。（参见本节第六段的例子。）

【心中想法】在《纽约客》杂志的一系列“揭露内心”主题的不同漫画中，喜剧般的过分行为，充分例示了缩简原则。比如，已婚夫妇经过一位衣着华丽的女人。妻子头上的“想法气球”[1]表明，她只看到那个女人的衣服。而男人的气球则表明，他在考虑扒光她的衣服。另一则：男人经过商店橱窗里穿着衣服的假体模特；在想象中，他看到了模特没穿衣服，露出了膝盖和手肘关节的金属杆。《哈佛妙讽》[2]中有很多内容都滑稽地模仿了这个系列，其中展现了火辣的金发女郎在殡仪馆高抬脚，迈着阔步。殡仪员靠在门口，他的想法气球表明，她乳房尖挺，光着身子躺在太平间的平板上。如果人们考察（a）新闻的选择性；（b）这种新闻标题中的“选择—句读—选择”，那么，最好应该回忆一下这些过分狂热地将主题缩简为其“本质”的做法。

1　thought balloon，漫画中说明话语和想法的圆框。

2　*Harvard Lampoon*，1876 年由哈佛学生创立的讽刺杂志，是美国历史最为悠久的幽默刊物。

五、语调微传

【细菌】困扰新闻修辞分析家的最大困境就是我们之前说的“微传”方法。我们用“微传”一词指新闻通过不计其数的风格笔触来加强敌意，每一笔都如此轻微，以至于人们难以让自己指出它极小的倾向。当你看到无限微小、但又无穷无尽、反反复复、逐年逐月、通过不同细节来强化一个态度时，你就收集了一系列证据，每一条都微观如细菌，但总体上却又强而有力，以至于威胁到了人类社会的基础，尤其是在这样一个时代：它拥有的诸多——如属于我国的——新型的毁灭手段，在我们缺乏想象力的时候，煽动我们试图使用新型武器作为治疗方法，疗救我们社会与生俱来的经济病症。

【棒球】如果来到我国的某外国大使对棒球都显露出了无知，而编辑政策是维持对该国的恶意感，使之继续活跃，那么，在某场比赛中没有露面的大使，就成了标题的素材，成了一条用电报发送全国的新闻；所有想要“微传”的编辑都会选出它。如，编辑可以让一系列鸡毛蒜皮、内容不适的事情保持活跃，这是些小新闻，之所以选择它们，是因其具有几乎难以察觉的讨厌值（nuisance value），它们传达出了普遍的印象：这些外国人居住的地区，四处都存在着让人不快的事情。有大量这样的新闻，前面提过的那位新闻“微传”的研究者，一旦他发誓要仔细留意报刊的风格，就像他观察优秀文学的创意一样，那么，甚至在最上乘的报纸里，也会开始遇到它。或许整个历史中，再没有其他表达媒介能够执着于某种如此庸常的添烦行径，[1]而不会产生读者

1 不是指新闻的频繁让人生烦，而是指负面的内容。

和作者普遍都难以忍受的恶心。但是，在新闻媒介中，这一点通常都能成为惯例，也几乎成为我们的文化食粮——为了让它活力旺盛，宏伟的森林每天都在被毁。[1]

【薄利多销】在“微传”中，我们遇到了天生属于报纸的、作为某种形式的定量修辞所具有的最独特的方面。威力并不存在于信息的文采上，而是在于技术的效率，借此，某个观念可以通过制度进行夸饰，直到在说服力上等同于充满智慧和诗性的、基督教那样的福音教义。这种修辞就是薄利多销而让利润巨大。这样的习惯做法有小恶意，没有魔鬼般的大恶意，是轻微的小过错造成的威胁，如一个男人要借四本书，但心里打算还三本，或，坚持买单，但又慢吞吞地伸手拿账单，或，大半夜把朋友叫出来，让他听听卑下的忏悔，而在卸去包袱的关键时刻，却又撒谎。这是一种微不足道的恶，它高估了友军的规模，低估了敌军。这是让可以忽略的事情变得巨大骇人的技艺。

【反试金石】那么，“微传”就是通过一个个轻微但加总之后又变得重大的效果来确立某种态度。如果有持续的机会可以用不同的细节来重复这一套路，那么，该套路的轻微性恰恰增加了其有效性。很难举出什么例子，因为它们在其本质上不利于“密切注意”，而是有利于“不太注意”。一旦有人拣选出它们，那么他就认识到，它们恰恰是马修·阿诺德的“试金石”[2]的反面。但是，我们必须列出一二（详细讨论这些可以忽略的内容）：

【推翻】新闻广播员报导某政党企图“推翻”（overthrow）某政府。

1　砍伐森林造纸，但出版的报刊都是这样的新闻。

2　touchstones，马修·阿诺德认为，可以用伟大作家的作品中的某些独特的经典文段作为标准来衡量其他可以与之进行比较的作品。

该词从技术上是精确的，适用于欧洲的议会制政体，在这种政体中，这样的政治爆冷是民主制程序的常态。但是，对于那些耳目闭塞的美国人来说，它有不同的含义，是革命的同义词。如果广播员想获得对该党这一行为最大程度的不赞成，那么，他可以不解释上述差别。

【费边主义】一位众议员游历英国，据报道，他找到了证据，证明苏俄在公众中散播对美国资本主义的不信任。（报道无视了英国土生土长的悠久的费边主义[1]批评传统，它让这一思潮的结果仅仅看起来就像苏俄影响的反映，仿佛萧伯纳是从斯大林那里学来的社会主义。）

【炸弹事件】有炸弹抛入了一个左翼组织的总部。广播报道中，该事件“表明了左派和右派的敌意”。通过这种细小的风格转变，受害人跟犯罪者一样，都是有罪的。

【越界】在一则新闻报道中，某些美国士兵被捕，因为他们越过了某国边界，而我们的报刊正想要推动对该国的恶意；尽管士兵被拘留时得到了“谨慎的”对待，但报道甚至连这一点也要设法让它看起来对该国不利。这一有利己方的处理表明了某种讨好巴结的态度，这令看守那边感到不快。

【土耳其政体】当美国支持土耳其的独裁政权时，新闻报道描述该国“在过去奥斯曼帝国的东方专制主义与未来共和民主制的中间保持着平衡”。就这样，认为“在未来某个假设的时间点上，将出现改革的土耳其政府”这一想法，用作了现在的土耳其的“新闻”。但是，只有土耳其人撵走了我国政府在那里资助的这样的政体，民主制才有

1　Fabian，起源于英国社会主义团体费边社的思想体系，名字来于古罗马将军费边。费边主义主张循序渐进地通过改良让资本主义转变为社会主义，而不采取阶级革命和暴力手段。下面提到的萧伯纳就是这一思想的代表人物。

可能存在。由此，“变革将临”的说法恰恰用作了会阻止或拖延这一变革的主张“资助”的论证。

【语调】如果这样的“微传”暗示出语气，它就包含了“语调”[1]。但是，虽然标题中暗示了语调，不过它也可以明确地存在于广播传达的“情报”中，如，我们连续听到了两个节目，它们是在广播网允许的空闲时间中播出的，第一个陈述了“工业组织联合会”（Congress of Industrial Organizations）的立场，第二个陈述了“全国制造商协会”的立场。当然，广播员否认广播公司要对每一个节目表达的观点负责。但是，他以自然和快乐的语气提到了“全国制造商协会”这个名字，而他之前在念出“C. I. O”的音节时，其腔调严肃，甚至有不祥之兆。

【梅·蕙丝事件】这一点看起来或许轻微；当孤立地考察任何一个“微传”的例子时，它通常都是轻微的。但是，在语调及其重要性这一主题上，我们要记住下面这件事：请回忆一下梅·蕙丝[2]与查理·麦卡锡[3]在同一节目中出场的那次，回忆一下节目之后爆出的丑闻，我们相信，就是这丑闻让梅·蕙丝从那以后就停播了。因为全国的听众都厌恶他们所认为的、蕙丝台词中的下流暗示。但是，这方面问题的专家早已经在广播之前察看过脚本，他们觉得没什么可审查的，他们在阅读台词时，没有想象到梅·蕙丝会赋予它们的那些语调。[4]

【莫斯科腔】因此，当我们听到广播员奇怪地播报外国外交官的

---

1 tonality，伯克有时也用 tonc（tone of voice）或 accent，它既涉及口头话语，也涉及文字表达，既指声音层面的腔调或声调，也指思想的论调或基调。

2 Mae West（1893—1980），美国影星、剧作家，常以涉性语言暗示引起争议。

3 Charlie McCarthy，美国腹语大师埃德加·伯根（Edgar Bergen，1903—1978）的腹语玩偶。

4 事件发生在 1937 年 12 月 12 日，节目为《蔡斯和桑伯恩时间》（*The Chase and Sanborn Hour*），其中蕙丝暧昧地挑逗木偶，如她说“You're all wood and a yard long”，等等。

姓名时，如果他们要推动恶意针对外交官代表的国家，那么，我们就要严肃地予以对待。或者，在有意将新闻“戏剧化”的节目中，支持不受赞成的政策的人士，会被人模仿为用怪异、粗鲁或好斗的腔调说话，抑或任何在既定情境中有助于产生“贬抑”效果的语调发言。我们在一家主要媒体上听到过广播员首先操着“莫斯科腔”念到一位苏联官员的名字，那听起来就像一连串的哼哼隆隆，然后，他又继续引用他的话：“出乌鲁地干昂预轰牙利内诶部的事务，这不被容许。”[1]

【搜寻矿产】一位美国参议员戏剧性地宣布，他得到了来自苏联的“可靠、真实的报告”，报告揭露了标题所说的《大张旗鼓搜寻矿产》。这一信息是以不祥的语调陈述出来的，表明了这位参议员所能获得的地下信息源幸运而及时地揭发了某些阴险的活动。新闻用危言耸听的事实性详述了计划，一家企业“进行过 800 次勘探，拥有大约 60,000 名科学家、工程师、技术人员和工人……”，等等。据说，参议员就要将这一情报呈交参议院某委员会，以便我们的工业家可以妥善地得到警告。在“事实”不足的地方，缺乏事实也能有助于加强同样凶险的语调，如这一电讯揭露了大规模的勘探网，它补充说：“但是，并未详细说明，这与铀有关，还是同其他可裂变物质有关。”之后可以得知，在苏联的信息公报中，就可以获得这一“惊人的揭发”，只需简单临时地改变一下语调即可。苏联大使馆公开而且自豪地发布了文件，为了让全世界都了解苏联所认为的自身的经济优势。其中用洋洋自得的语气所报道的一切内容，都在那条新闻里几乎逐词复制了

1　原文被写作：a r-r-rude inter-r-fer-r-rence oon Hoongahrian eentayrnel affairss wheech ees nut payrmeesseeble。实际的文字应为：a rude interference of Hungarian internal affairs which is not permissible。

一遍，只是语气极度惊人。对于公然说出的所有内容，新闻在陈述时，仿佛是暗中地进行揭发。

但是，这次事件的语调转变还没完。我们从阿瑟·克罗克的专栏中也获得了这一新闻（NYT，5/27/47），只不过我们自己要修改一下克罗克先生的语调，因为他在讲述时，语调有所不满。克罗克先生解释说，毫无疑问，莫斯科的宣传者会发现下面这一事实背后的“阴险原因”：一份由苏联大使馆公开发布两周的公报，突然间在我国面前被夸耀成揭露了秘密。此外，他解释说，

> 如果指出，“周一晨间新闻”，这个美国新闻系统的缺陷，要为这次事件负一部分责任，那么，这样说或许也无济于事。不过，这至少是一半的解释——虽然并没有联合起来有意要误导、夸大或把旧货当新品。

（顺便一提，对于这个语气转换的例子，我们要承认：只要还过分强调民族主义目标，那么，任何国家为了自我改善做出的努力，都很容易在某个方面被解释为阴谋。）

【望天】当飞机制造业急需订单，而“危机心理学”有望让它的生产在经济上可以重新获利时，一家宗教报纸的标题如此“微传”：《美国向往天空》。

【厚此薄彼】我们读到过一则新闻，它报导了一位发言者对美国和另一个国家的负面批评。而报纸想要培养对后一个国家的敌意，因此，在标题中，只有对那个国家的批评放到了头条位置。对美国的批评放到了文章末尾，在副标题下；如果仅仅联系标题来读，那么副标

题似乎就像进一步负面地谈及另一个国家，因为标题只字没有表明会提到美国。毋庸置疑，这是偶然情况——但它又是这样的情形：如果读者仅仅浏览版面，就像对待许多标题的做法一样，那么，这一安排会特别有助于“微传”。

【梵蒂冈干预】1948 年 4 月意大利大选期间，梵蒂冈肆无忌惮地干预政治事务，我们认为，如果我国的报纸报道竞选时，想要采用的语调合乎我们传统强调的政教分离，那么，它们就有可能掌握了轻松的机会。但是当然，我们的报纸也有理由利用其他的语调，因为德·加斯贝利[1]既是梵蒂冈的候选者，也是它们的候选人。

【世界语】对于一则布达佩斯的电讯，我们的感受相同。电讯提到了多瑙河谷地区在政府的支持下复兴了世界语。这则新闻使用了温和的对立，对比了“东南欧的世界语爱好者”与“他们西方国家的前同道”，后者依然相信，这门语言应该保持“政治中立”。既然该新闻刊登时，报纸注意着“铁幕背后的分裂”，所以我们觉得，报纸错过了将该新闻联系时事话题的机会。电讯最后一段这样写道：

匈牙利政府的某些领导人赞成将俄语而非世界语作为第二语言，克凯尼[2]先生说。但是，这里的世界语爱好者上周又做了另一次鼓吹，因为匈牙利新总统阿尔帕德·萨卡希奇[3]热衷于世界语。

---

1 De Gasperi（1881—1954），意大利共和国首位总理，属于天主教民主党。

2 Kokeny，可能是 Lajos Kökény（1897—1985），匈牙利世界语学者，编写过《世界语百科全书》。

3 Arpad Szakasits（1888—1965），1948 年至 1949 年任匈牙利第二共和国总统，他的上任标志着共产主义阵营掌控了匈牙利政权。

如果我们利用这最后一段来“微传”，那么新闻可以“赋予语调”如下：

匈牙利人希望抵消
苏俄的影响

官方支持世界语
作为多瑙河谷的
第二语言

【两党连立】语调是一种有暗示的认同，当语调手段受到威胁时，就需要公然的认同来恢复它的有效。如，回忆一下那个时候，报纸在赞美两党制的同时，还确立了正面的语调来提及“政府的两党连立的外交政策”，但亨利·华莱士从另角度切入，试图反转语调，其理由是，两党连立的政策没有给人民替代选项。一位来自华盛顿的记者指出并这样写道：前一周，国会听证会上，另一位证人也使用了“政府的两党连立的外交政策”这一表达。那时，“委员会用了几乎半个小时徒劳地试图得到明确回复……该回复是针对如下指控：华莱士曾经隶属于‘青年共产主义联盟’[1]。”显然，通过这一套路，受华莱士威胁的语调得到了保护，做法就是，让他的语调等同于另外的词，而报纸已然强烈赋予后者以贬抑的语调。（我们不是说，这样的修辞有任何应该特别加以谴责之处。我们只是在指出，这是修辞。仅当读者也许认

1 Young Communist League，美国共产主义青年组织，1920 年成立，2019 年重建。

为他在阅读“事实”而非修辞操控时，这里才存在欺骗。）

【无新闻也是新闻】在“微传”时，甚至“没有新闻”也是新闻，甚至没能建立指控，也是指控。如，某个国会委员会设计的“间谍恐慌”或“女巫猎捕”[1]可以有助于其目的，即使没有一个指控能够得到合法证明。因为，如果一个接着一个的人被怀疑是X党的秘密成员从而受到质询，那么，虽然每个人都愤慨地否认指控，但是，你依然拥有一连串标题的素材，这些标题让X党的名字响动着贬抑的语调。因此，当司法部或联邦调查局反对调查，理由是证据不足以定罪而且某些明显无辜的人会受害时，在这样的情况中，国会委员会有可能坚持调查，纯粹是为了用于标题。新闻造成的紧张也能有助于国会调查员，如：若他们能够强化对X党的贬义语调，那么，他们就能抹黑新兴的Y党（该党在新闻语调中依然是动荡不安的），做法就是，直截了当地将之等同于X党。这也许就是在政治演说中处理标准“夸饰”用法的迂回方式，比如借此，改革可以被赋予革命的语调。既然在革命中存在着改革因素，那么革命分子可暂时与某个改革派政党结盟，因为后者与自己的目标距离并不遥远——于是，改革派与革命派在共有的改革目标上统一起来；而充分强烈地让公众对革命分子的抵触重新活跃起来，这可以有助于：用那些针对改革党中的革命派的语调来确认该党的本质。

【辟谣也是造谣】一旦事情开始摇摆，甚至对谣言的纯粹否认也能加强谣言的价值。如，在和平时期，军方想让国会投票通过大笔的战争预算，同时也想恐吓公众以便其不会抗议如此的开支，那么，政府中的军方代言人就在国会委员会面前宣布说：据报告，一些身份不

1　这里是比喻，应指麦卡锡主义之徒对共产党人士及其同路人的“猎捕”。

明的潜水艇被目击在我们的海岸附近。后来，当这一新闻放在报纸的头条——新闻的发起者也打算如此——之后，这位代言人能不露声色地号召公众不要恐慌（从而进一步为令人恐慌的标题提供材料）。他能解释说，既然这些潜艇有可能最终证明是我们自己的，所以会努力核实这些潜艇是不是外国势力的。他还能“公平地”指出，外国潜艇在公海上选择任何地方航行，都是非常合法的（由此，他甚至使用“安慰”来进一步刺激人们相信谣言中凶险的可能性）。当自由报媒指出，那些不祥而难以解释的影子（此时在标题里，它们被说成在“潜行”）属于一个特殊的大国，而那时的公众正受到煽动反对它时，这位官员也能否认任何与这些假想的潜艇所属哪国有关的想法。（至于说目睹了这些影子，你甚至可以颇有信心地料到，它们是被中西部池塘里一些诚实的家伙瞥见了；这就类似其他的神秘物飞过天际，报纸忠实地予以报导，还有一些重要的军事专家严峻地宣布，正在进行彻底的调查。）

【迷雾】一旦读者完全受到语调的影响，那么，对敌手陈述的正确报道也能成为进一步的欺骗手段。例如，纳粹宣传家频繁引用自己敌人的批评。但是，读者读到这些批评是通过某种“态度迷雾”，这让他们不可能知道这些批评的真正含义。要确立这样的态度：某种批评完全是诽谤；而引自批评的话，似乎能让人们确证这一点，而不是将其推翻。

【行为报道】我们也应该考察一下让“行为”报道有助于语调的手段。如，若甲昨天侮辱乙，乙今天打了甲，那么，仅就今天的“事实”来说，新闻就是乙打了甲。如果仅仅描述了今天的殴打，而只字不提昨天的侮辱激起了这件事，那么，这样的报道就会是我们所说的、作为修辞套路的“行为”描述。有时，行为报道能够“诚实地”无视动机因素——如果这些因素包含在行为的定义中，那么，它们就会在很大程度上改变行为的外貌。如，若一个行为是在强迫中进行的，但它本身看起来“挺妙”，那么，对它的纯粹的行为描述尽管精确，却会具有“好的”含义，而这是充分的动机描述（必须提及“强迫”这一点）不可能具备的。因此，行为方式可以成为便利的、“诚实”曲解的修辞，如当一强国将某项政策强加给弱国。强国的报媒可以在标题中突出顺从，而标题则渲染弱国行为本身的果断，忽略其勉为其难的动机。

【布雷斯劳】还有另一个例子，体现了“行为缩简”可以留下与动机描述不同的印象。如，记者讲述了波兰治下的布雷斯劳（Breslau）。他诚实地描述了第一个标题所说的复活这座废墟之城的“小奇迹”。他诚实地报道了战争中该市战斗的性质，如苏联红军逐街逐巷，与德国人和一支苏联逃兵部队作战。但是，对于任何不敢读这条新闻的人来说，缩简为纯粹的行为描述的第二个标题，给出了不同的看法：它提到当前的重建是《在苏联军队掠夺城市之后》。既然这个标题如此强烈地设定了论调，那么，甚至就存在如下可能：许多读到该文的人，通常在不太注意时——报纸就想要这一点——会记住标题引起的联想，而不是一团“没有要旨”乱七八糟的详细新闻。

【政治体制】如果你报道的某国，不久前遭受了强大敌人无缘无故的攻击，但是现在，你正想要败坏该国政府的名声，那么，你可以专注于目前的与形势有关的行为事实。这些会包含当前的困难以及你想要败坏的政治体制。因为从行为上，过去的受害并不是现在的行为。故而，对其不予考虑，你就能简单地用主流的政治体制来确认当前困难的本质。你不必这样说。你的陈述在形式上只是等同于在讲：“困难如此这般而政治制度这般如此。”但是，对于某读者来说，反对该国政治结构的语调已经为他设定，如果他读了你的报道，那么，你的行为描述就既利用，又确认了这些语调。它事实上是在说：“困难如此这般，因为政治制度这般如此。”也许对，也许不对。从行为上，你能表明这样的结论，但又完全不做任何这样的文字陈述。

【军工】二战之后的某个恢复时期，大量军工厂被官方关闭，解雇的工人很自然要去其他地方寻找工作。但他们干不了别的。之后，按照决定，军工生产又以更大的超过了修订后的计划所要求的速度缩减。这一形势被新闻描述为：有太多工人“为了非军工职业，放弃军工工作”。当一些军工厂重开之后，新闻又宣布说：工人“渐渐回归”。换言之，对工人活动的纯粹行为描述，看起来好像是说，他们远离军工厂又重返，这是选择所驱使；但其实，他们离开工厂，是因为没有工作，返回是因为又有了。纯粹的行为叙述就这样有助于加强反工会的“微传”，在这方面，我们的报纸当时异常活跃。

【国共之争】与之相似，国民党与中国共产党相争期间，一项协议达成，但很快，当国民党开始违反协议时，新的变乱出现。不过，来自中国的电讯并没有这样直率地按照因果关系陈述事情。相反，我们被告知，困局源自“国民党试图让共产党和其他党派同意对之前的协议做出某些修订”。这里，纯粹的行为描述达到了不露声色。你的敌人撕毁跟你的协议，迅速向全世界宣布你顽固而不合作，抗拒着达成新协议的努力。

【冗长发言】与之相同，第 80 届国会[1]的一次特别会议上，共和

1　1947 年 1 月 3 日到 1949 年 1 月 3 日。

党人按照他们新近采取的政治纲领，想要避免通过所倡议的救济性立法。他们也想避免公众的怨恨。于是，他们在会议开始，引入了一项提案，这肯定会激起南方民主党的冗长发言[1]。在当时的电台里，一而再再而三，我们听到了新闻广播宣布说，共和党人“难以中止”冗长发言。从行为上，这一描述完全精确。从动机上，他们之所以“难以中止”冗长发言，是因为许多党员不想这么做。

【劳动节】我们在 1947 年五一劳动节这天的广播上听到了行为描述的一个独创性变体。因为共产党和非共产党的工人都庆祝这一天，也因为这一时节的特色是莫斯科阅兵，故而，广播员可以报道说，全世界的游行都“安排时间，与莫斯科红场的军事力量表演一致”。既然莫斯科的军事表演也安排时间，与其他地方的工人游行一致，因此，通过使用“安排时间”这个纯行为意义的词，人们可以说，这些游行安排时间，与军事表演一致（就像是，差不多可以说，军队步伐安排时间，与某个秘密的步伐同步）。

【煤矿与雪灾】与之相似，英国煤矿国有化之后的某个时候，灾难性的暴雪中断了运输，导致了许多困难，包括燃料不足。我们听到一位英国最可敬的评论员在新闻片中提到了“煤炭国有化后英国的煤矿危机”。后来，这位评论员讲到了雪，但没有提到煤矿。这两条新闻被弄成毫不相干，每一条都有自己的行为轨道。

【调查】记者有时也能使用行为方式来“讲清楚”某种若按动机描述就难以做到的揭发。如，在某个时期，据杜鲁门总统坦率而有修辞的抨击所说，国会对“美国政府中的共产主义”的调查，被用作转

1 filibuster，美国参议员专有的权利，可以滔滔不绝地发言，以阻挠决议的通过，除非有五分之三的参议员投票终结辩论。

移手段，这是为了让新闻里充斥着对国会活动的报道，因为当时国会对全国不断加剧的经济困境其实无所作为；我们听到一位记者解释，对共产主义的调查，消耗了改善国内计划的热情。这一措辞仅仅是“在行为上”转译了杜鲁门总统那一版有论战意味的话。我们之前讨论过将偶然事件转变为修辞套路的方式，做法就是把结果处理为有意的。还有相反的手段：有意的结果可通过修辞分析转译回“纯新闻”，做法就是将结果表述为无意图的事件。但是，通过将行为方式转译为动机方式，修辞含义对于想要“读出弦外之音”的读者来说才是存在的。

【唯心唯物】“行为”描述与“动机”描述之间的修辞选择可以处理为前一章讨论过的“唯心化”（理想化）和“唯物化”（物质化）之间的移动的变体。但是一般来讲，“心—身”这一对的“评价”本性显而易见，但行为报道用于“诚实曲解”时，则很难察觉，而且更难证明。

【国际谈判】这里，我们可以回忆一下之前对杰里米·边沁《行动动机表》的关注，我们关注了“评价”用词研究的经典文段，这些用词“具有的是论证的力量，而非其形式”。边沁对这种“称谓”的分析是“语调”问题的基础。例如，在国与国磋商时，有一些情况是，政党试图斡旋国家间的分歧；另一些时候，它们选择毫不妥协。因此，在处理妥协时，使用种种与“遵从”“顺应”“明智”这样的词相配的语调，我们就能将妥协确立为正确行为的固定原则。由此，我们自动排除了将妥协与“软弱”“胆怯”“摇摆”“失败”等等放置在一起的语调。与之相似，处理不妥协时，可以使用与坚定、坚韧、正直、坚决忠于原则相配的语调；反之可以比作，顽固、死脑筋、缺乏想象力、没有同情心。

【贬敌褒友】但是，“语调”跟边沁的“评价称谓”并不太一样。在贯彻边沁的原则时，我们应该把敌人的“有勇无谋”称作我们所谓的盟友的“果敢”。或者，我们掐头去尾说共产主义是“极权主义”，顺理成章就等同于法西斯主义，而资本主义可以称作“民主制”（如今，“民主制”这个词有着良好的语调，虽然在我们历史的古代时期，它的性质颇为可疑，“共和制”与“民主制”彼此对峙，几乎是相互对立的政体）。

【语调与情感】就是说，边沁的原则相关于在情感倾向彼此对立的词语之间做出的可能选择。而我们则进一步关注如下方面：通过使用语调，有意将情感倾向赋予词语。在实践中，这两个对立面彼此融合，相互强化。但是，它们也能区分开来。因为，在语调没有确立之处，我们能通过暗示来确立它，使用它时，就仿佛它得到了确立。[1]

【语调评价】例如，为了称赞自己的国家，我们就讲述我们在国际政策中崇高的理想主义，这些政策为我们的某些公民赚取了庞大的利益。但是，当亨利·华莱士支持六千万就业岗位计划时，[2] 他的陈述就被抹黑为不负责任的空想理想主义，相反于务实商人的明智和健全。这必定是修辞；因为商人并不蠢，不出几个月，就有超过六千万人在工作。但是，为了我们的研究目的，重要的是注意到：策划出的操控并不是在“褒扬”和“贬抑”措辞之间移动，而是使用同一个词既褒又贬。这里，是选择语调，而不是选择称谓。（当我们为了既定动机在理想主义和唯物主义名称之间移动时，我们只是在选择称谓。当我们以不同的情感倾向——取决于刺伤谁的牛——来使用同一个词时，

1 如某词兼有褒义和贬义，或本身中性，通过不同语调就可以区分出褒义和贬义。

2 1945 年，亨利·华莱士出版了一本小册子《六千万就业岗位》。

我们仅仅在使用语调。但是，更宽泛来说，这两种方法中的任何一种做出的认同，都既可以称作“评价性称谓”，也可以称为“评价性语调”。）

【不安全】与之相似，可以回顾一下国家努力建立联邦失业保险那段时期，我们回想一下，当报纸赞扬“不安全”在刺激资本生产上发挥的重大作用时，它们如何把“不安全”用作了好词。但是，几个月后，在保险法通过之后，报纸开启了新的战役，试图阻止进一步的立法改革。这项政策是如何被介绍的呢？做法就是把“不安全”用作了带有贬抑语调的词。我们被告知，商业正在承受着不安全感。企业负责人很难做出计划，因为国会尚未实施的这项法律有着不确定性。

【雅利安人】就在这里，作为“正反面皆可证明”的技艺，修辞术的本性就在这样的情境中达到了顶点：任何一个词都可以发现它包含了两套彼此对立的隐含的修饰语。如，若将“理想主义”或“不安全”这样的论题交给争论者，那么，他们能做出彼此相反的演说，详细说明其主题的优点或缺点。这样夸饰的可能性，隐秘地集中于任何论题之内。如，若一个受到灌输的纳粹党徒使用两个句子，“犹太人干的”和“雅利安人干的”，那么，语调的移动并不仅限于“犹太人”和“雅利安人”。“干”这个词就以隐秘的方式得到相应的修饰。第一句话里的“干”会具有手脚拙劣或要弄阴谋的含义。在第二句，它的含义会表示恺撒·奥古斯都的成就，就像这样的人，他遇到一座砖城，留下的却是大理石都。[1]（在伟大的雅利安人之后，柏林的大理石成了瓦砾。）

【集体行动】没有语调，就没有群体的凝聚力。作为诱导集体行

1　语出苏埃托尼乌斯《罗马十二帝王传·奥古斯都传》，拉丁文为，Marmoream relinquo, quam latericiam accepi。

动的实用手段，这样的修辞开始于语调。当新来者掌握了自己群体的语调之微妙，当他自然而然地知道了人们期待他以赞同、轻视、厌烦、忧虑、好笑等等腔调提及什么事情时，他就“归属了”。虽然学生学习正式的学问，但他们也小心翼翼地学会了这样一些非正式的学问（主要是学自其他那些凭借声望让自己设定语调的学生）。通常，你能发现一位老师模仿并嘲弄学生的语调，就像学生一样，他们纯粹通过声音的细微差别，来接纳或排斥作家、文化思潮，甚至整个文明。如，一位学院里的朋友谈到一个反哲学的同事：“当他的一个学生说另一个学生‘主修哲学’时，那话里有着如此坚决和平静的反感，就算是权贵谈论下人，都不会这样专横而轻蔑。”

【先发专栏】的确，虽然语调的设定在控制反应时颇为重要，而且标题在设定语调时特别有效，但是，对语调暗示的操控却有着难以逾越的明确界限，尤其是因为，标题不允许渐渐地调整语调，就像恺撒死后，安东尼在群众面前的演说那样。但是，在一段时期内，这样的转换还是有可能通过标题做到的。例如，已故的海伍德·布朗[1]，曾经是记者工会的领导，他让人们注意到这样的安排：为了引导读者接受编辑政策，编辑可以首先让一位专栏作家表达政策。仅仅当政策逐渐通过这种“独立”专栏建立起来之后，报纸才会对此负责。如果，当政策首先由专栏推荐，但它引起的变化足以招致抗议来信时（布朗指出），那么，编辑可以拒绝负责，引用专栏作家偏离编辑政策的话来证明报纸与之无关。

【不太注意】对于新闻的“语调微传”的效果，批评家应该考虑

1 Heywood Broun（1888—1939），美国记者，长于报道社会议题，美国报业工会（American Newspaper Guild，即今天的 NewsGuild—CWA）的创建者。

到一个重要因素。当讲述的新闻面向不太注意的读者时（截然相反于专家对诗或批评散文的注意），报纸如此完美地适应了这种“不太注意”，毫无疑问，他们需要这一点。因此，为了让某些事情在实际中得到理解，数量惊人的“微传”很可能必不可少。所以，如果一个人阅读这样的媒介，给予其密切的注意，就像他给予高贵的作品一样，那么，他会对修辞产生错误的印象。当判断新闻对读者的影响时，新闻的大部分过度之举（如有计划地挑起国际恶意）的确应大打折扣。因为读者在强烈抵制，但不是靠有意抗议，而是通过并不专注的状态。

【新闻的民主化】新闻中修辞成分的增多与新闻的民主化呈正比例关系。如，有组织地提供新闻就开始于“圈内人”的机密信息。经过发展，这成了“外交邮袋”[1]的延伸，延展到“政治统治”之外，拓展至“商业统治”[2]的不断拓宽的领域。随着读者范围的扩大，它的动机也改变了。在信息是机密的地方，如果报道精确而有意义，那么信息的功能就可以充分发挥。关注利益问题的购买者，想要那种未经加工的新闻。他想听到所有重要的进展，有利的和不利的兼有，只要它们影响了自己盈亏的可能性。他无需为了“人类利益”[3]“戏剧价值”而阅读这方面的报道。他带着希望和风险，从事自己的实际意图，这就是提供给他的动机（也提供了对“戏剧训练”的任何进一步的需要，他能从体育、艺术和性等等中获得这样的训练）。就新闻而言，他只需获知正在进行的事情。为了这样的信息，他想要付出相对较高的代

1 diplomatic pouch，外交上传递公文的信囊，具外交豁免权，不可拆开和扣留。

2 business government，指新闻的商业化，这里类比了严格意义上的政府统治。这两种政府的区分，伯克受到了瑟尔曼·阿诺德的启发。

3 human interest，指普遍的人情世故，伯克后面使用时，对比了特殊集团的利益，所以中译为人类利益。

价，这代价远远超过了搜集和发布信息的机械成本。

但是最终，另一个不同的因素出现了。新闻民主化了。他的手下每天读的报纸跟他一样。他这一类人提供了大量资助，让报纸能够以低于实际生产成本的价格出售给普通大众。

在这一阶段，他不再想要仅仅精确的新闻了。他想让新闻考虑到大众的敏感性。成为“机密”的陈述仅仅需要精确而有意义，但是，如果有意让许多类型的人“无意听到”而且他们的兴趣利益与他不同，那么，他会有不同的感受。当许多人在听，而且他本人也想让他们如此时，就需要老练的考量了。新闻不再仅仅是行动的准备（恰如侦察，将实际的兵力部署告知于他），它成了行动的诱导（由此，它要求风格化，这种风格化，通过将新闻表达给部分大众，而不是仅仅给他自己，通过以影响这些大众的态度为目标，同时也告诉他情况如何，从而有助于他的特殊利益）。

就这样，在某种程度上，他也许成了自己需求的牺牲品。对于沾染修辞的那一版现实，他或许也渐渐信以为真，尽管他认为这最适合于其他人。我们不应该认为他的作用就是马基雅维利式的过分简化。他很可能至少是部分地在考虑那种他会更喜欢留给“无意听到”之人的对待方式。但与此同时，你通常会发现，他订阅了另一种不同的新闻服务，这更接近于新闻民主化之前流行的那种。我们指的是私人新闻机构发布的报道，“新闻信”[1]。按照可以买到的特定新闻总数的绝对量来计算，新闻信要昂贵成千上万倍。虽然他本人或许想让每天的报纸为了影响大众态度而有选择性地渲染和淡化可能性，但是，他也

1 news letters，即 newsletter，机构内部发给成员或顾客等订阅者的通讯文档，也译为简报。

想要机密的新闻服务来精确地陈述情况如何。但是，我们应该补充下面这个保留看法：国王的大使不仅经常告诉国王“是什么”，还将“他想要听到的”也告诉他[1]——我们能预料到，新闻服务中的“机密”建议也会披露类似的动态。

六、新闻戏剧

【报纸中的暴民】一位以前的朋友说：“我用了一个夏天在这个国家写作，这里的报纸大约一点邮寄过来，那时，我已经写书写了四个小时左右。奇异的情景。你可以自己想象一下。你一直稳稳当当地写着东西。你的作品进入了匀速的步调。你确立了某种内在节奏。而邮差一到，送来报纸。你打开，扫视标题。突然，一伙暴民撞倒你的家门，蜂拥入室，推搡，叫喊，肆意践踏。只有狂暴，咆哮，乱吠。乱吠，怒嚎，尖叫，惊呼，质问，质问，质问。新闻一点寄到。今天的现实就在这里。”

【或强或弱】汉森 · W. 鲍德温[2]的一篇文章（NYT，7/17/47）充分说明了当标题以修辞方式将有意设计的陈述转变为“新闻”时（也就是“真相”的报道）的“现实”问题。文中，他谴责了强调美国军事力量“虚弱”的说法。他说，不同官员和军人的说法，都强调了我们战争机器中的虚弱因素，这些说法“当然意在国内消费，也在部分程度上作为推动力，为了实现普遍军训议案的通过并让国会留下这样的印象：需要更多资金用于军队”。但是，“很遗憾”，这些说法“传

1 shooting the messager 典故，也是中文界因王小波知名的“花剌子模信使问题”。

2 Hanson W. Baldwin（1903—1991），长期担任《纽约时报》编辑，负责军事方面内容。

播到了海外；而由于它们来自官方，因此，它们必定造成了”某种“国际印象”，这一印象只能“妨害到美国的最高利益”。也许，为了7月17日星期四，我们需要两种“现实”——一种用于我们的国内目的（事实上是在说，“真的，我们特弱”），另一种用于我们的国际目的（是在说，“跟我们对齐吧，我们很强”）。

【惊吓】理查德·L. 斯特劳特[1]在《基督教科学箴言报》（3/26/48）上做过的一番评论，非常符合我们的研究目的：“美国政府体制中行政和立法的分立，通常导致了‘震惊’或‘恐吓’策略的使用，这是为了在紧急情况下让国会得出迅速的结果。”这一观点也附带表明了，对新闻修辞的讨论很容易就迈向了对官僚修辞的讨论。此外，它也表明，为什么在研究报刊修辞时，通常也必须要考虑完全处于言外的“情境”问题。从内在来说，“震惊”或“恐吓”策略的使用有利于“具有新闻价值的事情”，因为它是“戏剧性的”（作为纯粹报道的新闻，在讲述时没有“隐秘的目的”）。从外在来讲，作为有意的修辞设计，这样的报道可以用如下方式处理：让它们适合于某些官僚性的目的（就按照我们对“语调微传”的评述所说）。

【潜艇】斯特劳特先生的言辞涉及了海军部长对太平洋海岸神秘潜艇的报道。次日，《基督教科学箴言报》刊登了一篇社论，其中也评论了同一套路，内容值得高度赞许：

目击海蛇这项运动如今要往后站站了。如果下个月只有不到20艘“敌人的潜艇”被目击，我们就不再信任美国人的想象力了。但很

1 Richard L. Strout（1898—1990），美国记者，《基督教科学箴言报》的通讯员。

幸运，严肃的民族会再次思考一下潜艇的报道。他们会注意到，实际上离“我们海岸附近”远没有到 200 海里[1]，有一个地方，距苏联比离美国本土还近。他们会好奇，你如何辨认“夜间看到的”潜望镜。他们会猜测，美国的潜艇也在远离国家的地方游弋。

【危机】沃尔特·李普曼批评过杜鲁门政府对所谓“危机心理学”的使用，对此一事，他这样表述：“用刺激作为手段来通过必要的提案，这样做的问题在于，它夸大了提案意在解决的危机。”他也厌恶地提及了这次潜艇事件，他还将之联系了政府在土耳其和希腊实行政策的做法。

【神经战】大约同时，《基督教科学箴言报》（4/7/48）上有一则来自莫斯科的电讯，它报道说：

> 目前，其他那些可以获得对事态进展的全面又自由的报道的国家，它们对战争的谈论和危言耸听，在莫斯科的报纸上找不到任何对应……
>
> 人们得到了这样的印象：也许世界上没有任何地方像莫斯科的人民那样，全民丝毫没有意识到，当前普遍归咎于苏联的“神经战”。

随你怎么理解，当然在那些日子，透过莫斯科的报纸和透过我们的报纸所看到的“世界现实”迥然不同。根据我们刚刚引用的这些证据，自由报纸从杜鲁门政府的修辞中构想出来的标题，极大地突出了我们

1　miles，指 nautical miles，当时在国际上还没有规定 200 海里的专属经济区，但已有初步的先例，如 1939 年美国主导的《巴拿马宣言》对智利海域的界定。

报纸上的“现实”；这样的修辞之所以被塑造出来，是因为我们政府制度中的官僚政治必须煽动起虚假的“危机”，以迫使国会想要的拨款得以实现。

【外交手腕】在苏联与西方列强谈判、试图缓和“柏林危机”（1948年夏季）期间，赫伯特·L.马修斯[1]从伦敦发来电讯（NYT，8/2/48），说到了安排迅速而秘密的谈判：“这一机制是重要的，因为这三国政府[即美、英和法]尤其是华盛顿都相信，战争或和平很可能取决于没有舆论压力的西方同盟所使用的外交手腕。”这一报道之前，是长时间汹涌激烈的论战，那期间，“自由”报纸吵闹地参与了每次国际会议的每一步。那时，编辑们一再告诉我们：就这样，像一拳拳[2]描述职业拳击那般，将每一步微妙的外交手段即时发布出来，才能得到最好的结果。

【抨击妥协】也许在那时，许多西方国家的颇有影响的外交官，想要协议谈判受到这样的干预。因为我们之前就提到过，那种被认为“难以驾驭的”[3]报纸，会使用语调将“妥协”处理为“对神圣原则的背叛”；如果谈判代表下定决心要么按照本国条件达成协议，要么免谈，那这样的报纸就能让他们腰杆子更硬。当后来每况愈下的形势令协议不得不签署时，报纸就被排除出谈判，外交新闻的“泄露”降到了最低点。

【拳击解说】对协议谈判的一步步报道和对职业拳击的一拳拳描

1 Herbert L. Matthews（1900—1977），《纽约时报》记者，专门报道古巴局势。

2 blow-by-blow，这个短语后来引申指详尽，事无巨细，它本就来自拳击解说，所以伯克把新闻联系了这一例子。

3 这是官方和媒体标榜新闻自由的评价，仿佛媒体的意思不受政府控制。

述之间，存在着一个显著的差别。虽然这两种新闻都是“戏剧性的”，而且描绘了冲突中双方对手的行动，但是，对体育赛事的描述其本身是“中性的”，正如解说员可以合乎人性地处于这样的情境中，无论听众[1]的激情如何燃烧；但是，对国际商谈的报道之所以戏剧化，是通过攻击性地使用“微传”和“语调”。因此，上面引述的那则伦敦电讯所说的“舆论压力”，可以更精确地读为“公众对新闻修辞的反应”，这尤其是因为，“微传”狂热地使用了我们前面提到的“随便说”套路。

这不仅仅是一个好玩笑的人曾经说过的“公开斗争，以公开的方式缔结”[2]的问题——他戏谑地模仿了威尔逊反对秘密外交的口号。代表会议上，公众并未在场；正如职业拳击中，他们靠代表才能在场。当然，甚至在讲述体育赛事时，听众也能得到欺骗他们的印象。例如，我们回忆一下一场职业拳赛，观众认为比赛很烂，但广播员却将之高度“戏剧化”，这在部分程度上很可能是解说职业的刺激造成的反应。这里存在着一种吊诡性的欺骗，不在场的听众受骗而喜欢二手的好“戏”，但实际在场的观众却觉得无聊。后来，尤其是那些跟拳击场广播解说员竞争的报纸作家，对此大为不满。但至少来说，在这些情况中，新闻的虚假戏剧化之所以实现，并不是靠一种用“微传”来刺激党派偏见的修辞。（如果体育比赛以政治风格来报道，那么一个拳手的出拳会处理成威胁和挑衅，而提及对手的出拳时，其语调则适合

---

1 按照下面所述，伯克指的是广播中解说拳击比赛的情况。因为在报纸和广播中，受众都看不到实际场景，只能接受二手的描述。

2 open conflicts openly arrived at，威尔逊的原话是，open covenants of peace, openly arrived at。1918 年 1 月 8 日，美国总统威尔逊在美国国会联席会议的演说中阐述了著名的“十四点计划”，这是为了结束一战，促进和平的国际原则。伯克这里所涉及的是第一点。中译参照了美国驻华大使馆的官方翻译：“公开和平条约，以公开的方式缔结。”

于描述坚忍又沉着的还击，由于其敌人毫无逻辑的挑衅，所以很遗憾才不得已而为之。）但是，尽管我们会轻视这种报道方法，仅仅视之为娱乐，然而，我们还是认为，它就是我们从报纸上所获得的政治"现实"新闻的标准做法。这里，如果我们按照标题设定的态度来阅读，那么，我们获得的并不是决策的材料，而是在材料的风格化处理之内隐含的决策。

【报忧不报喜】下面这个小缺点揭示了新闻戏剧化的本质：灾难报道中，对伤亡的初次评估总是高于最终的描述（当然，最终的描述应该用更小的标题）。通常，仅当因为政治理由而要弱化事件的纯粹戏剧性价值时，才会淡化灾难的严重性，如当报道报纸所属一方在战争中承受的伤亡时。（甚至在这里，也可以预料到往往会有夸大出现，如由于党派的原因，要渲染灾害，将之作为批评官方人士的依据。）一般来说，冲突比一致更具有新闻价值（除非"一致"巩固了"冲突"中某党的力量）。甚至报纸本身有时也提醒我们，小心那种我们通过新闻的头条位置得到的不对等的现实观。如，最近一篇署名查尔斯·A. 林德伯格[1]的一稿多投的文章说，飞机似乎比其他交通工具更危险，因为空中事故配得上更大的标题（毫无疑问，标题会告诉我们这一点，即使航空公司并不是大广告商）。[2]克里夫顿·丹尼尔[3]的文章《秘密外交在欧洲死灰复燃》（"Secret Diplomacy Revives in Europe"，NYT，8/30/48）提到："出于蓄意的政策，这四个强国对公众封锁了"

---

1 Charles A. Lindbergh（1902—1974），美国飞行员，也是作家。

2 这里是讽刺报纸对空难的渲染，作者的意思是，飞机的危险性并不高于其他交通工具，而航空公司没有花大笔广告费，却总是能上头条。

3 Clifton Daniel（1912—2000），1964 年至 1969 年任《纽约时报》总编。

外交谈判方面的消息。该文中还包含下面这样的言论：某些英国报纸并没有不满，它们“不遗余力地表达自己的赞同”……“《每日快报》最近称‘合法的保密’围绕着莫斯科谈判”……《经济学人》说，秘密地讨论意大利殖民地，这一决定“非常明智”……《每日画报》（*The Daily Graphic*）指出，“秘密外交是公开吵嘴的进步”……如果谈判者“没有义务每天在记者席面前讨好表演，因而搞乱彼此的心情”，那么可以期望，谈判拥有了更佳的成功机会……“吵闹的美国佬在报纸上审问每件事情，而英国人睥睨这一做法”……既然西方报纸的评论员并不知道事情的进展，因此“还没有人指责苏联谈判员的背信弃义”……最后，“各国的报纸读者和广播听众也无需神经紧张了，毋庸置疑，他们都感激这一小小的喘息，[1]摆脱了动辄发火的新闻和宣传”。但是，当提到报纸戏剧性地过分强调冲突和灾难所产生的误导效果时，其说法通常都使用了“中立”措辞，而不作“评价”，就有点像是在说自然现象（戏剧性的过分强调，一般来说是“人性”需求的反应）。记者会谴责“众议院非美活动调查委员会”[2]这样的机构，说它寻求的不是正义，而是标题；但是，记者并没有因此得出结论：报纸也参与了不正义。

【迎合人性】关于“人性”这一问题（人性因素让新闻影响了诗，或更一般来说，象征），R. L. 达夫斯[3]在评论一篇私人资助的报告《一份自由而负责的报纸》时写道（NYT 书评，3/30/47）：“以很大程

1　因为秘密外交，新闻没法获得消息，读者和听众不用再遭受媒体的折磨了。

2　House Un-American Activities Committee，1938 年成立的众议院委员会，调查对象是具有纳粹主义与共产主义倾向的嫌疑人、团体及其不忠和颠覆活动。

3　R. L. Duffus（1888—1972），《纽约时报》社论作家和记者。

度投入到没有戏剧化的‘重要’新闻上的报纸，是干不长的。这是人性——而非新闻的本性。”

【戏剧化动机措施】但是，我们可以停下来考虑一下新闻戏剧化的动机是如何产生作用的。

【做交易】首先有简化原则。[1] 比如说，一位众议员要着手某项他在相对孤立的处境中支持的议案。这就会特别想要煽动某一个强大的、他自己的选民群体；他会支持有利于这一群体的国会议案。但是，在华盛顿，尽管不太愿意，可他还是发现，他必须应对范围更加广泛的考虑因素。当其他众议员代表的利益或多或少与自己不一致时，他必须以某种方式将自己的议案与他们的议案调和起来。因此，就要“讨价还价”（horse-trading），这是常见的政治妥协，他的政敌们会用“互相挠背”[2] 这样的口号痛斥之，但他们却必定也要参与这样的行径。

【提口号】不过，达成交易还不够。既然他代表地方利益，那这就需要更广阔的理由，因为他所属的机构也许是为了全国的最高利益来立法的。所以，如果可能，他会按照更广阔的范围来推荐自己的议案，将之简化为一条涉及普遍福利的口号。

【应时】身为政治家，他是“相时而动的人”。他关心每天的利益斗争。因此，对于他来说，除了按照眼下在头条标题中可用的争议来推荐自己的议案，还有什么更自然的做法吗？有许多“普遍性的”话题，他也可以依此提出自己的议案。但是，最强的话题还是被报纸放在头条的、应时的那一个。如果他能用这一话题来确认自己议案的本质，无论方式真伪，他都可以期盼最大程度的说服。转一年，这一

1　指将措施简化为口号，见下一条。

2　You scratch my back and I'll scratch yours，习语，表示互相帮助，互惠互利。

特定的话题也许过时了，但现在，它还颇有生命力。无论他下一年提出什么议案，他依然能够谋求去认同那时最为应时的话题。

【故作相关】但是，假定当时的头条话题涉及了与外国的恶劣关系。那么，这位众议员会谋求让他的议案具有一种最大相关性和紧迫性的假象，方法就是按照这一外国争议来推荐它，无论它是否与该争议有任何直接的关系。如果他能设法做到这一点，那么他的议案就会具有“戏剧性”的关注点；因此，他给报纸的报导材料就可以刊登，标题也具有引战意味，但如果它仅仅是“没有戏剧化的‘重要’新闻”，那么同一议案就会被忽视，或者缺乏报道。

【内政变外交】就这样，结果是：既然“政客—修辞家”能够找到必要的语言手段，因此，甚至与纯粹内政有关的议案也会“戏剧化”，做法就是转译为与当下国际争议有关的表述。所以，从另一个角度，就又会有一批材料，有助于“微传”的目的，而且增强了国际恶意，因为情绪暴怒的话语充满了火气和挑衅，这会比性情平和、没有利用民族主义敌意的话语更有“戏剧性”。

【确立语调】这样，当公众的愤怒被煽动起来时（当决定采取“强硬的”外交措施，民众也就因此被激怒），这种应时的话题仅仅存在，就有利于夸饰。每位立法议员争先恐后想让报纸引用自己的议案，他们会竭力争取找到一种充满恨意的套路，以能脱颖而出；因此，他会试图将之戏剧化，方法就是找到某种手段，让议案认同于已经积累到一定程度的公众怨恨。就在这样试图靠如此的狂怒来获利时，对他的公开报道也会有助于此。因为如我们之前所说，确立的语调可以视为一种基础形式，它每天都转译为新话题从而个别化。仅仅靠这一方法，靠持续而微小的不同的主题变体，它就能保持活跃。因此同理，任何按照既定语调、以“戏剧性方式”受到推荐的议案，也会在每一天尽微薄之力，让语调重新活跃起来。

【复制基督】总之，对戏剧的要求的确合乎人性。说到底，可以认为，这一要求就是基督崇拜这一动机的世俗化，因为戏剧要冲突，冲突要牺牲，在戏剧化的新闻中占据头条的牺牲者，就是受难基督的日常而普通的复制品。（我们回忆一下约瑟夫·坎贝尔[1]的话，其中他引用了一句神秘的格言，“劈一根木材，就有耶稣”。在这一方面，现代文明的新闻戏剧就是基督教的碎木片。我们听到过一位新闻播音员，在停下来播广告之前许诺他的听众说：“60 秒后，我们要给您带来一段心碎的新闻了。”基督的另一个方面，作为救赎之道，它通过广告的应许功能，有了新闻的复制品，广告本身也是戏剧化新闻的一个方面。）但是，新闻中过分的戏剧化，必须归咎于“新闻性”，而非人性。在任何情况下，我们都要注意，纯粹“审美的”政策（对戏剧性本身的崇拜）如何以满足特殊利益的方式实现了国际论战的目的。通过认同应时话题而戏剧化的新闻，它在戏剧化的背后隐藏了特殊利益，而利用特定的应时话题就有助于这一利益。

【搞对立】在广播中，想在纯粹技术方面让新闻变得有趣，这就要培养国际恶意。因为对立是具有修辞效果的主要套路。既然播音员自然而然尽可能要试图加剧自己消息的强度，故而，这总会让他利用最强的、包含了听众强烈偏见的对立。但是，在国内问题上，报纸通

---

1 Joseph Campbell（1904—1987），美国文学理论家，专研神话。下面的引文出自他的代表作《千面英雄》（*The Hero with a Thousand Faces*，1949），来自具有诺斯替主义思想的《多马福音》77b，所引英译文为，Split the stick, and there is Jesus。这是间接引用，原文是耶稣自述，第二个分句为“我就在那里”。坎贝尔在其他作品里有直接引用。

常都采取了坦率的党派立场，因此，它们的煽动只按照政治阵营针对一部分公众，但是，广播的目标通常是更加广泛的煽动，超越了局部的选择。所以，如果评论员想要让听众“戏剧性地”反对敌人的某个政策从而强化自己的言论，那么，他会尽可能地试图使用各种类型的对立，而这些对立并不会与大部分公众格格不入。完美解决这一戏剧化问题的做法，显然就是使用若干条这样的新闻：它们利用敌意，反对与我国不和的外邦。此外，被树立为民族替罪羊的“外敌”这一观念，提供了一种话题：它使用对立将广播员与听众团结起来、一同参与到共同的怨恨（有效传播的有利条件）之中。这样，虽然诱惑如此咄咄逼人，以至于非凡的良知会有所抵触，但是，还有其他的诱因可以让人对它难以抗拒，因为它能轻易地装扮成崇高的公共精神，甚至在老手的心里也是如此，而且，它还充分符合了雇佣修辞家的官僚制度的动机。

【天气】新闻中的恶意原则并没有什么稀奇之处。想一想关于北方严冬的新闻让佛罗里达开心不已，尤其是相关加州坏天气的标题。[1]散布国际恶意的新闻恰恰就能成为这一动机的延伸。

【内外之别】但是，似乎可以设想：在修辞上有倾向的、对国内派系斗争的报道，大体上跟我们外交事务的报道中使用的“语调微传”别无二致。不过，国会斗争和外交争议之间存在着一个重要的差异。国会斗争里的所有辩论者都处于同一个司法系统，而他们的冲突都位于诉讼轨道上。但是，外交争议所相关的事务，超越了诉讼手段。虽然我们拥有“国际法庭”以及联合国中世界联邦主义的一些微弱雏形，

1　涉及了南北方的对立，天气只是“微传”敌意的手段。

但归根到底，并不存在任何比大国政府还要巨大的政府结构。因此，武力威胁就成了“最高法院”，它潜伏在大国之间的一切争执背后。值此之故，我们不能想当然地以为：国内的国会辩论在文化上等同于国际争议的论争。后一种之所以需要外交（而非诉诸公众的愤慨、将之作为议价手段），恰恰是因为，参与争执的国家拥有武器，但国内的诉讼人手无寸铁。

【高贵的谎言】的确，培养强烈恶意反对与我们不和的某国，这方面的动机如此之强，以至于修辞几乎要显现其组织性的一面。恰恰是制度或个人的公平习惯，能够为额外的不公平的说服力创造条件。如原本可靠的民意调查开始操纵问题，或，曾经明辨是非的评论员决定从此以后要让自己的报道有所倾斜（这一部分是基于这样的理由：如果把简单的真相告诉了人们，他们是难以正确行动的；因为，他们处于无知和分心的状态，而过分简化后的片面的谎言，胜过全面而包含一切复杂细节的真相，可以让他们更接近于做出正确的反应）。在这样的决定中存在着狡猾的正当，其中有某种诚实和正义；但是，一旦修辞家做出这样的选择，他必须特别有想象力、睿智、有德或幸运，而不会道德败坏以至于敌人对他的指责变得无比正当。（这里，我们再一次遇到了“等级制苦恼”，就如技术人员试图让自己融入行会，他之所以热爱它，既是因为其正规性，也是因为其带来的特权，但是，除非受到恰当的批评，否则这种特权就会产生严重的违规。）

可以猜测，如果人们从纯粹想象出来的新闻中获得了悲剧的净化，而没有依靠对真实牺牲者和真实惨状的“纪实性”报道（这种净化更像是来自罗马竞技场，那里的民众并不满足于象征性的杀戮，而是要求屠杀活人牺牲品），那么，人们会变得更好。但是，较之极权制一体化[1]下的通常情况，纯粹为了“戏剧”价值而首先重视新闻，这至少能给予人们更好的机会，可以“预判”带有编辑倾向的新闻。

【现实与利益】“自由的”报纸新闻也许既代表了事件本身的现实，也代表了事件所影响的各种特殊利益。其中混杂着读者偏好、编辑政策（纯粹技术意义上的）、对官方或压力集团（包括财政支持者）的反应。所代表的这些不同利益并非总是彼此一致。因此，尤其当新闻首先“爆出”时，也许仅仅是因为“戏剧”价值而将它放在头条，并未考虑暗示倾向，但这可能会损害其他利益方。或许几天过后，编辑政策才得以明确。

【轰动优先】因为通常来讲，当新闻首先爆出时，如果它具有新闻价值，那么它就会刊登，这完全是将其本身作为新闻来考虑的，并没有理会在纯粹吸引力之外的隐秘的目的。如，当苏联人发布消息说，我们的外交官开始了媾和试探（peace feelers）时，这一声明很快成为我们报纸的头条，而没有顾及编辑政策。到了后来，“微传”和“语调”才重新开始，而此时，报纸（采纳了伯纳德·巴鲁克 80 岁时用的“冷战”一词[2]，用它来指曾经所谓的“论战”，或甚至仅仅指“修辞”）在同一方向上又迈进一步，给苏联的举措打上了“和平攻势”的标签。就这样，在一开始的发布中，刊出新闻，纯粹是为了它的新闻价值，为了“轰动”，这是它的销售吸引力。仅仅到后来，才需要公众按照符合“两党连立的外交政策”的路线来理解它。

1　coordination，对应了德文 Gleichschaltung，也译为同质化，该词多用于描述纳粹体制，指国家和个人、政治和社会全部一体，排斥多元。

2　巴鲁克在 1947 年的演说中用“冷战”一词描述美苏争霸的局势。他当时 77 岁，伯克这里是近似表达。

【一体化新闻】但是，在完全“一体化”的新闻出版制的对应阶段中，新闻首先仅仅被压下，直到政府当局最终决定了他们想让公众采取的、针对新闻的态度。这其中，绝对不会存在这样的阶段：发布新闻时并不考虑修辞意图，而是纯粹将之作为戏剧，这样的动机不是为了塑造读者，而仅仅是吸引他们成为顾客。

在一体化政治的审查制下，就公众意识而言，庞大复杂而棘手的事件完全“不存在”，除非正式的官员决定了新闻如何刊出（并非作为“戏剧”，而是作为政治修辞）。因此，比起发布新闻仅仅遵循官僚意图时的情况，公众会有更少的机会一瞥事情的方方面面。

你甚至会坚持认为，这种自由的余地（容许纯粹“戏剧性地”检验新闻，这优先于用它实现某种特殊目的）源自最高的动机“竞争”。如果报纸没有竭力按照“人类利益”去考虑侧重修辞，来利用这样的新闻，那么，它的竞争对手就会这样做。但是，即使这是首要动机，它本身也是“非政治的”动机，它诉诸于更广阔的戏剧性关注点，而不仅仅是政治的派系斗争；这样，它能让我们更充分地“预判”意识形态最有效率的化身（如在集权的官僚制审查下）。为我们“自由”报纸辩护的人，当他们坚称，戏剧标准超越特殊利益的压力时，毫无疑问就想到了如此之多上述的因素。

【新闻垄断】总之，在阐释新闻的垄断方面时，我们必须要小心谨慎。我们获得的大部分“现实”，都经由三大收集新闻的官僚机构[1]的电讯，它们并不像人们对任何商业机构期待的那样敏于获知和传播。它们的现实版本很可能反映出了特定人员所服务的特定官僚制度的特

---

1 伯克可能指的是美联社、路透社和法新社。

殊利益。但是，我们必须提防一种修辞上的倾向，它为了凸显批评，而将这些机构的做法类比于法西斯主义的新闻一体化。资本主义并没有法西斯式的引诱；相反，它也拥有种种真正自由式的美德。

【人类利益与特殊利益】但是，当认识到这些主张之中的正当性时，我们不应该让它们太过重要。通过应时话题，戏剧价值与利用敌意——这些通讯社树立的敌意——联系在了一起，因而，这一价值几乎可以等同于所有者和压力集团的利益。所以，长长一系列的、按照编辑偏好既利用又加强了民众偏见的“语调微传”，或纯粹作为戏剧性的方便之计，从而能证明为合理，或也可以正确地被谴责为受隐秘动机决定的有倾向的选择。既然我们的报刊和广播的辩护者们总是会因为它们免于极权制下的独裁操控而自豪不已，那么，人们可以发现，仅当他们开始自己吵嘴之时，他们才会有不同的说法。如，一位编辑曾经断定，新闻广播员的观点受到了控制，但报纸“自由发言，随心所欲”。于是，埃尔默·戴维斯[1]在 WJZ 电视台[2]（7:15 P. M.—9/24/47）上略带愤慨地发言并指出，报纸“自由发言，随主子所欲”。几周前，《纽约时报》的一位编辑义愤填膺地否认了同一指责，那是苏联报纸的代言人说的。但是，我们并未设想，戴维斯先生有意要让自己与苏联人的立场保持一致。在这样的争执中，他无疑会跟那个本国编辑站在同一个阵营。仅仅因为那人如此坚决地朝着一个方向，所以才偶然间让自己面临另一个方向的攻击。但是这里，我们不需要在争议中站队。我们当前的目的是指出，对“压力”的贬抑指责如何等同于对“戏剧”的褒扬称赞，从而使得这两位支持新闻诉诸一般人类

1　Elmer Davis（1890—1958），新闻记者，二战期间任战时情报局主管。

2　隶属哥伦比亚广播公司的电视台，其公司位于马里兰州的巴尔的摩。

利益的拥护者，正义地将彼此的动机阐释为服从特殊的利益。

【补偿语调】此外，当发布新闻纯粹是为了戏剧价值时，当纯粹的戏剧价值会干扰作为修辞政策而被维持的语调时，为了弥补这一效果，可以在这个新闻旁边刊登另一则重申该语调的新闻。或者，这两个新闻放在一起用一个标题，使得纯粹戏剧性的新闻尽管改变了语调，却又能分享语调。例如，苏联人曾经提出，美苏全都退出朝鲜。既然在那里只有苏联人被视为“帝国主义者”，那么这一提议就令人尴尬。但是，它值得作为纯粹戏剧马上刊登。一份报纸熟练地解决了这一问题，将两条新闻放在了一个标题下，如：《苏联要求结束占领朝鲜/据报有苏俄间谍网》。

【诉诸天象】“戏剧价值”有一个变体存在于具有“宇宙内涵”的新闻中，就如伊丽莎白时代的剧作家使用的“占星奇迹”，[1]用来将庄严的尊贵赋予自己的情节。这里，“宇宙设计”似乎有意干预了人间秩序，以至于偶然事件充满了宿命感。如，当国会最终同意“欧洲复兴计划”（European Recovery Program）时，据报道，一些有创新精神的新闻记者计算出：为了通过议案，参议院在争论上花费的小时数等于支持议案的多数票数，而总小时数之外的分钟数等于不赞成的少数票数。这种古代命数学和现代计时表相结合的做法所得出的结果，明显被认为非常重大，以至于我们听到三个不同的新闻广播都播出了这些“事实”。频繁在同一时间前后的新闻中报道种种“飞碟”消息，是另一种这样的“微传”例子，使用了带有宇宙色彩的语调；它们暧昧地从“气象奇观”联想到敌人可能的新式武器，这样的武器本质上

1　伯克主要指莎士比亚，他的戏剧中频频出现占星方面的意象。

令人毛骨悚然，从空中入侵我们，有点像火星来的机械人。[1]当某种外国威胁造成的恐惧被激起时，如此的新闻就获得了“戏剧价值”；所以在这样的时期，它们尤其值得新闻界关注。既然将命运视为人类动机的合作者这一想法最富戏剧性，故而，尽管这样的新闻被挑选出来仅仅是为了戏剧价值，但是，它们依然提供了自身的增值，这促成了它们从自己的效果中借来的恐惧。

【名报实贬】正如“头条”在修辞上有无敌的对应者“缄默”，所以，“戏剧化”在修辞上也有同等者。这一同等的套路，我们可以称之为有意“不识”对手的立场。报道可以“事实上”为真，但它这样设计：不让事情活在读者的想象中。这里没有谩骂：仅仅能“名报实贬”[2]。

【断章取义】只有职业的文学批评家才有可能察觉这一“不识”套路如何能充分地用在相关敌对政策的“诚实”报道中。可以制定这样一条规则：凡当发言者在你不支持的事业上雄辩陈词，而你想“从事实上”报道他的演说，但不允许他的雄辩口才产生说服力，那么，你就用自己的话来报道，不作引述地将之缩简，或选择并引用一些在演说中准备不当、没有说服力或甚至令人反感的语句。

【书评曲解】也许在书评中，你能充分注意到这一过程。书评人能“科学地”扼杀风格上的效果，做法就是，用自己的话不带风格地讲述；或是，为了扼杀那种依赖于发展的效果，可以引用结论，但并不充分地解释发展。例如，所评著作可能旨在让读者熟悉一套术语，

1　这种做法受到了1938年《世界大战》广播剧事件的启发。该剧虚构了火星人的入侵，在二战爆发前引起了美国民众的恐慌。该事件是传播学的经典案例。

2　damn by faint reporting 来自前面提过的谚语 damning with faint praise，就是用不作判断的事实报道来达到贬低的目的。

这些术语在论域中才会清楚明白；而为了概括自己的立场，作者也许将若干这样的术语放在一个句子里；于是，批评者可以将曲解隐藏在十足的“事实性”表象之下，其方法是，选出那个概述句，在引用时将之作为作者“阐述风格”的典型例子，但并不向读者给出这句话的语境所提供的必要的准备知识。或者，如果一个作者陈述立场时，在某个地方，将之转译为专业术语，并指出了它对专家的实质意义，而这样的术语对专家来说最“自然”不过，因而最具有说服力，那么，批评者可以仅仅引用那一段例外的文字作为典型例子。就仿佛一位法国作家在某个地方引用西塞罗的拉丁文，而评论者要选择这一段来代表作者的法语。

【援助佛朗哥】这样，做到“事实”为真但让报道倾向一端的主要方式，就是对双方的立场都同样彻底地“不识”。如，当联合国考虑援助西班牙佛朗哥政权这一问题时，法国总工会（French General Confederation of Trade Unions）总书记莱昂·儒奥[1]强烈呼吁援助反佛朗哥的西班牙人。按照一家纽约主流报纸的报道，这一演讲严重攻击了美国的决定，但“被誉为也许是所有联合国大会委员会上最为雄辩的演说”。不过，其中只有一句话在新闻中被直接引用了。以另一种方式，记者本人给了我们大约四英寸长的、缺乏说服力的转述。与之相对，这条新闻用了长长的篇幅报道了一位拥护佛朗哥的拉美演说家的陈词，以及某美国参议员的乏味透顶的演讲。在指出法国人的这篇演说极为雄辩时，该记者将一些他的报纸政策并不欢迎的新闻告诉了自己的读者。当他仅仅用自己的话给出那篇演讲的如此没有说服力的只

1 Léon Jouhaux（1879—1954），法国工会领导人，1951 年获诺贝尔和平奖。

言片语时，记者能确保这一“事实”为自己的读者所“不识”。（我们的意思当然不是说，这种诡计是蓄意的。我们并不知道是不是如此。我们引用它，仅仅是用来说明一种可轻易有用于报道媒介的套路。读者能自行决定，是否认为这一机会有可能被人利用。）

【搞运动】新闻的“零碎”性，连同“戏剧化”和“应时话题的利用”，都让新闻修辞充分适合于“运动”（crusades）。但是，报纸本身协助树立的语调，支持了这样一些“小改革”（如一阵仅仅反对某个症状般的“卖淫团伙”的行动）：它们通常在修辞上可以用来转移更彻底的批评。或是（恰如一篇北方共和党报纸上的、论南方虐待黑人的文章），“搞运动”可以成为竞选活动的套路（更恰当地说，这应归于“官僚修辞”）。除了我们在标题方面集中处理的因素之外，就上述这样的事情煽动公众精神时所使用的种种“论位”，并不专属于作为媒介的新闻写作，相反，它们可以按照传统的列举方式——如在亚里士多德那里——来加以分析。关于一场新近在上层进行的这种“运动”，见波特·安德鲁斯[1]的《华盛顿猎巫》，该书围绕着作者在《纽约先驱论坛报》的新闻报道构建起来，揭露了“众议院非美活动调查委员会”的放肆之举。这些文章都是最可敬意义上的“有倾向的”报道，当之无愧地获得了1947年普利策新闻奖[2]。尤其有影响的是一份对证词的逐词摘录，其中，“布兰克先生”在他的上司面前自我辩护，反驳并未详细说明的指控。这些文本几乎具备了卡夫卡对官僚制的幻想作品《审判》中的离奇情节。之后，作者出色地注意到了讽刺

1 Bert Andrews（1901—1953），《纽约先驱论坛报》记者。

2 据查，此处有误，安德鲁斯是1948年获普利策新闻奖，其获奖文章《国务院安全事件》发表于1947年。

之处：官员诱导这位受骗者就这样瞎说一通，只是为了留个记录（“为了让你能有个完整的记录”……“我这样说是为了记录在案”……“把你想记录在案的东西交给他”……“交吧，我们好扔文件夹里”，寥寥几页里就有十几句这样的话），但官员本人在受到批评时，又请求做出他拒绝过布兰克先生的、对指控的详细说明。

【商业广告】商业广告也可以归于戏剧化新闻这一条目。各种图画套路强化了标题的作用。（典型的广告不正可以简化为标题和副标题吗？）“应许”（作为世俗得救之道[1]的“商品”的本性）可按亚里士多德的思路来分析（也许总是相关根本的等级性动机，它诱导消费者默认这样的设想：经济上的“适应者”[2]就是道德上的“正当者”）。

【广告公开信】这里，我们也应该提及广告的特殊形式：一种对公众的公开信（通常有标题），这是一种由某集团代表做出的陈述请求，无可否认是特殊的请求。例如，早在1942年，战争物资生产不得不达到最大量，汽车制造业的领导人被其批评者说成是在拖延工厂的改造，直至跟政府讨价还价达到最为有利的地步；工业组织联合会也刊登了付费广告，陈述自己的理由。在这样的“新闻”中，提供关键信息的内容成分，把修辞写在了明面（坦率地把说服作为意图）。就这样，反讽的是，这种公然有倾向的广告却让读者的心中更加明辨是非，胜过了以伪装成纯粹“事实”来做出请求的标准新闻。

【拒绝广告】这里，仅仅通过拒绝接受广告就可以做到缄默。如，报纸拒绝刊登乔治·塞尔得斯《事实上》的广告，因为后者在调查报

1　a way of secular salvation，化用《使徒行传》16:17，钦定本为，the way of salvation。“应许”为promises，这里按照基督教语境的译法处理，前面第244页也出现了该词。

2　广告宣传某种商品，让消费者认为，如果能买得起，就合乎道义。

纸的失职。（尤其是，这份小周刊让它的读者得知：缄默如何用在了报道“癌症和烟草之关系的医疗实验”的新闻上。尽管，医疗知识发展方面的报道自然颇有新闻价值，但是，既然它们如此直接地相关于身心健康，故而，在这方面，报纸就仅此一次表现出了强烈的克制，拒绝用新闻呼吁人类利益，因为这些新闻会让它最大的广告商心疼不已。）

【戏剧新闻与正式戏剧】最后，关于对戏剧的“人性需求”：我们或许应该注意到新闻戏剧与正式戏剧之间的一个区别。戏剧化新闻中的“纪实”成分，尽管有选择性，但可以认为，它是对现实（“事实性”而非检验这种“真相”的相称性[1]）的文字再现。但是，正式戏剧，无论多么影响我们，都不会欺骗我们从而让我们忘掉它是虚构作品。由此，较之通过阅读戏剧化新闻，正式戏剧提供了更丰富的辩证法训练。随着新闻戏剧，我们穿梭于轻信和不轻信之间。在正式戏剧里，没有这样的“权威”问题；我们相信的，仅仅是我们的所见，而非告知我们的内容；有一个绝对的认识总是减弱了这一信念本身：我们眼见的并非确实为真（虽然，现代自然主义强调纪实这一做法，通常去除了所见中的某些复杂性）。在新闻戏剧里，错觉是奴役。而随着标准戏剧的隐喻性，错觉就是自由。

七、民调、座谈和财会

【提问是关键】本节要考察民调和座谈，因为它们具有信息性成

1　指报道与实际事情的相称程度。

分。在座谈中，有某种不露声色的机会，因为，当要让某一方得到更有力的辩护时，那些负责安排座谈的人就能为这一方来筹划。在那种程度上，讨论会被“操纵”，而种种提问给予了发言者特别有效的机会，它们可以“安插”在受众中。或者，就演播室受众来说，可以对他们进行“筛查”，使得所选出的态度表达，对收听广播的“第二受众”产生说服作用。但是，这样的情况更适合于“官僚修辞”，在那里，言外的手段因素最为重要。对于我们的研究目的来说，在提问的本性中，可以探求到民调与座谈的修辞倾向的核心。

【伏特加】我们首先看一个例子，虽然它本身有些荒唐，但还是清楚地揭示了一个重要的形式因素。当反苏口号流行时，我们在广播里听到了（我们没听到是哪个节目）有关某个禁酒组织的新闻。该组织要求所有的候选官员保证自己滴酒不沾。提问是这样表达的：“你承诺不喝任何酒精饮料吗，尤其是伏特加？”

出于我们当前的研究目的，要注意，该问题的最后两个词[1]是断定的，而不是疑问的。这句话其余的部分是在询问候选人会不会戒酒。然而，最后两个词更像是一个主张；事实上在说：“人们应该反苏。”或，“我们理所应当地认为，你们，还有其他值得保全的我们的公民都是反苏的”。通过提及伏特加，禁酒事业等同于“政府的两党连立的外交政策”之类的事情。既然附加的部分表露出隐含在问题中的断定性，那么就非常应该从形式的角度来考察问题。

【修辞提问】的确，圣托马斯 · 阿奎那的《神学大全》是最为全面地做出断定的作品，它系统陈述了天主教信仰的至为微小的细节。

1　原文是 particularly vodka。

但是，每一个论题都首先当作问题来表述，在阿奎那重述他的问题作为“结论”之前，他先给出观点相反的、错误的答案；然后，他解释结论，这之后，是反驳错误的回答。每一组断言实际上都被称为“问题”。自然而然，借助这一方法，诸如“神圣教义是科学”这样的陈述会在风格上按如下形式引入：“神圣教义是科学吗？”

【信仰寻求理解】该方法在一部分程度上反映了这样一种教学法：它让种种教义的断言印在记忆上，并且通过测试来检验它们的成功灌输。但是，这里还有一些因素符合了我们之前的考虑：拉丁文 quaero，不仅意为“问题”，也表示“探求”（寻求）。这样，我们注意到，安瑟尔谟（Anselm）的表述“fides quaerens intellectum”，其本身可以给予两种截然不同的翻译。可以认为意思是，“信仰质问理解”（意即，信仰控制理解）。或，可以认为意思是，“信仰寻求理解”（意即，信仰寻求让自己转译为逻辑词汇——这种思想，最终演变为爱德华·冯·哈特曼[1]的后黑格尔和前斯宾格勒的《无意识哲学》这样的理论，它将生命看作从含混的本能冲动发展为完美和澄明的形式——同时就是某种死亡——的过程）。

【自由教学法】典型的自由教学法（无疑受到了笛卡尔的系统怀疑原则的影响）将问题发展为探求问题的断定性在何处销声匿迹。也就是说，提问不仅仅是一种为了导向“在问题之前就存在的回答”的风格化方法。相反，它是“探索式”（heuristic）发问，它为了研究者或实验者而提出，然后，他们会去探寻答案。

【提问辩证法：问题预设答案】当问题包含可操作的答案时，它

---

1 Eduard von Hartmann（1842—1906），德国唯心主义哲学家，悲观主义者，以无意识作为世界的本体，其哲学在 19 世纪风靡一时。

事实上就能像它看起来的那样成为“探索性的”问题。如，一位物理学家询问：“在如此这般的条件下会发生什么？”然后他设定条件，寻找答案。形式上，通常可以注意到，这一过程是一种辩证法。通过安排条件，实验者对自然的探问形式，已经被自然赋予了可以理解的答案。

【提问辩证法：问题预估反驳】这一思想揭示了这样的辩证形式，它同样也潜藏在更纯粹的教义问题之下（这些问题，物理实验难以回答，它包含了对有关“事实”的合理的积累，混合了研究与逻辑）。这一形式略微隐藏了辩证性。研究者认为自己仅仅是寻求为其问题提供答案的材料。但实际上，对此类事实的感知和评估都参与了“敌人”的批评，也试图对自己的立场做出调整，以先行阻止异议。因此，在这样的研究之下，多少都存在着阿奎那在《神学大全》中使用的形式。问题提出；考虑反对的可能性；为了反驳之，提出所有相反的权威观点；陈述结论，“证明”之，用该陈述反驳现实中或假设的对手的立场。（这些过程也可以混合，而非像这样按整齐的分析过程来呈现。“权威”可以是其他研究者收集的某些“事实”，但它们是被信以为真的。“反驳”可以不那么绝对，相反，可以调整自己的断言，使之多少承认反方的立场，阿奎那也频繁使用这一方法。但是基本上，它是“辩证的”，通过让问题得到有助的怀疑，从而让陈述变得成熟。）

【虚假实证】在这方面，由于强调定量，物理科学的声望就导致了虚假的实证主义。生物学家的言论，是针对按照生物学术语来考虑的动机；经济学家的言论，是针对按照自己专业的标准术语来考虑的动机。由此，某位探问者会自问：“在什么程度上，人们受到了生物学动机的驱动；在什么程度上，人们受到了经济学动机的驱动？”问题不可回答，但是，它看起来可以回答。能够想见，它在某些特殊的动机例子中可以回答——但是，在一般意义上，它还是不可回答。（也即，在量上不可回答。）

【术语】但是，这种从一个专业转向另一个专业的可能性，表明了一个与这样的发问有关的、非常重要的“事实”。它们表面上越是纯粹寻求真理的发问（而非转译教义陈述的风格化方式），它们表面之下就越是存在某种程度的全然的断言。如果用经济学术语提出问题，那么，这就隐含地断定了对这种术语中的动机因素的偏好。同理，生物学问题就是属于生物学专业的隐含的断言。这样的问题之所以是“引导性问题”，是因为，它们选择了术语，而术语中隐含着各种回答（当发问者偏爱专业中的某一学派时，这样的各种回答就进一步得到了限制）。此外，在这一意义上，词汇隐含地具备着输送答案的通道；在这样的术语中提出的问题，恰恰是对词汇原有精神的风格化重述。

【体制】当各种各样的词汇等同于特殊的社会制度时，对词汇所表达的各类问题的研究，可以给那些善于处理这些问题的人带来晋升的希望。问题成了勋章，它被赋予了外在于问题的因素。例如，如果优秀的发问者善于引导新的候选人通过问题的迷宫，直到他们也能为了更多的问题创制出方案、从而获得资格，那么，有些问题就带来了学术机会，可以让他有个生活的港湾。既然生活能转变为无尽的问题，那么，只有拨款和资助的数额才能限制住“发问”的数量。

【大人国】或者想一下“格列佛大人国游记”（*Gulliver's voyage to Brobdingnag*）第六章，[1]这一章就立足于对“断言式问题”的讽刺性使用。

1 即《格列佛游记》第二卷第六章。

国王询问格列佛祖国的统治方法，这些询问本身就是道德控诉。如，在讨论新贵勋位的封授时，他想知道“在这些晋升中，恰好成为动机的，究竟是国君的心血来潮，还是一笔给宫廷贵妇或首相的钱款，还是为了巩固某党、违反公共利益的阴谋”。当讨论竞选人为选入下议院花费不小，有时还耗资巨大时，“他渴望知道如此热心的绅士，是否有可能想到为了补偿自己的开销和花费的精力，而去按照虚弱邪恶的君主和腐败内阁的阴谋，牺牲公益”。发问、探询、好奇几乎都是“表明讽刺”这一做法的不同风格的变体，如斯威夫特所写：

他还是茫然不解，一个王国如何能像私人一样用光财产。他问我，谁是我们的债权人；我们应该去何处弄钱来还债。他好奇地听着我讲述如此应受控诉、规模庞大的战争；他很好奇，是否我们必定是爱吵嘴的民族，或是生活在恶邻的包围中，是否我们的将军必定比我们的君王还要富有。他询问，如果不是为了贸易或条约，不是为了用舰队保卫海岸，我们在自己的岛外还有何事可做呢。尤其是，他惊讶地听到我说，在我们这样的和平时期、自由民族中，竟有一支常备的雇佣军。他说，如果统治我们的，是我们自己同意的代表我们的人，那么，他难以想象，我们会怕谁，或是与谁斗争；他想听听我的意见，比起用微薄的报酬，从街道上挑出十几个流氓，让他们保护私人的屋宅，靠自己、靠自己的子女和家人来做，不是更好吗？那些流氓要是杀了全家，所得的兴许有一百倍之多。

去掉明显的讽刺意图——这直率得令读者戒备——再“实事求是地”使用同一方法，通过选择“有什么不妥”或“主要的利益有什么”

之类的问题（取决于人们偏好褒扬还是贬抑的含义），你就有机会在民调中做出“诚实”的修辞偏见。

【缓和语气】当命令通过客气的方式表述为问题时，隐含在问题中的断言就显露出来。而问题形式可以缓和提议的严厉，如：某严格的研究组织计划发布一本宣传小册《X 与敌人贸易》。但是，在样稿送去付印前，召开了紧急的办公室会议。会上有人提议修改。建议被一致采纳。小册子发行时有了个审慎的标题，《X 与敌人贸易？》。

【引导性问题】对于我们当前的目的来说，记住隐含在问题中的断定性特征，这就足够了。这一因素，让问题能通过修辞起到“引导性问题”的功能，有许多几乎难以察觉的方式可以做到这一点，通过这些方式，问题就能暗示回答。在最好的情况下，提问可以具有转移性，因为它们提出用一套术语考虑一个难题，但另一套术语可以让我们更接近于难题的根源。（如，用神学术语思考经济学研究，选择那些完全内在于神学术语的问题，就能将回答转移到经济学问题。或，在某术语轨道内，提出“自我批评”的问题，这就能将术语轨道之外的批评转移走。）我们以前引用过一个例子，它表明了引导性问题能有多么微妙，那就是阿瑟·科恩豪泽[1]敏锐的分析，《舆论调查对工会工人公平吗？》（载于《舆论季刊》【*The Public Opinion Quarterly*】，1946—1947 年冬季号）。

【财会修辞】在若干值得注意的方面上，财会也应该被视为一种低层次的、但又非常具有说服力的“科学修辞”。因为，公司资产和盈利的计算，虽然是“事实性的”，但并非是不可改动的事情。有许

1 Arthur Kornhauser（1896—1990），美国心理学家，以研究工会和劳工心理学著称。这里引用他的文章是为了强调这个疑问式的题目。

多完全诚实和正统的财会做法，它们用金融术语表达的某种版本的现实，也能加以“风格化”，这就节省了大笔税款；否则的话，如果使用另一种风格的财会，那就必须要缴税了。如果新设备的成本可以非常合法地冲抵公司若干年的盈利，或是，该成本可以几年间分期支出，那么，仅仅这一个事实，其本身就证明了：任一特定年份的应纳税所得，在会计师的版本中，有着相当大的差别。例如，如果新设备的成本集中到战争时期，那么在所得税达到最高时，账目会显示盈利在减少；同理，对更高盈利的财报，可以在接下来的和平时期发布，此时，税率已经降低。在这样的操作中，并无“欺诈”。它们表明了，这完全是在诚实地使用“财会符号”所固有的手段。

【避税】与之相似，在二战后的高利润时期，虚报财会被用来减少高薪主管的所得税。通过这一套路，公司先不发部分薪水，延期支付。按照法律和当时流行的规章，在实际拿到这笔钱之前，雇员可以不必缴税。因此，只要他的部分薪水到那时才支付，他就能“说服”税务官员，使之相信，他应该列在比所要求的总收入还要更低的收入档次中。如果说，他从在职工作退休之后拿到了余款，那么这也会按照更低的税率来缴纳。但是，薪水的支付如果没有部分延期，那么，获得收入那一年时应付的薪水款项就会更高，这归因于所得税的累进性。如此低层次的修辞，并没有德谟斯蒂尼式的反响，相反，它的作用所积聚起的德拉克马[1]，足以买下整座古希腊时期的半岛。

【商业资本修辞】的确，商人如此重视财会的修辞，以至于私募金融颇为嫉妒，想给政府强加上一种并不华丽的修辞风格。如，私人

1 drachmas，古希腊货币单位。

公司可以将许多开支列为“资产”，但按照留给政府的修辞风格，它们又会必须划为“债务”，这样，我们自然而然地认为贷款是“振兴”这种积极意义上的事务，与之相反，我们却认为政府这边的贷款仅仅是公共债务的增加。确实，这些强加于我们“政治政府”的、既与法律又与金融有关的修辞风格，比我们的许多“商业政府”可以使用的修辞风格更加严厉，以至于“政治政府”为了获利，也开始合并它们的机构，将活动空间扩大到商业公司获准具有的那种程度。

大部分这样的套路，都在瑟尔曼·阿诺德的著作《资本主义的民间传说》（一个人类学式的题目，更精确的名字可以是《资本主义修辞的研究》）中得到了有趣的考察。

【利润计算】1947 年 7 月 20 日，《纽约时报》发表了一篇商务部的新闻报道，是“对 1929 年以来美国国家经济的、综合而全面修正的研究”。这里，我们无需尝试概括在国民收入计算方法上的变化。对我们的研究目的来说，作者的如下陈述已经足够了：“当用新公式计算税前收益时，在旧的收益计算法下增长的收益，反而降低了。”此处很明显，有两个“现实”，每一个都能诚实地满足不同的修辞目的。若某人赚 1 美元，缴 20 美分的税，他净赚只有 80 美分。但是，如果他赚 90 美分，缴 4 美分的税，他就净赚 86 美分。用第一个公式计算他的收益，他赚的就比用第二个计算时要更少，即使通过二次分配，他的所得实际上会更多。因此，只要这两种方法中的任何一种充分适合你的修辞意图，你就能“真实地”加以使用。由此，在这里，通过正确的数字，你就可以实现亚里士多德对修辞术的定义：一种“正反面皆可证明”的手段。

【操纵利润】1947 年的某个时期，我们的那些最大的企业显露出了令人尴尬的巨额利润，报纸作家开始推广一种可以让数字大幅度减少的“记账”套路（当然，实际利润本身并没有减少）。折旧支出传统上一直以原始成本和可能的使用期限为基础。简言之，如果你用100 美元买了一台机器，你希望它能用 5 年，那么，你可以合理地计算出折旧额是一年 20 美元。因此，无论你每年通过机器获得多少利润，你都能扣除 20 美元，作为你的机器的年平均折旧成本。但是，新的财会方法指出，在成本增加的时期，五年后的这台机器需要更昂贵的替代品。所以，企业得到的建议是，按照企业最终需要的替代设备的可能成本，预留出大笔的折旧费。通过这一安排，一定百分比的利润，就能以另一种名目出现在公司的财报中。我们并不是说，这种做法有什么不妥之处。这一为了折旧的“特殊准备金”并不是为了减少所得税才抵消掉盈利的。政府的会计员还是不折不扣地将之作为盈利予以征税。我们仅仅想注意，这样的准备金如何在修辞上让某种令利润程度达到最小的合理化做法成为可能（这遵循了一个广为宣扬的观点：膨胀的价格要归咎于工资，而非公司的利润）。这样，当公司利润格外之高时，全国制造商协会可以将工资和薪水[1]归并到一边，相对于另一边的分红。这里有一种完全诚实的财会修辞，按此，所有为了未来投资而预留的利润，都不会计算在盈利内，而支付给主要高管的薪水则包含于支付给厂工的工资中。

【肉类加工】差不多同一时期，财会上的另一种创新做法也脱颖而出，显然因为它具有修辞价值。正统经济学家基于公司“净值”（公司全部已发行股票以及累计盈余）来计算利润，而热衷于从最正面为

1 wages and salaries，wage 表示付给普通工人的按周或按小时的工钱；salary 指付给高管和职员的固定工资。这里应是减少高管工资，以分红形式补偿，这样可以避税。

企业辩护的人则开始使用另一种“准绳”。他们强调每一元销售额的微薄利润。按第二种计算方法，当肉类加工商赚取大额利润时（根据净值计算），他们的会计—修辞家可宣布，每磅肉只有零点几分钱的利润。而工业组织联合会的会计—修辞家，则分析了阿莫尔公司[1]1946年的利润，他们证明，按销售额来计算，利润是2.6%，但使用传统的财会方法时，利润几乎达到了16%。还有一次，他们证明了：即使接受新式的计算修辞，敌对修辞家也能设法通过这种修辞得出截然不同的结果。例如，他们首先提及肉类加工商的广告，广告宣称每买1元肉，利润1.8分；然后，他们证明，如果自始至终各个环节都这样增加利润，那么，最终消费者要为30多美分的利润买单。这样，在没有伪造“事实”的情况下，仅仅“善意”地操纵事实，人们就能得出迥然有别的“现实”观。是不是可以将这样的修辞选择、这种数学性的风格化，称作“生动统计”（enargeia by statistics）？[2]

【股票】还有，要注意，我们这里关注的，不是彻头彻尾的曲解。我们讨论的不是撒谎，而是有倾向的对“硬事实”的选择。如果A公司的主管，以私人方式购进了B公司的股票（亦即，不是以A公司主管、而是以私人投资者的身份购进），如果之后，他们以主管身份、按更高股价购买该股票，那么，A公司就可以“诚实地”在账目上表明，该资产的估值高于了自身价值。如果是公共设施，那么设施的会计员可以要求有权向公众收取服务费用，作为对虚构估值的“合理回报”。

1 Armour，即Armour and Company，美国大型肉类加工公司。

2 enargeia来自古希腊文ἐναργεία（联系了另一种很容易相混的修辞手法energeia，ἐνεργεία），原义是清楚明晰，是古代修辞学重要手法，即生动描绘和具体再现。源于亚里士多德《修辞术》第三卷“置于眼前”手法。

不过在这里，我们还是应该专注于财会数字的“真相”领域。的确，针对遍布我国的公共设施，公共服务委员会准许使用这样或那样的套路，按照过去的、上述这样“虚增”的股价来收费。但是，当财会密切联系到组织活动时，我们也许应该在讨论“官僚修辞”时来考察它。

【虚情】在这方面，与“缄默”对应的修辞是使用混淆或不充分的记账方法。也许有一天，如果到那时，历史记录没有被仔细地擦去，那么，有些学者就会发表对“虚情修辞”的分析：“复兴金融公司”[1]的贷款似乎就是以这样的方式提供的。显然，其中的财会偏爱一类半缄默式的慵懒，一种轻松的修辞风格。以几分友爱为基础来处置比如150亿美元，用的就是这样的风格。

1 Reconstruction Finance Corporation，美国联邦政府在1932年至1957年运营的国有公司，旨在向地方政府、银行、铁路等其他企业提供金融支持和贷款，为了帮助国家走出大萧条的困境。

第三章　官僚修辞[笔记]

本章题为“官僚修辞[笔记]”，它是基于在宾州图书馆“伯克文件”中可以获得的未完成、未修订的草稿与笔记。

——编者

【机构统治】与自己的职位相处融洽的职员；因为自己也有下级故而乐意拥有上司的下属；官僚结构中安然自在的官僚——这一状况，除了其存在的比重也许会更大，再无新意。这有利于卡尔·雅斯贝尔斯所说的“机构统治”[1]。在《时代的精神状况》（包含了许多主题的变体，从我们“五元组”的立场看，它们可以归在贬抑阐释的“动因”之内）中，他写到，需要官僚机器来管理为工业机器效力的工人；他考虑到了某些事业的可能性，它们建基于在官僚制之内并借助官僚制取得的进步之上；他把这种文化状况命名为“作为手段的精神”（Geist als Mittel，仅仅用作“调整工具”、而非独立作为动机根据的精神）；他谈到控制者应是没有道德底线、迅速估判形势、精于管理之人，因为他们掌握了充分的一般方法来处理人们。“国家、社会、工厂、企

1　die Herrschaft des Apparats，Apparats 应为 Apparates，见《时代的精神状况》。

业——做万事皆用官僚制。我们时代的一切独特之事都需要数字，因此，必须对它们加以组织。”他强调了这种文化状态看重机敏、聪明与进取。

【梦游巨婴】但是，这样的情况也很有可能出现：许多这样的人之所以将自己的生命聚到一起，是因为遵循了基本的虔敬法则，按此，抽象的职位关系注入了童年时形成的家族动机的精神。以微妙的认同方式，他们很可能通过理想地将自己早期的“前—政治”自我与自己后来在受雇机构中具有的“职能性”相融，从而“整合为一体”。这样，他们后来的生活甚至与自己的幼年形成“共体”。实体通常具有的两可性在这里成为主导，他们的成年情境与其童年情境具有相同的实体，但又彼此有别，这样，他们行动时就处于一种温和的“梦游症”中，此刻，他们生活里的一些出现者，因为在现实或想象上相似于出现在他们童年中的人，由此，前者获得了魔法般的特性。他们的存在是一种“活的诗”，能够在不同的层次上得到阐释：从纯粹功利和理性层次这一端，到另一端的子宫内（在职位上，他们仿佛从巨大的胎盘获得了养分，就在那里，他们沐浴着日光，不可见的内部的太阳将慈爱滋养的光线温柔地撒在这样的生物上）。

【伊甸园】当人们处于这样的时刻：他们的职业对自己就是子宫、摇篮、港湾、父母、太阳、施肥、雨水、精神、土壤、君王、工具和上帝，集一切于一身，那么他们的动机根源很可能就像上面这样来自伊甸园一般——也许，这样的时刻作为他们工作的最终结局，并非存在于时间里，而是在本质中，这结局就是努力朝向完全的整合，它就这样激励他们，去找到象征这种一元化终点的、属于自己的处境。

【虔敬】我们可以假设，某种像这样的虔敬就是“新教式世俗工作观”背后的原则，它本身是僧侣式的；人们难以瞥见动机的深处，因为这对他们要求太高，于是，驱动他们的，或至少他们认为驱动自己的，仅仅就是对工作日意外获得个人利益的希望，直到人们的整个想象世界，至少就他最大的努力来说，也许缩窄为在争取贱买贵卖的自由时出现的种种问题。

【团体认同】但是，就争抢修辞来说，无论它在自己的虔敬、诗性、伊甸园般的终极动机中是何种情况，这样的“最终整合”原则都让一种“团体[1]认同”成为可能，借此，个体恰恰从他们所效力的暂时的机构制度中获得了自己的实体。而这一状况导致了许多产生瓦解或错误整合的可能性。

【代入自豪】首先，注意某种“团体自豪”，这是代入地分享着“实体性组织”的高贵（或自以为的高贵），因为人们会觉得自己与这样的团体是共体的。一个奴隶必定就这样“从团体的角度”为自己代入地分享了主人家庭的显赫而感到自豪，他觉得自己在精神上参与了那些财产，尽管他也是财产的一部分，是被拥有的，而非拥有者。或如，我们在新英格兰的司机身上也看到了这种“团体自豪”的变体，他讲着自己参加了聚会，而且悄悄地保证，聚会里包括的“仅仅是上流家庭的仆人”。对于公共关系的顾问来说，这就是他们修辞手段的基础，他们受雇来树立“公司的忠诚”感，其方式就是开辟途径引导人们虔敬地“忠于自己存在的来源”，使得他们受到鼓励、代入地为公司的力量感到开心；一种魔法令他们服从上级，并且驱动着他们；他们接

1　corporate，一般指官僚制的公司企业，但本章里也指一切制度性的组织团体或法人团体，有时表示更一般的社团、群体或家庭，所以中译为团体，这也可以联系“实体”和“共体”概念。本章讨论的官僚制一般存在于商业和政治两种组织中。

受了奖励的勋章，这部分地替代了金钱的回报。当然，这样的修辞存在于所有群体认同——对党、国、派、族、区等等的认同——的背后，它也存在于职业体育市场的背后，借此，人们可以按照自己的支持来选择拳手，即使跟他没有任何私人交往，或是，利用“本土精神”，引导人们将一支赛队作为社会的代表，尽管队中雇用的人，没有一位必须要在当地出生，尽管令他们在当地受雇的唯一联系，仅仅是身为职业运动员这一点。

【超凡魅力】因此，修辞家可以诉诸“团体自豪”的手段，让作为个体的人越是谦卑和谦逊，就越会反常地为了补偿而爱慕某一人物形象（机构性的或个人性的，如被当作某个机构实体的有超凡魅力的人物），从而有资格以代入的方式成为那个人物的拥护者（这一修辞情境在国际上具有不幸的效果，因为谦卑的个体可以扮演盛气凌人的角色，“代表”国家的勇武，或者反过来说，扮演这一角色是因为他设想国家的力量代表着他）。

【艺术鉴赏】“鉴赏”也让一种并不激烈的“团体自豪”成为可能，因为，人们能代入地分享“受到鉴赏”的作品的价值。这一套路经常被人用暴发户（nouveau riche）的形象来加以丑化，这样的人设想“一切都能买到”，最终还打算给自己买来“文化”；因为这一交易雇用了艺术专家来为他鉴赏，由他花钱，为他收集一批古典大师的真品。通过这一手段，一生中连一本书都没有真正读过的人，也可以拥有极好的藏书室。对某部作品真心称赞的人，如果批评家轻视它，那么，这个人也许会觉得自己的身份有了危险，恰如奋斗的作家，每当编辑轻蔑地提到莎士比亚的名字，他都会给其写信，直到有一天，在让自己十分痛苦之后，他确定，莎士比亚的声誉无需他人操心，他后来立刻明白，自己在这件事上过分捍卫，其实是间接地向自己保证：他也会写出伟大的作品。

【损公肥私】对于一切有助于“损失归公”（socialization of losses）的修辞套路，“团体认同”的共体性都可以作为它们的伊甸园式的理由。正如一些杜撰说法将国家等同于它的国民，借此，属于全体人民的金融、工业、外交、军事等资源，都耗费在了海外投资的资本的特殊利益上，而其做法对于整个国家来说百无一利。有一个变体出现在英美与苏联针对意大利赔款的争议中。“我们”提议完全放弃赔款，同时要求苏联也这样做；但与此同时，英美两国打着为本国国民的旗号做了不少措施。苏联不可能这样撕裂；它的主张只能代表整个国家；但是，在我们的制度中，有一种幸运的两可性（从我们国民的角度来看是幸运的），依此，买单时，国家和国民成为一体（因此，国家买单的数额可以占到较大比重），而侵吞利益时，国家与国民就有别了（实际上，可以料到，我们的政治家和政客在苦苦思索之后想出了回收这些利益的法子，只要通过如下套路：“作为国家的我们”预先发放贷款，让外国能够支付给我们作为个人的投资者，从而换得低额的所得税，尽管缴纳时依然不情不愿）。你可以将如下做法当作国家主义[1]修辞的基本原则：私人个体从国库里拿钱的一种方式，就是“作为国家的我们”预先向海外发放国家不可回收的贷款，但同时又用条款来确保，这笔款项的大部分数额会返还给我们的国民。就如在讨论一战后赔款问题时的报纸所说：“美国代表已经指出，一战后，美国花钱向德国进口必需品，而其他国家也就收到了赔款。”（NYT，

1　nationalism，在不同语境，中译或译为民族主义，或译为国家主义。

7/15/46）但是，从我们当前的区分角度来看，这还不够精确；一些附属的区分也必不可少："作为国家的我们"向德国预付了款项；而作为国家的德国将这些钱作为赔款给了其他国家；其他这些国家又将大部分的赔款支付给了美国的个体投资者。就这样，情况不仅是，美国接管了大笔不良债务从而遭到盗窃；情况还是，因为美国接管了这些债务，故而最终，借助于"作为国家的我们"所承受的损失，我们的银行家能够在自己的投资上得到弥补，并且，当筹集其他贷款时，因为有贴现，他们还能赚得更多。

【原罪】当体现在原罪教义上时，同样的团体原则也能充当"统一化套路"（给所有人打上相同的烙印，如将同一个动机归咎于所有人），以及"安慰手段"（鼓励罪人这样感觉：无论自己的罪有多么邪恶，其他所有人"在原则上"也都是罪人）。"我们都是剽窃者，"剽窃者如是说，"因为我们的语言结构恰恰是从我们共同的文化宝库里偷来的。"

【替罪羊】与之相似，用替罪羊来净化，也包含了"团体"认同，在基督教神话中，犹太人扮演了专门"受到青睐"的替罪羊角色。因此，既然现代企业体现出了基督教退化后残留的痕迹，那么由此，似乎有一个可以预料的定论：在每次疯狂投机的行为之后，当丑闻爆出时，有些犹太人的公司就会凸显出来，被选为过度投机行为的代表。因为，当需要一个两可的基督来担负人类堕落的全部责任时，在基督教"团体认同"的条件下，还有什么能比在犹太人当中寻觅这样的人物更合适呢？虽然一位信基督的商人有三十年没有走近过教堂，但是，当恐惧法律会处罚自己，而这样的恐惧令他陷入了悔罪的情绪中时，还有什么时候能比此刻，让他最有可能认为自己是基督徒呢？如果在这样的时候，可以找到另一位犹太人，让他来代自己受苦，那么他的确就会得以净化；此外，他也会安全过关——因为通常来说，当丑闻爆出时，公众并不要求惩罚所有人，他们仅仅要求有一个牺牲品作为代表；一旦这个牺牲品被选中，献祭出去，那么后续的迫害就会骤降，因而也没有新闻价值了。原因在于，一旦牺牲者以戏剧性、仪式性的方式被献祭，世界就准备好迎接“新时代”，宣布大赦的时候到来了。

【团体人格】我们这一章首先讨论与官僚制有关的“团体”：它的组织包含了各种一致与不和的个人，他们的角色都参与了整个组织共有的功能或意图；组织是这一意图的“动因”，而意图将“团体人格”赋予组织。这些特定条件具有一些典型的套路，即“官僚人”套路；人们也存在着独特的气质：不仅作为个人，而且成了整个官僚制身份的参与者。

【大我和小我】例如，当编辑用“我们编辑”这样的词来表达言论时，他的工作动机就与身为个人时的动机截然不同。在扮演“我们”这一角色时，也许他所肯定的观点和认同的稿件，都是作为“我”的他，会彻底鄙视的。随着他的职位动机，无论好坏，都成了“他的”动机时，那么相应，他就完美地适合了官僚制；这种熟练的官僚会成为这样的人：就连跟老婆睡觉时，他也不能没有“代言人”的职务身份。他成了一种造物，属于聘用自己的组织；当他以职员身份服务于某些利益时，他变成了这些利益的“鼓吹者”；他的“内在实体问题”退到了他从养活自己的公共机构中获得的那种实体之后。他由两个部分组成：大部分是官僚职能；小部分是“纯粹人格”，这部分似乎就像史前时期的幸存者，但它实际上具体化为自己职业的“辩证性对立”。较之工作，当它放假时，它一般来说就体现出了放纵的迹象；它在表达和寻找安慰时，并没有通过颇有想象力的原罪、罪恶和暴力等意象（不过天知道，还有没有其他足够的方式可以做到这一点）。

【融合与分离】既然组织的权力归因于它的代表们，就仿佛权力是这些代表自身的人格特性，故而，在某种意义上，对组织的夸饰就是掩饰。[1]但是，这方面也有某种真实情况，因为需要特殊的态度才能最为充分地适应特定组织的条件。故而，有若干诱因令人使用这样的修辞，它能（1）让个人和组织融合，为了对个人有利；（2）让这两者融合，为了对个人不利；（3）让它们分离，为了对个人有利；（4）让它们分离，为了对个人不利。

【官僚网络】当产业高度发达时，组织的连锁网络如此复杂，以至于人们在工作时必然要遵循组织所提供的联系。例如，假设某个人创立了全新的企业；无论它扩大到任何规模，它都会“编织”进已经存在的组织中，成为上述所说的那样，这样的组织有：邮政、银行、铁路、教育机构、广告媒体、市场，等等。因此，以间接的方式，我们“全都是官僚”，参与了种种受到这种机构迷宫影响的行动，而我们从未能清楚地有所察觉。[似乎，“存在主义”哲学试图重申比这一点更具有实体性的动机理由，按此，“作为人”的个体之人，其属性会不同于组织的属性，后者如此坚持不懈地呼吁“大我”修辞，甚至在机构（Agencies）的秩序中赋予个体以真正的现实性（首要强调工具性，现代世界的实用主义为了做到这一点，会通过“为政治共同体服务的斯多亚派的学说”“基督徒对上帝的侍奉”“在商业和应用科学的哲学中对功利的崇拜”）]。

1　放大组织具有的权力，为了掩盖这些权力其实掌握在个体手中。

【蠢驴墨索里尼】曾经，当墨索里尼处在权力的顶点，而且得到了美国显要的利益集团提供的金融和“道德”上的支持时，我看到过他的一张照片，穿着煤矿工的衣服，周围都是喧闹喝彩的歌颂者——他的笑容透着蠢驴般的得意，这让他看起来，在这场表演中倒是有点异常聪明，而且全意大利都没有人能如此才华横溢地做出这样的举动。我想起，若干年前，有艘渡轮上出了件事。船上当时载着去办公处的文书和速记员。在一个男人的外套后背，有些搞恶作剧的家伙用别针别上了一个标签，写着“我是白痴”。他不知道有这么个东西；但他的同伴都心知肚明；渐渐地，他旁边的所有人都开始觉得好笑地看着他——尤其是因为，在人们瞩目之下，他开始变得颇为自信，而且跟同伴开着玩笑，不知不觉中说到的一些话，还双关地联系了后背的那个标签。所有人放声大笑——他必定觉得自己突然间就变成了异常风趣的才子：他享受着变形后的波顿[1]的光彩。

这一具有根本性的情况与墨索里尼一事迥然不同吗？那人难道不正是认为，他的表演本身格外巧妙，但整个效果却来自双关？而墨索里尼与国家权力的关系就是夸饰性的套路，将最轻微的可笑转变为令人捧腹。

【商人蠢话】当我最早开始读报时，我难以理解，为什么有许多商人的蠢话放在了标题头条。我那时正在读的书里有着不俗之语，但是，它们都受到了极大的忽视，甚至在报纸的书籍专栏里也是如此，然而，那些一生中连一句妙语都写不出的人，他们的这些陈词滥调却

1 a Bottom translated，来自《仲夏夜之梦》第三幕第一场，昆斯的话：Bless thee, Bottom, bless thee. Thou art translated。波顿是织工，被精灵迫克变成了驴。

被刊登出来，就仿佛说话的是《圣经》里的官长[1]和德尔斐神谕的杂交体。我用了很多年才理解：典型蠢钝的白痴，当被整个报媒组织放大之后，实际上就成了上帝本人，因为它就是历史。所以，当我认真注意新闻时，我才明白，新闻中真实报道的，是那些机构（Agencies）想让我和我的同胞相信的内容。

【官僚五元组】这里的一切都在机构（动因）的庇护下。官僚机构（动因）[2]就是人的行为的场景，对严肃行动本身的理解，被它们缩简到这一场景范围（其他种类的行动仅仅被认为是非法的）；人们按照这些机构（动因）来构想人的意图；他作为行动者的人格由物质和社会属性来定义，这些属性令他有能力在这样的角色中适应和晋升。

【共谋】但是，虽然我们至少全都间接认同了机构（动因）的团体人格，不过，在当前的条目下，我们应该仅仅考察直接认同的修辞手段，这些手段的极致就是这样的套路，通过它们，官僚将自己的地位用作某种共谋。

【信头】首先，以组织的信头写成的个人书信中，就有温和的共谋，如此自然的修辞，如此轻微，以至于看起来完全没有修辞。它之所以值得注意，仅仅因为它有象征价值，尤其有人还特意把信头朝下，而且将纸翻过去用背面书写。

【修正主义】已经有其他人注意到了某种勇气，当确信能得到认

---

1 magistrate，这个词可以用来翻译《旧约》和《新约》中的很多单词，或指法官，或指行政官，或指领袖和掌权的首领。如钦定本《使徒行传》16:21，和合本译为官长。《路加福音》12:11，和合本译为官府。《士师记》18:7，和合本释为掌权的人。

2 Agency，前面也出现过，首字母大写时，既指机构也指五元组的动因。中译加括号说明。

可时，这样的勇气就让自身具有了道德义愤。但是，更仔细的观察者在这方面提出了细微的改进；他想象了一位发言者，此人不仅追随路线，赞颂那些忠实信徒认为值得赞颂的事情，咒骂那些应该咒骂的，而且还徘徊在“修正主义”的边沿，以至于听众吃惊地告诉自己，“他时而似乎准备走向极端，要往右倾”，“时而又似乎准备走向另一极端，要往左倾”，“现在他似乎要支持去年正确、今年不正确的观点”，等等，但是每次，恰恰是在最后一刻，他又摇摆、回到了路线，这样，属性就得到了挽救。

【官僚信条】官僚信条：

（但是，我们不要仅仅看到这里的讽刺性，因为在优秀官僚身上也存在着良好的“辩证法”天分。）

我相信，应设法将别人的出色工作归功于自己，将自己的蹩脚工作归咎于他人。（可能的话，我要通过范范地感谢我受到的恩惠以使这一做法变得含糊，只要我的感恩因为模糊而没有引起什么联想，不足以让我有什么罪过就行，而暧昧的姿态刚好可以证明我的正直。）

【人脉关系】我相信，正如 14 世纪农奴[1]设法打破自己的束缚，那么在 20 世纪，自由人应该力求建立关系[2]。要学着使用已经存在的关系。如果没做过的事威胁到了关系，那就别做。忽视关系，就如蹒跚过林；遵循关系，就像公路疾驰。

【全是骗】我相信，尽管过去一直存在着摩尼教式的善恶斗争[3]，

---

1 bondsman，这里指中世纪西欧的 serfdom。

2 connections，前面提到过官僚制的网络性，这里其实也包含汉语所说的人脉，这个词本身也可以表示这个意思。

3 摩尼教相信善恶二宗论，光明和黑暗在空间上展开斗争。

但是现在，坏诈骗和好诈骗之间达到了生态平衡。

【骑墙缄默】在“缄默”中，我相信：“等他先出头”[1]；到那时，缄默；然后，“坦率而开放的讨论”，就是说砍他的头[2]。另一种情况，如果有人像你认为的那样可恶可憎，那么，其他某个人（有可能是个该死的傻诗人）会为你失口说出这一点。不敢涉足傻瓜闯入的地方，人们就觉得自己像天使。[3]真正熟练的骑墙者不仅骑墙：他还知道什么时候公开站出来，什么时候通过表达出强势多数派的偏见，从而响亮地“挑战”弱势的少数。若非如此，那就什么都不打，除非你清楚：你不打他，他就打你。

【既成事实】通过关系，缄默也可以变得合理。保持缄默，直到命运的进程恰好打破了这种关系。在缄默并不绝对的地方，如果它相对来说占据主导地位，那它事实上也还会存在于那里。如果愿意，相对缄默的手段就无穷无尽。这一主题带我们进入了在其他地方讨论过的“既成事实”（fait accompli）领域。[4]用诱骗剥夺了某些阶层的公民的选举权，或是让他们的选票无效，这都是缄默的种种面相。例如，“选区划分不公”（gerrymandering），或提名一位敌对的改革派候选人，从而让改革派的票数撕裂，这些套路都在缄默的外缘，是“既成事实”的变体，它们都利用了这样的修辞：将注意力放在靠后的阶段，从而超越了单纯的言内的雄辩，它确立了种种条件，可以确保纯粹的口头

---

1 sticks his neck out，俚语，冒风险。

2 chop，配合上面俚语的 neck 一词。

3 Through fearing to tread where fools rush in, one can come to feel like angels，来自亚历山大·蒲柏的诗作《论批评》第 625 行，原文是，For fools rush in where angels fear to tread。这里指，当某个傻瓜般的人说出了自己的心里话时，没有人会来干涉，以免自己也被当作傻瓜。

4 如《永久与变易》，科学家将宇宙作为既成事实。

修辞毫无效果。这里，足以令人惊讶的是那种悖论性的终极缄默，[1]它属于“阻挠议员”（Filibuster），通过它，立法议员使用没完没了的发言来阻挠提案进入投票阶段。

【制定规则】因此，在这里我们就进入了这样的套路：它们都可以用来制定规则（通过场景—行为比例），使得所追求的那种政策，其条件隐含在情境中。所以，联合国安全理事会针对否决权，针对如何区分“实质性”和“程序性”事务的斗争，都是如此（还有议会上的欺骗行为，想要哪种决议，就将议题分类，放在这个或那个条目下）。这里，我们也进入了这样的规则制定，在某国拖延退出被占领国这一行为背后就可以窥见它。如果官僚化是有效的，那么时候一到，占领国就能极力表示，要给予被占领国全面的自由，但规则却让占领国国民[2]可以享受到他们的国家正式放弃的一切利益。如果你能制定规则在某国扶持外国投资，那么，你就能打着绝对独立的名义来准予该国条件性的独立。为了做到这一点，可以在被占领国保护当地的利益集团，同理，这些集团为了保护自己，就支持种种维护外国私财的法律和表述；既然官僚认同本质上是公共的，那么，对于它来说，“它是什么”并没有“它被认为是什么”来得重要。

【保全面子】所以，最主要的是，官僚时常都在寻觅“保全面子”的套路。而与之对抗的，是“抹黑运动”（smear campaigns）。这样的组织，其本性让它尤其适合于不露声色地使用“泄露”，要么释放信息，希望以此获利，但又会否认这一信息，要么争取公众支持官僚制内的某个派系。

1　这种行为本身不是缄默，但起到了缄默的效果。

2　指占领国的资本家。

【油印本】但是，这些都是大胆的套路。当官僚日复一日地“微传”，以此来支持这种生活方式，当他虔敬地操心生怕连最低级的那种欺骗也会放过时，在这些方面，他的效率最高。如，我曾经目睹过有人以如下颇为温和的方式使用“相对缄默”：那是在公众集会上，有两个决议要投票；负责投票的委员会希望抹黑其中一个决议；结果，委员会支持的那个决议是以清晰的复本提交，而那个不受欢迎的声明，用的是油印件，就像下面这样：[1]

Whot kind of throat nood Amorico moko? Only a throat that sho would stand behind tho troditions on which our notion is founded. The kind of throat involvod in tho cloor doclorotion that this constantly oxponding monaco is viowod as itself a throat, and will no longor bo tolorotod.

声明的发布，是为了呼吁美国人民反对恐怖的侵略势力。[2]

【捐款】当年轻人不露声色地游说当地商人，为了获得资金，支持本地的球队时，在加入并服务于官僚制这方面，他们展现出了增长中的天赋：商人在隐隐的威胁下购买声誉；[3]就如政治俱乐部，为各种

1　这一段是为了体现油印本的不清晰，很多元音看起来都像 o，正确的文字应为：What kind of threat need America make? Only a threat that she would stand behind the traditions on which our nation is founded. The kind of threat involved in the clear declaration that this constantly expanding menace is viewed as itself a threat, and will no longer be tolerated。中译文如下：美国需要制造什么样的威胁呢？只有一种威胁，美国会在我们国家所立足的传统之上接受它。这一威胁就包含在这样清楚的声明中：这一持续扩大的恐吓，本身就被视为威胁，它不会再得到容忍。

2　这段话，伯克模仿了油印本的印刷，原文为，It was issued as an appeal to the Amoricon pooplo, against the gruosomo powors of aggrossion。

3　商人如果不捐款，青年人有可能抵制商品。

各样的职能请求“捐款”。虽然竞选资金是一种诚实的贿赂，我们的商人集团也乐意将之交给政党，作为对所提供服务的预付款，但是，如果一家公司开始打算将资金同时送与彼此竞争的党派，以便要求支持而不管后果如何，那么很大程度上，这一做法在功能上就成了政治界向商业界“征收献金”的手段。沿着相同的方向，再进一步，我们就发现了“保护性机构”，它们的活动与黑帮相联系，在名义上提供服务，保护财产，抵挡黑帮；这是一种在修辞上“反说”[1]实际情境的成功做法，勒索“保护”费实际上就是收取打发黑帮同伙的费用，这样，钱就“合法地”转手了，要不然，就得非法来干。事实上在这里，我们看到了一种赎清罪恶的组织。

【其他信条】补全官僚信条。

【秘书】活越少，秘书越多。

【明升暗降】若你面临被解雇的危险，那么不要摆出斗争姿态，除非有竞争派系等待着占据你的工作。要让你的上司可以方便地将你调往其他的关系，那里的待遇甚至更好[恰如那些“明升暗降”（kicked upstairs）的人]。

【预备关系】通过关系A制造关系B，通过关系B制造关系C，以此类推。因此，即使你是那种很快就不再受人欢迎的人，你也可以在自己失败之前先行一步：当关系L变坏时，你已经按照关系M取得了新的进展，以此类推，恰如那些从一系列破产里获得高收入的人，他们的收入超过了大部分人从健全商业中的所得。

【让步】如果应该让步，但是，你拒绝对某人做出让步，以免其

---

1 勒索说成了保护。

他人要求同样的让步，那么，就用下面的理由来拒绝：一旦让步，那就对其他人不公平了。

【选择性攻击】不要攻击对你的切身利益没有造成危险的对象，除非对软弱或无害的事物的攻击可以转移那种会对你的切身利益造成危险的批评。

【例行微笑】为了不让例行程序杀死笑容，就要让笑容成为例行程序。

【滑坡】要为滑坡做好准备；因为让你滑进来的东西，在下一个阶段，又让你滑了出去。

【诗性秩序】寻求动机的诗性秩序。

【手段成为目的】寻求在修辞动机之后或之下的“动机的诗性秩序”，这就是寻求纯真状态，或原初洞见[1]，而既定的官僚化就由此发展出来。种种机构（动因）是目的的手段；但当它们积聚、发展、从原始的发明人仅仅传递给接收者或文化继承人时，它们生产出了新的情境及其本性所特有的动机。如果机构（动因）不再作为原始目的的手段，那么，它们就这样变成了新目的的依据。对这种“反转”的认识，就存在于一些幻想作品的背后，如描绘机器造反的恰佩克《R. U. R》[2]，或存在于其他任何暗示人被自己的机器奴役（要么在技术性的官僚秩序中，要么在社会性的官僚秩序中）的讽刺文学背后。

1　original insight，可以确定，这个概念来自迪特尔·亨里希（Dieter Henrich），德文为 Ursprfingliche Einsicht，见其一本著名的小书《论费希特的原初洞见》（Frankfurt: Klosterman，1966）。这是对费希特的一个思想的概括，即，自我先天而前反思地洞悉了自身。《动机修辞学》中伯克就提及过费希特，德国唯心主义哲学家都是他经常讨论的。

2　Čapek's R. U. R，R. U. R 是捷克文学家恰佩克的戏剧（1920），名字全称是 *Rossum's Universal Robots*。这出戏剧使用了 robot 一词（来自捷克语 robota，苦工）表示人造人，促使该词流行开来，后来进入英语。

【仪式转型】那么，“洞见”的官僚化意味着“意图”转变为一种“机构（动因）结构”，其自身的本性，并不同于发明背后的原始的人类意图的本性。在这一方面，官僚化与原初洞见有着相同的关系，正如宗教仪式与仪式中表达的宗教感受的关系。仪式能适时地存在，但它不是某种恢复原始感觉的方式，而是取而代之。在这一阶段，我们可以预见到，社会领域中存在着一些明显的迹象，表明了道德败坏、死气沉沉，以及异化状态，最终，某种新型的虔信派激进主义兴起，它试图恢复仪式背后的原始动机，同时还发现，要想做到这一点，就必须将仪式本身转型。

【惠特曼的动机】惠特曼也是这个意义上的“虔信派”。他试图肯定这样的动机秩序：它不再一味地以实用主义的方式利用资本主义的金融和工业资源，它超越了这一点。当官僚化在政治的和商业的管理[1]（或“行政”）秩序中都稳定增强时，他设法将官僚化视为在物质上的对“普遍性人类狂喜”的仪式化（这里伴随着先验主义[2]式的做法：寻求如何可以将最功利的行为视作更深或更高动机的象征）。

的确，他的虔信式的寻求有着两可的动机。（毫无疑问，马尔科姆·考利最近将这一点揭露无遗。）[3]虽然新教徒通常急迫地甚至在最世俗的行为中也要寻找神性动机，但相较而论，惠特曼那里的情况不止于此。隐藏在自己福音中的自我，有着特殊的奖励。因为，当表达在一种程度上意在重申交流背后的诗性时，在另一种程度上，

1 government，还是在类比的意义上使用，见前面提到的商业政府。

2 惠特曼也信奉先验主义（超验主义）哲学。

3 考利是惠特曼研究专家，为《草叶集》（企鹅版，1961 年）撰写了相当有深度的导论。

这样的表达却间接地暗示了对自己同性恋的认可。[1]拒绝君主的民主制，也象征了拒绝父亲；由此导致的、以这一共谋联合起来的儿子们的团结，让民主等同于兄弟之爱，这种爱又间接地等同于对同性滥交的崇拜。因此，他的近乎《圣经》式的先知语调，有几分相似于纪德《人间食粮》（*Nourritures Terrestres*）中狂热的福音传道，其号召人们的那种说服方式，如果全部意义暧昧不明，那它一般来说就更具有说服力。我们可以将下面这一点视作“拇指法则”：总有可能存在着这样的复杂因素，让人们试图深入地窥视完全乏味的动机世界。如果某种急迫性刺激着人们，而他们并未认识到，也没有用想要的语调将之表达出来，那么，他们就不可能接受日常的动机词汇。所以，他们寻求“返回”到“原初”动机这一做法（这种方式是用“时间性词汇”来指称“非时间性词汇”所谓的“对动机本质的寻求”），就会被上述那样的复杂性加强，而因为这些复杂性，这一做法的唯心论就根植于秘密的实在论。呐喊之所以合理正当，是因为同性恋本身毕竟不是第一动机，尽管既定社会中造成压力的事件可以让同性恋的拥趸专注于它，就仿佛它是第一动机。例如，就惠特曼的情况来说，我想这样主张：同性恋仅仅是将他的洞见转译为性滥交的表达，而对民主的崇拜则将同一洞见转译为政治关系的措辞。个人化原则在这里更加重要；在他自己对本人动机的诗性陈述中，那些不安的混乱表现出了他的真实处境，其精确程度胜过了将同性恋大幅缩简为整个“福音传道法”的第一动机。

【电话和蜂鸣器】在任何情况下，无论真正的动机秩序是什么，

1　惠特曼诗中多有描写同性恋的地方，其本人也被一些人认为是同性恋者。

或者，当我们试图普遍地发现它们时，无论我们个人的介入让这一做法如何混淆不清，显而易见的一点都是：不可能只有工具性秩序是第一位的。的确，甚至当你一上来面临这样一个纯粹偶然的世界：其中的每个任务，都是由机构（动因）本身的“关系”逻辑所规定，那么，你必须寻觅本质性动机，同时问问自己，“这一切意味着什么”——仅仅提出这个问题，就令你恰恰超越了这个问题旨在考虑的“偶然性秩序”。因为，这一问题是总括，而偶然性则被视为零碎的，恰如秘书接的是电话，而不是蜂鸣器，因为响的是前者，而不是后者。

【官僚和技术程序】从我们当前思考的角度来看，官僚程序可以视为低层次的礼制仪式。它们之所以具有这一本性，是因为其所具有的纯粹交流[1]功能的背后，必定存在着“歌”[2]，即使这首歌仅仅是平庸的，其特征也是强烈的刺激，恰如工人的工作最终赐予他的，是胃溃疡。在过去，对于文明世界来说，通常在“程序的新仪式化”凸显出来的那个阶段，从外部入侵社会的时机就成熟了；最终，它惨遭野蛮部落的蹂躏，而这些部落的“机构（动因）结构”到此时，还没有从原始虔敬的方式中发展出来，故而，试图让程序本身充当礼制仪式这一仿古的做法，并没有让野蛮部落在心理上受到挫折。但是今天，技术程序的力量如此之强，以至于生活方式更直接的部落毫无机会入侵。面对着西方的“进步”，原始的“无道德”被人贴切地用这样的

1　traffic，伯克也用 trafficking，它指语言的交流和打交道，尤其是在政治和经济等活动中，有时也包含着欺骗和争吵的方面。

2　伯克精通音乐，是音乐批评家，曾经写过有关勋伯格、肖斯塔科维奇、欣德米特的乐评。在最早的文章《音乐编年史》（“Musical Chronicle”）中，他就提出了音乐是“超越灾难的歌声”。可以见卡罗尔（Jeffrey Carroll）的论文《超越灾难的歌声：肯尼斯·伯克论音乐》（“The Song above Catastrophe: Kenneth Burke on Music”），《肯尼斯·伯克研究会学刊》（Volume 7，Issue 2，Spring 2011）。

漫画人物来加以象征：丛林之王，缠着腰布，戴着高帽，炫耀着大雪茄和老爷车。这样的人也可以强大有力，只要他们掌握着技术本身（这意味着，对西方技术的唯一威胁，就是它凭借自身的力量自爆）。

【文明】因此，现在的文明蓬勃生长，靠的是一些表明了“古代社会灭亡”的态度。现代经济结构中的“间接”程度让下面这一点成了绝对律令：数以百万计的人，如果他们仅仅想要存活，就要听任于社会合作。种种财会手段让引导这样的合作变得容易，它们赋予了每项工作“理性的”（因此也是“人类的”）动机，无论工作本身从内在上多么令人反感。这样，对于相对极少的专家来说，技术是否被证明为“高尚的道德化原则”这件事，无关紧要（这些专家从未顺便停下来问问自己：他们把阅读谋杀侦探小说作为消遣，这意味着什么，例如，他们不断地建立阴险的物质力量，这是不是也显示出了此类动机[1]的存在）。即使我们社会上的每一份工作都是苦差事，但是，仍然有人会接受苦活；因为，只有在例外情况下，才有其他选择。

因此，人们需要“大我”修辞，这令他们臃肿的产业结构持续运行（并且发展，发展到更大的臃肿）。所以，人们的共谋依靠于任何这样的自信：它既能让这一庞大的体系“精神化”，似乎也能将人格的面貌注入该体系僵死的躯壳中。故而，就有了在厌倦之上的令人惊讶的热情，但技术方法的高速率变革让程序本身并没有完全陷入仪式，因为，当发现自己跟不上最新的条件时，人们就不断猛醒；甚至就是一家公司，当它随着年龄也许多少变得成熟时，其他组织的摩擦通常也足以让它擦伤红肿，刺激它做出新的努力，因为，当老家伙们让公

1　指侦探小说的作案动机，科学家如果不讲道德，实际上如同大号的杀人犯。

司磨洋工时，新人就会步伐轻快地加入进来（在任何情况下，它要么必定被浇上修辞的膏油[1]，要么打上一剂修辞针，从而变得兴奋）。无论“大我”是什么，无论按照诗或哲学的标准来判定，它有多么深不可测，但至少，急迫性是真的：想要一睹官僚化的背后，这是正当的；要求一种动机秩序，让它能超越机构（动因）本身的零碎的动机，这也是必需的。

【伯克对官僚化的研究历程】想象力的官僚化。

【手段和目的的颠倒】在早先的一部作品中（《对历史的态度》），我提出了一个概念，“想象力的官僚化”，为了在一般意义上指涉这样的历史过程：通过它，贯彻某意图的手段本身成了新的驱动条件，它隐藏了原始意图，或者甚至还与之对立。从研究“审美”传统开始，我长久以来都试图让自己相信：存在着一些人类行动的领域，其中从未有这样的过程发生。但是，我最后才明白：它必然发生，或者普遍发生，而且在这个方面，这一“辩证法”是“不可避免的”，尽管在它发生之前，并没有什么特定系列的变动可以称作不可避免（因为过去不可避免地必须如其所是地已然存在，这一事实明显为真，使得人们会将同一严格的不可避免性用于未来，不适宜地将未来按照过去来考虑，而未来明显不是那样的状况）。

【艺术与政治】在（20 世纪）30 年代“无产阶级”艺术或“宣传”艺术的时期，这一认识以其全部的强力迫使我接受了它。因为那时，左派坚称，所有作家要正式地参与到为政治和经济改革事业的效力中，而这让我至少认识到：作家们如何无奈地出现在政治选择的某个立场

1 unction，前面也用过，意译为虚情假意，这里体现了表面意思，所以直译。它指过分做作和假意的恭维、同情和问候。

上，甚至“纯粹之中最为纯粹”的艺术也被毫不含糊、确定无疑，但又“大体上”“总体上”等同于某些政治和经济选择，以至于表面上的诗性计划秘密或含蓄地成了修辞计划。在这一点上，我开始看到，或至少我开始认为自己看到了“交流的普遍存在”和“组织的不可避免”。甚至最不妥协的艺术家，如果他的作品不能以某种方式适应我们大型图书生产和图书分销的官僚制的精神，那他也会无人理睬，除非他想如新“苹果籽强尼”[1]一样前进出发，背诵自己的作品，却别无所图，从一个社区到另一个社区，留下小小的萌芽，也许还设法为文学运动铺平道路，这如此直接，以至于不需要出版商的组织来传播，也不必用恰当的俚语或巧妙的荤段子来传播。

【官僚喜剧】我断定，官僚制无处不在，正如它是“政治政府”的典型特征一样，它也是“商业政府”的典型特征；如做适当变动，它也是大刊物和小刊物的典型特征，于是，我就断定，人们必须听任于它。我开始寻觅可以让官僚制实现的“喜剧性”套路；因为我认为，“应该要求人们‘听任于进步’”这一点，在本质上就是喜剧性的。

我听任于自己所认为的“普遍困境”，这一听任的“徽章”就是我为之欢呼的“想象力的官僚化”；凭借这一过程，穿过原始森林的小径变成了公路（或是，胆小敏感的青年，经过一系列事情之后，最终成长为“一代人”中的佼佼者）。我开始自问，用批评性的纠正措施，能挽回什么呢。

但在这一点上，我不得不采取繁复精细的修辞，坚持这样做，几

---

1 Johnny Appleseed，即约翰·查普曼（John Chapman，1774—1845），美国西进运动中的传奇人物，到处播种苹果，造福四方。

乎给我留下了创伤。因为，当我的书受到评论时，我发现，我提出的“听任于无处不在的官僚制”这一点，竟然被人以某种方式从纯粹修辞的角度来加以阐释。在本书的其他地方，我讨论过的“预防性扩展”[1]这一程式，批评家也可以用它来反对我。他只需要足够的恶意来对应他付出的努力。

【托洛茨基】因为，托洛茨基的修辞得益于“官僚制”一词的狭义用法。这方面，该词专指那一时期的官僚制——如果用狭义的阐释取代广义的阐释，那么这个词具有的某种令人信服的、与“资本主义自由派”的联系就被牺牲掉了。这尤其体现在大多数托派的一个做法上：他们坚持完全世俗或自然主义的动机术语，为技术赋予了神的角色（将应用科学方法从内在上毫不含糊地当作了普遍改进的力量）；但是，我则提出，要将科学实验室本身也作为官僚化的典型例子。比如广告商为科学提供的证明：画着一个白衣男人，两边是瓶瓶罐罐，本生灯（Bunsen burner）和试管，还有标语，说的是“科学提供确凿证明”，这样的修辞对我来说，在本质上跟通常对“技术神”[2]的崇拜没什么不同。

【对官僚制的广义阐释】从那时起，我就开心地说，我们对社会趋势的分析更强烈地亲近于对官僚制的广义或普遍化的阐释，而非试图维系对它的纯粹狭义阐释，后者是为了用作反斯大林修辞武库中的武器。对我来说，更广义的用法似乎必不可少，原因恰恰是，我们身边无处不在的庞大臃肿的团体组织所具有的错综结构，是我们现实的主要方面，因而也是我们动机的主要根源。无论某些反斯大林的党徒

---

1 extension for prevention，这是医学术语，尤其是在牙科中。鉴于伯克很关心疾病，故有可能来自于这方面。

2 指古代对工艺神的崇拜，比如希腊神话的赫淮斯托斯。

觉得自己有多么急需有用而方便的修辞（借此，就可以说服那些因官僚制无处不在而感到压抑的人，让他们将所有注意力聚焦到上千种官僚制中的特殊一种，以此来消除自身的怨恨），这样的狭义用法只会提供虚假的希望，它意味着，为了摆脱这一种官僚制，我们应该摧毁的官僚制原则，恰恰就在它的源头上。相反，我们需要的，是一种允许我们从整体上思考这一问题的术语概念。

【大我幻象】在这里，技术官僚制和财会官僚制同时属于官僚制的理性和非理性方面。有一个事实是，它们让高度的社会劳动成为可能而且成为必然。另一个事实是，无论在它们的等级结构和彼此失调中存在着什么分歧，精神上“一元化”的“大我”修辞都是合理正当的，这不仅因为它是“仁慈幻象”，而且恰恰归因于生产、分配、消费的庞大连锁的具体存在。特定的“大我”或许令人作呕；它们一般来说就是这样；但“在原则上”，我并未看到有什么东西能否定“大我”在这里的意义。

但是，为了完全实事求是，我们不敢让“大我”将我们的注意力偏离诸多划分为“我的”和“你的”的情况，而这些划分则是整个交流世界的特征。这里，对事实来说，纯粹一元化的修辞必定是虚假的[就像是，如果内党人（the Ins）一旦变为“大内党”（In），号召“外党人”（the Outs）与自己永远合作，为了共同的善，那么，“外党人”是否还愿意继续是“大外党”，就成了检验合作的标准]。这一点必然适用于社会主义交流，恰如它适用于资本主义交流一样。即使事实是，社会主义的所有权模式和控制模式也许多少还更适合于现代生产力的本性，然而，仅凭这一点，还无法保证交流本身没有争吵。在许多国家，通过与当地条件相适应的变体，交流都能缓解目前正在困扰着我们的种种紧张关系。但是可以预料，作为“交流—争吵”的“巴别塔—争吵”还会继续，随之继续的，还有对“大我”修辞的巨大投入：投入的范围从几乎最简单的真相到近乎彻头彻尾的谎言。

【温和的野蛮】对于交流本身，我几乎将之等同于修辞：无论它有怎样的不和与复杂，我都承认，如果我能，我并不想让它消失不见。“争抢”.，“人间农场”[1]的动荡，这里或那里周期性的情绪爆发，在合作与“割喉”[2]的不确定共存中出现的怪事、怪想、怪癖——所有这些不仅仅是应该谴责的事情。凡勃仑[3]说过，人们最适合于温和的野蛮状态：也许，在复杂的现代条件中，当我们的争抢在其最幸福的阶段时，我们就极为接近这种状态。

【小天使】我曾听说，当人们承受着某些类型的不安，或是受到威胁，紊乱不宁时，他们会发现，端详动物园里动物的滑稽动作可以有所治愈，所以，对争抢的思考也会有助于康复。因为人类虔敬的基本动机是可怕的；理性本身让我们越出虔敬的边界，得以一窥，但这窥视令人生畏；当极端的思辨有可能过于严苛时，交流的学问就能成为缓解手段。在这样的时代，最好将我们自己视作孩童，时而如小天使一样一起嬉戏，时而突然口角喧闹，然后，瞧！又来了，还是一样，以一种嘈杂的嗡嗡声。

---

1 Human Barnyard，见《动机修辞学》，伯克将政治争斗的领域视为谷仓前的场地，那里是牲畜争抢的空间。这一经典意象也联系了伯克的技术观（上面也提到了技术问题），他极为怀疑现代人对科技发展的迷信。见伊安·希尔（Ian Hill）的论文《“人间谷仓”与肯尼斯·伯克的技术哲学》（“‘The Human Barnyard’ and Kenneth Burke's Philosophy of Technology”），《肯尼斯·伯克研究会学刊》（Volume 5，Issue 2，Spring 2009）。

2 cut-throat，比喻残酷激烈的竞争。

3 Veblen，即 Thorstein B Veblen（1857—1929），美国著名制度经济学家，代表作《有闲阶级论》。

【两只蛙】有朋友曾跟我讲过一个水族箱，有水有沙滩。除了鱼和水生植物，他还有两只蛙，一大一小。它们友好相处，经常并排坐在石头上。直到有一天，他望向水族箱，发现小蛙不见了。但是，当他看见大蛙呆呆地、孤零零坐在石头上时，他注意到小蛙的两只腿从大蛙嘴里伸了出来。他的发现很及时；他把小家伙拉了出来，它安然如常；又一次，他望向水族箱，这两只还像以前一样友好相处，并排坐在石头上。

这是一个关于人际交流的标准寓言，关乎人类结盟中的变动。这是“正常的”分歧状态（但是，如果寓言完美的话，那么，大蛙和小蛙之所以重新团结为好友，不仅是由于让事情过去就过去了，而且还因为，突然的重新结盟激发了他们加入共同的事业，一起抵御——比如说——苍鹭）。这样的状态有着危险的时刻：在最坏的情况下，它可以意味着死亡、饥饿、情感剥夺；随着现代战争日臻完善，甚至说，它也许还意味着毁灭和破败，这使得交流自行废弃，而人类行动也会从全宇宙中消失，仅仅留下已然普遍存在的、永恒的运动，人类自己在反常的系统时刻中会说服自己接受它（他们看到，自己所有强大的技术工厂遵循着运动的秩序，以其完美的理性反讽地诱导他们，按照必定总是争取理性的“存在秩序”，去用自己完全理性的机器形象改造自己）。

【黑魔法】但是，如果我们欣赏“交流”是基于它的那些并不那么凶险的方面，如果我们能记住：恰在争吵和欺骗中，它证明了自己是一个行动的领域，甚至当人们无意中发誓要为这个彻底无人的运动世界效力时，也肯定了这一点，那么，也许通过这种“疑病症”式的欣赏，我们所能走向的“交流”，比当前存在的“帝国崇拜”所接受的那种要更加温和，那帝国就隐含在技术力量的自我膨胀之中。面临着对实验室的可怖的虔敬，人类争抢的口角就像教堂里的一声大笑——如果这笑声中存在着嘲弄，那是因为，崇拜本身就是嘲弄，它导致了“新异教”式的敬拜，这种敬拜会让我们适时地清楚一切的意义，而说明一切的，就是下面这个事实：当实验科学在基督教的计划里浮现时，它的开端却在“黑魔法”那里。

第四章 修辞情境 [笔记]

本章题为“修辞情境 [笔记]”，它是基于在宾州图书馆“伯克文件”中可以获得的未完成、未修订的草稿与笔记。每段末尾括号中的编号是伯克用铅笔所加：它们的标定对应了《“修辞情境”纲要》，其影印件作为附录一收于本书。

——编者

【财产就是盗窃】本质性的修辞情境寓于战争诱因的恒常性中。[1]“财产[2]就是盗窃”，我们的无政府主义者遵循蒲鲁东[3]的说法这样告诉我们。这句话甚至比他们想要表达的意思还要正确。因为，他们仅仅想指特权“统治阶级”的角色所代表的私人财产的本性。但是，当实际使用这一句时，寓于“财产”中的刺激开战的基本诱因要更加广泛。[1]

【形上本性】首先从最高层次的一般化开始，我们看到了问题就

1 这一章其实就是讲修辞的情境“战争”，有时会与真正的战争混谈，重点还是口舌之战。

2 property，下面按照语境，也会译为所有物。

3 Proudhon，即 Pierre-Joseph Proudhon（1809—1865），法国哲学家、经济学家，无政府主义的奠基人。“财产就是盗窃”（Property is theft）见于其《什么是财产》一书，法文为 La propriété, c'est le vol。

根植于宇宙整体与其部分之间的形而上关系中。因为，任何部分的同一性都是双重的：第一，它的本性是其所根植的宇宙本性的分有者；第二，它的本性是作为区别于其他部分的部分。事实上，当区别存在时，它的本性就是排斥。例如羊羔，仅当它不会并入狮子的身体，它才可以“从逻辑上”按其作为羊羔的本性持存。甚至吞吃羊羔的狮子，如果完全与其牺牲者的本性相融合，那么狮子就不可能按其作为狮子的本性来持存。所以，在最一般的意义上，当将总体完全区分为部分性的[1]党派时，这里面就有了“战争诱因”。[2]

【属我性】那么，在最一般的意义上，部分性就等同于“财产”或“属我性”[2]。比如，当我们观察“财产”一词在阿奎那那里的用法时，我们就能轻易发现为什么马克思主义的财产观令教士如此纷扰不安。因为，共同的“属我性”被认为是矛盾语。甚至，由“三位一体”的某个位格“占用”的东西，因而就区别于由其他两个位格“占用”的东西。在造物的区分领域，情况就更是如此。在那里，仅当部分者为自己保留了所有物，它才会持续成为自己（这种逻辑排斥就是“盗窃”，因为一个生物只能通过阻止其他东西成为自己，才可以成为自己，既然所有同化都包含了对被同化者的毁灭）。[3]

【本质与存在】即使用普遍的词来考虑情境会使它不太清晰，但这一事实不会让我们感到难堪。虽然，比如某种特殊的存在着的动物，能维系自己的“所有物”，而手段仅仅是将相异的实体同化，但是，如果这样的其他实体，其物种遭到毁灭，那么，这类动物就不可能继续存在。因此，除了“盗窃”之外，必定还存在着“共享”。例如，

1 partiality，按照语境，首先指部分，同时也暗示了偏私性。

2 mine-own-ness，下面也写作 mine-ness，应借自海德格尔的 Jemeinigkeit（向来我属性）。

只有依靠生态平衡，狮子才能继续存在，按照平衡，狮子只能坐视大部分猎物逍遥狮吻之外，因而损及自身和后代的短期利益。实际上，“本质的”（essential）特性是“和平的”，因为，它们完全不能彼此偷窃。也就是说，某物的本质性彻底排斥其他所有本质性；例如，它的定义不可能“占用”任何与自己定义相异的所有物。一种本性是其所是，仅当它排斥了所有“非是者”。它的私人本性以两可的方式包含了丧失，因为它既从自身中剥夺了其他东西，也从其他东西那里剥夺了自己（这一情境困扰着这样的诗人：他在自己的理智完全成熟之前就构建了一种表达方法，他也许排除了理智的进一步发展，以免这导致他的方法瓦解）。而某事物（如某个特殊动物）的“存在的”（existential）本性，仅当其他事物被允许继续维系自己的存在本性时，方能得以维系。这样，在这两种情况中，[1] 在这一深奥的一般化层次上，存在着种种“和平的”成分，它们混合着“好战的”成分。[4]

【战与和的辩证法】简言之，我们在这里发现：一种事态，当其处于混合状态时，如果不用“部分—整体”关系这样正式的表达来说，那么就可以将之处理为两可性的“竞争—合作”（这两者都不能通过完全排斥彼此而占据主导）。这两者在“属”上的通称可以是“行动”，那么，行动能够从“种”上再划分为竞争（或战争）与合作（或和平）。但是在这里，可以预见到，基本项（行动）的矛盾性以某种方式激励着它在“种”上的两个“后代”。既然“属”的通称同时隐含了战争与和平的区分，故而，我们可以合理地期待在和平中寻找战争般的成分，在战争中寻找和平般的成分。也就是说，当战争性与和平性的“纯

1 指本质和存在这两个方面，伯克按照这一经典的形而上学的区分进行论述。

粹”差别下移、具体化为“种”上的情况时，我们可以预见到某种程度的不完满，用我们的话说，就是“和平般的战争”与“战争般的和平”。实际上，我们很容易就发现了它们：比如想一下，寓于某种庞大的社会合作计划中的巨大的竞争诱因（正如为职位候选资格的竞争或政策方面的事务）；同理，再想一下，如果在现代条件下发动战争，那需要何等惊人程度的合作组织。[5]

【战争使人团结】如果按照情况的本性，战争和好战成分在行动性中是具有矛盾的，那么，我们为什么挑选出战争的诱因呢？尤其是，既然在将“善”当作功效，将“恶”作为缺乏这方面，神学已经为我们提出了巧妙的解决方法，依此，可以宣布善是处于恶之下的终极根据。“每个现实存在都是善；同样，每个潜在存在本身也是善，既然它与善有关系。因为，它具有潜在的存在，故而，它具有潜在的善。所以，恶的载体是善。”阿奎那《神学大全》问题 48，论题 3.1 就会这样说：因为在和平上没有问题。但是，情况并非如此。因为，在和平上存在着问题：也许是最可怕的问题。这一点的最简单的证据可以在我们自己最近的历史中发现：那时，我们需要付出巨大的努力来将我们的经济从和平转向战争，这个时候，国内的争吵要少得很多，而当战争结束之后，争吵却成了恢复时期的特色。因为意图统一了人们；战争很容易就提供了意图的统一，但是，和平状态却很可能剥夺了人们任何的总体意图，当然，也剥夺了总体的紧迫意图，除非，通过神经症或自负的野心，人们可以为自己恢复一系列痛苦的状况，令其充当“道义战争”[1]。[6]

---

1 moral equivalent of war，来自威廉·詹姆斯的同名散文《道义战争》（1910）。美国总统卡特在 1977 年也做了同名演讲，认为能源危机对于美国来说是道德上的战争。

【以和掩战】那么，一般来说，甚至在和平中也潜藏着战争诱因。它主要被人类利益的因素所超越。例如，在形而上学的意义上，是“战争”为人们从山中炸出一条隧道。或者，如果说，当某群体丝毫不在乎继续“成为自己”时，对其自然完整性的操心似乎就有点神经质和迂腐了，那么在另一种情况中，人们至少能觉察出“战争”的成分，比如灭蚊计划，人们要毁灭的，是一种对继续成为自己感到在乎的存在者。但是，利益问题将这种对自然物种的形而上毁灭转变为和平，因为毁灭的目标本身是和平的（按照人类标准来判断）。简言之，我们能促使和平而非战争，成为“和平—战争”矛盾的本质（或，促使合作而非竞争，成为我们用行动这一“属”概念所揭示的那种矛盾的本质），方式就是，为整个事业灌输一种和平、合作的意图，就如二战的盟军在本质上比纳粹更和平，因为纳粹的明确目的，就是其他民族永久被征服的状态，但是，盟军的明确目标是平等状态（但是，唉！在盟军的做法中，隐含着许多征服的倾向；当英国处理印度和印度尼西亚时，当我国处理南方黑人或援助中国的反动集团时，这一点最终显露无遗）。[7]

【破与立】但是，虽然在任何建设行为中，都存在着毁灭成分，然而，如果人们并不承认：按照人类利益来判断，某种像我们的田纳西河谷计划[1]这样的事业本质上就是建设性的，那么，他们的确就有点迂腐了。或者，我们这样来讲也许最好：当不涉及欺骗时，任何为了人类之善而从事的“建设—毁灭”行为，都可以阐释为建设性的（因为其中灌输了意图的精神）。[8]

1 Tennessee Valley Project，罗斯福新政时期，1933年在田纳西州成立了管理局并设定计划，以能统筹管理田纳西河流域的经济、环境、能源等问题。

【人类利益】我们的保留条件“当不涉及欺骗时”这句话，有可能引起很大的争议。不过，在这一点上，我们是在试图表述一个原则，而不是处理具体情况中该原则的应用。实际上，我们关于“战争诱因”的观点，有一个主要的理由，正是“涉及欺骗如此频繁”这一事实。的确，反讽的是，人们甚至可以将下面一点作为“拇指法则”：如果太过严格地遵循以人类利益为中心的标准，那这一标准就会自己挫败自己。你可以向我证明，人专注于自己的特殊的人类意图，所以并不关心异类实体的完整；那我会给你证明，这是一个对人类本身缺乏同情心的人。那些怀着病态野心的恶魔（也许所有人都是如此），可以毫无内疚地摧毁一个村子，如果破坏那里可以快速获利的话（就如某些早期的开拓者，对事物的实际比例漠不关心，以至于为了牛舌就杀死野牛），他们一味放任动机的残忍，而最终，这种残忍又返回来折磨人类自己。现代对应用科学力量的使用，毫无道德可言，其中大部分“可以想象到的”危险都是这样一种生活方式：它最终诱导这些力量的使用者以相同的条件来对待人类本身。当对危害人类生活的细菌采取化学消灭时，那些并未感到什么悲伤的人，也为那些将人类生命本身仅仅处理成细菌的人，开辟了道路。[9]

【射线】我记得，曾经在世界博览会上，在“魔力科学奇迹厅”或类似的地方，有人演示新发明的电子射线。展出的对象是那些想要赞美它的致命特性的人。当时在屏幕上，投影了一滴水，极度放大。无数微生物污染了水，它们来来回回在屏幕表面飞快游动（我记得，在放大的投影上，它们的尺寸看起来就像巨大的蚂蚁）。之后，演示者放出他独创的射线，一瞬间就穿过了这滴水。而立刻，所有飞快游动的生物体全都停住，死一般的不动了。观众中发出怜悯的惊呼。在那怜悯中，我觉得，还存在着希望——这不是为那愚蠢的小虫子，它们毫无疑问就要灭亡，那希望是为了人类。威力本身是非人的，没有怜悯。从它的角度来看人，就会按照射线对待微观虫子那样的视角来对待人。当我说，从那种以人类意图为中心的立场来对待世界，这种方式甚至会自己挫败自己时，我想到的就是这一点。那种做法会丧失人性，除非用人性来对待非人的东西。如若不然，人类就要遭到毫无人性的对待。纳粹的医生，以科学实验为名，对战俘和集中营的囚徒犯下了暴行，这一点可怕地说明了我们的意思。终极的恐怖存在于这一可能性中：那些虐待狂般开心折磨囚犯的人，比那些毫无感情、完全按照专家的精确方法行动、从事感染和毁灭的人，反而更接近于人类怜悯的源泉。[9a]

【原子弹】或如，有一些反讽的情况困扰着科学力量的进步发展，通过它们也可以窥见和平的危险。既然力量和知识都是神的属性，而努力朝向更强的力量，就是人类善意的卓越标志，所以表面上看，除了科学家的工作之外，没有什么能充分代表和平、合作和建设了，科学家运用自己的理智、想象、理解、直觉，来让工具精益求精。但是，科学原则的应用通常是在战争的紧迫中取得了最大的发展。原子裂变的手段在三次大爆炸[1]中正式开始,这一事实蕴含了某种深刻的正义(从想象的角度来看），尽管大爆炸的特征完全就是死亡与破败的恐怖蔓延。按照这一事实，我们知道，那些教会我们为了免于审查的自由而骄傲的人，在一段时间里有力地阻止了科学家们，后者受到请求：应该将原子弹一事告知日本，应该向其提供原子弹威力的证明，然后呼

1 伯克也许指美国进行的三位一体爆炸、比基尼环礁爆炸和广岛爆炸。

吓它投降，以此作为在战争中使用原子弹的替代选择。他们的工作本质上是和平的。因为，他们自由行动，他们会发现足以跟自己在全世界的同事联合起来，投入到对他们的理论及其应用的合作性发展与完善中。这种对解决问题的全神贯注很可能是巨大的满足，就如人们在集体事业中从创造性工作里获得的那种满足一样。[10]

【科学家的集中营】但是，哪里有威力，哪里就有阴谋的诱因。哪里的威力不可思议，人们就能觉醒，因为他们突然恐惧地认识到：或许阴谋也同样不可思议。所以，在每一步，科学家们都觉得自己从理智的自由王国中被放逐了出去，进而封闭在比喻意义的集中营里（在某一点上，这并不是比喻：因为，许多科学家不但害怕说出自己学科的专业知识，甚至也不敢表达对政治和道德的私人观点，以免因为泄露了军事机密而在真正的意义上被投入囹圄）。[11]

【地狱修辞】甚至仅仅客套地考虑一下，也有可能让他们厌恶这样的想法：自己最新取得的胜利，是受到了地狱的支持（一下子专业地将成千上万的人烤得咝咝作响，让他们甚至没有机会在劫掠和折磨的新式武器引爆到自己身上之前投降）。但没有用：威力就在那里，所以阴谋的诱因也就在那里。原子弹投下，显然这是一种“戏剧性”的方式，它削弱了苏联即将参战的影响。简言之，原子弹有点被用作了地狱修辞，主要是作为这样一种手段：从我们的某个盟国[1]那里偷走了该国在援助方面的全部功劳。就其本身而言，原子弹的完善，纯粹是通过按照运动术语来发展的理论。但是在这里，它迅速适应了层次

1　指苏联，作者的意思是，原子弹的使用淡化了苏联对日本的巨大牵制，这其实是一种言外的修辞。

更低的行动的用辞。[1][12]

【原子弹之争】但是后来，终极的反讽会暴露无遗：因为，当原子弹在修辞上如此使用，作为冷酷的“现实”修辞、以解释日本投降之后，接着就可以发现，日本政客恰恰也以相同的方式利用了它，只不过是为了自己的意图。也即，一旦该手段的使用明显令世界惊骇，那么，日本就迅速将战争的结束完全归功于它。因此，我国的雇佣文人（word-slingers）不得不再一次忙碌起来；这一次，他们谴责鬼子[2]的原因是，他们也像我们的代言人一样公开宣布，原子弹是重要因素。他们之所以受到控诉，是因为试图过分强调这一最近从地狱进口来的东西，由此削弱了我们其他的准备和胜利。或者，如《纽约时报》所述：

> 为了试图挽回颜面，日本将自己的投降主要归因于原子弹。国务卿伯内斯对此做法不予理会，他声称，在第一枚新发明的原子弹落下之前，日本已经承认失败，东京还呼吁斯大林主席为了和平在波茨坦做出干预。[13]

【理性受挫】我们还是继续处于高层次的一般化上：我们要说，当本质上“和平的”意图（从行动者的角度来看）已经通过环境的变化揭示出了本质上“好战的”特征时，这一本质性的反讽（那种最深的内部不和，通过对外攻击来得到缓解，就如一个人会觉得杀人可以避免自杀冲动）就从那些环境中浮现。作为意图，科学或知识毫无两可地是好东西；但是，应用科学却是两可的动因，既能用于善，也能

---

1 原子弹是基于物理上的原子裂变的运动；但用作修辞，它与人的行动有关。

2 J***，原文省略，应为贬义的Japs。

用于恶；既然恶的潜能得到了表现，那么，恰恰在伦理的根源，就存在着相应的受挫。因为，当条件使得一个人仅仅放弃对理性的严格阐释就能变得理智时，他也许觉得自己仿佛受到诱惑，为了变得理性，从而放弃理性，一种自杀性的自反状态，一场用某个攻击行为来获得自然缓解的内部斗殴（要么彻底毁灭，要么转变为建设）。[14]

【德国的命运】你也许认为，我们太过深奥，在如此偏远的地方[1]很难寻觅战争的证据，当数以百万计的人承受着明显最为残酷的战争后果时，当有可能处在全面战争的状况下时，我们远离着战场。但是，远离战场的处境却也有自己的方式证明战争的破坏。因为，正是通过口舌之战，人们被带入了战争。这一点没什么深奥的，除非在偶然间，人们没有充分关注到它。最近，一位游历德国的人，不仅观察了城市废墟，还观摩了那些地方幸存的乡村之美，他自问："是什么让这些人如此疯狂？他们拥有的那么多，他们还想要什么？"至少有一点，每个人都必定同意：一直竭力将自己拉出泥潭的苏联，仅仅要求有权继续改善自己人民的命运，但是德国，幸运地经过了诸多世纪的勤奋发展的积累，却渴望着对外征服。当德国人有着如此的剥夺感时，如果，突然间神奇地实现了一个愿望：他们在开始听到希特勒及其病态同伙的阴险煽动之前所拥有的一切，恰恰又能归还给他们，那么此刻，他们会不会认为，物产丰饶的奇迹保佑了自己的国家（实际上也的确如此）？在那些谈论着另一场战争[2]的美国人中，难道没有相似的、从一开始就仅仅透着浅薄和想象力匮乏的谬论？仅当承担国内的建设是海外破坏的附带方面时，他们才能够设想前者。[15]

1　指在美国本土，远离二战主战场。

2　可能指冷战，也可能指朝鲜战争。

如果有可能突然间神奇地复原德国，那么德国人会不会认识到他们丰饶的程度？很可能会。许多德国人甚至也许虔敬地兴高采烈，感恩上帝。不过第二天，我确信，他们又来那一套，宣称自己被人利用，迫切要求承认，就像在抱怨受到剥夺之前那般，蓄意地将大部分生产力用来筹备战争，策划在全世界为纳粹哲学之类的东西证明辩护；唉！他们还寻觅足够多的同盟，协助着吹捧自己，直到许多这样的盟友决定再次打倒他们为止；在英美的保守派中，德国帝国主义运动历来都会遇到这样的墙头草（不同之处在于，随着武器的新晋提升，连地球中心都会感觉到战争的震动，当战争结束，地球的表面甚至都不再适合小虫栖息了）。[16]

【口舌之战】如果你思量这些事情，我承认，你会在研究中、而非在战场上找到答案。当你寻找通过分析人类话语所揭示出的广泛战争时，你就会觅得答案。也许，我们并没有认识到战争动机在实际中如何产生作用。语言是神奇般微妙的工具。因其微妙，而神奇的诡计多端。于是，每一次我们称敌人为魔鬼而明确表示出对战争的煽动时，就会有许多对战争的煽动隐含在我们管敌人叫“亲爱的”之中。存在着最高尚的战争，任何宗教和哲学从来都必须提供宽恕、博爱。[17]

【国家主义的普遍化】在这一阶段，我并未准备去谈：如果没有强烈的战争诱因，那么任何国家的存在状态是否还会成为可能。但是至少，人人都会承认：在国家性上，存在着现成的战争诱因。接着，人们必定开始自问，是否某些国家性的主义和条件会比其他方面包含更强的战争刺激。正如“将道德原则普遍化”是伦理和理性的本质（就像基督教对金律的普遍化——至少是在戒律中），所以，甚至在某种会将主权原则普遍化的、国家统治的赤裸裸的主义里，我们也可以合理地寻找一种本质上具有伦理性的东西。[18]

【科技与战争】同样，科学本身似乎也需全人类社会的统一，需将自身最终纳入世界秩序，无论经济自主到何种程度，技术的全面发展也许终将成为可能；但它又会颠倒朝向普遍市场的趋势，因为它在每个政治单元里培育出了独立生长的经济作物，弥补了某些原材料的匮乏——作物产出了这些材料的综合替代品，并为一些不适宜当地气候的食物生长确立了人工条件。只要从国家主义角度来考虑情境，那么技术条件本身需要的、任何朝向世界统一的趋势就引发了战争。[19]

【孤立与扩张】也十分有可能的是（我们还是继续处于几乎无差别的高层次的一般化上）："健康的国家主义"[1]自然而然、不可避免地以这样或那样的方式具有扩张倾向，尽管这样的扩张主义可以采取诸多形式，而某些形式则比其他更为好战。某种纯粹内部发展的国家主义，如果完全作为意象来判断，那么似乎非常可疑。为了抓住要点，人们可以自问，这样的主义当被视为将个体心理转变为政治表达时，看起来会是何种样子。以这样的形式，"自主和国家孤立主义"的真诚理论看上去完全类似于"自闭人格"的国家主义式的理想。这是内向和自恋。实际上，这样的孤立主义通常在发挥修辞作用时，成为了一种争取个性孤僻之人的手段，这些人代表了潜在具有侵略意味的政策。（就如我国的那些心怀国家主义的真诚支持者，"美国优先"[2]思潮就能争取他们，加入种种干预反法西斯斗争的政策中）。例如，当

1　在这几段中，由于作者侧重国家（nation）来说，因此对于 nationalism，中译译为国家主义，但它也具有民族主义的含义。

2　America First，美国的传统思潮，具有国家主义和孤立主义的特征。前美国总统威尔逊、哈定和特朗普都以此为口号。1940 年，美国还有人成立了美国优先委员会，反对美国参与二战。

德国的“独裁”主义向许多人提出这种政策时，它就是扩张主义修辞，这是最不“独裁”的可行政策。但是，在意象上，它具有孤僻的轮廓，这让那些并未注意政策细节的人颇为欢迎它。因此：在每个国家，都存在着主动分子和被动分子；在我们的国家，被动分子依然觉得受欺，因为它还没有被希特勒强奸过。[20]

【个体发育】我应该提防这里可能出现的误解。我并没有试图只是按照“自然”冲动来对待国家主义的侵略，也没有将之仅仅处理为“个体发育”的奇形怪状的复制。相反，我要指出，个体发育的意象可以用作修辞方式，为了侵略倾向的政策，笼络一些小心谨慎但毫不怀疑的人，如若不然，他们就会强烈反对自己的政府代表“国民”干预海外。但是，我们知道：作为个体，人必定以某种方式“扩张”，而且，当不再如此时，人就会彻底走向死亡。从个体上说，这样的扩张恰恰就像清除掉房屋四周的灌木，或是学习一门新语言，或将新商品添加到销售单里，或是旅行，或是买新家具。然而，随着它转变为单纯的类似国家主义的东西时，“扩张”就相当于通过认同国家实力的意象从而获得的、代入性的活力感和力量感。[21]

【牺牲者的代入感】足够反讽的是，有些“国民”在海外的特殊利益受到了公共税收的保障，因为与国际卡特尔有交易往来，他们就会超越国家主义，而贫困不堪的，却是国内受到剥夺的人，这是由于国家的大部分精力都转向了对外侵略的手段上，而非去改善国内条件，然而，正是这些国家主义侵略的牺牲者，他们的热情反倒最容易动员，因为他们完全代入地参与到了我们国家资助的海外企业的力量中。[22]

【战争六因】那么总之，我们目前为止考察的战争诱因有：（1）部分与整体这一纯粹的形而上问题；（2）竞争与合作行动的两可的牵涉;（3）甚至当应用科学本身也必定受到怀疑时的“理性的受挫”;（4）当伦理原则普遍化的倾向用于国家主权原则时所出现的侵略性；（5）当技术促成的“世界统一”如今必须按照单个国家整体来考虑时所隐含的冲突；（6）个体过于天真地认同国家时产生的欺骗。[23]

【动机串】我们还是继续宽泛地考察战争诱因，这样，我们可以注意到一整串彼此加强的动机，它们从一开始并没有恶意、嫉妒这样的“恶”，也不是以谎言作为基础，相反，它们处于“美德”之中（在基督教思想发展源头的古希腊和拉丁语文本中，该词表示武士的力量和勇猛[1]）。对这一连串动机的详细分析属于我们论象征的作品。但是在这里，我们应该宽泛地、从其一般整体上对之做出考察，而目的是，当我们在特定的诗性或修辞表达中看到其中的某个片段时，我们可以直觉出这一片段如何回接到那一整串动机上。[24]

【铸剑为犁】首先，可以注意到，武器、工具和生殖器在意象上的亲缘关系，流行语就显露出了这一点。我会指出，这样的亲缘关系，在象征的层次上，为修辞层次上的煽动提供了基本手段。这一关系表明了人类心灵的恒常潜能。当任何人会“在道德上”说服他人或自己，使之相信任何从义愤到屠杀的攻击，而其方式是将攻击与“性”和“工作”的断定联系在一起时，该关系就得以实现。“铸剑为犁”[2]的呼吁表明了反转成“铸犁为剑”并非难事。[25]

【三种人和魔鬼三一】如果我们想一下中世纪将人区分为劳动者、

1　古希腊文为 ἀρετή，该词在荷马那里指武士的勇敢，在后来更典型的使用中表示卓越性和德性。

2　swords into plowshares，语出《以赛亚书》2:4，和合本译为“将刀打成犁头”。句意就是偃武修文。在二战后和冷战语境中，美国很多总统如艾森豪威尔、尼克松、里根等都用这句话来呼吁止战，但真实的意思是，其他国家要放弃战争，美国除外。

战斗者和祈祷者的做法，那么就能看到，这里会何等迅速地出现迂回的手段。因为，既然那些祈祷者是禁欲人士，所以，他们打算用某种语言断定来取代“性”动机——身体同居可在教义受孕[1]中找到对应就是此种操作。但在这里，我们发现还有其他许多可能显露出来。如，祈祷[2]和诅咒相互对应，就像《项狄传》[3]第十一章翻译的《绝罚文》[4]中响亮的修辞，它呼求上帝谴责不思悔改之徒，“里里外外地”诅咒他的“太阳穴、前额、耳朵、眼眉、[5]面颊、颌骨、门牙和臼齿、嘴唇、嗓子、肩膀、手腕、肘臂、双手、手指”，甚至他撒尿、拉屎和放血[6]时，也要看着不幸落在其身上。这样的套话让温和的斯宾诺莎也满载着同样响亮的、来自他的教会的诅咒[7]；它表明了祈祷如何轻易就适用于诅咒，从而得出与泄殖腔（cloacal）暧昧相关的衍生物，以至于这种反向的祈祷除了等同于战争，还等同于泼粪（当从“魔鬼三位一体”[8]

1　指圣母玛利亚受孕。

2　指下面的诅咒（oath），这是一种特殊的惩罚性祈祷。

3　*Tristram Shandy*，全名为 *The Life and Opinions of Tristram Shandy, Gentleman*，英国作家劳伦斯·斯特恩的名作，元小说的鼻祖。

4　Excommunicatio，天主教开除教籍、逐出教会的诅咒性文告，也译作破门。《项狄传》第三卷引的破门辞来自12世纪罗切斯特主教厄尔努夫（Ernulphus），原为拉丁语，也称作“厄尔努夫的咒逐”，收入《罗切斯特教会文告》（*Textus de Ecclesia Roffensi*）。

5　原文这里还有“眼睛”，伯克应是转录时遗漏。后面还提到了生殖器和屁股（in genitalibus, in coxis），但伯克没有引述。

6　mingendo, cacando, flebotomando，三个不雅的拉丁语单词，斯特恩没有翻译，分别来自动词 mingere、cacare 和 flebotomare。

7　1656年斯宾诺莎被阿姆斯特丹的犹太教会堂咒逐，咒逐词与上述天主教的修辞如出一辙。

8　demonic trinity。受精神分析学影响，伯克将小便、排粪和性高潮（性和爱欲）作为三个彼此联系的位格，构成“魔鬼三位一体”。伯克非常关注“粪学双关”（scatological puns）这样的身体双关以及“粪动机”（fecal motive），尤其如莎士比亚戏剧。可参见《作为象征行动的语言》第二章“身体的思想”以及《动机语法学》。1963年12月31日致吕克特的书信也提及了为什么关注这样的三位一体。

的“性”转向“排泄”方面）。流进战争的血，等同于性交时流入的精液，或让土地“受精”[1]的雨。战争本身类似于劳动或丰收的道德，因为存在的希望是：献祭时刻之后，就会是丰收之时（在原始战争中，有一种“正式的共识”就是如此：女人和物资这样的战利品，都属于胜利者——而“非正式”的方式，则伴随着现代军队的“手足化”[2]和赃物交易）。[26]

【牺牲和战利品】现在，可以补充纯金融的方式，“牺牲—战利品”这一对就可以由此出现，如战死沙场的士兵得到的是牺牲，而与政府有销售往来、获得巨额利润的大实业家则得到了战利品，让两者的分离得以修复的是“宏大的国家主义认同”，借此“所有人”都“在精神上”分享了总体的牺牲和利润。有一个事实极大地增强了这里的说服可行性：牟取暴利者的子弟也死在了战争中。[27]

【产权分配】宽泛来讲，如果事实是，任何产权结构与生产分配条件之间的调整都涉及了所有权的再分配，那么其中就存在着战争诱因。实际上，即使全世界都一致地同意阻止某种这样的再分配，它也不可避免地会发生，因为不管愿不愿意，生产本身的变化性还是导致了“机遇性和必然性”分配中的变化，而且包含着明显或隐蔽的征税（后一种情况包含：消费者支付过高的价格；默许不尽如人意的生活条件；简言之，要求某些社会成员付出、而其他成员不用付出的一切牺牲）。虽然技术生产力增强，但在金融结构上并没有相应的变化，这样的增

1 fertilizing，双关，表示施肥，使之肥沃，也表示受精。

2 fraternizings，亲善化，政治军事方面的习语，指将敌人或占领国国民转化为兄弟朋友。二战后，美国占领德国期间，艾森豪威尔就下达过不要跟德国人“手足化”的禁令，后来因为国内压力取消。伯克肯定想到了这一事件。

强迫使人们在“扩大海外市场”和“减少国内工时”之间做出选择，由此引发了战争。这里不必具体考察诸多这样的诱因。再说，我们选出的每个原因，本身都是可以商榷的议题；本身也是修辞学的主题，之所以如此，因为任何“物质利益”都能按照某种相应的“理想”来陈述，既然存在着如此操作的意愿，存在着为了看清这一意愿的实现方式而对公共信息的主要来源所做的充分控制。[28]

【理想】我们这里关心的全面性一般化做法，隐含在所有这样理想之中的战争因素里，凡当情境使得理想被用作结盟的意图时。因为，在每一个这样的情况中，尽管理想具有天意般的和平与虔诚，但是，它们是口舌之战的武器。这样的手段无处不在，以至于就连在祈祷祝福中，我们也必定期待着发现战争。从修辞上，任何人都是为了平庸的理由提出开战的傻瓜，既然任何事情都恰恰有着可用的“高贵的”理由。但是此刻，我们的重点是：只要人们能在理想间移动，那么每种利益都会有“和平的”版本，无论有什么差别。而且，既然特定情境中隐含着不同的因物质而形成的同盟，那么每个理想都隐含地具有战争性。所以，当你发现我国远离本土数千里，干预其他国家的政策时，你就能预先确定：我们这样做是出于最高尚的理由，因为或对或错，政策都被认为是支持某个特定代言人所代表的党派的利益。从来没有什么国家为了理想开战；但也没有哪个国家开战，却毫无理想。[29]

【性】对于“武器—工具—性”这一串动机的强制力，最快速的理解方法就是思考那些当我们试图消除战争时就立刻浮现出来的障碍。“性”方面的若干类似者是“绝对无序”“性关系全面公有”和“贞洁誓”（后两者是唯二避免“性别歧视”的方法）这几个选项。如果性关系并没有像空气一样自由，那么，它们就拥有了战争的成分。因为，对于金口约翰为基督教婚姻中“我的”和“你的”的融合提出的规定来说，我们越是认可这一做法的成功，就越会明确地承认：结合本身就是分裂，即与世界上其他一切的所有权脱离开来——所以也就要求抵抗任何在其中挖墙脚的入侵者。同理，如果要将战争的根除转译为性表达，同时又不支持“性滥交”，那么仅有的方法就是象征阉割。[30]

【工作】当把战争的消除转译为工作方面的表达，那就需要消除野心，尽管野心是资本主义基本的竞争美德。凡当在模仿和平的掩饰下努力争取让某个计划、政策或主义压过其他时，我们就会得到警告，要注意和平之下的战争迹象，但是可以发现，这些迹象完全潜藏于有力的意象或逻辑力量的强制中。[31]

【战争哲学】但是，我们必须小心，以免我们发现的战争的“无处不在”和“普遍性”——按照这样高层次的一般化处理所揭示的——被阐释为一种想要得出如下简单结论的论证：“战争是所有存在的本质”，因而，按照“场景—行动者”比例，“人在本质上是斗争者”；尤其如果这样的观点被视为彻头彻尾的战争哲学，就如一些作为道德首要动机的、令个体或国家扩张的主义（这样一种引诱——我们不能太过频繁地重申——恰恰隐含在表示“美德”[1]一词的词源中）。[32]

【区分】当面对需要特殊政策的特殊情境时，我们必须继续准备缩简一般化的范围。在这样做的时候，我们立刻发现，在每个情况下，都存在着区分的原因，虽然每个区分都有战争的成分，但是，这些区分有助于选择相对好战或不好战的政策——或者，当“战争”动机的本性进一步沿着和平的方向时，被征服的民众受到奴役，这在本质上

1　virtue，前面曾经提过，实际上从英文词源来说，它更突出了武士勇猛的含义。英文（中古英语为 vertu）来自拉丁文 virtus，词根为 vir（男人）。

比杀死他们要“和平”得多，而协议会更加和平，等等。虽然在近几十年，我们已经看到了大量隐含在商业野心中的战争迹象，但是显然，只有某些形式的这样的野心才导致了真正的战争。[33]

【战和共存】实际上，我们之所以彻底表明战争诱因的无处不在，是想要回答那些让道德原则基于战争本身的人。因为，一旦人们认可战争处处存在，那么，他必定承认：同理，和平也处处存在。因为，除非许多合作行为伴随着它，甚至自我扩张也可以不毁灭个体从而成为可能，这有点像马基雅维利的君主，为了强化统治，必须增强自己臣民的体魄，而在最坏的情况下，这样的增强就需要促进物资的生产和分配。[34]

【美国奇迹】美国（或至少曾经是）在自然资源方面丰富得惊人。很自然，第一批殖民者不得不非常体贴他们的东道主印第安人，并且跟他们保持着体面的关系，直到白人从骨子里觉得可以冒着风险背信弃义。之后，尽管存在困难和挫折，白人移民还是可以稳步地扩张自己的帝国，而代价就是这些原住民。对自然资源的大规模掠夺（以及从集体所有制转向了私人所有制）等同于“进步”。破坏森林、挥霍矿产、污染河川、耗尽土壤，这些行为的动因可以视作人类文化中格外光鲜崭新的动机，一种“美国方式”。随着巨大的天然财富四处抛散，几乎每个人，如果付出了足够的耐心和狡猾，如果没有遇到一系列太过严重的厄运，那他都能设法获得充足的资源来让自己最起码生存下去；而这一事实可以阐释为：它证明了美国文化本身所具有的某种奇迹般的特征。此外，既然更多的人源源不断地自东部而来，因此，几乎任何一块土地，至少在一段时间里，作为纯粹的不动产，如果长期持有，其货币价值就有可能上涨——这看起来也能像是某种对非凡美德的奖励，它标志着，契约的拥有者属于上帝的拣选之人，或者，不论在任何情况下，都属于社会的拣选者。[35]

【美国天赋】总而言之，这里的修辞“机会”糟糕透顶。事实上，它无法抗拒，所以也许并没有让美国人从根本上质疑它，直到为时已晚。那时的情境不折不扣的是：除非道德警觉、国家的自我批评、批判性理智、经济想象力普遍达到了最强程度（它们并没有！），否则，人们就会受到诱导让自己、让彼此愚蠢不已，因为他们竟然设想，浪费丰饶的自然资源表明了某种特殊天分的存在，它专属于美国的全体公民，从个人到全国。物质原料的丰富可以说成是精神上的天资，这就有点像，人们认为自己是天才，善于被一只塞得满满、无人认领的钱包绊倒在地。[36]

【拜物教】我们作为浮夸之国的本质就在于此。从这一情境中，我们自然而然和受到灌输的对“美国方式”的信仰，作为修辞策略由此而出。宗教世俗化是整个现代生活的特征，在这样做的时候，我们确定了“商品拜物教”的伦理标准，按照购买物来看待“自由”和“礼节”，所以，对物质和精神的不作区分，又以几乎自杀的方式被推进了关键的一步。[37]

【资本主义轨道】既然我们认识到，如果我们恰恰能够让自己持续工作，那么如今，过分敬拜这种物质主义，对于我国来说就是必不可少的，故而，这方面的修辞很有可能成为噩梦。因为，如果我们受到灌输，从而相信：穷者不应有其居，否则政府就要掏钱施以援手，如果对于穷客户来说，按照他们的条件，私人企业没有动力将其确立为核心消费者；如果实际上，甚至存在着更强的动机让他们继续赤贫，使之作为廉价劳动力的来源，服务于金钱上的幸运儿；如果我们不能超越某种定额，设法将自己的商品强加给外国客户，而面临着他国竞争、关税壁垒、难以偿债等等，那么，我们多产的工厂就只能以足够之高的速度运行下去，以让我国大部分人口留在资本主义的轨道上（也就是“赚钱”，如果那些花钱的人将之基本挥霍在鸡毛蒜皮之物和不必需、也用不着的东西上）。因为，既然我们的工业生产并不是为拮据的人提供必要的住宿，那么，它的运行就只能为富裕者提供不必要的居住条件。由于任何人都能超出自己的基本需求承担购买行为，所以，他必定受到诱惑，强烈渴望各种琐屑的、让自己得不到真正心安的东西。这就是凡勃仑将广告称作“创造性精神病学”[1]时所想到的情况。[38]

【鬼城】就那些并没有用于穷人居所的材料来讲，如果凭借它们获得收入的人（如工人、经理、投资者）继续接受这一收入，那么这些材料必定用在了富人的小玩意上。若非这样，如果材料用于了建设目的，那么，它必定满足了一位在经济上毫无用处的顾客——战争。尽管按照我们产权结构的本性，我们能全无痛苦地为工人在军工厂建造整座整座、当危机过后就会报废或废弃为“鬼城”的“紧急之都”，但是，灌注了“全国制造商协会”之理想的某种修辞，会被诚挚地释放出来，遍布我们报纸的每个地方（受到特别保佑，享有免于“政府控制”的自由），随心所欲地谈论着在成本不会更高的地区、为这批工人建造房屋、令其永久和平生活的计划。[39]

【最后两点】还有重要的两点：

【剥削海外】一、就我们在国内的挥霍而言，我们“需要”获得

1 creative psychiatry，见凡勃仑的《最近时期的不在所有制与商务企业：美国个案》（*Absentee Ownership and Business Enterprise in Recent Times: The Case of America*，1923 年）。

其他地方的资源以供挥霍——新的反讽：但是通过国内挥霍，我们创造出了相当一大部分的买家——海外挥霍可以按照另一种方式进行：我们可以让其人口完全贫困，仅仅跟那里的一小撮统治阶级沆瀣一气。这一点，我们也可以用来证明自己的天才。我们还可以给那里的人添加不幸，直到他们几乎丧失希望——那时，我们就能引用他们的绝望来证明：他们本质上是下等的，只有被剥削的价值。[40]

【比下有余】二、世俗化的另一个方面——实际中有可能存在着对“更低阶级”的“心理需要”，除非我们格外正义、具有批判性的睿智和想象力，从而提醒自己小心这样的诱惑（如我们说过的，国家道德是一种共谋或同谋，一种容易利用的、有良知的诡辩，它让不正义国家化，从而避免了对不正义的起诉，按照柏克[1]的观念：不能起诉国家），穷人阶级“需要”更穷的阶级——反讽的是，这一在资本主义之中、特殊而假冒的宗教复兴，就像所有真正的宗教一样，对资本主义是有害的：例如在南方，有压力要求普遍降低工人收入、同时专门降低黑人工人的收入，这从长远上意味着：试图使那个地区获得更少比重的国家收入。低收入也许是不错的诱饵，将资本吸引到某个地区，但高收入对于资本主义要更佳，一旦资本存在。[41]

1　Burke，指埃德蒙·柏克。

附录一：《“修辞情境”纲要》的影印件

图 1a–d 展示了《“修辞情境”纲要》的影印件。伯克在其草稿页边提供的编号 1 到 41，对应了段落数；为方便读者起见，我们在《词语的战争》第四章“修辞情境[笔记]”中用括号复制了这些编号。来源：宾州图书馆“肯尼斯·伯克文件”的第 5 箱，第 17 文件夹，这份关于肯尼斯·伯克对“修辞情境”设想的纲要紧随“修辞情境”的手稿之后。

——编者

Situational - Outline

1 - essential rhetorical situation: - constancy of the invitation to war - "property is theft" cd. be interpreted much more extensively than it is by the anarchists

2 - beginning at highest level of generalization: relation of part to whole - identity of any part, as part of whole, as part of whole - lamb, to persist, must exclude the lion - and even lion cd. not persist if he included nature of lamb - hence, invitation to war in division of totality into partiality (partisanship)

3 - partiality as property, mine-own-ness - "property"in Aquinas, as not possible to two Persons - ~~necessarily properties~~ a creature to assimilate must destroy the assimilated

4 - admittedly, the situation as so generalized is not clear-cut - there must be a "sharing" as well as "theft" - ecological balance - sense in which essential distinctions are peaceful, and can't steal from one another - its appropriation as privation (depriving self of others, and depriving others of it) - things can exist only by letting other things exist

5 - in brief: cd. treat as competition-cooperation ambiguity, with the generic term, action - action cd. then be subdivided into war and peace - but we might expect that the genius of the tertium quid wd. give us, rather, "peacelike war" and "warlike peace" (as embodied in the imperfections of existent cases) - and this we find: as per the ~~competition in cooperation~~ rivalry in cooperative enterprises, and the great amt. of cooperation in modern war (

6 - if war and peace are ambivalent, why single out invitation to war? particularly since theology offers us a solution, in proclaiming good as efficiency, evil as deficiency - was about to say: because in peace there is no problem . but there is - as indicated in our recent history: ~~gr~~ so much greater ~~smoo~~ smootheness in conversion for war than in reconversion for peace - for men are unified by purpose

7 - how factor of human interests transcends the ambiguity - it is "war" to blast a tunnel or to exterminate mosquitoes - but factor of human interests can transform such destruction into peace - infusing enterprise with peaceful purpose - Allies more peaceful than Nazis in last war - (explicitly at least, though implicitly there were many elements of war, as per India and our treatment of Negroes)

8 - TVA essentially constructive, as judged by interests of mankind. hence our principle: Insofar as there are no deceptions involved, any construction-destruction act undertaken for the good of men is to be interpreted as constructive (as infused with the spirit of the purpose).

9 - haggling possible via our reservation ("insofar as there are no deceptions involved"). but here we are trying to formulate a principle, not treat of application to specific cases - the major invitation to ear is precisely that there are so many deceptions involved - danger in test of exclusively human interests (eventual invitation to treat men likewise in terms of the treatment for non-human victims of human interests)

图 1a–d：《“修辞情境”纲要》影印件。伯克在草稿页边提供的编号 1 至 41 对应了段落数。来源和版权：肯尼斯·伯克文献信托会。

9 a anecdote of the episode at world's fair - destruction of the bacteria, shown on screen - the audience's cry of pity - in this cry there was some hope - otherwise, an absence of pity or consideration for non-human things affects our attitude towards mankind itself - as per atrocities committed by Nazi physicians in name of scientific experimentation - sadists were probably nearer to human pity than the specialists

10 - dangers of peace, revealed in science (wisdom and godhead - rationality as mark of goodwill - yet application of science has made its greatest strides under urgency of war) - imagery of the inauguration of the atomic bomb

11 - where there is power, there is invitation to intrigue - scientists, for freedom, suddenly find themselves confined - ~~even considerations of ceremony might have made them dislike the inauguration under such hellish auspices~~

12 - even considerations of ceremony might have made them dislike inauguration under such auspices - but the bombs were needed as a bit of infernal rhetoric, to rob Russia of credit for entering war - - developed by theories of motion, here's how it was transformed into terms of action

13 - but the ultimate irony was disclosed later - Japs began making same claims for bomb as our spokesmen had - hence the next move was to deny what had been asserted - cite from NY Times

14 still remaining at high level of generalization: essential irony (of intestine discord goading to outward aggression, as per feeling homicidal to avoid feeling suicidal) arises when a peaceful purpose begins to reveal militant traits - the suicidally reflexive (as were one to be rational by abandoning reason - a suicidally reflexive state)

15 - not recondite to be looking for such out-of-the-way aspects of war - war is contrived by words - the traveler over Germany, asking, "what more did they want?" - Russia wanted internal development, while the Germans wanted conquest - similar trends in US

16 - if Germany cd. be magically restored, Germans wd. appreciate their bounty for a day, and then resume their plotting (aided by British and US Tories, who wd. again build them up to the point where they had to knock them down again). except that the next time wd. make the world uninhabitable

17 - these matters have to be pondered in the study - wide range of war, revealed by study of human speech - we may not realize how deep the motives of war do really go - explicit goad to war, in calling the enemy a fiend - implicit goad to war, in calling him a darling - war in forgiveness, and charity

18 - not prepared to say whether any state of national existence is possible without strong invitation to war - at least, nationality is a strong invitation to war.- ethical motive in tendency to universalize a principle, and the same may apply to the principle of national sovereignty -

19 - science likewise seems to call for unification of all human society - (however, there are trends towards self-sustaining units) - any scientific trend towards world unification invites to war so long as it is encountered in nationalistic terms

20 - imagery of expansionism - imagery of~~xx~~ purely internal national development may~~x~~ be the analogue of the "shut in personality" - doctrines~~xx~~ of autonomy enlist personally ~~xxxx xxxxxxxxxx~~ retiring people in behalf of aggressive policies - as isolationism in US aided Fascism - Nazi doctrine of autarchy, a rhetoric to ~~xxxxx~~ cloak expansion - active and passive elements in every nation, and passive element in US feels cheated because she was not raped by Hitler

21 - we are not trying to treat of nationalistic aggression in terms merely of "natural" impulses - but we are trying to show how imagery of individual development can be rhetorically utilized for jingoistic purposes - individualistically, failure to "expand" equals death. expansion may take many forms in individual , but in nationalistic terms ~~xx~~ there is identification with national prowess

22 - ironically, the "nationals" with ~~xxxxx~~ special interests abroad transcend nationality, while supported at govt. expense - it is the deprived at home who enjoy national prestige vicariously

23 - in sum, on invitation to war: metaphysical relation btw. part and whole ; ambiguous involvement of competition in cooperative action ; frustration of rationality, insofar as even science may be distrusted ; aggression in universalizing of ethical principle, when that principle is nationalism ; conflict implicit in fact that technologically engendered world unification must be considered in terms of nation ; deceptions that arise ~~xxxx~~ from too naive identification of individual with nation

24 - whole cluster of motives, mutually enforcing one another, begin ing in "virtue" - detailed analysis of this cluster wd. belong in Symbolic, but here we can treat it broadly (getting intuition of ramifications)

25 - imaginal kinship of weapons, tools, genitals, as revealed in popular speech - indicates tendency to equate agreesiveness in militant with assertions in sex and work - reverse conversion, of plowshares into swords - ~~xxxxxxxxxxxxxxxxxxxxxxxx~~

26 - those who work, fight, pray - in celibacy, the sexual becomes the verbal insemination- the Excommunication in <u>Tristram Shandy</u> - action of cloacal ambiguity, demonic trinity - blood in war, semen in sex, fertilizing rain for crops - war and harvest, sacrifice and bounty

27 - financial ways whereby sacrifice-booty pair can figure, as soldiers sacrifice and investors get bounty - complicated by sacrifice of profiteers' sons

28 - invitation to war in all redistribution of ownership (such as any change in production involves) - this takes place even inevitably - but not necessary here to consider the many individual situations making for this , each of which wd. be a moot question

29 - over-all generalization; element of war implicit in all such ideals, no matter how peaceful their appearance - there is a noble reason for every war - our meddling abroad, bound to be for a "good" reason - no nation ever goes to war for an ideal, and no nation ever goes to war without one

30 - quickest way to appreciate compulsion of weapons-tools-sex, is to think of the obstacles that arise at attempt to eliminate war - sexual analogue to warlessness is either promiscuity or castration - St. John Chrysostom's view of maarriage involves divisiveness, resistance to poacher who wd. trespass - ~~translated into terms of work, elimination of war~~

31 - translated into terms of work, elimination of war wd. equal elimination of ambition - and every attempt to recommend one policy over another involves discrimination, using forcefulness of imagery or compulsions of logical cogency

32 - however, our position does not involve us in saying simply that "war is the essence of existence" and "man is essentially a fighter"

33 - we must be continually ready to narrow the scope of our generalizations, when confronting particular situations - - always grounds for discrimination btw. policies - though such discrimination is itself warlike, it may help to choose policies less warlike - enslavement less warlike than desrruction, treaty less warlike than enslavement - war implicit in commercial ambitions, but in varying degrees

34 - our purpose in thus broadly generalizing is to obstruct the "man a fighter" doctrine - for it is as true to say that peace is everywhere - a Machiavellian prince can't be strong in domination without building up strength of his subjects

35 - situation underlying rhetoric in US - the great natural wealth available for squandering - empire-building and destruction

36 - great moral vigilance, ~~critical intelligence~~ national self-criticism, economic imaginativeness required, so ~~as~~ as not to interpret this profusion of materials ~~as~~ as endowment of spirit

37 - danger of coxcombry - opportunity for rhetoric of "American way" - failure to distinguish btw. mateer and spirit also due to secularization of religious

38 - rhetoric now threatens to become nightmare , as successive devotion to materialism is now necessary - need for people to be made to passionately desire trivial things - "creative psychiatry"

39 - if not gadgets, then war

40 - squandering opens up need for getting new sources to squander - hence, exploitation of foreign sources

41 - possibility that a submerged class is psychologically necessary - national morality a connivance - irony of region's maintaining low income rate

附录二：《前言（后补）》

《前言（后补）》提供了伯克对《口舌之战》的一些反思。在附录三，我们给出其影印件；为了有助于读者，我们首先在附录二收入内容的逐词转录。基于档案上的证据，编者将《前言（后补）》的时间确定为20世纪70年代早中期。在创作时，作者有可能期待着加利福尼亚大学将出版《套路》一书。

——编者

前言（后补）

虽然这一材料中的大部分内容（除了次要的微小修订和附录之外）都是几十年前完成的，已经到了有出版希望的誊清稿阶段，但是，当我写作《动机语法学》和《动机修辞学》时，我把手稿搁置一旁，那时我判断，需要这两部作品成为预备基础。

这一想法完全出错。这些作品本应恰恰按写作顺序出版，而"套路"部分是为了后面的内容做准备。

虽然我在课堂和公开讲座时使用过该材料，但只有一个部分，我曾经发表过，就是论文《修辞学——旧与新》（《通识教育杂志》1951 年 4 月）。重印收于论文集《新修辞学》，马丁·斯坦因曼（Martin Steinmann）编，斯克里布纳之子公司（Jr., Scribner's）1967 年版。但是，恕我借用一个媒体钟爱的词，在近些年，我们又看到了“接二连三的”实例，它们都会放在“套路”部分的标题下（该部分基本上是一种“穷人的马基雅维利”[1]）。

这一计划背后起初的冲动是为了努力自愈。既然我所目睹的阴谋、狡猾、表里不一的迹象，似乎超出了对我有益的程度，因此，我试图制定出“喜剧的”方式，尽可能让这样的观察评论好玩一点。此外，我有时也不由自主地觉得自己完全是平庸之辈。例如，当联合国成立之时，当人类需要不断呼吁最大可能地运用理智和耐心，在这样的条件下，当权政党和主流记者争先恐后，热衷于利用人民的怨恨和猜疑。在“全球”关系的编年史上，这是一个致命的阶段——它被人狂热地搞得一团糟。此时，已然不可逆转地浮现出一些趋势，它们将会在麦卡锡时期达到一定程度的暂时的实现，在肯尼迪、约翰、尼克松时代又会有惊人的新变化。

就这样，我也让出版一拖再拖，因为我看到，有很多地方，如果参考随后的种种发展，那就会受益匪浅。就在那时，看呐！我突然醒悟到：倘若当初就让我的原稿几乎原封不动地出版，那么如今，真正的历史进程早已促使读者在目击原始环境、预判这些环境之时凭借“距

1　《论李维》中马基雅维利主张共和国应国富民穷，这里似乎暗示了这一点，或许也是指这样的马基雅维利式的修辞手段不是属于君主的，而属于底下的公民。

离感”[1]、轻而易举地依靠自己有所获益。

……

就整个“动机系列”的计划来说，“套路”部分置于何处呢？《动机语法学》意在考察人类思想的普遍方面（聚焦于“实体”一词的悖论）。《动机修辞学》集中于党派模式[2]以及对其的超越［核心是“认同”一词）。《动机的象征》（最狭义上）集中于个体“身份（同一性）”（涉及种种“等同”[3]，揭示它的，要么是特殊的艺术作品（“诗学”），要么是人类品性（“伦理学”）］。

既然“套路”部分包含了各种套路对“隐秘的目的”的用途（例如，支持一项政策），故而，它们明显属于修辞领域。但是通常来讲，它们都作为人的品性来加以使用。在这一点上，无论它们作为修辞“策略”的功能是什么，“套路”部分都与伦理学领域有所重叠。我想到了一个例子，我正在写本书时，人们都在大谈这样的人：他们被委派执行法律的任务，也正因此，他们倾向于认为自己凌驾在法律之上，他们轻易就会采取非法手段来暗中监视有不法嫌疑的人。

如，想一下这样的乡村警察，总是把车停在马路错误的一边。有一次，他在做急救测试，旁边还有其他几位并没有如此“依”法的当地市民，他厚着脸皮打开书抄答案，但其他人都不敢这么做，都合理地期待着，按照测试规则，如果不知道正确答案，那就选“非”。

在这个意义上，“套路”渐渐成为隐含的“自我写照”，它表现

---

1 pathos of distance，德文为 Pathos der Distanz，尼采的概念，有不同的中译。这指强者、贵族等高人一头的人，通过与卑下者的距离感获得创造价值的权利。

2 partisanship，侧重“部分”，不一定专指政党，区别于《动机语法学》的“普遍”。

3 equations，伯克把语言的象征视作“等同”关系，即 x 等同于 y。

了使用者的品性。如，既定行动者倾向于支持某些套路，这不仅为了某个实际的隐秘目的，而且还以“自我表现”的方式服务于这些套路本身，恰如这样的持枪抢劫犯，不是为了抢而去杀，是为了杀才去抢（完全是对杀人本身的热爱）。或如某新闻里的一个地铁“强奸犯”，要女孩把钱包给他，等按他要求把钱包交出后，刀扎毙命。

为了强化观点，我用了一些极端的例子；但是，乡村警察的趣闻为整个“套路”部分设定了理想的基调（至少做到这样的程度：在理想上，我们用某种喜剧之类的语境来包围阴险的实例）。

直到现在，我才想起，在我的《动机修辞学》中，我罗列了马基雅维利《君主论》和奥维德《爱经》的某些典型套路，我将它们视为与人类品性有关的独特片段（因而体现了驱动我们的、从修辞到诗和伦理上的种种动机，它们自在自为地表演），这一观点的根源，也许就在福楼拜的《情感教育》（*L'Education Sentimentale*）中，尽管当我勇敢地奋力一笑时，他势必毫无同感。

附录三：《前言（后补）》的影印件

此处《前言（后补）》的逐词转录收入附录二。

——编者

Foreword (to end on)

Though most of this material (except for incidental minor revisions and the Appendix) was finished some decades back and attained the hopeful stage of a fair copy, I laid the MS aside while I worked on my Grammar of Motives and Rhetoric of Motives, that I then judged to be needed as a preparatory grounding.

This notion was all wrong. The books should have been published exactly inthe order in which they were written, with the Devices as preparation for what followed.

Though I did use the material in the classroom and in public talks, the only portion I ever published is the article, "Rhetoric - Old and New" (Journal of General Education, April 1951). It is reprinted in the collection, New Rhetorics, edited by Martin Steinmann, Jr., Scribner's 1967. But if I may borrow a word beloved of the media, in recent years we have seen quite a "spate" of specimens that would be classed under the same head as my Devices (largely a kind of "poor man's Machiavelli").

The originating impulse behind the project was an effort at self-cure. Since I seemed to be seeing more signs of plotting, deviousness, and duplicity than were good for me, I tried to work out "comic" ways whereby, as far as possible, a measure of fun might be derived from such observations. Also, despite myself, I sometimes felt downright mean. At the time when the United Nations was being founded, for instance, under conditions when mankind needed a constant appeal to the greatest possible exercise of reasonableness and patience, precisely then the parties in power and leading journalists vied with one another in their zeal to play upon people's rancors and suspicions. It was a fateful stage in the annals of "global" relationships - and it was being zealously botched. And the trends that were to reach a kind of ad interim fulfillment in the McCarthy era, with surprising

图 2a—c:《前言（后补）》的影印件。来源和版权：肯尼斯·伯克文献信托会。

new twists in the Kennedy, Johnson, and Nixon years, were already inexorably emerging.

Thus I also kept delaying publication because I saw many places that would profit by reference to subsequent developments. Then lo! I suddenly awoke to the realization that, if I left things pretty much as they were in my original MS, the sheer course of history has brought it about that readers can of themselves readily profit by the "pathos of distance" in both seeing the original circumstances and seeing around the corner of those circumstances.

*

Just where place the Devices, with regard to the Motivorum project as a whole? The <u>Grammar</u> was designed to consider the <u>universal</u> aspects of human thought (as coming to a focus in paradoxes of the term, "substance"). The <u>Rhetoric</u> focussed on modes of partisanship and their transcending (as coming to a head in the term, "identification"). The Symbolic (in the restricted sense of the term) centers on individual "identities," (involving "equations" as revealed either in particular works of art ("Poetics") or human characters ("Ethics").

Insofar as the Devices involve their use for "ulterior purposes" (to advocate a policy, for instance), they are clearly in the field of Rhetoric. But often they are employed as an aspect of one's character. In this regard, whatever their function as rhetorical "ploys," the Devices overlap upon the field of Ethics. Here is an illustratinn that occurs to me, since I happen to be writing these pages at a time when there is much talk of persons who, being entrusted with the task of enforcing the law, by the same token tend to think of themselves as above the law, and will readily adopt illegal methods to spy on persons suspected of illegality.

Consider thus the rural policeman who invariably parked his car on the wrong side of the road. And when, along with several other local citizens who were not thus "within" the law, he was taking a test on first aid, he quite unabashedly opened his book to copy out the answers, whereas none of the others dared to do anything of the sort, all properly expecting that, by the rules of the test, when they didn't know the right answer they would simply get marked "wrong."

In this sense the Devices tend to become implicit self-portraits, in representing the character of the user. Thus, there is a tendency for a given agent to favor certain Devices not just for some ulterior practical purpose, but for their own sake, by way of "self-expression," as with the stick-up man who didn't kill in order to rob, but robbed in order to kill (through sheer love of the kill as such). Or there was a news story of a subway "rapist" who, having demanded that a girl give him her purse, and having been given the purse in compliance with his demand, sliced her to death anyhow.

I have used extreme examples to sharpen the point; but the anecdote of the rural policeman would set the ideal tone for the Devices as a whole (at least to the extent that ideally we'd surround sinister specimens with a context of comic analogues).

Not until now did it occur to me that whereas, in my *Rhetoric of Motives*, I list some typical devices in Machiavelli's *Prince* and Ovid's *Art of Love*, my view of them as characteristic fragments of human characters (hence as embodying motives that move us from Rhetoric to Poetics and Ethics, enactments in and for themselves) may have its roots in the Flaubert of *L'Éducation Sentimentale*, though he certainly would have had no sympathy with my valiant effort to grin.

编后记

早在 1949 年，当肯尼斯·伯克准备《动机修辞学》（*A Rhetoric of Motives*）的出版时，他插入了一个脚注表明，按照预期会有他这部书的第二卷："结尾的这些话[1]原本旨在过渡到我们论'口舌之战'（The War of Words）的那部分。但是，那要等待另卷出版了。"（294）令人吃惊的是，目前为止，没有人对这段话予以太多的关注，即使《动机修辞学》是这位多产的作家和理论家——W. H. 奥登曾在 1941 年将其描绘为"无疑是在当今美国进行创作的最为卓越而富有启发的批评家"——的极为重要的作品；即使《动机修辞学》在修辞学学者中备受欢迎，而且自亚里士多德相关该主题的论著[2]以来，它是对修辞理论最为迷人、至为原创、极其激发灵感的贡献。

那么，人们为什么应该多加注意这个脚注呢？《动机修辞学》中的理解和论述已然那么充分，因为伯克在这本书里精心而且出色地履行了他在"导论"里做出的承诺：要扩展修辞学的范围，使之囊括文

1 伯克所指的话为 294 页中的一段：Theologically or politically, it would be the state of intolerable indecision just preceding conversion to a new doctrine. Less exactingly, for our purpose, it is the pause at the window, before descending into the street.

2 即亚里士多德的《修辞术》（三卷）。

学和科学话语（不仅包含明确具有说服性的散文）；要检查从古代以来聚集在“说服”一词周围的诸多传统的修辞学原则；为那些传统原则补充上伯克的核心概念“认同”（identification），它作为诱发“合作”的诱因来产生作用；最后，通过对大量文学、政治、教育、科学和哲学文本加以修辞分析——许多分析都颇为博学——从而阐明自己的原则和概念。夫复何求？——即使还有什么作品，起着《口舌之战》[1]这样迷人的题目？

又有谁能根据这个不长的脚注就猜测到：伯克的《口舌之战》正是从题为“口舌之战”一章[2]发展而来，成了一部庞大而篇幅如书的独立的文稿，从一开始，它就被视为《动机修辞学》的核心部分，而且在今天，它也依然合乎时宜，因为它对当代美国文化中有意和无意间表现出来的种种好战的方面做出了犀利的评论。但是，在本书出版之前，那个“另卷”始终未能刊行。从1946年到1950年，在致马尔科姆·考利[3]和威廉·卡洛斯·威廉斯[4]这两位终身朋友，致友人和资助人J. 西

1　即本书原名“War of Words”的直译。

2　“口舌之战”原本是《动机修辞学》的一“章”（“下行部分”），含四节，但独立成为本书后，四节成为四“章”，下设的“小节”升为“节”，但为了简便起见，无论是章是节，编者统一称为section，相对的下一级为subsection。有些地方，编者明确使用chapter指《口舌之战》一书的四章，个别情况，用来称作为一章的“口舌之战”的四节。中译采取分译的方式。

3　Malcolm Cowley（1898—1989），美国文学批评家、诗人、小说家、编辑，“迷惘一代”的代表人物和记录者。

4　William Carlos Williams（1883—1963），美国诗人、散文家、小说家、医生。他与伯克有长达四十二年的通信往来，其对伯克修辞学理论的形成产生了重要的影响。

布利·沃森[1]（又名W. C.布卢姆），致好友同事斯坦利·海曼[2]的信里，[3]伯克非常频繁地描述了当前刊行的《口舌之战》的种种版本；而这一版的编者们根据纽约公共图书馆伯格藏馆文件[4]、宾州图书馆[5]的“肯尼斯·伯克文件”、安东尼·伯克私人监管的“伯克文件”确定了《口舌之战》的各版和各部分内容。在纽约公共图书馆，还有一页“导论”概述了伯克所想的四章《口舌之战》：“套路”[6]（在这一部分，伯克会“划分和描述在‘人间喜剧’的本质‘利益斗争’中所使用的独特的修辞形式”）；“科学修辞”（Scientific Rhetoric）（一系列“新

---

1 J. Sibley Watson（1894—1982），美国医生（下面会称之为Dr.），出版家、电影艺术家，担任过著名的《日晷》（*The Dial*）杂志的编辑，曾用笔名布卢姆（W. C. Blum），他是威廉斯和伯克的资助人。《动机修辞学》就是题献给他（称布卢姆）的。下面图2处会提到与《日晷》有关的文件，藏于纽约公共图书馆。

2 Stanley Hyman（1919—1970），美国文学批评家，也曾在下面提到的本宁顿学院任教。

3 致考利的某些信件收入保罗·杰伊（Paul Jay）的《肯尼斯·伯克和马尔科姆·考利通信选》（伯克利：加利福尼亚大学，1990年），但为了精确起见，我们引用的是原信（其中大部分都没有收入杰伊版中），原信存档于纽贝里图书馆（Newberry Library）以及宾州图书馆特藏馆的“肯尼斯·伯克文件”。伯克致威廉斯的书信引自詹姆斯·伊斯特（James East）编的《人情的细节：威廉·卡洛斯·威廉斯与肯尼斯·伯克书信集》（哥伦比亚：南卡罗来纳大学出版社，2003年）。伯克致海曼的信件存于国会图书馆（Library of Congress）；与沃森的通信存于纽约公共图书馆的伯格藏馆。本导言也会引用威廉·吕克特（William Rueckert）编的《肯尼斯·伯克致威廉·吕克特书信，1959—1987》（印第安纳州西拉斐特：帕洛尔出版社，2003年）以及存档于宾州图书馆的《致理查德·麦克基翁书》。本导言所参考的其他致伯克的信件，存于宾州图书馆。本编者导言中引用的《动机语法学》和《动机修辞学》均参考1969年的加利福尼亚大学版。——编者注

4 见图2处，那里列出了全名：*The Henry W. and Albert Berg Collection of English and American Literature*。该馆收藏了美国医生A. A.伯格和他的哥哥亨利·伯格捐赠的数万份英美文学方面的文件。

5 即宾夕法尼亚大学图书馆的艾伯利家族图书特藏馆，编者经常省略提及。

6 Devices，可以在中性的意义上译为手法，修辞学上也指修辞格，文学中指象征性手法。由于套路一词近些年颇为流行，译者试采用这一译法；它也颇能体现《口舌之战》涉及的修辞方法的负面性与诡计性。

闻界以及其他参与信息发布的媒体可以获得的典型的修辞资源”);“官僚修辞”(The Rhetoric of Bureaucracy)(旨在“处理这样的例子，其中，行政或组织因素”在说服中“格外突出”);“修辞情境”(The Rhetorical Situation)(“试图陈述那些我们所认为的蕴含在‘社会关系’‘新闻媒体’和‘行政说服’的独特修辞之中的既有条件的本质要素。我们尽可能引用的本质要素，应该是‘言外的’”)。

《口舌之战》的前两章，来自杀青和打磨过而且等待付梓的文稿，这一点，我们会在导论的后面做更详细的解释；它们是1945年到1950年伯克写作《动机修辞学》期间持续思考和修订的产物。篇幅很长的“套路”一章，含有两个部分：首先是“论一般套路”，详细阐述了伯克在当时的话语中注意到的十一种“现代的”修辞策略，他认为这些可以大致补充亚里士多德在其《修辞术》里列举的套路；第二为“套路理论”，这是具有启示意义的概论，旨在证明，他的分析不但适时，而且超越历史——虽然《口舌之战》将发展中的冷战作为当务之急，但除了现时的话语，它也试图解释过去的，既解释公共的，也解释私人的话语。在“套路理论”这部分，伯克写道：“我们从未试图着眼于实用来处理套路，就像某种指导学生运用套路的修辞手册那样。”“相反，我们意在从伦理的角度来处理它们，这是一种沉思或思辨的方法，它应该是‘生活方式’的一部分。”而内容庞大、已然完篇的第二章“科学修辞”，其实与科学无关，而是密切相关于媒体：其中的七节，相当于对战后新闻界的融贯合理的修辞分析，它证明了新闻报媒的“牵涉利害”(interested)(即“缺乏客观”)的本性。对于媒体报道中使用 “事实”的做法，伯克的相关评论尤为适时，适合于21世纪对“虚假新闻”“另类事实”[1]等等的反思。

虽然“套路”和“科学修辞”这两章已经杀青而且等待付梓——伯克把它们留在专门的文件夹里，作为特殊物品，以便引起留意，意在将来发表——但是，这一卷的另两章却没有完稿。前一章为“官僚修辞”，我们看到的标题是“官僚修辞［笔记］”，这表明了它尚处于零散片断的状态；其中还有一段导论文字，详细阐述了伯克的认同概念。而我们所谓的《口舌之战》的第四章，就是“修辞情境［笔记］”，这还是强调了它的片断性质：其中包含了伯克最初的工作，他试图拟订出自己对如下问题的思考，即，“国家对国民”“合并与划分”“战争”“政策”“政治和经济”“矛盾”“资本主义扩张的含混”“分化等级的动机”“认同”和“教会”。除了《动机修辞学》这四章，在本书中，我们还收有三个附录。附录1和3提供了两份以前从未出版的文档的影印件，它们直接相关于《口舌之战》：（1）《“修辞情境”纲要》，它启发性地概述了伯克对《口舌之战》全四章的设想；（2）《前言（后补）》[2]给出了伯克对《口舌之战》的某些反思，他是站在20世纪70年代的视角上进行的。附录2是对附录3的文件的逐字逐词的转录。[3]

---

1 alternative facts，2017年开始流行的短语，美国总统特朗普的顾问凯莉安·康威（Kellyanne Conway）所提；之前，白宫新闻发言人西恩·斯宾塞（Sean Spicer）对于总统就职典礼的参会人数给出了不实之词，康威为其辩护，闪烁其词地指其说法为“另类事实”。

2 Foreword (to end on)，写于《口舌之战》主体完成后，约20世纪70年代。

3 本书未提供，但欢迎读者去研究相关未出版的讲座笔记和草稿，存于宾州图书馆“伯克文件”及肯尼斯·伯克文献信托会的文档中（请查阅编目物品索引）；以及伯克写作《口舌之战》时构想但最终独立出版的其他论文——《意识形态和神话》与《美国方式》。1973年伯克发表了《修辞情境》一文，但它完全不同于这一卷中收录的“《修辞情境》［笔记］”。——编者注在《口舌之战》中，伯克究竟想要完成什么任务呢？这本书面向的是谁，它处理的问题是什么？——即，该书的文化语境是什么？在伯克草拟的过程中，《口舌之战》的书稿是如何形成的？它与《动机修辞学》的其余部分又有什么关系？为什么伯克最终没有出版《口舌之战》，而在《动机修辞学》出版之后，它的情况又是怎样？如果伯克并不认为《口舌之战》可以像他承诺的那样适合出版，那么《口舌之战》这部著作的地位究竟如何呢？我们又是如何筹备本书的呢？对于上述这些问题，我们下面会逐一解答。

为了指明《口舌之战》所由生的文化语境，我们首先要介绍伯克，以及恰在二战后他活动于其中的职业圈和个人圈。其次，我们要概述伯克的创作过程以及 1945 年到 1949 年间书稿的准备情况，这段时间，在《动机修辞学》的框架内，“口舌之战”一章发展成为《口舌之战》一书——我们的概述既强调了：在伯克对《动机修辞学》的构想处于发展中时，《口舌之战》具有何等的关键性；同时也强调了如下想法的价值，即，将伯克设想成这样的作者：他试图解决与“《动机修辞学》的论证”以及“他写作时的历史阶段”有着密切联系的种种修辞问题。以如此的方式来看待伯克，这让我们可以解释：在《动机修辞学》创作期间，《口舌之战》如何从“口舌之战”一章演化而来，而又无须阐释《口舌之战》这部作品（我们把这一阐释留给读者来做）。[1] 然后，

1 在本编者导论中，我们用“口舌之战”作为暂定名，指伯克所设想的《动机修辞学》的一章；而用《口舌之战》指本书的题目，随着时间推移，该书成为独立的文档，脱离于《动机修辞学》。“口舌之战”这个标题有可能来自杰里米·边沁，他曾在其《行动动机表》（*A Table of the Springs of Action*）的“表格解释”一节中用过这个短语（我们感谢安·乔治指出了这一联系）。伯克的读者（本书和《动机修辞学》的读者）会知道，他对边沁的作品有着强烈的兴趣；直至今日，《行动动机表》的直观图依然挂在他安多佛家中的墙壁上。——编者注（该词出现在《行动动机表》q.4。——中译注）

我们还提供了简明的文本注记，这解释了在我们编集该版时所处理的种种编辑问题。最终，就是《口舌之战》一书——它给出了理解《动机修辞学》的视角，但更重要的是，对于伯克的这部经典之作来说，它是关键的、独立的补充，它揭示了众多当时的修辞辞格（tropes），同时也阐明：传统而未经批判的“新闻与官僚传播活动”如何影响了美国人，使他们接受了毁灭性战争的可能性。

1945—1950 年：《口舌之战》的文化语境

《动机修辞学》与《口舌之战》都属于伯克的杰作，这不足为奇：就其个人和职业生涯来说，在二战结束以后，他达到了事业的巅峰。

1947 年 5 月 5 日，伯克 50 岁生日这天，是他人生境遇的代表性时刻。当然，在这一天，他还是遵循了通常的作息习惯：在他 1922 年购得的新泽西安多佛小农场，干一些农场需要的春季杂活（甚至是在雨天）；阅读大量邮件，然后回信；用钢琴演奏自己的乐曲，还即兴弹奏；写作，研究，剪报，所选的内容都是为了后来成书的《口舌之战》和《动机修辞学》。九天前，1947 年 4 月 27 日，在致 J.S. 沃森的信中，他已经描述了《动机修辞学》的预期内容，书稿的进行也颇为顺利；1946 年 12 月间，他在本宁顿学院[1]完成了一个学期的教学工作，这之后，他把自己全部的注意力都转向了这本书——此时，他

1 Bennington College，位于佛蒙特州本宁顿的私立文理学院。伯克在这里的教学工作对他的修辞学研究起到了推动作用，故而，在 1952 年 1 月 22 日致该学院校长弗雷德里克·布克哈特的信中，他将自己的修辞理论和方法称作“本宁顿计划”。

正在确定如何设计开始的论证。由于熟谙 20 世纪 40 年代标志性的政治和社会事件，故而，在致沃森的那封信里，他反思了《巴黎和平条约》[1]的最终处理结果，以及近些时期的进步派亨利·华莱士[2]的“输出”和冷战斗士温斯顿·邱吉尔的“输入”。[3]

那时的伯克与第二任妻子莉比（Libbie）[4]和两个年幼的儿子居住在一起，一家人为了度日，除了生活方式节俭之外，还依靠长期赞助人沃森和本宁顿学院定期的非正规教学任务（1945 年时，他已经签订了合同，继续工作计划）所提供的资助，另外也依靠新近的著作、文章和演讲的版税。在财力上，伯克安稳无忧，这让他足以拥有一辆 1936 年的庞蒂亚克汽车（Pontiac）（差不多是乡村生活的必备），足以用上一台汽油驱动的割草机（叫作“噗噗”），还可以计划在佛罗里达的墨尔本海滩（Melbourne Beach）度过来年的冬天，完成自己的《修辞学》[5]。（到 1950 年，伯克一家才会买下一辆全新、耐用的庞蒂亚克；而安多佛 1949 年方会通电，室内有管道系统则要等到 20 世纪 60 年代。）

---

1 *Paris Peace Treaty*，二战后 1946 年 7 月至 10 月巴黎和会确定的同盟国与轴心国的和议，签署于 1947 年 2 月 10 日。

2 progressive Henry Wallace，亨利·华莱士（1888—1965）是民主党政治家，曾在罗斯福第三个任期担任副总统，1948 年大选组建了左派的“进步党”。华莱士反对冷战，主张平权和高福利，强调政府对大企业的控制，同情共产主义。

3 指 1946 年 9 月 12 日华莱士的麦迪逊广场花园演说和 1946 年 3 月 5 日邱吉尔在美国密苏里州富尔顿威斯敏斯特学院的铁幕演说（《和平砥柱演说》）。一个反对冷战，呼吁与苏联和平共处；一个主张冷战，鼓吹抵制苏联。邱吉尔是英国人，所以美国是在“输入”冷战意识形态；华莱士是面向全世界“输出”和平观念。

4 伯克有过两段婚姻，分别与莉莉·巴特哈姆（Lily Batterham，1893—1969，下面会提到）和莉莉的妹妹伊丽莎白·巴特哈姆（1902—1969）——即此处的莉比。莉比为伯克生的两个儿子是迈克尔和安东尼（本书的编者之一）。

5 指《动机修辞学》。对于这本书，编者导言中，有时用全名；有时用缩写 RM；有时只称 Rhetoric，或斜体，或不斜体，这有时是伯克的自指。

伯克第一任妻子莉莉为他生的三个女儿[1]，此时都已独立，夏季时会住在附近；她们正在组建自己的家庭，会给伯克诞下许多孙儿孙女。虽然长年身患“疑病症”[2]，但伯克已经开始抱怨实实在在的“游移的症状”（Migratory Symptom）[3]和“上气不接下气”[4]的反应，这些将会长年折磨他的身体和想象力（肺部是不是有癌？或者，也许是哮喘？还是别的情况？）；他总在信里抱怨一切病症，从脚趾上感染的伤口，到脖子僵硬，流鼻血，再到高血压。但是，通过户外锻炼，他的身体还是结实的，硬朗矍铄，让他最终活到96岁；所以当1947年5月伯克去看医生，想检查一下自认为可能的“耳癌”时，大夫仅报以哂笑。

在其职业生涯中，50岁生日之时，伯克已是权威专家，成果丰硕，受人崇敬和赞誉。自1945年底普林蒂斯霍尔社（Prentice Hall）出版《动机语法学》[5]以来，这本书已经售出了四千余册（版税的来源）。态度多数倾向褒扬的书评也定期问世。数月前，美国艺术文学研究院（American Academy of Arts and Letters）还发给他1000美元的补助，

---

1 三个女儿是音乐家J. E. 查宾（Jeanne Elspeth Chapin，1920—），女权主义和马克思主义学者E. 里柯克（Eleanor Leacock，1922—1969，下面提到了她的丈夫），诗人F. B. 伯克（Frances Batterham Burke，1926—）。

2 hypochondriachal，来自hypochondriasis，一种精神疾病，患者会疑心自身出现了严重的病症。医学隐喻是伯克常用的例子，这是其中较为著名的一个。伯克用自己的这种心理病来比喻他这样的“喜剧式社会批评家”的态度和行动方式。伯克认为批评家应该就像听诊一样，研究自身和社会的病症，以综合的方式研究这个复杂和多元的社会；批评家不应该局限于文学或艺术等某个领域，而是要对社会整体展开诊断性的批判，批评应同液体一样，不断流动。

3 Migratory Symptom，这里应暗示伯克的诗作《短暂游移的症状》（“The Momentary, Migratory Symptom”）。

4 gulpo-gaggo-gaspo，来自三个动词，gulp（倒吸气），gag（窒息），gasp（气喘），伯克在书信中常用其来形容自己的病体症状，按照诊断，这来自于“冠状动脉痉挛”（coronary spasm）。

5 伯克的动机三部曲之一，其他两部是《动机修辞学》和《动机的象征》，也可以译为：《动机的语法》《动机的修辞》《动机的象征》，这里按照了国内通行的译法。

这令他感到意外；1948 年 12 月 19 日，他在罗伯特・奥本海默监管的普林斯顿高等研究院（Institute for Advanced Study）开始了三个月提供津贴的驻访（1948 年 9 月、10 月、11 月、12 月，T. S. 艾略特也受邀在此驻访，这证明了伯克在这段时期受到的推崇）。瓦萨学院（Vassar，1944）、爱荷华大学（1945，1948—1949）、芝加哥大学（1946，1947—1948）、华盛顿大学（1948）和明尼苏达大学（1946—1947）都试图吸引他成为自己的教员（对于全职教学，虽然这会打断他的写作而使他有所抵触，但他最终还是在 1949 年至 1950 年与芝加哥大学签约受聘，承担两个学期的教学任务）。

1947 年 5 月 3 日，50 岁生日的前两天，弗里克博物馆邀请他与其他客人一同来听艾略特论弥尔顿的演讲[1]——他听得津津有味，这出乎他的意料之外，因为他在政治上对艾略特有所疑虑[2]——他在职业上的其他交往也令人印象深刻。“逃亡者和新批评派”[3]的约翰・克罗・兰瑟姆（John Crowe Ransom）、艾伦・泰特（Allen Tate）和罗伯特・佩恩・沃伦（Robert Penn Warren）[沃伦的小说《国王的人马》（*All the King's Men*）已于 1946 年出版]都与伯克有通信往来，内容通常都涉及伯克为《凯尼恩评论》[4]或《塞沃尼评论》[5]撰写的稿件。他与自己在

---

1 Frick Museum，即 The Frick Collection，位于纽约曼哈顿第五大道。艾略特的演讲重印后题为《弥尔顿之二》，收入《论诗与诗人》。

2 艾略特有保守倾向，崇尚古典主义，政治立场偏右，这与伯克有些矛盾。

3 The Fugitives and New Critics，“逃亡者”是 1920 年前后在美国范德堡大学成立的诗歌团体，其还办有刊物《逃亡者》，它为著名的“新批评”运动奠定了基础，下面提到的三位都是该运动的著名领军人物，他们既是批评家，也是著名的文学家。

4 *Kenyon Review*，1939 年由兰瑟姆创办于俄亥俄州凯尼恩学院的文学刊物。

5 *Sewanee Review*，1892 年由 W. P. 特伦特创办于田纳西州塞沃尼南方大学的文学季刊。20 世纪 40 年代，它是新批评运动的阵地。

大萧条时期结交的文学左翼人士依然还有联络（的确，他关于“口舌之战”的计划包含了对 20 世纪 30 年代“文艺之战”[1]的其他思考）。雕刻家亚历山大·考尔德[2]和艺术家彼得·布鲁姆[3]都在伯克的朋友圈中，此外还有作家、批评家马尔科姆·考利（1946 年，他的《便携福克纳》出版），R. P. 布莱克莫[4][他的诗集《好的欧洲人》（*The Good European*）1947 年问世]，以及弗兰西斯·弗格森[5]（恰在那时，他完成了自己的作品《戏剧理念》）。1948 年 12 月，在现代语言协会（Modern Language Association）的会场上，伯克会面向密密麻麻的人群发表演讲，主题是詹姆斯·乔伊斯；该年和次一年在阿莫斯特（Amherst）（1949），继而在德雷克（Drake）（1950）和爱荷华（1950），[6]他都要做讲座；1949 年 4 月，在旧金山，他参加了论现代艺术的西部圆桌会，与会者还有格里高利·贝特森[7]、马塞尔·杜尚、乔治·博阿斯[8]和弗兰克·劳

1 20 世纪 30 年代初期，美国文坛的左翼和马克思主义作家与唯美和现代派的文艺论战。大萧条前，两派的界限并不分明，很多作家兼有两方的风格，随着经济衰退，双方的观点出现了明显的分歧，引发了思想斗争。伯克本人是居中或甚至兼取的立场，他与左翼作家有不错的交往，但也会被一些左倾人士认为属于唯美派阵营。文艺之战中，伯克有名作《听诊、创造与修正：唯美派的溃败，或，文学、马克思主义及其他》（“Auscultation, Creation, and Revision: The Rout of the Esthetes, or, Literature, Marxism, and Beyond”，1932），诊断了唯美派的问题，同时指出它其实是没有目的的左派。

2 Alexander Calder（1898—1976），美国著名雕刻家，创造了动态雕塑，美国很多城市都有他的公共雕塑作品。

3 Peter Blume（1906—1992），美国画家和雕刻家，画风受精确主义、超现实主义和立体主义影响，代表作《岩石》。

4 R. P. Blackmur（1904—1965），美国诗人和文学批评家，“好的欧洲人”出自尼采。

5 Francis Fergusson（1904—1986），美国戏剧理论家，文学批评家，《戏剧思想》是对十部戏剧的研究，影响深远。

6 指三所大学，马萨诸塞州阿莫斯特大学、爱荷华州德雷克大学和爱荷华大学。

7 Gregory Bateson（1904—1980），英国人类学家和语言学家，他与伯克都认为文化的核心是传播和交流。

8 George Boas（1891—1980），美国哲学家，研究领域相当广泛，曾任教于约翰霍普金斯大学。

埃德·赖特[1]（见图1）。

图3：论现代艺术的西部圆桌会（旧金山，1949年）。座中人物（从左至右）为：乔治·博阿斯、弗兰克·劳埃德·赖特、肯尼斯·伯克、马塞尔·杜尚（Marcel Duchamp）和安德鲁·C. 里奇（Andrew C. Ritchie）。来源和版权所有：威廉·R. 海克。

奥登和西奥多·罗赛克[2]已经在本宁顿学院与伯克一同任教，霍华德·涅莫洛夫[3]会在1948年成为教师一员（之前，1947年夏季号的《疯

1 Frank Lloyd Wright（1867—1959），美国著名建筑师，代表作就是久负盛名的宾州流水山庄（1935）。

2 Theodore Roethke（1908—1963），美国著名诗人，代表作为诗集《苏醒》，1954年获普利策诗歌奖。

3 Howard Nemerov（1920—1991），美国桂冠诗人，其《诗集》于1978年获普利策诗歌奖。此处所提的散文为《作为理念的意志竞赛：对肯尼斯·伯克术语的注解》（"The Agon of Will as Idea: A Note on the Terms of Kenneth Burke"），其中为伯克的理论做了辩护。

狂》[1]，发表了他对伯克表示友好的散文），而威廉·卡洛斯·威廉斯（通常）和约翰·贝里曼[2]（偶尔）都来安多佛拜访——1946 年 8 月，威廉斯的诗作《在肯尼斯·伯克家》（“At Kenneth Burke's House”）于《耶鲁诗歌评论》（*Yale Poetry Review*）刊出。另外一位访客是学者和文化批评家斯坦利·埃德加·海曼，此时，他也在本宁顿学院任教，这一部分归功于伯克的介入；他 1948 年出版的作品《武装的眼力》（*The Armed Vision*）收有论伯克的一章，这将让伯克声名远扬。海曼的妻子雪莉·杰克逊，常常陪伴丈夫到安多佛旅行；她著名的短篇小说《摸彩》（“The Lottery”）1948 年 7 月发表在《纽约客》上。1945 年 11 月 23 日，海曼的朋友拉尔夫·艾里森[3]曾致信感谢伯克（成功）推荐自己获得罗森瓦尔德奖学金，感谢“那些从你的作品中我学到的（和继续学到的）许许多多的东西……我此时正在写一部小说，也许……它会是我表示感激的最佳方式。”此前，伯克读过了艾里森当年 7 月发表的散文《理查德·赖特的蓝调》（“Richard Wright's Blues”），这是对赖特的小说《黑孩子》（*Black Boy*）的扩展评论；有好几次，艾里森在安多佛朗读了自己正在写作的小说的部分文字，包括其中著名的开头：“我是一个无形人。”[4]

---

1 Furioso，美国诗人里德·怀特摩尔（Reed Whittemore）创办的文学刊物。

2 John Berryman（1914—1972），美国著名诗人，自白派的代表人物，诗集《77 首梦之歌》于 1968 年获普利策诗歌奖。

3 Ralph Ellison（1913—1994），美国著名黑人小说家，此处所指的小说即他的名作《无形人》（*Invisible Man*，1952），这部作品深刻揭示了种族问题。下面提到的赖特（1908—1960）是另一位著名的黑人作家，代表作小说《土生子》。艾里森的书评发表于《安条克评论》（*Antioch Review*，1945）。

4 据迈克尔·伯克回忆，他听过艾里森朗读《无形人》“混斗”（Battle Royal）一节里一段残酷的文字，其中，白人强迫流汗的黑人少年们争抢放在通电地毯上的硬币——迈克尔和他弟弟当时就躺在伯克客厅的地毯上。——编者注困难只有一个：就像对其他许多人一样，战争及其余波也成了伯克的创伤。伯克的女婿里基·里柯克（Ricky Leacock）安然无恙地从缅甸和中国返乡，但数以百万计的[1]其他人就没有那么幸运了。基本统计数字如此赤裸，以至于令人麻木：欧洲战争和太平洋战争夺去了60,000,000到80,000,000条生命（看你更偏向哪个估值了），约占世界人口的百分之三。四十多万死者都是美国人。战争期间在德占的辽阔领土上的种族清洗，其详情已经大白天下，这要归因于1946年的纽伦堡审判（安妮·弗兰克的日记在德国首先出版；1947年夏天，英文版面世），[2]而太平洋战争也有着深刻的种族色彩。在美国和全世界，还有数以百万计的人成了残疾；被屠杀毁灭的牺牲者随处可见；全球各地流离失所的难民，游荡不安，忍饥挨饿；当1947年8月，英国人离开印度时，印度教徒和穆斯林的宗教暴力导致了几十万人的死亡，导致了印巴分治和人类历史上最大规模的群体迁徙。战后的废墟旁，政治动乱无处不在；当然，经济成本高得令人惊愕。

1945年8月，战争结束于一场恐怖至极的事件：广岛和长崎的原子弹轰炸是灾难性的，成了可怕的战争"结局"；而似乎只有伯克预见到了更大的灾难。1945年8月9日，就在第二枚原子弹夷平长崎那天，他从安多佛写信给考利说："如今，B级片的'疯狂科学家'[3]的时代似乎以宏大的方式伴随着我们。现在看起来，合理的事情是做不成了，

1　下面两个数字是60 millions和80 millions，按照英语计数法，也是百万计，但汉译是千万。

2　编者有误，《安妮日记》首先在荷兰出版，1950年英文版才面世。

3　当时的美国是双片连映，B级片相对于A级片，是成本较低、制作简陋的影片，后来往往类型化，如科幻类疯狂科学家的题材。后面说的"宏大"，就是暗示A级大片，比喻现实中的长崎轰炸。

还是继续为这样该死的事小修小补吧，直到它们把整个该死的世界全炸掉。”伯克同样担心的是：不稳定的国际局势与发展中的冷战会导致另一场大战；当朝鲜战争于1950年6月25日爆发时，这一点就成真了，与此同时，伯克开始了为期六周的凯尼恩学院英语夏校的驻访教学，这是为学院老师开办的，这次活动由约翰·克罗·兰瑟姆计划，得到了洛克菲勒基金会的支持，主要支持人包括威廉·燕卜荪[1]、L. C. 奈茨[2]、罗伯特·洛威尔[3]和德尔摩尔·施瓦茨[4]。[5]

“原子弹让我怒火喷射”，1945年8月13日，就在两颗原子弹落于日本后的几天，伯克跟沃森医生抱怨说，“再给文明五十年，带着这件新玩具，就会出现这样‘不可思议的’世界：它会成为一堆杂乱无聊的‘超级小玩意’[6]，会让现在的伍尔沃斯[7]的柜台，看起来就

1 William Empson（1906—1984），英国文学批评家，燕卜荪是他在西南联大任教时为自己取的汉名。

2 L. C. Knights（1906—1997），英国文学批评家，莎士比亚专家。

3 Robert Lowell（1917—1977），美国著名诗人，自白派的代表人物，1947和1974两获普利策诗歌奖。

4 Delmore Schwartz（1913—1966），美国诗人，诗集《夏季的知识》1959年获伯林根诗歌奖，代表作还有史诗《创世记》。

5 与之同时，在凯尼恩学院，伯克处理了关于《动机修辞学》的问题；他和燕卜荪还围绕着《奥赛罗》提供了一场论辩；伯克做了《诗歌作为象征活动》（“Poetry as Symbolic Action”）的演讲——“处理文学中逻辑的、修辞的和审美的方面”，演讲取自《动机修辞学》之后他正在计划撰写的作品《动机的象征》。——编者注 [《动机的象征》2007年由吕克特编订出版，题为 *Essays Toward a Symbolic of Motives*, 1950—1955（Parlor Press）。——中译注]

6 super-gadgets，伯克暗示的是美国1945年7月16日试爆的第一颗原子弹“小玩意”（The Gadget）。

7 Woolworth，即 F. W. Woolworth Company，美国曾经存在的著名零售公司，出售廉价商品。伯克提到它，首先是在暗示：二战期间，与研制原子弹的曼哈顿计划相关的凯莱克斯（Kellex）公司就设在位于曼哈顿的伍尔沃斯大厦，该大厦是这家百货公司的总部。其次，该公司的商店柜台，都堆满了各种小物件，这比喻了原子弹“小玩意”。

像早川的明代[1]。”当冷战变得严峻，催生出“红色恐慌”、现代的核军备竞赛、麦卡锡主义、防空洞，以及“保证同归于尽”[2]这一可怖的前景时，伯克的怒火更加强烈，一再喷射。众议院非美活动调查委员会(House Committee on Un-American Activities)的行动引起了他的注意:先是1947年10月，后是1948年8月，这一年，惠特克·钱伯斯[3]指控阿尔杰·希斯叛国不忠（在随后的希斯伪证审判中，考利还为他作证）；而伯克也为资本主义在全世界的强行输出感到不安。1950年8月14日至18日，伯克在哈佛参加了一次颇为有趣的活动“为诗一辩”，活动吸引了罗赛克、兰瑟姆、罗伯特·洛威尔、约翰·查尔迪[4]、玛

1 Hayakawa's Ming period，Hayakawa很可能指著名的Samuel Ichiye Hayakawa（萨缪尔·早川一会，1906—1992），生于加拿大的日裔美国语言学家，专研柯日布斯基创立的普通语义学，晚年还在美国从政，担任过加州联邦参议员。代表作《思想与行动中的语言》（*Language in Thought and Action*）有中译本。早川与伯克多有往来，1941年还邀请伯克参加自己在芝加哥普通语义学研究所的研讨班。早川与柯日布斯基的语义学理论对伯克多有影响。这一句，伯克也许误以为“明代”是日本的时期，或者，用来指日本的战国时代。他预言了将来核竞赛发展到高峰的情景，世界就像巨大的小商品柜台，堆满了“小玩意”这样的核弹，但文明倒退回古代。因为二战的原因，伯克颇为关注日本历史，他在《对历史的态度》（1937；修订版1959和1984）中讨论了日本法西斯主义与其传统封建制度的关系。伯克也熟悉中国，喜欢李白的诗歌。

2 Mutually Assured Destruction，即相互保证毁灭原则，这是冷战时期的战略思维，该原则旨在保证相互威慑，从而达到和平。军备竞赛和核竞赛就是该思想指导的产物。

3 Whittaker Chambers（1901—1961），美国记者，曾为苏联在美从事间谍活动，1948年8月，他向众议员调查委员会检举了美国政府内部的共产党员，其中就有下面提到的阿尔杰·希斯（Alger Hiss，1904—1996），从而引发了著名的希斯案。希斯是政府官员、律师、社会活动家，曾就读于约翰·霍普金斯大学和哈佛大学法学院，1948年受指控后，终于在1950年因伪证罪被判监禁。

4 John Ciardi（1916—1986），美国诗人，翻译过但丁的《神曲》。

丽安·摩尔[1]、理查德·威尔伯[2]、斯蒂芬·斯彭德[3]、兰德尔·贾雷尔[4]，以及其他著名诗人和批评家，他们公开讨论诗歌在冷战环境中的所谓“无关历史”的角色：当伯克热情激昂地陈述需要诗人“让世界远离对终极毁灭的崇拜”时，他的发言遭到打断，因为被指称“不忠”。

伯克年事已高，难以直接参战，尽管他曾经作为对空观察员服役过一段时间，而且也试图在阿奇博尔德·麦克利什[5]的“精确信息办公室”谋求工作，虽然没有成功。从好的方面看，他的亲人在灾难中毫发无伤，另外，战时的危机在理智上为他增添了活力。50岁生日之际，他对职业目的有了崭新的认识，也意识到了一种绝妙而新颖的理解“人类交流”的方法——这一方法意在揭露和抵制那种曾经（和现在依旧）侵染着他的国家的“二战及冷战思维”。

《口舌之战》创作史

如果伯克最终决定将《口舌之战》视为独立于《动机修辞学》的一卷，那么，为什么我们要把它们串联在一起加以讨论呢？回答就是，

1 Marianne Moore（1887—1972），美国著名诗人，《诗集》于1952年获普利策诗歌奖和伯林根诗歌奖。

2 Richard Wilbur（1921—2017），美国著名诗人，诗集《这个世界的万物》和《新诗集》分获1957和1989年普利策诗歌奖。

3 Stephen Spender（1909—1995），英国诗人、小说家，奥登的好友。他曾与霍克尼在1981年游历中国，有《中国日记》。

4 Randall Jarrell（1914—1965），美国诗人，1961年获国家图书奖诗歌奖。

5 Archibald MacLeish（1892—1982），美国著名诗人，1933和1953年两获普利策诗歌奖。二战期间，服役于美国陆军部的战时信息办公室（Office of War Information，OWI），它合并了此处所说的精确信息办公室（直译是事实与数据办公室，Office of Facts and Figures，OFF）。

从一开始，伯克就认为这两者是一体的，都是一个连贯合理的论证的一部分。而直到最后一刻，他还希望“口舌之战”成为《动机修辞学》中的一部分。换言之，《口舌之战》的历史交织着更大的《动机修辞学》的发展史。总而来看，《口舌之战》这部文稿，以及对它的创作进展的详述，提供了这样的机会：可以勾勒出伯克将现代修辞学研究视为连贯计划的设想。尽管我们将《口舌之战》和《动机修辞学》的发展处理为按照独立阶段进行的过程，这有点不太自然，但是这两者在共同发展之中，的确经历了四个相互重叠的时期。二战及其余波这一背景，让我们可以了解这四个时期中的每一个；每个时期都证明了伯克对“净化战争”这一问题的痴迷。

初期：1942—1945 年

当 1937 年《对历史的态度》（*Attitudes Toward History*）出版之后，伯克开始构思《口舌之战》第三卷：这会与《永久与变易》（*Permanence and Change*，1935）一同，构成某种三部曲。但题为《文学形式的哲学》（*The Philosophy of Literary Form*）一书，作为副课题却获得成功，这打断了他的计划；不过，1939 年春季，伯克一完成这部文章和评论集中那篇与书同名的长文，就转而去完结自己的三部曲，写作一部他称之为“论人际关系”[1] 的作品（见 1939 年 11 月 22 日伯克致沃森的书信）。那本书会处理“人际关系和人际关系的修辞”（见 1940 年 1 月 24 日伯克致沃森的书信）；它会关涉“一般动机这一主题及其困境——从批

1 这是一部在计划中但最后没有成书的作品，编者有时用引号标出，有时用书名号。

判和尝试的角度，目前还感觉不到这样的角度有什么现实意义，但是，当战争一结束，应该看起来就有意义了，人们要更加痛苦地面对着‘下一步’”（1942 年 6 月 3 日伯克致海曼的书信）。当伯克着手工作时，“论人际关系”中明确与修辞有关的几个部分都处于次要的位置，从属于讨论“构建”[1]的材料，从属于他所谓的“四个主要辞格”[2]以及“五项条件”，即他著名的五元组[3]：在《动机语法学》中，这会成为所谓的“戏剧论”[4]的核心架构。到了 1941 年春，对控制人类动机的内部法则（如“语法”）的分析，已然积累到一定的篇幅，与此同时，他放弃了让“论人际关系”成为一卷本的想法。并非所有的内容都适合放入独卷之中。1941 年 3 月 8 日，在致马尔科姆·考利的信中，他写道：“我似乎将我的语言学分析，从修辞学转向了语法学。”一年后他写完了长篇的独立书稿，这会成为我们所知的《动机语法学》的基础。[5]

换言之，伯克一度的想法是，他要完成一组三部曲——《永久与

---

1 constitutions，伯克的重要概念，指促使不同个体或群体认同相同身份的情境或条件。该词表示的宪法本身就是一种要求认同的条件。

2 即隐喻（metaphor）、转喻（metonymy）、提喻（synecdoche）和反讽（irony）。见伯克的著名论文《四种主要辞格》（“Four Master Tropes”），载于《凯尼恩评论》Vol.3，No.4（1941 年）。

3 行为（act）、行动者（agent）、动因（agency，手段）、场景（scene）和意图（purpose）。1969 年后伯克引入态度（attitude），形成六元组。五元组呼应新闻学的五要素。

4 dramatism，伯克修辞学的核心理论：生活作为舞台，让个体如同演员一样扮演角色，从而理解自己的动机和人际关系。伯克也称之为 logology。

5 1950 年 5 月 3 日，伯克致信给考利，以帮助后者撰写《动机修辞学》的书评，其中，伯克讲述了整个过程：“原本是打算写成《永久与变易》与《对历史的态度》的第三卷，可称之为《论人际关系》。笔记已经做了一些（社会策略、外交套路、智力上战胜他人和超越自我的方式，等等）。开始将这些整理成文。我发现，它们需要一篇理论性的总体导论。我想有几千字就够了。但是，这个计划却发展成了《动机语法学》。”在《批评履历》（“Curriculum Criticum”）一文中，伯克确认了这段说法。该文发表于 1953 年赫尔墨斯出版社刊行的《反述》（*Counter-Statement*）一书的结尾（第 217—218 页）。——编者注

变易》《对历史的态度》《论人际关系》——只是到了最后，才设想出另一组：他的“动机三部曲”。迟至1942年6月3日，他才在致海曼的信中写道：“据我推算，关于动机的归因”，写了十一万字，之后则是“论‘修辞学’和‘象征’的两部分”，所有这些合为一卷；但是，珍珠港袭击的一年后，11月份，他还是没有完成篇幅很长的“语法学”部分；显然，如果要恰如其分地对待这三个论题，那么伯克需要让它们各成一卷。1943年5月，他告诉自己的朋友：“论人际关系”确实会成为三卷独立的作品：《动机语法学》《动机修辞学》《动机的象征》。

伯克估计，到1944年年底，他就能完成全部三卷（见1943年伯克致沃森书信），但结果却是，直至那时，他连第一卷还没有完篇。身处战时经济的动荡之中，伯克很难为《动机语法学》找到出版社；就在寻觅时，1943年夏季，他与本宁顿学院签订合同，要进行接下来三个学期的教学工作——1943年9月到12月、1944年4月到6月底、1944年9月至12月。有两个主要因素迫使伯克搁置了《修辞学》的计划：一是因为寻找出版社占用了时间，二是因为伯克与本宁顿学院续约，继续于1945年4月到7月任教。1944年11月，在瓦萨学院做“语法学、修辞学和象征”的报告时，伯克最终将《动机语法学》放在普林蒂斯霍尔社出版，幸亏他与戈勒姆·门森[1]有交往，二十年前，从格林威治村开始，此人就是他的合作者和同事。在《动机语法学》的定稿刊印之先，伯克收到了500美元预付款——合同也包含了普林蒂斯霍尔社关于出版伯克承诺的《动机修辞学》和《动机的象征》的条款。

1　Gorham Munson（1896—1969），美国文学批评家，这里的交往，指他与伯克在格林威治村合办刊物《脱离》（*Secession*）。

1945年前三个月，由于本宁顿学院处在寒假期，伯克可以按照合同的要求投身于《动机语法学》的完书，其中，还渗透了他对《动机修辞学》的想法。这并非易事。“我所做的，”他对考利写道（1945年4月16日书信），“是将已经认可的[《动机语法学》的]版本中若干大篇幅的章节舍弃[因为它们与《动机修辞学》有关]，然后补充进体量更大的[《动机语法学》的]全新版本。”不过，尽管当本宁顿学院的春季学期于1945年4月1日左右开始之前，他还差一些而尚未完成《动机语法学》，但也是接近完工，足以在本月下旬将定稿交于出版社。从那时开始，重要的事情就是：关照出版中的《动机语法学》；上完本宁顿学院4月至6月的学期；在整个夏天推广普林蒂斯霍尔社为《动机语法学》编制的诸多宣传材料——最后，开始恢复和精炼他对《动机修辞学》的思考。1945年的那个夏天，战争在8月临近尾声；9月，《动机语法学》的初校（galleys）付诸审阅；11月，审阅清样（page proofs）；12月，《动机语法学》印刷完毕；终于，伯克可以准备将全部的注意力转向自己的《修辞学》。

那时，他所构思的是什么样的作品呢？

着眼于战争和语言的关系，这一点恰是总体性的作品“论人际关系”以及特殊性的作品《动机修辞学》的计划。毕竟，《动机语法学》在出版时，就带着一句题词“论战争的净化”（Ad Bellum Purificandum），而它也很自然地可以作为整个“动机三部曲”的题词。但是，当1945年夏季，原子弹进入世界历史时，这又为伯克的修辞学设想带来了紧迫性。此时，他告诉沃森，他在着手解释“争抢[1]的学

1 the Scramble，伯克常用的概念，在《动机修辞学》中，他定义了修辞是“region of the Scramble”，而伯克的任务是旁观和用“认同”来克服修辞的斗争。

问”（1945 年 9 月 10 日书信），“是要寻找那些不用交战也可以劳作和爱的方式”（1945 年 12 月 27 日书信）。伯克预见了“一个全新的时代（以及全新的领域），属于国际阴谋和扭曲的个人野心”，它以战略上消灭敌群为中心（1945 年 8 月 13 日书信），因此，他决定要特别地关注新闻媒体如何描绘战败投降的敌人：“也许，我们要在国际上扩张自己的影响，就不能一次只策划一种控制手段，就像掌控新闻报纸的修辞学者喜欢去做的那样。我们必须随着若干处于不同状况的对手来做出调整”，要使用不同的修辞套路（1945 年 9 月 10 日书信）。他能明确地表达出《动机修辞学》的目的：“在《修辞学》中不停地作战”。1945 年 11 月 19 日他致信威廉斯说：“它会成为……这样的研究：致力于揭示，在世界舞台和人类心灵中，战争的根源如何根深蒂固而无处不在——此项研究从我们对口舌之战的思考中延伸而来……是修辞学（Rhetoric）。口舌之战（The War of Words）。言辞之争（Logomachy）。”[1]

当他遇到了种种与《动机语法学》有关的困难之后（“我想知道，是否有过什么书一改再改，改得 [比这本][2] 还要多？”1945 年 4 月 12 日，他在信里这样问沃森），1945 年 10 月 13 日，他对考利预言道：“‘修辞学’部分应该是三卷中最好写的一卷。我的主要问题在于，不要让这本书解体成特殊的个案（以至于它实际上成了变相地重复说‘这方面的另一个例子是……还有个例子是……等等’），相反，我想要的是一种对修辞的哲学思考（这是主要的倾向），尽管应该有一

1　最后三个所指，均为伯克计划中的《动机修辞学》及其部分，后两者发展为《口舌之战》。

2　方括号为中译者的补译，凡编者所加的方括号，不再出注。

些丰富的特殊案例。”[1] 因此，在历时四个月的整理思想、起笔开篇、“不甚精确地”匆匆“写就粗略的初稿……用作提纲”之后（1945 年 11 月 25 日，伯克致考利的书信），他为普林蒂斯霍尔社准备了一份正式的“内容简介”，注明的日期为 1946 年 1 月 2 日，它描述了伯克对内容和结构的最初想法（见下面第 360—361 页的方框）。

该内容简介提出，《动机修辞学》会是“一部论‘说服技艺’的论著”，“大概”有五个主要章节：

> 第一章（论“口舌之战”“言辞之争”），旨在揭示军事成分如何深深地［存在于］我们的词汇中……第二章（“修辞情境”）……以一般的方式评述当修辞家赋予自己言辞以强硬和尖锐时可以获得的理由或资源……第三章（“修辞学的边界”）从特殊的角度思考近年来的某些文学之战，它们源自对修辞学和诗学关系的混淆不清……第四章（“修辞学的地标”）……评述过去和现在的各种各样对修辞学研究有贡献价值的、我认为有着特殊用途的作品……［还有］第五章：“修辞套路一览”。

前四章会“与一般理论相关”——伯克的“哲学思考”；而最后一章，“主要是技术性的”，会“列举、划分和分析许多［他］长年累月收集的修辞例子”，这些例子选自《纽约时报》，为了揭示“那些在表面看起来似乎还是和平的语言中未被察觉的潜伏着的战争成分”。要注意，所提出的这些章题都没有出现在最终刊行于1950年的那一版《动

1 省略号为伯克所加。——编者注

机修辞学》里——只有一章相似于发表在已刊版本的《动机修辞学》中的内容，即“修辞学的地标”，它最后会变成“修辞的传统原则”，作为“某种长篇的评述，评述过去和现在的各种各样我认为对修辞学研究可以做出贡献的格外有用的作品”。但是也要注意，《动机修辞学》的确兑现了承诺，即成为一本论述说服理论和说服实践的书，而且，在他对该书最初的构想中，“口舌之战”（或按照伯克通常的叫法，即“言辞之争”）、“修辞情境”和“修辞套路一览”全是核心。它们最后都成了当前刊行的这一版《口舌之战》。

在“内容简介”里，他概述式地描述了“口舌之战”一章，伯克承诺要做理论化处理（即，营造一种“上行的方式”）：“这一章意在提出整个主题，并且揭示修辞学为何不仅仅是专家的事情，而且还植根于心理和伦理——包括人们与其政治和经济背景的关系——之中。”既然伯克已经将修辞学设定为一种普遍的研究领域，它能独特地揭示人的政治和经济背景的复杂性，那么，伯克就提出，要拓展修辞学研究的影响力，使之“揭露那些在表面看起来似乎还是和平的语言中未被察觉的潜伏着的战争成分”。通过辨认出这样的未被察觉的潜伏于“和平”语言——尤其是当时新闻媒体里出现的语言——之中的成分，伯克会通过“口舌之战”一章来审查现实中的修辞做法，这样的做法，他会称为“下行方式”；与之同时，伯克还要为那些更加负责可靠的思辨与审思形式，创造出种种它们所必需的条件。因此，总而言之，从一开始，《动机修辞学》就意在包含“口舌之战”一章，并且要拓展修辞学的漫长传统，即，教导听众参与公共辩论，而且要更加重视，具有洞察力，还行之有效。

内容简介

随函附上本人对“修辞学”部分之计划的陈述，此为一部论“说服技艺”的论著。我非常确定，这基本上就是我会遵循的提纲，鉴于它是约六周之工作的成果，此工作就是以安排结构为目的，拟定一部暂时性的草稿。

是书大概有五章。最后一章“主要是技术性的”；前四章更多相关一般理论、哲学和修辞学的背景。

第一章（论“口舌之战”“言辞之争”），旨在揭示军事成分如何深深地进入[1]我们的词汇中。这一章意在提出整个主题，并且揭示修辞学为何不仅仅是专家的事情，而且还植根于心理和伦理——包括人们与其政治和经济背景的关系——之中。它处理两个重要的“三位一体”（trinitarian）组（爱—战争—劳作；我的—你的—我们的），同时表明：某个给定的组中，每一项如何牵涉了其他两项，而这样的交织如何在根本上影响着传播媒介的形成及使用。最关键的是，我们力图揭露那些在表面看起来似乎还是和平的语言中未被察觉的潜伏着的战争成分。

第二章（“修辞情境”）以一般的方式评述当修辞家赋予自己言辞以强硬和尖锐的态度时可以获得的理由或资源，由此扩展对“修辞学哲学”的关注。在这一章，我们还以宽

1 前引段落中，编者没有使用原文的动词，因此与此处略有不同。

泛的一般化方式来评述有助于修辞表达之说服性的种种形式性的和文学之外的因素。

第三章（“修辞学的边界”）从特殊的角度思考近年来的某些文学之战，它们源自对修辞学和诗学关系或修辞学与美学关系[1]的混淆不清。单就这个方面，仅仅讲述我在（20世纪）30年代文学论争中的亲身经历，我就能写出一整本书来。但是，我只想涉及几个我认为更具有代表性的时刻。

我还设计了第四章（“修辞学的地标”），这主要是出于教育目的，它通过某种长篇的评述，处理[2]过去和现在的各种各样对修辞学研究有贡献价值的、我认为有着特殊用途的作品。我还没有完全决定将这部分设为独立的一章，相反，到我完稿时，我也许会发现，我已经顺带着充分提及了那些作品，这样，与它们有关的独立一章就会毫无必要了。

第五章：“修辞套路一览”。在这里，我意在列举、划分和分析许多我长年累月收集的修辞例子。对于这些，我掌握充分，倘若不加选择地全都用上，足以写出两三本书。不过，我的计划却是大幅度地淘汰，只保留这样的例子：或是我认为它们就本身而言最引人注目，或是由于这本书纯粹内在的发展，它们能够被赋予效用。为了让这些套路不仅仅像词典的词条那样从一个跳到另一个，我在努力将它们分组，使之成为一系列还原程度极大的原则之变化和联合。

1　限于汉语表达，中译在翻译时，只能把这一组译到前面，因此与前面引文略有不同。

2　前引段落中，编者没有使用原文的动词，因此与此处略有不同。

与“语法学”部分一样，本书也会频繁提及“三部曲”中的其他两个部分，这是要说明：此处涉及的这一领域如何影响了别的地方所处理的主题。但是，仍然和“语法学”相同，“修辞学”也被设计成为自在完整的部分。

肯尼斯·伯克

新泽西州，安多佛

1946年1月2日

逐词重印1946年1月2日肯尼斯·伯克向普林蒂斯霍尔出版社提交的“内容简介”。来源：伯克3[P23]，第7箱，第5文件夹，肯尼斯·伯克文件，宾州特藏馆。版权：肯尼斯·伯克文献信托会。

“上行的方式”：1946年1月—1948年3月

但是，直到1946年夏天，伯克才刚着手起草了一些特殊的例子，这证明他的预见“《动机修辞学》很好写”是天真的。他一丝不苟地投入到写作中，但是，1946年7月21日（美国在太平洋的比基尼环礁试验原子弹三周后，《纽约客》用整期刊载约翰·赫西[1]的《广岛》前五周），他向斯坦利·埃德加·海曼承认说：“写一本‘现代修辞学’，可不是快乐的任务，个中理由有很多，都难以否认——吃到苦头之后，

1 John Hersey（1914—1993），美国记者、作家，擅长将文学性叙事方法引入新闻报告。《广岛》刊于《纽约客》1946年8月31日，是他最著名的报告文学，记录了六位幸存者的经历。

我才明白了这些理由。”首先，当他开始创作时，他的思想多次转变；他不再像自己的“内容简介”中表明的那样，以“口舌之战”一章开篇，相反，他一上来先草拟了整个计划的不同片段。“对修辞的哲学思考”与分析特殊的修辞做法之间，已经明显出现了张力。正如 1946 年 4 月 3 日，他在信中向考利抱怨的那样，

“修辞学”部分的初稿进行得磕磕绊绊。我不是从头写到尾，相反，我似乎是从中间向外写成的。每天，我都钉进更多的楔子，让头尾两端分隔得更远。而恰恰有可能的是，这一次，我也许会因为这本书读起来太容易了而受到抨击。它就像《朝向更好的生活》（T. B. L）[1][伯克 1932 年出版的小说] 一样，关于趣闻，只不过这一回，这些趣闻是跟随着思想，而非故事。这是晾衣绳法。[2] 只可惜，没有晾衣夹，以至于，你不得不在绳子的每个位置都挂上几件东西。

这一段透露出，接下来的两年多里，在完成《动机修辞学》的过程中，伯克会面临的最艰难的挑战将是：要按照既雄心勃勃又连贯一致的计划来处理这本书。此外，对于陈述风格，伯克也是多变不定。一方面，他向考利解释说，他以“仁慈的刻薄的”文风来安排《动机修辞学》和“口舌之战”；但另一方面，他现在还实验着“反讽式和平的”风格，这可以收敛攻击性，从而应对大众媒体带来的危险。

1　即 *Towards a Better Life*。

2　晾衣服时，中间放衣物，就像伯克写这本书一样，先写中部；但由于没有晾衣夹，为了保持绳子稳定，不让衣服被吹落或向中间滑动，需要在整条绳子上挂满衣服，保持平衡，这比喻给中部之外的其他部分填充内容。

无论如何，尽管总是存在一条普遍的线索，联络着他的那些彼此迥然的分析（如战争与言辞之间存在着的根本关系），但是，伯克的分析及其文风的目标却经历了不断的演变。然而，如我们在本书中所见，自始至终，《口舌之战》及其组成章节都会是他发展中的设想的核心。如果他的书中实用性的“下行方式”（“口舌之战”）会列举出战后美国国内滥用修辞学的种种细情，那么，他的更具理论性的“上行的方式”（从根本上说，该术语来自柏拉图[1]）会促成一系列更积极的原则，它们有助于鼓励人的合作。

1946 年 9 月，当伯克通过本宁顿学院的学生来试验他的思想时，他为自己的作品制定了新的纲要（可查于宾州特藏馆，伯克 3[P23]，第 7 箱，第 2 文件夹），其中，他清楚地表达了在自己发展着的处理方法上出现的转变，如见 1946 年 9 月 21 日他在致沃森书信中的描述（见图 4）。现在，《动机修辞学》会包含三章。

1　来自柏拉图的洞穴喻、线喻和太阳喻，从下行的洞穴向上走到最高的善理念；《理想国》开篇就暗示了“下行”。1947 年，伯克写作了《意识形态与神话》一文，其中论述了柏拉图的理念论及其启示性。《动机语法学》中，他指出，柏拉图将神性物与抽象物等同起来，因此辩证法家对“天”的论述都可以理解为是在描述“语言”；所以，人们不可能摆脱柏拉图，追求纯粹世俗的思想，于此，他提出了“上行方式”。伯克对柏拉图理念神话的关注，也受了 J. A. 斯图尔特的《柏拉图的神话》的影响。

Andover,
New Jersey,
September 21,1946.

Dear dr.,

Home after sally no. 2. Finally got warmed up somewhat this time. And am beginning to discover some good modifications for the book. In the fourth two-hour lecture, I finally hit upon the proper way to begin! (That's trying it out on the dog, no?) I.e., took a whole batch of rhetorics, apparently quite at odds with one another, and showed how they could be derived from a common definition (being but the stressing of one or another of its possibilities). So, as things look now, the enterprise is beginning to fall into three major divisions (vive la trinity): The Range of Rhetoric, Rhetoric and Poetic, the Logomachy. Section One wd. contain a survey of the field, ending on our specialty, generalizations and particulars concerning "The Rhetorical Situation." Section Two wd. deal with the shift btw. the study of the internal relations of a work (poetic) and the study of its relations to audience. Best sort of material for consideration here: good plays. Section Three wd. deal with all the variants of malice and the lie, the thumbs-down side of rhetoric, and wd. contain our specialty, analysis of rhetorical devices (operated about the ambiguities of competition and cooperation). Here also wd. be analysis of news, literary polemic, etc. (I see a chance to smack at some of my old enemies, under favorable, even enjoyable, conditions.) ... Problem still to be decided: The Rhetoric, considered in itself, should end on Section Two, and the War of Words shd. be the transitional stage btw. the section on Range and the section on Rhetoric and Poetic. But considered as member of a trilogy, the book shd. end on the theme of the Logomachy, as the best lead into the "neo-pacifism" of the third book, on Symbolic. That is, if one ends Book Two on the theme of the Universal Wrangle, as goaded by unnecessary itches and appetites, then one has the best lead into Book Three, which is the study of these Itches and Appetites in themselves (as grounded in motives <u>not competitive or invidious at all</u>).

The Rhetoric, as now piled up in first draft, had been taking a wrong tack in that it was becoming too negativistic. In part, this was due to my morbid gloom over the homicidal and suicidal corruption of the concemporary press, which is doing almost as much as is humanly possible to prepare us for a cult of devastation and desolation that will leave practically <u>no one</u> in a position to attain even rudimentary amenities. And in part it was due to the fact that all the various material on <u>communication</u> scattered through my books was itself a stress upon the <u>positive side</u> of rhetoric. Hence, the tendency to stress the other side, the what-is-left. But I think that a <u>systematized</u> treatment of the relation between internal structure and <u>external address</u>, as exemplified in the study of <u>good</u> plays, can restore the balance in the book, without requiring me me to peddle my previous stuff over again.

But I must back to the grind. Best wishes,

K.B.

图 4：1946 年 9 月 21 日肯尼斯·伯克致詹姆斯·西布利·沃森书信的段落 1 和 4。省略号表示第 2 段和第 3 段被删去。书信的第一句表明，伯克在本宁顿学院任教两周后，已经回到安多佛，他最终会上完这个学期。来源：纽约公共图书馆，阿斯特、雷诺科斯和蒂尔登基金会（Astor,

Lenox, and Tilden Foundations），亨利·W. 伯格和阿尔伯特·伯格英美文学藏馆；"《日晷》文件"，第III辑，与肯尼斯·伯克有关的文件，第7箱。来源和版权：肯尼斯·伯克文献信托会。

第一章，"修辞学的范围"，会勾勒他的研究课题，"最终来到我们的专长，与'修辞情境'相关的一般性论述和特殊例子"。此时的第二章，"修辞学与诗学"，则会强调以及合理化地解释伯克的观点，即文学话语在本性上也完全是修辞式的——为了有益于他的读者中那些坚定地投身艺术的自律性和精妙性[1]的文学批评家，他在7月时就认定"修辞学与诗学"一章，既可以让自己维护如下看法：诗从根本上是说服性的，因为它对读者的信念、态度和行动有所意图；又可以让自己处理两种作品分析法的差异，即"从其'内在'角度"与"通过'外在'方式"（20世纪40年代，伯克以及"新批评"派之类的其他文学批评家，都对"内在"批评与"外在"批评这一区别多有关切，而且有所表述。如见伯克的《批评种种》，

1 felicity，表示艺术自身的形式与内容的精当和适宜。主张艺术独立和自律的人会认为，艺术的正确性，不在于是否真实或虚假地反映和联系了现实，而在于艺术性是否充分恰当地实现出来。这里指向了伯克在《反述》的《心理学与形式》中的经典论点。伯克提及了现代流行的"艺术是艺术家的白日梦"的看法，但他认为受众才是在做梦，艺术家是操控者，控制受众的头脑、心脏、肉体和欲望等，这才是"artistic felicity 的真正含义"，即"an exaltation at the correctness of the procedure"（"对程序正确性的赞叹"）。伯克首先想暗示的是亨利·詹姆斯（《动机修辞学》分析过他），如《〈尴尬岁月〉序》（收入《小说的艺术》）用到了这个短语；《〈罗德里克·哈德逊〉序》提及过 felicity of form and composition。这个概念也许影响了（但必然可以联系）J. L. 奥斯汀的 felicity conditions 概念：述行语（performatives）没有事实性的真或假，只有 felicitous 或 infelicitous。而早在奥斯汀之前，伯克于《文学形式的哲学》（*Philosophy of Literary Form*，1941）中就强调了象征行为没有真假，只有是否产生效果。

1946年8月发表于《诗刊》[1]）。随着上述一切安排妥当，若干针对“修辞之善面”的样本分析摆上台来之后，他会转向另一个角度，围绕着“恶面”来编排：“口舌之战”（见1946年9月21日伯克致沃森信）。与伯克原本的计划一致，“口舌之战”会用几节来“处理修辞的各式各样的恶意与谎言，及其令人鄙视的一面；也会涉及我们的专长，分析种种修辞套路……也要分析新闻、文学论战等”。虽然伯克还没确定不移地安于这样的安排，不过一个好处是，这保证了在最后可以巧妙地转向：开篇不再反思口舌之战，相反，“这本书的最后部分才应是‘言辞之争’这一主题[即‘口舌之战’一章]，它是最佳的导引，引向了论象征的第三本书的‘新和平主义’”（即《动机的象征》，这是计划的动机系列的第三卷）。这样的编排带来的另一个好处是，提出了更公平的研究修辞的方法，这允许伯克的读者可以成为更有教养的、大众新闻媒体的受众。

但什么才能统一《动机修辞学》计划中“正面”和“负面”两个维度呢？什么才是“首要条件，那古老的[2]生成始基”呢？它会将“一堆零散材料”（1946年9月27日伯克致考利信）转变为统一的修辞学论著。当那个秋天他借本宁顿学院学生试验自己的思想时，当他为恩斯特·卡西尔《国家的神话》（*The Myth of the State*）撰写书评时，他认定“认同”应成为他的关键概念。“我将一切简化为三个词”，1947年1月27日他对沃森写道，“对于语法是实体

1 美国著名诗歌期刊，1912年由哈丽特·门罗（Harriet Monroe）创办于芝加哥。

2 原文ye olde，即the old，19世纪生造的模仿古风的英语，为了体现历史悠久。伯克这里暗示了古希腊的始基概念。

（Substance）[1]，对于修辞是认同，对于象征是身份（Identity）……余下要做的，就是提取出全部蕴涵的内容，将之转变为显明的思想”。在之前的作品和文章中，伯克的关键概念“认同”已经浮现出来，尤其是《美国的革命性的象征主义》（“Revolutionary Symbolism in America”，1935）和《希特勒的〈奋斗〉修辞》（“The Rhetoric of Hitler's Battle”，1939）[2]；也见《边跑边读》（“Reading While You Run”，1937）、《定调》（“The Calling of the Tune”，1938）和《对历史的态度》（1937）中的《关键术语词典》（“Dictionary of Pivotal Terms”），以及《动机语法学》里解释“五元组比例”（pentadic ratios）[3]的那些段落。但是，既然伯克开始认识到，“认同”能够成为《动机修辞学》的组织原则，那么这表明，他对这一概念的处理会比从前的认识更加细致复杂。如《动机修辞学》的读者所知，经

1　伯克基本援用并扩展了亚里士多德的哲学性实体（οὐσια）概念（形质统一），并联系了后者《修辞术》中对修辞术和辩证术关系的论证。伯克的实体是种语境或原则，说话人要说服他人，须设定一种实体来取得认同，取得“共体性”（consubstantiality）。按《动机语法学》，实体根本上是“辩证式的”（dialectic，来自古希腊辩证术，该技术借助言语的对谈；伯克尤其联系了亚氏辩证术），因为人要借“言语活动”（verbal action）“命名”情境和“定义”事物，它是人类“戏剧性”的基础。由此“辩证式实体”又在辩证法意义上凸显了实体“辩证性”（dialectical）或两可性和反讽性。即，定义某实体必借助其他东西或语境：实体在“不是”它的语境中才“是其所是”。人是戏剧性和使用象征的动物，因此也是以“辩证方式”设定实体的动物。在不同解释下辩证式实体又可形成三种实体：“几何实体”（geometric），如五元组的“场景”，侧重物质层面；“家族实体”（familial），如五元组的“行动者”，强调共同的起源和祖先；“方向实体”（directional），如五元组的“动因”，强调未来动向。

2　这篇名作发表于《南方评论》1939 年夏季号，1941 年收入《文学形式的哲学》，1969 年收入《论象征和社会》，在这三处，标题中的 battle 均加引号，但此处为斜体。battle 指这篇论文分析的核心《我的奋斗》（*Mein Kampf*），因为该书的第一部英译本（E. Dugdale 节译，1933 年）即译为 My Battle；同时也指希特勒的好战和斗争性的修辞。而这里，编者应直接用它指书名，故中译也从之。

3　伯克把 ratio 称为“决定原则”，它存在于五元组的每两项之间，表明了其关系，这种比例比五项本身还要关键。

过 1947 年再到 1948 年，“认同”会发展成伯克最为知名、最为原创的有助于理解说服的贡献。尽管伯克会着眼于“不完全是有意的，也不完全是无意识的表达的中间区域”（xiii），即，“修辞表达”的中间的、非意愿性的（nonvolitional）区域，但是，通过解释群体视角如何能随着修辞套路的传播而被组织起来，伯克版的“认同”最终会拓展弗洛伊德的见解（他在《群体心理学及其他作品》中对“认同”做了理论思考），使之成为修辞学。不过，既然此时处在草拟过程之中，故而，伯克依旧有相当长的距离要走，《动机修辞学》的各个组成部分尚没有连接在一起。

1948 年 1 月 26 日，在致考利的书信中（伯克误将日期打成“1947”年），伯克表明，他在试图将“认同”中蕴涵的内容转变为显明的思想，其所依照的结构，会再一次将“口舌之战”放在中心位置。随着“内在”和“外在”批评的争议有所缓和，随着伯克对认同的思考固定下来，此时，“修辞学与诗学”一章被搁置一旁（最后留给了《动机的象征》），但是，修辞学和诗学的关系依然是《动机修辞学》的重要焦点。现在，伯克之前所谓的《动机修辞学》的“上行”部分会包含三章：“修辞学的范围”，拓展修辞学的辖域，使之囊括文学和科学；“修辞学的传统原则”，综述古人的贡献，突出他们对“认同”概念的预见；“辩证法、意识形态和神话”，将修辞学的范围扩展至它从未占据过的领域（即神话和神秘论）。“下行”部分继续按照计划进行，暂题为“宣传世界”（“The World of Publicity”）或“言辞之争”，代替“口舌之战”，有一节为“套路一览”（详细列举伯克在当时的话语中始终注意到的现代的修辞操作），另有诸节涉及“科学修辞”（对新闻界进行分析）、“修辞情境”（论述控制社会关系的修辞场景）和“官僚修辞”（评述说服中的制度因素）。换言之，正如我们在开头几段注意到的那样，在伯克对《动机修辞学》的构想过程中，这四节依然与之前一致，固定不变：它们成为《口舌之战》这本书。

而立足这个架构，伯克继续拟定《动机修辞学》，虽然还是首先专注于“上行的方式”，但他对“认同”的思考总是保持着对“口舌之战”的投入。详尽地讲述伯克在1947年1月到1948年3月间的思考，这当然很吸引人，因为在这段时期，《动机修辞学》取得了很大程度的进展，而且他的思想如此全面和引人入胜地记录在其书信和笔记之中。不过，为了保持我们对《口舌之战》的关注，这里，我们将伯克在这期间的工作分解为五个片段。

首先，正如《动机修辞学》刊行本中显明的那样，伯克在1947年花费了相当长的时间来彻底思考神话的种种复杂性，因为这些元素既制约“认同”和“说服”，也被这两者所制约。1947年2月11日，伯克在信中告诉沃森，“已经决定：那笔财产[1]恰恰是（a）道德正直的核心；（b）战争的核心。因此，如果我们不想执行新式武器[2]的逻辑，那么，就需要‘新神话’”。当然，长久以来，伯克都在质疑种种美国的国家神话，它们“认可战争，支持资本主义”——尤其是1935年他在第一届美国作家大会（First American Writers' Congress）上的发言——但是如今，他极力采用维吉尔的

1 property，这里把神话比作财产。在《永久与变易》中，当分析共产主义时，伯克思考了财产问题。他按照边沁的理解，认为财富与美德内在地相互联系；他主张property与propriety同源。所以，下面将财产联系了道德。当然，财富也是战争的根源。

2 指核武器。

《埃涅阿斯纪》，希望它可以充当“意识形态中立”的样板，从而创造出某种新型的、不好战的美国神话。在1947年3月31日做于本宁顿学院的、一场题为《意识形态与神话》的演讲中，伯克指出，“维吉尔的处境与今日的处境之间，有许多重要的对应关系”，他勾勒了“十二步法”来创造新的政治神话，这借用自J.W.麦凯尔[1]的《维吉尔及其对今日世界的意义》（*Virgil and His Meaning to the World of Today*）。因此，就如一份未发表的提纲所反思的那样——日期标为1947年4月27日（伯克3[Q22]，第12箱，第33—34文件夹），伯克打算在《动机修辞学》开篇就收入《意识形态与神话》全文，因为，它“提供了……全景式的开端；但是，没有概括之前的论修辞学的作品；也没有[2]避开主要的问题”。最终，伯克否决了这个想法（但将《意识形态与神话》中的若干修订过的部分收入了《动机修辞学》的“秩序”一章的开始）；但是，通过在《动机修辞学》的其他地方将神话确立为政治话语的“非政治基础”，伯克在《口舌之战》里才能够揭示那些让美国的任何修辞情境凸显出来的、特殊的意识形态表现。

第二，伯克继续解析修辞学和诗学的区别与共同性。他辟出两个新章，题目是“戏剧修辞学”和“当它们持续时”[3]：前者会帮助他将“认同”设定为《动机修辞学》的系统化原则，而后者，着眼于我们

---

1 J. W. Mackail（1859—1945），苏格兰文学学者，曾任教于牛津大学，著名维吉尔专家，同时也研究威廉·莫里斯。

2 也许伯克笔误，他想表达的是相反的意思。

3 While They Last，本句暗含“梦”。来自丁尼生的《高级泛神论》（“The Higher Pantheism”）：“Dreams are true while they last, and do we not live in dreams?”（当梦持续，就成为现实；我们谁不活在梦中？）伯克本人就是泛神论者。

前面所提的“[20 世纪 30 年代的] 文学界的吵闹（litry racket）；一种地狱（Inferno），在这里，我们也许把敌人和理论交托给阴间；攻击，掺杂着文学理论。”[1] 在起草过程的最初阶段，伯克就一直在为“当它们持续时”编集笔记，1946 年 1 月 2 日的“内容简介”（其中描述了“修辞学的边界”）和 1945 年 11 月 2 日他写给沃森的信件内容都可以作为证明，后者中说：“我现在正打算收入一章，它会详细考察我经历过的文坛的争吵。比如前几天，我就在回忆第一届作家大会时的情形”，那时，文学和政治的关系是核心问题。由此，“当它们持续时”有可能就是预演之一：预示了伯克计划在“口舌之战”一章中对美国修辞争论的处理。

第三，在 1947 年夏季，伯克大幅度地修改了“修辞学的范围”，使之遵循了他将“认同”作为组织性概念的追求。之前，在 1946 年 9 月的“修辞学的范围”的计划纲要中（伯克 3[P23]，第 7 箱，第 2 文件夹），伯克就提出了“对领域的研究，关涉作为参照点的亚里士多德的定义，[并且]处理其他的、源于它的修辞观”。但是，随着伯克此时关注认同，而且决定在 1947 年余下的时间里放弃教学工作、专心著书，他修订了自己的研究，这样，它不再以说服概念，而是以“认同”作为中心。1947 年 7 月 31 日，在信中，他向斯坦利 · 埃德加 · 海曼解释道：“在我多次试图从《修辞学》中寻找理想的起点之后，我终于还是找到了理想的起点。我写了下来……开篇之章‘修辞学的范围（range）’。家，修辞学的牧场（range）就是家。那里锤砧摇摆。从未听过振奋的话，

1　见 1947 年 4 月 27 日伯克致沃森书信（伯格藏馆）以及同一天伯克对该书纲要的笔记：肯尼斯 · 伯克文件，伯克 3[Q22]，第 12 箱，第 33—34 文件夹。——编者注

天空偶尔无云。”[1]

尤其突出的是，他“作为自己的趣闻[2]，以弥尔顿的《力士参孙》以及这个坏脾气的老斗士[3]对参孙的认同开始”。当从修辞学的角度来阐释“力士参孙”，将之作为“可供使用的文学”时，伯克通过“参孙”也揭示了种种复杂性，它们都相关于他的修辞学系统化原则“认同”。伯克卓越的分析最终留在了“修辞学的范围”这一开篇中，因为它为《动机修辞学》完成了所有类型的修辞工作：特别是，它消弭了修辞学作品与诗学作品之间的清晰差异；它阐明了神话在建构修辞认同上起到的重要作用；它揭示了派系认同是对财产的斗争；它提供了借助口舌之战来制裁和预防暴力的可能。当伯克戏剧化地展现了人们在怎样的过程中能通过对特定作品（无论诗歌或其他）的细致分析来揭示认同的复杂性时，他也开始教导读者如何在自己本土的修辞环境中实行相似的阐释过程——这样的活动，他会在《口舌之战》里进一步发展。

第四，随着重要的第一章安排妥当，伯克转向了下一章，他暂题为“修辞学的地标”，这选择性地阐述了在 1947 年秋天引起伯克注

1 Home, home on the range of rhetoric. Where hammer and anvil sway. Where never is heard an encouraging word, and the sky is not cloudless all day，最后几句，化用了美国著名西部民歌《牧场是我家》（“Home on the Range”，B. M. Higley 作词）的第一副歌：Home, home on the range, Where the deer and the antelope play; Where seldom is heard a discouraging word And the skies are not cloudy all day。（牧场是我家，那里小鹿和羚羊游荡。很少听到伤心的话，天空总有晴时。）伯克利用了 range 的双关（牧场或范围）；改动了第二句，指锤炼作品，hammer and anvil 也是军事术语，指锤砧战术。

2 anecdote，前面出现过，这是伯克常用的概念，其理论含义超越了一般的趣闻轶事，但仍然具有喜剧性。在《动机语法学》第一篇第三章开篇，伯克讨论了趣闻，它是形成词汇的形式，比如行为主义心理学家的“条件反射实验”就是如此，可以用来建构讨论人类动机的词汇。这是“信息性的”（informative），而伯克更关注“代表性的”（representative），它是戏剧和戏剧论的基础，是“原型神话”。

3 指弥尔顿，伯克这里也暗示了自比。

意的修辞学的历史。1947 年 9 月 28 日，在致沃森的信中，伯克描述了他当时如何在“地标”一章里“与这样的工作搏斗，即，讲述亚里士多德《修辞术》、西塞罗《论演说家》、昆体良《演说家培训》以及奥古斯丁《论基督教教义》（*De Doctrina Christiana*）第四卷（也略览了几次朗基努斯的《论崇高》[1]）”。对于这些作品，伯克将“五本书”读作“一条‘曲线’的若干阶段”，从而开辟出新的角度，这条曲线就是认同原则。通过把这些著作确立为核心证明，证明认同在修辞学史中的作用，伯克能够描述现代的作品，它们是“已经说过的那些原则的分支”。1948 年 1 月 13 日，伯克在信中告诉海曼，他已经完成了“修辞学的地标”一章，此时改名为“修辞学的传统原则”；他赋予其在这本书的结构中相当突出的全新地位。之前，当伯克将“修辞学的地标”一章纳入原来的“内容简介”时，他充其量把它设想成篇幅较小、相关教育的一章，也许最后还会删掉。但是现在，完结的“修辞学的传统原则”增加至五万余字（1948 年 1 月 13 日伯克致沃森信）；其论证如此全面，以至于伯克在这封信里说，他已然决定，把“自己论修辞学与诗学的材料”降至“第三卷（作为过渡性的、顺便而言的‘修辞学与象征’；这两个位置，无论在哪里，它都同样适合）”。“修辞学的传统原则”会在《动机修辞学》1950 年出版之前得到某些增订，但是，对于草拟的这一章，伯克的描述表明，它离刊行版并不遥远了。（我们后面会指出，“修辞学的传统原则”的长度导致了伯克很难在《动机修辞学》中收入更长的一章“口舌之战”。）

第五，1947 年间和 1948 年头几个月，伯克致力于“上行的方式”

1 实际上作者未知，一般归于朗基努斯，国际学界通称“伪托朗基努斯”（Pseudo-Longinus）。

中增加的一节：他开始思索题为“辩证法、意识形态和神话”的这一节，它最终会收入《动机修辞学》第三章“秩序”。这个念头将他的认同理论（包含了神秘[1]、神话和等级这些概念）放入了更广阔的辩证法框架内（“上行的方式”），从而使之颇具特色。这一举措既证实了伯克的主张：修辞动机是超越历史的现象，是人类处境的基础；也确立了一种理论架构：当通过伯克最终命名的“社会解密式分析”[2]来处理隐含的“等级认同”时，这种架构是必不可少的。这种概念的综合会磨尖此书的哲学牙齿，为精细、独特、情境式地分析当时的新闻媒体创造出种种条件，这样的分析都是伯克为《口舌之战》计划的。如伯克在定版《动机修辞学》第 278 页指出的：

身为修辞学的研究者，我们承认“神秘”具有强大的说服力（其实，我们就是疑虑：那些新闻界的资本主义护教士，有没有可能极为出乎意料地达不到自己的目的，如当他们试图建立这样的观念：克里姆林宫的动机“如谜一般”“难以揣测”，“东方的”古代神秘有可能危险地席卷启蒙的“西方”……但是，当我们认为，语言的本性中，嵌入了分化等级的诱因（连同其“神秘”）时，当我们坚称，如果人们完全从“神秘”的制度根源来推究它，那就是自我欺骗时，我们就

1　mystery，《动机修辞学》的重要概念，指神秘物和神秘性，伯克认为它源自于修辞。

2　socioanagogic，伯克自创词，表示戏剧论的针对等级的批评方式。anagogic 来自古希腊文 ἀναγωγή，意为上行（联系伯克的上行方式），指以神秘方式解释《圣经》经文的方法。伯克认为等级存在于自然、社会政治、超自然领域和戏剧论里（每个又有小等级），前三者对应戏剧论的“非言语、言语和元言语”等级。戏剧论的“社会解秘法”即解读语言在四个领域中产生的因果关系：语言为因，人对各等级秩序的观念和处理为果；它关注社会政治等级如何还原或延伸为自然和超自然等级，如何被语言和象征建构。此方法视一切为可解读的社会寓言。也见《动机修辞学》第三章“秩序”中对《维纳斯与阿多尼斯》的社会解秘式的阅读。

没有主张或反对任何一套特殊的制度。

在当时尚未写完的“秩序”一章中，伯克的焦点在于，神话研究如何揭示了修辞动机的复杂性；而“秩序”这章，最终会充实那种哲学的活力，这正是伯克非凡的《动机修辞学》之所以获得成功的原因。（但是，恰恰由于长度，“秩序”一章也妨碍了伯克将“口舌之战”纳入《动机修辞学》的计划。）

1947 年 12 月 15 日，伯克随家人去往佛罗里达墨尔本海滩，为了避开新泽西的冬天，这让伯克可以休假，投入写作。1948 年 1 月 26 日，在致考利的书信中，他概述了自己的进展：“关于所说的《修辞学》，按照最后的安排，现在有 75,000 字……我希望再用大约 25,000 字完成整个‘上行’部分（有三章，可能叫作‘修辞学的范围’‘修辞学的传统原则’‘辩证法、意识形态和神话’，但最后一章 [最终题为‘秩序’] 期待改进）。”该书的论证要旨清楚地显示在伯克将前三章界定为“上行部分”的说法中——这是他在通信里第一次使用这样的词来描述《动机修辞学》的安排。截至 2 月中，伯克对理查德 · 麦克基翁[1]谈到了该书的这些计划，他确认，此书会编排为“上行的方式”和“下行的方式”；他把完成的“修辞学的范围”与“修辞学的传统原则”寄给了沃森，并且向其解释说，关于“秩序”，他已经草拟了 20,000 字（还要写 10,000 字左右）。3 月 7 日，他答应给沃森寄送“秩序”的前一百页；伯克对于上述想法的详细阐述，首次表达在他的《意识

1 Richard McKeon（1900—1985），美国哲学家，研究领域广泛，亚里士多德哲学是他重要的方向之一；他主张多元主义，影响过罗蒂。他本人还是芝加哥文学批评学派的建立者。与伯克一样，他也是当代修辞学复兴的重要推动者。

形态与神话》演讲中。而在 1948 年冬季的最后一天，伯克可以声明：他已经基本上写完了“上行的方式”（他会优化针对“秩序”一章补充的某些细处，那时，他正在普林斯顿高等研究院）；此时，当他结束“口舌之战”一章后，就会完成《动机修辞学》。

“下行的方式”：1948 年 3 月—12 月

伯克从未忘记自己对“口舌之战”的想法。我们之前已经提过，而且《动机修辞学》的刊行本也表明了（例如残留的提及“口舌之战”的注释，见《动机修辞学》第 23、45、63、161 页）：在起草“上行的方式”的整个过程中，伯克都牢牢记着“口舌之战”。在 1948 年 1 月 26 日致考利的信中，伯克概述了自己对“口舌之战”——他的“下行部分”——的特殊计划。它会包括“‘套路一览’‘修辞情境’‘科学修辞’和‘官僚修辞’”，这需要“整理、修订和安排已经写成的笔记”，所提的这些笔记，是针对战后的修辞情境记录下来的，时间早在 1945 年夏季，直至 1947 年。档案记录中的其他文档表明：伯克在撰写这些笔记时，查阅了报纸媒体，尤其是《纽约时报》，有时，笔记还直接做了摘录。1947 年，伯克实际的写作留给“修辞学的范围”和“修辞学的传统原则”，1947 年至 1948 年留给“秩序”时，他依然在收集相关“口舌之战”的原始材料；1948 年春季和夏季的大部分时间里，他都在试图将这些笔记成篇。

任务的第一步是“套路”。伯克在佛罗里达度过冬天之后，返回安多佛，检阅了自己对修辞套路的笔记，开始认真投入写作。1948 年 5 月 5 日，他把自己初期的进展告诉海曼：“只在今天，我最终将‘套路一览’的笔记整理成型，尽在把握。（确切说，写了开篇15,000字左右。）我写过几个开篇，有一些太庞大。但是现在，我终于认为，我突然找到了正确的方法。”两天后，伯克可以对沃森宣布：他已经写完了“套路”的第一小节，论“不露声色之策”的套路，他很快要转向与之密切相关的“狡猾的单纯”；当“狡猾的单纯”完成，伯克又着眼于“以过为破”“转移”“代言人”。伯克也要求沃森提供反馈，针对概述一般理论的“套路”一节，以及若干节虽然完成但若沃森认为有必要还可以进一步修改的内容。

我回到了我计划的这个部分：几年前，当我开始将同样的这些笔记（但从那时开始，补充了不少）整理成篇时，我还发现了其他所有可以插入这里的材料。所以现在，《语法学》之后，《修辞学》的“墨尔本海滩（Mlbrn Bch）部分”[1]之后，我埋头于此。此时，自负已经减退。这些令人生厌但又必要的初步工作带来的特殊的紧张和烦躁已经消逝。写作成了驱车，而不是被驱驶。

到了5月的第三周，伯克已经“驶完”了“套路”一节的前半部分。除了在1948年5月7日致沃森信中讨论的五种套路之外，此时，伯克还在思考其他很多套路，它们都列举在1948年5月17日给沃森的书简里：“主动让步”“反转”“反说”“大我的（精神化）”“直言其词”“随意说”“二二得四”[2]“不言自明”“不做联系”。（这

1　指在墨尔本海滩写作的几章。

2　Putting Two and Two Together，英语俗语，即，像推出2+2=4那样，利用事实或信息推出明显的结论。

些标题依然存在于最后的内容中，除了“不做联系”变成了“建立联系”；“不言自明”降为“建立联系”的一部分；“建立联系”也汇集了“二二得四”“直言其词”“密切关联”“交换条件”“形势自言”“意象淹没否定”[1]等论位[2]。）伯克继续详述了他的“套路”一节中的这些小节，逐个进行，都非常顺利，直至7月中写成了一份基本完结的版本（1948年7月15日伯克致海曼的书信）。

六周后，他也完成了“科学修辞”，但颇有疑虑。在注明日期为1948年7月29日的致沃森的信里，伯克讲述了他面临的“科学修辞”所带来的前景和挑战。对于自己的目标，他还是足够确定：要去指出，当时的印刷媒体[尤其是在摘录的《纽约时报》和《基督教科学箴言报》（*Christian Science Monitor*）的内容中]如何在有意或无意间歪曲了政治形势，鼓吹了一贯的战争立场——如此一贯，以至于持续至今。但是，挑战在于，要避免深陷在过分话题性的案例中，因为它们有可能令读者厌弃，减少书籍的收藏期。“从风格上来说，这也许是本书里最为棘手的问题。因为必须要仔细审视那些令人不屑一顾的事情。

---

1 Imagistic Inundating of the Negative，见第122页，即“意象无否”（there is no negative in imagery），伯克指出，许多“直言”的基础就是这一原则。在《作为象征行动的语言》（*Language as Symbolic Action*，University of California Press，1966）第425—438页中，伯克专论“否定”，他认为所有否定或虚无都是“观念”，没有“意象”，只能用姿态、语言或符号来“表明”。

2 论位即topoi，修辞学的重要概念，原义为地点或位置，与古代记忆术有关，伯克有时使用topic，有时直接使用place。亚里士多德在《论位篇》和《修辞术》中赋予其系统的含义（虽然之前的修辞家已经使用）。它是处于某种论证“地点”的“指引标志”，引导辩证家或演说家建立自己的论证（如三段论或修辞演绎）。在《修辞术》中，它分（1）“形式性普遍论位”，普遍于三种演说类型，有助于构建三种普遍说服法（逻辑性的修辞演绎和例证，非逻辑性的情感说服和品性说服）；说服法形成的固定手段和套路。（2）材料论位：有特殊论位，即三种演说类型各自的题材和话题；普遍论位，普遍的内容。编者在这里指形式性的普遍论位。由于亚里士多德《论位篇》（*Topika*）的题目在英文译为Topics，中文往往随之译为《论题篇》，topos也常译为论题，但该译法仅强调内容或题材，没有显示形式、手法或方式上的意义。

它在搜查的，是诡计”（1948年7月29日伯克致沃森的书信）。一般来讲，伯克还是满意这几节的文风，但海曼的想法与沃森相似，他依然担心：“政治口角方面的内容，几乎会让评论者给你涂上柏油和羽毛[1]，而且并不是为了谁的荣耀”（1948年5月30日伯克在信中将海曼的话转述给沃森）。所以，就在同一天，伯克跟沃森解释说：他会以一种一般化的风格方式来消除话题性的谩骂内容；按照这样的方式，对每种套路的说明都会“做移位（de-localized）处理，正如我让个人的趣闻（anecdotes）移位，脱离个人。它们应该相关普林兰[2]的大使，普隆尼亚的大使阁下，唯一教会的大元首二世，等等。党派应该不是民主党和共和党，也不是斯大林派或托洛茨基派，等等，而是‘内党’（Ins）和‘外党’（Outs），或‘可内党’（Innables）和‘可外党’（Outables），或‘完美派’和‘可恶派’，等等”。以这种方式，伯克也“更为清楚地强调了每一个趣闻的形式（此即‘永恒的元素’）”。但是，伯克在修改时，却颇为沮丧。按1948年6月19日致沃森信中的解释，“我认为，我并没有完全解决海曼看重的会遭到抵制的问题（我考虑得够多了——但是，如果有人踢了一脚，其他人就会踢上更多脚）”。

当伯克处理了上述问题，暂时满意之后，1948 年 9 月 1 日，他对沃森宣布，他已经完成了“科学修辞”的所有七小节：“（1）‘事实’即解释；（2）标题思维；（3）选择性；（4）缩简（要旨）；（5）

1 tarred and feathered，近代欧洲及其殖民地流行的私刑，给惩罚对象涂上柏油，沾上羽毛，借以羞辱。后面表明，这样做，不是为了上帝或谁的荣耀和名义，就是单纯想要如此。

2 Preenland，为了避免内容的话题性和时事性，避免对号入座，伯克在引用例子时，常假托 Preen 和 Prone 这样的虚构名字，地名也是如此，下面的 Pronia 来自 Prone。

语调微传；（6）新闻戏剧；（7）民调、座谈和财会。”伯克认为完成的这一节“是 [他的] 事业生涯（areercay）中最为顽强的成就”，因为在创作它的过程中，他已经设法不再像一开始的笔记和草稿阶段那样以论战的方式来处理材料。伯克承认，“这里，那里，依然还有零星的怒火”存在，但是，在最后的修订过程里，它们有可能被扔掉或是加以缓和。1948 年 9 月 25 日，伯克把完篇的“科学修辞”的打字稿寄给沃森，他随信解释说：他还在担心书的风格——该节在进行时，危险地处于“陈词滥调的边缘”。不过，这一节基本上还是结束了，留在他的身后，而随着他在 9 月转向本宁顿学院的教学工作，他只需要整理一些细部，然后，再完成“官僚修辞”和“修辞情境”，从而结束《动机修辞学》。他已经汇集了自己的想法，也为这两节写了开头，他还计划通过本宁顿学院的学生来试验自己的思想；他设想，12 月底到 3 月前往普林斯顿高等研究中心[1]的访问期，会给予他需要的时间，来完成“口舌之战”一章。就此告终。

尾声：1948 年 12 月—1949 年 4 月

那么，“口舌之战”一章为何不最终完成，收入《动机修辞学》呢？

起初，就像往常一样，本宁顿学院的秋季学期令伯克分心。当他为学生进行教学工作时，他总是写得相对较少，因为他的教课常常需要准备正式的讲座，要求他重视每一个学生。这样，那个秋天，伯克只能对“口舌之战”小修小补，仅此而已；所以在 12 月，就在哈里 · 杜

1 即普林斯顿高等研究院。

鲁门出人意料地在总统大选中获胜之后，[1]他写信给考利说，《动机修辞学》的大部分现在业已写讫，大约200,000字（差不多跟《白鲸》字数一样！），他还有最后两章要写（30,000余字）。尽管如此，他仍然期待春季初就能完成。

但接着，1948年12月19日至1949年3月27日在普林斯顿高等研究院的经历，令伯克的计划进一步修整。原来的想法是，在普林斯顿的驻访可以给伯克闲暇时间，安心完成《修辞学》余下的两章，即"口舌之战"的"官僚修辞"和"修辞情境"。伯克很乐意摆脱冬月里在安多佛的寒战，那时的本宁顿学院还处于学年间，所以，当他的朋友R.P.布莱克莫和弗兰西斯·弗格森开始游说伯克（1948年春季时），邀他在下一年冬季来到普林斯顿时，伯克认为，这个安排恰恰提供了他所需的用来完成该书的条件。1929年伯克曾把小说《朝向更好的生活》的若干部分发表于布莱克莫的小杂志《猎犬与号角》[2]，从那时起，他与和蔼可亲的布氏相识近二十年，当1940年布氏在普林斯顿风靡一时，《猎犬与号角》渐趋停刊（在这个过程中，激励了《南方评论》《塞沃尼评论》《凯尼恩评论》等后继者）之后，布莱克莫及其妻子还多次去往安多佛拜访伯克。而作为戏剧专家的弗格森，同样和蔼可亲，1934年之后，他任教于本宁顿学院，随着伯克也在这里开始执教，两人相熟。1947年，弗格森被接纳为普林斯顿高等研究院的驻访学者，这一部分归因于他曾是罗伯特·奥本海默的大学室友，而后者在那时

1　1948年大选，民调和舆情显示杜鲁门远远落后于共和党候选人杜威，但最终前者奇迹般地胜选。

2　*Hound and Horn*，1927年由科尔斯坦（Lincoln Kirstein）和弗莱（Varian Fry）创办的文学季刊，1934年停办。刊名来自庞德的诗句。布莱克莫在1928年至1930年任总编。

恰恰担任研究院的院长。布莱克莫与弗格森两人都把伯克推荐给研究院，这样，作为接纳条件，他要提供为数不多的讲座，在此期间，他就能完成《动机修辞学》。[1]1948 年 6 月 24 日，他接受了奥本海默的官方邀请，成为研究院成员：他会在 1948 年至 1949 年冬季驻留于研究院，津贴 1200 美元。因此，在 11 月 23 日致沃森的书信的结尾，他解释说，他会用接下来的三个月为《动机修辞学》"做……最后修订"，他希望，这次普林斯顿的驻访可以赋予他所需的立足之处，以此来按计划完成此书。1948 年 12 月 19 日，伯克、他的妻子和两个儿子，都迁入了研究院提供的居住地。

一度，事情的进展合乎计划。没有迹象表明，工作条件拖延了伯克，让他无法努力完成"修辞情境"或"官僚修辞"。恰恰相反，他很享受与新同事的会面 [包括雅克・马利坦（Jacques Maritain）]，他参加了一些聚会，也拒绝过一次；他说自己投入了长时间的写作中，他将自己描述成一台彻头彻尾的"修改机"（1949 年 1 月 17 日伯克致考利的书信）；研究院提供的空间和时间帮助他为《动机修辞学》带来重要的提升。"我们在一个舒适的地方"，伯克告诉考利（1 月 3 日书信）："我被安排在一间宽敞的办公室，完全属于自己——全新，光亮。"在致海曼的信中（1949 年 1 月 18 日），伯克详细描述说："我不是用省略来修改，而是倾向于以增补来修订。有些部分已经没有了我之前写作时还有的怒火（fuoco）。它们似乎太柔和了，很难想

1　确切来说是沃尔特・W. 斯图尔特（Walter W. Stewart）于 1948 年 3 月 30 日正式将肯尼斯・伯克推荐给奥本海默。斯图尔特时为经济与政治学院固定成员。弗格森与布莱克莫——或布莱克莫一人——建议必须由他来操作此事，因为研究院的行政部门要求提名由固定成员做出。——编者注

象，在一些提过的苦心孤诣的过程中，作者竟然自命不凡得就像凸胸鸽(pouter pigeon)一样。”所说的增补，有些毫无疑问针对“口舌之战”，但是，伯克也修整了其他事情，“加上小标题，把箭头磨尖”，等等。1 月 20 日，他告诉沃森，“修辞学的范围”和“传统原则”都完全定稿，但是，“秩序”以及“口舌之战”的最后两节还需要调整。

不过，尽管在普林斯顿安排妥当，但伯克却跟沃森抱怨说，“在这里，没有人能持续地进行创造性的工作，无论持续多久”。原因之一是：伯克到后来才发现，他在普林斯顿高研院承担举行的五次讲座都比他预期的还要令他分心。1949 年 2 月 16 日，伯克告诉沃森：“我头晕眼花得要命，我太天真了。我让迪克[1]·布莱克莫订了五场讲座”，其中一场是给布莱克莫的本科生[2]，余下的都是给研究院的同事（以及普林斯顿大学的教师和学生），这些讲座“快搞完了，但我的书还需要改很多”。三周后，伯克完成了系列讲座，提供了“秩序”中的几节文字，它们的主题是“神圣者的修辞光辉”（“The Rhetorical Radiance of the Divine”）和求爱（《维纳斯与阿多尼斯》[3]、卡斯蒂廖内[4]、克尔凯郭尔和卡夫卡）。或者是这些讲座让伯克返回到“秩序”，对它做增补和修订，若非如此，他就是按照计划加以补充。[5]

1　理查德的昵称。

2　伯克的演讲做于普林斯顿大学，大学与高研院各自独立，但有学术交流。

3　*Venus and Adonis*，莎士比亚的叙事诗。

4　Castiglione(1478—1529)，意大利文艺复兴时期的学者，伯克分析的是其对话体代表作《廷臣论》（*Il libro del cortegiano*）。

5　另，伯克在1949年2月和3月于普林斯顿大学举行的讲座，成了高斯批评研讨班（Gauss Seminars in Criticism）的样板，后者由此发展而来。该研讨班持续至今。布莱克莫既是此系列讲座发起者，也同弗格森担任了高斯研讨班负责人；1952年和1969年，伯克重返普林斯顿，举行了其他讲座。——编者注[“高斯研讨班”是为了纪念美国文学批评家克里斯蒂安·高斯（1878—1951）开设的，他曾任教于普林斯顿大学现代语言学系，长期担任主任。——中译注]

另一个原因在于，在普林斯顿，伯克渐渐承认，发展中的《动机修辞学》正在变得臃肿而难以处理。早在 1949 年 1 月 3 日，伯克就向考利坦承：《动机修辞学》长“成了两部巨册”，而不是一部；3 月初，在负责讲座期间，伯克下定决心，基于实际的理由推迟“口舌之战”完工。3 月 2 日，他对沃森确认，当他“飞快地离开”对“秩序”的修改时，他也开始因这项工作和一想到“口舌之战”的最后两章就感到“厌倦”；于是，他反而会转向《动机修辞学》的“大结局”（“神圣者的修辞光辉”），他希望沃森允许自己将这本书题献给他，也希望沃森把它转交给出版社，其中没有“口舌之战”——但是，第 294 页的脚注承诺说，“口舌之战”会“另卷”出版（即当前这本书）。对于“口舌之战”的全部话题性引来的预计反应，海曼曾有过忧虑，这忧虑随着伯克，在他做出决定时依旧未去（当沃森在 12 月 11 日的信中针对伯克的“科学修辞”一章做出回应并表达了相同的保留意见时，伯克的决定更坚决了）[1]，而毋庸置疑，完成“官僚修辞”和“修辞情境”要消耗的精力始料未及，这很可能也是因素之一。或许，与蔓延中的麦卡锡主义相关的政治恐怖，同样可以算在原因之内。无论如何，随着本宁顿学院春季教学任务的临近，随着出版社渐渐失去耐心，伯克还是决定将我们今天视为《动机修辞学》的部分送交出版社，他也决定暂缓解决：如何继续此时篇幅如书的“口舌之战”，这样的做法并不奇怪。伯克的决定相对仓促，但在部分意义上有助于解释，为什么有些读者很难按照连贯的逻辑来理解《动机修辞学》：“口舌之战”从一开始就意在以分析的方式来实现伯克的修辞动机理论，而

1　沃森实际上“不太相信”：对于话题性，“能有什么太担心的”，但是，他也建议伯克，“可以把你对杜鲁门政府的攻击转向华尔街”（1948 年 12 月 5 日致伯克的书信）。——编者注

这一理论恰恰构成了《动机修辞学》[1]的上半部。没有“口舌之战”，《动机修辞学》就不完整。

不管怎样，3 月 19 日，伯克宣布《动机修辞学》“完成”（致沃森书信）。他担心自己的结论有点草率——“在最后一刻，全新的最后一章嫁接到了有机体上 [‘神圣者的修辞光辉’，扩展了他在‘秩序’一章中发展的社会解密式分析]，也许，总有一天，我会骂自己，是我任它如此，因为这是唯一一件我没有时间让它变得完美的东西”——但是，他也会带着几分信心继续下去，这是由于，在普林斯顿讲座期间，他试验了这一章的几个部分，而且，他的“上行的方式”是原创和创新的，并且具有说服力。

显然，伯克寄来的稿件让普林蒂斯霍尔出版社的编辑们（或者他们机构内部的审稿人）有点为难。这件事在档案上几乎没有记录，除了 1949 年 4 月 26 日伯克在致考利书信中的批评：“几周前，我将《修辞学》呈送出版社——他们似乎有点伤心。上礼拜，有个编辑哀诉说，‘这书你还得研究研究！’于是，我急匆匆地重新安排了一行行文字，我重新再来，愤愤不平，怒气冲冲。‘当然，我所有的书，你们也得研究研究。’兴许，他们还在研究。”无论如何，甚至当 1949 年 3 月他结束普林斯顿的驻访时，在他 6 月底重新任教于本宁顿学院之前（本宁顿学院的学期中断了几次，首先是 4 月 7 日至 10 日伯克要去参加我们前面提过的“论现代艺术的西部圆桌会”时；5 月 7 日要在阿莫斯特演讲；父亲节[2]那个周日，还要返回普林斯顿进行研讨班），伯克确实为《动机修辞学》做了额外的小的改进。直到 1949 年 11 月，《动

1　这里指大的《动机修辞学》，包含了《口舌之战》。

2　1949 年的父亲节是 6 月 19 日。

机修辞学》进入出版流程。12月，伯克核准初校；1950年2月，审读清样；4月，《动机修辞学》刊行。伯克在《动机修辞学》第294页脚注中承诺的、会“另卷”呈献的“口舌之战”的文稿，依然没有完成。伯克甚至都没有告诉普林蒂斯霍尔出版社它的存在。

1950年之后的“口舌之战”

“口舌之战”的下落如何呢？1949年时伯克对它明显还是迟疑未决，但如何又转变为公开决定将这部作品无限期推迟出版呢？对于这两个问题，很难给出明确的回答，但是，1949年之后写出的书信和另外的档案材料可以提供一些线索——也有证据表明，伯克从未放弃“口舌之战”。

我们所知的是，1949年4月之后，伯克转向了《动机的象征》，而不是未出版的“口舌之战”。他把1949年夏季的大部分时间投入到一篇长文的创作中，即《西奥多·罗赛克的植物激进主义》（“The Vegetal Radicalism of Theodore Roethke”），他设想将之作为《动机的象征》中的一篇文章；此外，1949年6月伯克在普林斯顿的研讨班，让他得以有时间更为详实地勾勒自己对《动机的象征》的计划（1949年6月伯克致海曼的书信）；6月20日，伯克给沃森去信说，他确实“比以往更想暂停‘口舌之战’这部分，直至《动机的象征》出版之后。到那时，情况经过多次充分的发展，足以让我更加确定自己的全局视角。与此同时，我认为，我会试图雕琢［‘口舌之战’中的］一些材料，为了有可能发表在刊物上，以免有别人得到我的独家新闻”。

伯克通常都在不同期刊上发表一些他著作中的文章，为了推广自己的作品，对于《永久与变易》和《动机语法学》，他都是这样做的。但是，事实上，“口舌之战”里，只选出了一篇文章付诸刊印，题为《修辞学——旧与新》。1949 年 4 月，当伯克把《动机修辞学》的终稿提交给普林蒂斯霍尔社时，他收到而且接受了芝加哥大学的邀请，请他开设两个学期的课程。在第一学期（9 月底至圣诞假期），他会教授一门课程，同时，基本上要主持卡耐基基金会资助的一个研讨班，这是为芝加哥大学英语教师开设的，他们想让新生必修的写作课立足于修辞学，以此来赋予其活力。在第二学期（1 月到 3 月底），伯克教授研究生研讨班——这有机会可以试行一下他对《动机的象征》的某些思考，包括对《奥赛罗》的想法（1950 年 1 月 14 日伯克致沃森的书信）——他还要为同事们举行以“套路”为主题的讲座（1950 年 4 月 7 日伯克致沃森的书信），另外，要为本科生就其课题提供建议。[1]

作为此行某种意义上的“大结局”，在芝加哥大学英语系主任亨利·萨姆斯（Henry Sams）和爱荷华大学的约翰·葛博（John Gerber）的坚持下，伯克于“大学作文与交流协会”（Conference on College Composition and Communication）的第一次会议上担任了主讲人。为此场合，他给新生作文课的老师提供了卓越的《修辞学——旧与新》：这是一份阐述即出的《动机修辞学》的观点摘要，同时含有若干评述，其主题涉及：为“传统原则”部分准备的“旧修辞学”；“新”的认同概念；若干在写作“口舌之战”过程中发现的“套路”。当 1951 年这篇文章刊于《通识教育杂志》（*Journal of General Education*）

1 其中一位本科生就是苏珊·桑塔格。按照伯克的描述，她是“我带过的最杰出的学生”（1963 年 8 月 13 日致海曼的书信）。——编者注上时，不了解它的读者得到了一些首次刊出的迹象，包括对“不露声色之策”和“转移”的概述，它们暗示了伯克所设想的《口舌之战》的一部分。关于伯克对《动机修辞学》的全部设想，关于“上行的方式”和“下行的方式”，《修辞学——旧与新》依然是相对易懂的富有启发性的介绍。但是，除此之外，伯克并没有试图出版《口舌之战》的部分文字——不过偶尔，他还是会继续宣传这本书的思想。例如，在 1950 年 8 月哈佛大学的“为诗一辩”会议上，他提出了强有力的证据（取自《口舌之战》）证明诗人要将自己的精力转到对战争机器的抵制上；而迟至 1972 年 1 月 27 日，他对“套路”做了摘录，将之放入在德克萨斯大学奥斯汀分校所做的口头报告中，报告题为《对人际关系之修辞的某些思考》（“Some Thoughts on the Rhetoric of Human Relations”）（见 1971 年 12 月 10 日伯克致考利的书信）。

但是基本上，他依然在仔细地观望机会来出版全部的文稿，或是其主要的部分（尤其是除去“修辞情境”和“官僚修辞”之余的部分），不过，当 1950 年 5 月 31 日，普林蒂斯霍尔社直言不讳地要求他把以后的作品放到其他地方出版时，他最初的希望必定淡漠了。[1] 他的最初想法之一就是将“动机三部曲”扩充为“动机四部曲”：“语法”“修辞”和“象征”之后，是一本利用《口舌之战》的、关涉伦理学的作品。“看现在的情形，”1951 年 5 月 7 日他写信给海曼说，“还必须要有第四卷 [除了《动机的象征》之外]，有可能称之为‘论人际关系’，

1 《动机修辞学》很早时候的销量和书评，让普林蒂斯霍尔出版社的编辑 L. H. 克里斯蒂有点失望，他很怀疑是否“我们是您的合适的出版社”。他不仅忽视伯克表达的想要“另卷”出版《口舌之战》的期望（他很可能就没读到伯克在第 294 页的脚注），而且，他反而评论说，如果伯克想要在其他地方出版《动机的象征》，那么“我们会配合的”。没有证据表明，伯克把《口舌之战》交给了普林蒂斯霍尔出版社。——编者注

它结合了‘套路’部分中的知识，还有一些我的尚未出版、尚未整理的材料，它们相关于我暂时所称的‘亲缘性’。”这一念头持续不断：9月17日致考利的书信提到了伯克“对第四本书做的笔记（该死的三部曲变成了天杀的四部曲）”；1962年1月20日，他对沃森描述说，这部伦理学的作品，现在有三分之二已经完工，“有可能使用整个工作（bizz）的开端——‘套路’部分，而我从来没有抽时间修改和发展它”；1965年7月5日，伯克告诉沃森，他还在考虑《动机的象征》和《伦理学》部分，“包括下半部的‘套路’中的知识”；1969年4月26日，他跟海曼说，加利福尼亚大学出版社为他提供了若干合同，要出版伯克的四部作品——其中之一就是“套路”部分，“在你初出茅庐之前很久，我就耗在这上面了”。

加利福尼亚大学出版社这一机遇，几乎历经伯克一生而开花结果。1965年伯克联系该社，他的小说《朝向更好的生活》于此再版后销量颇佳，因而其他作品也随后推出。加利福尼亚大学社1966年出版了《作为象征行动的语言》（*Language as Symbolic Action*），首印（2500册）在1968年2月售罄。1967年，伯克与该社签订合同，出版《诗集，1915—1967》[基于他在赫尔墨斯出版社的诗集《时辰书》（*Book of Moments*）]和短篇小说集《白牛集（全）》（*The Complete White Oxen*）[1]，这两部作品连同新版《反述》（*Counter-Statement*）均在1968年面世——趁此机会，丹尼斯·多诺霍[2]在1968年7月11日《纽

1　1924年初版时名为《白牛及其他短篇小说》（A. & C. Boni出版），收入15篇短篇小说；1968年在加利福尼亚大学出版社再版，补入3篇短篇小说，1篇自传体的中篇小说（novella）和新的序言，它们组成了完整的《白牛集》。

2　Denis Donoghue（1928—），爱尔兰文学批评家，晚年任教于纽约大学，他颇为欣赏《朝向更好的生活》，正确地指出伯克是反解构主义者。

约书评》上，为这些书（及路易斯安那州大学出版社 1967 年新版《文学形式的哲学》（*The Philosophy of Literary Form*））写了综合性书评。[1]1968 年 9 月 8 日，莉比·伯克——已然处于卢·格里格症（Lou Gehrig's disease，渐冻人症）的巨大痛苦中——承受着严重的中风，但伯克尚能为加利福尼亚大学社安排《动机语法学》《动机修辞学》《宗教的修辞》的重刊，并再次考虑《口舌之战》的出版可能。"顺便一提，我们以前随口谈到过我要给你看'套路'部分的文稿（我倒想天真地称之为'论美德与套路'），"1968 年 10 月 17 日他致信鲍勃·扎卡利（Bob Zachary）说，"好多次，我没拿出来，各有原因，包括它还需要后期整理。但现在，我知道如何能将整理保持在最低程度……你有无兴趣让我寄你一份副本，让你们的专家琢磨琢磨？"作为伯克在加利福尼亚大学社的编辑，扎卡利积极回应。1968 年 12 月 2 日，伯克将文稿寄出。12 月 4 日又发信，简要描述了自己的想法："基本上，我的梦想就是这样：它们 [《口舌之战》的这些部分] 应该收在一卷

1　这一段相关《口舌之战》，讲述了伯克与加利福尼亚大学出版社的关系，它交织着伯克与米尔德里德·利格达（Mildred Ligda）及其赫尔墨斯出版社复杂的往来故事。1950 年，利格达在凯尼恩学院的英语夏校与伯克相遇，她当时持有一家印刷厂；1952 年至 1953 年的冬季期间，利格达作为东道主，在山顶的住处，款待了伯克一家，那位于旧金山南，斯坦福大学旁，俯瞰洛斯阿尔托斯（Los Altos）。接下来的几年，利格达通过赫尔墨斯出版社，重刊了《反述》（1953）、《永久与变易》（1954）、《对历史的态度》（1959），以及伯克的诗集《时辰书》（1955）。伯克甚至还为计划中的赫尔墨斯版的边沁《行动动机表》写了一份导论，不过此书最终未能出版。但是，只能说，虽然利格达知道《口舌之战》，也读过前两章，而且愿意出版，然而，伯克与她的关系在 20 世纪 60 年代变得更为疏远，尤其是在利格达陷入财政困难，伯克转而关注鲍勃·扎卡利和加利福尼亚大学出版社之后。伯克一向保留了赫尔墨斯版作品的权利，他还拒绝了利格达在 1967 年年底提出的想要出版《口舌之战》的建议，在 1967 年 3 月，他就要求利格达交回了她读过的文稿副本；他再也没做什么太大的努力来让赫尔墨斯社出版《口舌之战》。利格达与伯克的大量通信存于宾州图书馆"肯尼斯·伯克文件"。——编者注

中，这一卷可让人不舒服（要当心！），它属于层出不穷的动机系列（Motivorum）。”在 12 月 8 日的信里，伯克做了详细阐述，如图 3 所示。

这封信中，伯克在思想上明显流露出对种种可能性的兴奋。当他写着信、斟酌着种种选择时，他考虑补充一个修订版的“修辞情境”（基于他准备于 1969 年 2 月 19 日在威斯康星阿普尔顿发表的演讲）；[1] 他还提出想修正“套路”和“科学修辞”；他打算“在之前或之后，围绕所有这些内容，做一个针对整个计划的概述”，同时也概述这一计划与《动机的象征》和有可能写成的“伦理学”部分的关系，由此，“试图‘完成’我的《人际关系论》（*Treatise On Human Relations*）”。

但一个月后伯克表达了另一想法。扎卡利的迟复令他沮丧，[他妻子的状况]又让他更加“萎靡，想自我了断；‘套路’这部分应该无可救药了，理由我估计了许多，都难否认。所以，该死，那就寄回来吧——就这样了。但，我仍然斗胆希望‘动机语法学修辞学计划’（Grammarhetorica Motivorum project）还能推进”。[2] 然而扎卡利并未放弃。“请别灰心，在我能对它[即‘套路’部分]提出还算高明的看法之前，你可别决定不出它。唯一问题似在于，它是单独的呢，还是该有前篇或后篇，不过，它还是易懂的”（1969 年 1 月 23 日扎卡利致伯克书信）。接下来的几月、几年间，两人都有书信往来。如前引伯克致海曼的信

1　该演讲最终在 1973 年成为伯克的一篇文章《修辞情境》，收入《传播：伦理和道德问题》（*Communication: Ethical and Moral Issues*），李·塞耶（Lee Thayer）编，第 263—275 页（纽约：戈登和布里奇科学出版社）。——编者注

2　伯克用“动机语法学修辞学计划”指加利福尼亚大学出版社刊行《动机语法学》和《动机修辞学》的规划，这一规划发展至 1969 年 5 月，得以实现。1984 年，加利福尼亚大学出版社刊行了新版的《永久与变易》和《对历史的态度》，成功成为可以获得伯克主要著作的唯一来源。——编者注

中所示，恰在 1969 年 5 月 25 日莉比去世前，扎卡利为四本书做了四份合同，包括所谓的“修辞套路”（Devices of Rhetoric），但伯克没寄回此部分的签字合同。在两人 1970 年的信中，有时还交流对“套路”的见解；1971 年春，伯克重新燃起出版该书的热情，于克拉克大学任教时，他“在班上试验了‘套路’的某些内容”（4 月 27 日致扎卡利信）——但再一次化为泡影。1972 年，伯克于 1 月 27 日在德克萨斯大学奥斯汀分校做口头报告后，扎卡利又对该计划表达了兴趣，不过伯克未能确定他对内容的想法。1973 年 5 月 11 日（扎卡利来访安多佛后），伯克写信给扎卡利和考利说，他的注意力转向去完成该书，可是直到年末，他的愿望依然没有成真。

Osprey-aerie (aery-eyrie-eyry)
12/8/68

Dear Bob,

Or do I, after all, just mean eerie?

Best greetings from Ignatius Panallergicus.

I now grow more and more worried, lest my studipity in not insuring the Devices may have undone me. (I have another copy, but it is unsightly, a dirty yellow. And it's poss. that my frenn Watson may still be able to dig up the copy I sent him, many years ago. But I'd feel much better, if the copy I levitatingly sent you reaches you.)

The general idea I have is this: I'd add, for this ptikla portion of the project, the writing up of my talk on "The Rhetorical Situation: Congregation and Segregation." I'd introduce a few (quite a few) references to observations and formulations made since these pages were assembled). But basically I'd hold to my notion (admittedly a belated one) that, except for minor incidental changes, I should leave the pages as they are. For, as I see it now, these things gain by distance. They're much better if, while cleansed of immediacy, they are felt to be in principle immediate all over again. Also, I could, if it were so desired, get out my packs of further clippings, and add a section mulling over developments since the time when the present pages were immediate.

ALSO, I'd like to surround all this, before or after, with a summarizing statement about the project as a whole, discussing in particular the relation btw. Poetics and Ethics in the whole line-up. (Psst. I can now, as it were, SUM UP by LOOKING BACK on the project, even to the extent of saying what further step might ideally be needed here and there along the way.)

This would amt. to showing (a) just wherein the "equations" of a book coincide and diverge, as regards the character of a book (Poetics) and the character of a person (Ethics). And (b) the "equations" (as embodied in De Virtues and Devices) move questions of Ethics into the realm of practical finagling (and Ethics is par excellence the realm of the practical). Here I'd love to add some pages looking back on Aristotle in the light of Machiavelli, who himself in turn is looked at in the light of my would-be COMIC study of finaglings. (I should remind: My chapter on "The Rhetorical Situation" is focal here, since it aims to show how beautifully and fatally Aristotle's concern with the principle of antithesis, purely as a stylistic device, merges with the sheerly practical resources of identification by segregation. And though recourse to this built-in device is not at any time inevitable, it is the perennial temptation of the human animal.)

In brief: I would here attempt to "wrap up" my Treatise On Human Relations, by not merely asseverating, but also retrospectively qualifying, and sometimes being frankly septuagenarian in my inclinations to both give and ask for quarter.

Herewith I rest my restless case. I think that, in winding up, I'd have a tale to tell (and maybe much more mellow a one than I often feel like, when lying awake at night). But there it is.

Sincerely,

图 5：1968 年 12 月 8 日肯尼斯 · 伯克致鲍勃 · 扎卡利的书信的影印件。

来源：肯尼斯 · 伯克文件，宾州艾伯利家族图书特藏馆。来源和版权：

肯尼斯 · 伯克文献信托会。

迟至 1974 年 5 月 30 日，然后是 1976 年 8 月，扎卡利仍然表达了对“套路”部分的兴趣，但是，当他在 1977 年初离开出版社时，这件事也就基本上破灭了。[1] 在伯克后来致扎卡利的一封信中（1974 年 3 月 3 日），他表达了在本书中实现的想法：“该死。我曾尽力检查文稿……但现在，我找不到出版的理由……因为文稿还有问题……它应该在我身后出版。”

文本注记

此处重制的《口舌之战》一书，大部分内容的核准版为安东尼 · 伯克所有，因为肯尼斯 · 伯克坚持认为，他最终还是想让此书刊行。这份核准版完成于 1948 年，由莉比 · 伯克在肯尼斯 · 伯克的指导下用打字机完成，包括“套路”和“科学修辞”两章的誊清稿，其中间或有肯尼斯 · 伯克后来用铅笔所做的简短插入、改写和修正。（在安东尼 · 伯克为宾州特藏馆馆员准备的物品目录索引中，这份核准版收于

1 1977 年扎卡利未受重视，没有当上出版社社长，顺势退休，这一部分是由于健康问题，一部分是为了避免与新社长的冲突。但是，他与伯克还是继续通信和电话交流，直至 20 世纪 80 年代。1976 年 8 月 8 日，伯克甚至还给扎卡利寄了一份“套路”文稿的“简短序言”——它也许是（也许不是）本书附录三所收的文档：《前言（后补）》。——编者注

物品 J34 和 J35。）编者们吸收了这些插入和修正；少数几个地方，编者们也遵循了伯克在原始文稿的复写本上做的修正，该复写本也为安东尼·伯克所有。“套路”和“科学修辞”两章的 1948 年打字稿还有另一份复本，藏于纽约公共图书馆的伯格藏馆——詹姆斯·西布利·沃森 /《日晷》文件，第 3 辑，与肯尼斯·伯克有关的文件，第 10 箱，第 15J 文件夹（“套路”）和第 10 箱，第 15I 文件夹（“科学修辞”）。那一版与本书呈现的两章基本一致，除了缺伯克的一些插入，以及“套路”一章在第 56 页之后中断，即完整核准版的“套路”部分结尾前的 141 页缺失。藏于纽约的这两章分别在 1948 年 7 月 29 日（“套路”章）和 1948 年 9 月 25 日（“科学修辞”章）寄给詹姆斯·西布利·沃森。

编者们从肯尼斯·伯克核准的文本中重制了“套路”和“科学修辞”部分，仅略有差异。首先是将拼写规范：如，“theater”改为“theatre”；“Czechoslovakia”改为“Czecho Slovakia”；“whereupon”改为“where upon”；“maneuver”改为“manoeuvre”，等等。在某些地方，对复合词采取了新式写法，或去掉连字符，或补充连字符，或将两个词合为一个词，分别例如：“firearm”改为“fire-arm”；“willy-nilly”改为“willy nilly”；“war-monger”改为“warmonger”。某些首字母大写的偏差，也调整一致：例如“Truman administration”替换“Truman Administration”。有些标点符号，也做了规范处理，使之符合现在的习惯；为了阅读方便，我们取消了几个段落的划分。肯尼斯·伯克在文本中还提及了“NYT”，这是表示引例来自《纽约时报》。明显的打字错误（如，想指“world”时，写为“word”；“principal”写为“principle”）都做了更正。编者所做的其他所有插入，都在本书最后的“文本勘正和解说注释表”中注出。

“官僚修辞[笔记]”和“修辞情境[笔记]”来自宾州艾伯利家族图书特藏馆的文件：伯克3[P20a]，第6箱，第22文件夹；伯克3[P18]，第5箱，第17文件夹。我们要强调，这两篇来自未经修改和尚未完成的文稿；尽管它们是《口舌之战》中可读而且非常有趣的部分，但它们都是草拟的材料；在这两章的开头，编者的顶注也会强调这一事实。我们同样规范了拼写、复合词和标点；去除了明显的打字错误。同样，编者所做的其他所有插入，都在本书最后的“文本勘正和解说注释表”中注出。

附录1呈现了《“修辞情境”纲要》的影印件，其原始文件可以在宾州的伯克文件中找到：伯克3[P18d]，第5箱，第17文件夹；我们收录它，是因为它密切相关于伯克对题为“修辞情境”这一章的意图。《纲要》中每个条目前的编号对应了“修辞情境[笔记]”中每一段结尾之方括号里表示的段落数。附录2《前言（后补）》及其影印件（附录3）都为安东尼·伯克所有；在他准备的物品目录索引中，注明为物品J34。

肯尼斯·伯克的作品很少使用“解说性脚注”，所以这里，编者一般也遵循了这种做法来处理《口舌之战》和若干附录。但是，在少数情况下，为了方便读者，当所提及的一些同时代人在伯克所写的章节语境中难以知晓时，我们查明了他们的身份（如，“加菲尔德·奥克斯纳姆”或关于扬·马萨里克1948年死亡的细节），将之补充在“文本勘正和解说注释表”中。

词语的战争

作者 _ [美] 肯尼斯·伯克　编者 _ 安东尼·伯克　凯尔·延森　杰克·塞尔策
译者 _ 何博超

产品经理 _ 段冶　装帧设计 _ 朱大锤　产品总监 _ 应凡
技术编辑 _ 顾逸飞　责任印制 _ 刘淼　出品人 _ 吴畏

果麦
www.guomai.cc

以 微 小 的 力 量 推 动 文 明

图书在版编目（CIP）数据

词语的战争 / （美）肯尼斯·伯克著 ；（美）安东尼·伯克，（美）凯尔·延森，（美）杰克·赛尔策编 ；何博超译. -- 上海 ：上海文化出版社，2022.7

ISBN 978-7-5535-2470-2

Ⅰ. ①词… Ⅱ. ①肯… ②安… ③凯… ④杰… ⑤何… Ⅲ. ①语言哲学一研究 Ⅳ. ①H0

中国版本图书馆CIP数据核字（2022）第094670号

版权合同登记号：图字：09-2021-0981号

出 版 人：姜逸青
责任编辑：王茗斐 张悦阳
特约编辑：段 冶
装帧设计：朱大锤

书 名：词语的战争
作 者：[美]肯尼斯·伯克
编 者：[美]安东尼·伯克 [美]凯尔·延森 [美]杰克·赛尔策
译 者：何博超
出 版：上海世纪出版集团 上海文化出版社
地 址：上海市闵行区号景路 159 弄 A 座 2 楼 201101
发 行：果麦文化传媒股份有限公司
印 刷：北京盛通印刷股份有限公司
开 本：880mm×1230mm 1/32
印 张：12.5
插 页：4
字 数：309 千字
印 次：2022 年 7 月第 1 版 2022 年 7 月第 1 次印刷
印 数：1–7, 000
书 号：ISBN 978-7-5535-2470-2 / D. 009
定 价：58.00 元